한일관계사(韓日關係史)

한일관계사(韓日關係史)

세키 슈이치(關 周一) 편 | 허지은·이기원 옮김

경인문화사

범례

이 책에서는 한반도와 일본열도의 관계를 조일관계, 근세시기의 조선과 일본의 관계는 조일관계, 근현대 시기의 북한과 일본의 관계도 조일관계로 표기하기 때문에 혼란을 줄 수 있어 아래와 같이 번역하기로 한다.

1. 목차와 본문의 장, 절에서는 시대에 상관없이 한일관계로 표기한다.
2. 기존 한국의 한일관계사 연구에서 근세의 조선과 일본의 관계를 조일관계로 표기해 왔기 때문에 본문에서는 조선시대의 한일관계에 한해서 조일관계로 표기한다.
3. 근현대 시기의 한국과 일본의 관계는 한일관계로, 북한과 일본의 관계는 북일관계로 표기한다.

추천사

 이 책은 고대부터 현대까지 한반도와 일본열도 간의 관계를 통시적으로 다룬 한일관계 통사입니다. 필자들은 일본 학자들이지만, 객관적인 시각에서 집필하였으며, 번역자인 허지은 교수와 이기원 교수는 한국과 일본에서 학위를 마치고 저자들과도 다양한 학문적 교류를 지속해 왔기에 번역의 완성도 또한 충분히 보장할 수 있습니다.
 이 책의 특징은 전근대에서 근대로 이행하는 과정을 한국과 일본의 관점에서 서술하여 그 과정을 깊이 있게 이해할 수 있게 했다는 점입니다. 또한, 한일관계를 양국 간의 관계에 국한하지 않고 중국을 비롯한 동아시아 여러 지역과의 다각적인 교류, 사람과 물자, 문화의 다양한 관계를 함께 파악한 점에서 높은 평가를 받을 만합니다.
 더 나아가, 현재의 한일관계뿐만 아니라 북한과 일본 간의 관계에서 제기되는 다양한 문제들도 다루고 있으며, 이를 한일관계 및 동아시아의 미래를 염두에 두고 서술한 점에 주목할 필요가 있습니다.
 이 책을 통해 과거의 한일관계를 정확히 인식하고, 더 나은 미래의 한일관계를 위한 초석이 다져지기를 기원합니다.

강원대 명예교수 손승철

머리말

이 책은 고대부터 현대에 이르기까지 한반도와 일본열도가 어떠한 관계에 있었는가에 대해 다루고 있다.

고대에 대해서는 왕권론(王權論)과 견당사(遣唐使)[1]·발해(渤海) 등 폭넓은 연구를 하고 있는 고우치 하루히토(河內春人), 중세에 대해서는 한일관계사를 중심으로 대외관계를 연구하고 있는 세키 슈이치(關 周一), 근세에 대해서는 막말(幕末)·유신기(維新期)의 쓰시마번(對馬藩)을 중심으로 한일관계를 연구하고 있는 기무라 나오야(木村直也), 근대에 대해서는 일본의 식민지 지배를 연구하고 있는 마쓰다 도시히코(松田利彦), 현대에 대해서는 한일회담을 중심으로 한일 관계를 연구하고 있는 오타 오사무(太田 修)가

---

1) 일본에서 당나라로 파견된 외교사절을 말한다. 630년에 일본을 출발한 이누카미노 미타스키(犬上御田鍬)가 시초이고, 894년에 임명된 스가와라노 미치자네(菅原道眞)가 마지막으로 파견되었다. 견당사의 목적은, 중국 수나라에 4회에 걸쳐 보낸 견수사의 뒤를 이어 당나라의 선진 문물과 제도를 수입하는 것과, 일본이 에미시(蝦夷)나 신라보다 상위의 국가임을 당나라에게 주장하는 데 있었다. 천황의 대가 바뀔 때마다 파견되었다는 설과, 20년에 한 번씩 파견되었다는 설이 있다. 당나라는 견당사를 조공사(租貢使)로 간주하고 수십 명만 입경토록 했으며, 체재 비용은 당나라 쪽에서 부담했다. 설날 하례에 맞추기 위해 순풍이 부는 여름에서 가을 사이에 일본을 출발했으며, 애초에는 한반도 서해안을 거쳐 산둥 반도로 가는 항로였으나, 신라와의 관계가 악화됨에 따라 8세기 이후 나가사키 서쪽의 고토(五島) 열도를 거쳐 동중국해를 항해하는 항로를 택하게 되었다. 귀국 시에는 오키나와를 거치는 남쪽 루트를 따르거나, 혹은 발해를 경유하기도 했다. (서울대학교 역사연구소, 『역사용어사전』, 서울대학교출판문화원, 2015, 이후 『역사용어사전』으로 표기)

집필을 맡았다. 또 고대 칼럼은 사와모토 미쓰히로(澤本光弘)가 집필했다.

이 책의 특징으로 다음과 같은 점을 들 수 있다.

첫째, 한일관계사의 시대구분을 독자적으로 하여 각 장의 시기를 설정했다. 조선을 기준으로 고구려·백제·신라와 통일신라까지를 고대, 고려와 조선 전기·중기를 중세, 조선 중기·후기를 근세, 조선 말기·대한제국·식민지 시기(일제강점기)를 근대, 식민지에서 해방된 이후를 현대로 구분하였다. 이 가운데 중세와 근세의 구분은 쓰시마의 위사(僞使)[2] 파견과 국서(國書)[3] 개작에 종지부를 찍는 계기가 된 야나가와 사건(柳川一件)[4] 까지를 중세로, 이테안(以酊菴)윤번제(輪番制)[5]로 전환된 이후를 근세로 보았다.

---

2) 조선전기 대일 정책의 핵심은 왜구의 금압(禁壓)과 통교왜인(通交倭人)에 대한 통제였다. 조선은 건국 직후부터 해양 방어를 충실히 하는 한편, 외교적인 노력과 왜구에 대한 회유책을 실시하였다. 조선 정부의 노력으로 왜구의 침입은 크게 줄어든 반면 일본에서 오는 통교자는 늘어났다. 이에 조선에서는 왜인들이 정박하는 포소(浦所)를 제한하는 등 왜인 통제책을 실시하였다. 그 과정에서 조선의 왜인 통제책을 여러 가지 교묘한 방법으로 위반하면서 도항하는 왜인들이 나타나기 시작하였는데, 이들을 일반적으로 위사(僞使)라고 칭하였다. (한일관계사연구논문집편찬위원회, 『왜구 위사문제와 한일 관계』, 경인문화사, 2005.)

3) 국서(國書)는 서로 대등한 국가의 국왕 간에 주고받는 외교문서이다.

4) 에도(江戶)시대 초기 쓰시마(對馬) 島主 소 요시나리(宗義成)와 가신 야나가와 시게오키(柳川調興) 사이의 불화가 원인이 되어 발생한 사건이다. 조선과 일본 사이에 주고 받았던 국서를 위조한 사실이 드러나고, 막부의 재판결과 소 요시나리는 무죄, 가신 야나가와 시게오키는 유배형에 처해졌다. 국서위조를 방지하기 위해 이테안(以酊菴)윤번(輪番) 제도가 마련되고, 조선과의 교섭 끝에 조선국왕에 대한 칭호로 '대군(大君)'을 사용하기로 합의하였다.

5) 이테안(以酊菴)은 쓰시마의 조선 외교를 담당하는 중심 기관으로, 가쓰로잔(瞎驢山)에 있으므로 가쓰로잔 이테안이라고도 하였다. 겐소(玄蘇)가 정유년(丁酉年)에 태어났으므로, 절 이름에 '정(丁)' 자와 '유(酉)' 자를 합한 '정(酊)' 자를 썼다. 겐소는 도요토미 히데요시(豊臣秀吉)와 도쿠가와 이에야스(德川家康)의 명을 받아 조선 왕과 주고받는 외교문서를 관장하였다. 겐소의 뒤를 이어 제자인 겐포(玄方)가 이테안의 2대 주지가 되었다. 쓰시마번(對馬藩)이 일본과 조선의 국서를 고친 사건이 발각되어, 1635년(인조 13) 이후로는 교토고잔(京都五山)에서 돌아가며 차례로 파

둘째, 한일관계사 전체 중에서도 특히 근세에서 근대로 이행하는 시기인 막부말기·유신 시기를 중시했다. 제 3장에서는 일본의 관점에서 근세의 외교체제가 어떠한 경위를 거쳐 변용해 가는가에 대해, 제 4장에서는 조선의 관점에서 근대의 조일관계가 어떻게 만들어져가는가에 대해 각각 서술했다. 이 두 개 장에서는 운요호(雲揚號)사건, 강화도사건6)과 조일수호조규7) 등, 같은 사건을 취급하고 있는 곳도 있지만 다른 관점에서 논하고 있어서 함께 읽으면 근세에서 근대로 이행하는 의미에 대해 깊이 이해할 수 있을 것으로 생각한다.

셋째, 최근 연구 성과를 반영하면서 각 시대의 특성이 부각되도록 구성했다. 어떤 시대에 대해서도 최근 한일관계사 연구는 급속히 진전되고 있고, 그중에는 종래의 상식을 바꾸는 것도 있다. 집필자는 각 시대의 특성에 따라 자유롭게 집필해 가는 중에 그러한 성과를 포함시켰다. 또한 각 장의 첫 부분에 각 시대의 개요 또는 연구의 관점을 제시하고 그러한 특성을 파악하기 쉽도록 배려했다.

넷째, 조일관계를 두 나라 사이의 관계에 머무르지 않고, 중국 대륙 등 아시아 여러 지역의 움직임에도 유의하면서 지역 간의 다원적인 교류, 사람·물건·문화의 다양한 관계 속에서 파악하려고 했다.

세 번째와 네 번째 특징에 대해 제 1장을 예로 들어보겠다. 고대의 왜국·일본과 한반도의 삼국(고구려·백제·신라)이 동아시아의 국제관계 속에서 서로 어떠한 관계를 구축하고 있었는가에 대해 묘사했다. 종래 논쟁의 대상

견된 승려들이 외교문서를 담당하는 이테안윤번제가 실시되었다.
6) 1875년 9월 20일 일본군함 운요호(雲揚號)가 조선과의 통상조약 체결을 위해 강화해협에 불법으로 들어와 측량을 구실로 조선 정부의 동태를 살피다 조선 수비대와 벌인 포격사건이다.
7) 공식 명칭은 조일수호조약이며, 병자수호조약이라고도 한다. 1875년 9월 20일 강화도에서 유발된 운요호사건 결과 1876년 2월 27일 전권대신 신헌(申櫶)과 특명전권 관리대신 구로다 기요타카(黑田淸隆) 사이에 체결한 12개조로 된 조약이다.

이었던 고구려 광개토왕비문과 임나일본부에 대해서는 최근의 견해를 명시했다. 한편 이러한 국가 간의 외교와는 이질적인 교류에도 주목하여 경계 교류의 다원성과 해역 교류의 활성화에 대해서도 밝히고 나아가 중세의 조일관계도 전망했다.

그리고 5장에서 자세히 서술하고 있는 것처럼 현재의 일본과 한국, 일본과 북한과의 관계는 다양한 측면을 가지고 있다. 일본·한국 양 정부의 관계는 독도의 귀속과 일본군 '위안부' 등의 문제를 포함하여, 자주 냉랭해졌다. 또한 북한의 핵무기 개발 등의 폭주는 국제사회에 긴장을 강화시켰고 북한 주재의 납치피해자 전원 귀국은 전망할 수조차 없다. 한편 일본에서는 한류8) 드라마와 K-POP 등에 의한 한류 붐이 일어나고, 한국과의 경제·문화 교류는 활발하다. 그러나 그것과 역행하는 혐한류9)의 움직임과 증오 발언에 의한 재일한국·조선인10)에 대한 인권침해 등도 그냥 지나칠 수 없다. 동네의 조그만 서점에 가보면 한국(혹은 중국)을 공격하는 책이 눈에 띄고 인터넷 상에서도 그러한 논의가 활발하다. 이러한 혐한류 논의의 대부분은 문제의 근본적인 원인인 역사를 되돌아보려고 하지 않았거나, 또는 자기 의견에 부합되는 역사적 사실만을 가려서 논하고 있다. 거기에서 제시된 역사상

---

8) 좁게는 음악, 영화, 드라마 같은 대중문화부터 시작하여 넓게는 패션, 화장품, 음식, 관광, 무술, 산업 등 대한민국이란 국가의 전반적인 문화가 세계에 알려지는 현상을 뜻한다.
9) 한류를 싫어하고 꺼리는 문화로 한국과 지리적으로 가깝고, 교류가 작은 주변국들에서 주로 발생한다. 역사적 관계에 문화적 편견, 차이, 오해 등과 같은 복합적인 요소가 더해져 나타나고 있는 것으로 보인다.
10) 현재 일본에 살고 있는 모든 한국 국적자 및 그 자손들을 통틀어 일컫는 말이지만, 일반적으로는 1965년 한일 국교정상화 이전 일본으로 건너와 "특별영주자" 자격을 가지고 살고 있는 한국계 거주자만을 의미하는 좁은 의미로 사용된다. 일제 식민지 시기에 일본으로 건너가 거주하게 된 교민을 가리키는 말. 일본에 정착하여 일본 국적을 취득하거나 한국 국적을 유지한 채 살고 있는 동포를 가리키는 재일 교포와는 구별되는 개념이다.

은 역사학 연구에 의해 부정된 것뿐이다.

　현재와 미래의 한일 관계, 더 나아가 동아시아의 미래를 논하기 위해서는 과거의 조일관계를 정확히 인식해야 한다고 생각한다. 이 책이 그러한 논의에 도움이 된다면 매우 기쁠 것이다.

2016년 12월　세키 슈이치

저자 서문

『한일관계사』 한국어판에 즈음하여

이번에 허지은 선생님과 이기원 선생님의 번역으로 세키 슈이치(関周一) 편 『한일관계사』의 한국어판을 출판하게 되었습니다. 한국의 독자 여러분들이 이 책을 읽을 수 있게 되어 매우 행복합니다. 허지은, 이기원 두 선생님과 이 책을 출판해 주시는 경인문화사에 깊은 감사를 드립니다.

이 책은 고대부터 현대까지의 한국과 일본의 관계를 한 권으로 읽을 수 있도록 한 것입니다. 고대는 고우치 하루히토씨, 칼럼은 사와모토 미츠히로씨, 중세는 세키 슈이치, 근세는 키무라 나오야씨, 근대는 마츠다 토시히코씨, 현대는 오타 오사무씨 처럼 제일선에서 활약하는 연구자가 집필하여 일본에서의 한일관계사 연구의 도달점을 보였습니다. 한일관계를 양국 간 관계사에 한정하는 것이 아니라 중국 대륙 등 아시아 지역의 동향에도 유의했습니다. 그리고 많은 독자들이 읽을 수 있도록 알기 쉬운 문장으로 썼습니다. 이러한 책은 일본에는 없는데 이러한 점에서 이 책의 간행 의의가 있다고 생각합니다.

그러나 이 책은 어디까지나 일본에서의 한일관계사 연구의 도달점을 나타낸 것이기에 한국의 연구와는 다른 견해가 포함되어 있습니다. 그러한 논점을 둘러싸고 한국과 일본 사이에서 논의할 수 있으면 좋겠다고 생각합니다.

이 책이 일본에서 간행된 2017년은 일본에서는 아베 신조 정권의 시기에 해당하여 한국 정부와의 관계가 '일본의 패전 후 최악'이라고 하던 시기였습니다. 국가의 체면을 너무나 중시하자 민간의 교류가 방해받게 되었습니다. 정부의 의향에 호응하여 한국을 비난하는 출판이나 SNS에의 투고 등이 다수 있었습니다. 2020년부터는 신형 코로나 바이러스의 유행(팬데믹)으로 한국과 일본의 교류는 큰 타격을 입었습니다.

　신형 코로나 바이러스의 유행이 드디어 진정되고 한국과 일본의 교류가 다시 활발해졌습니다. 일본의 젊은이는 한국의 음악(일본에서는 K팝이라고 부릅니다)·영화나 패션 등을, 한국의 젊은이는 일본의 영화나 애니메이션 등을 동경하여 받아들이고 있습니다. 일본에서 한국으로, 혹은 한국에서 일본으로, 저항없이 여행하고 있습니다.

　이러한 젊은이들에 의한 문화교류는 매우 기쁜 일입니다. 그러나 그곳에 이르기까지 한국과 일본 사이에 긴 교류와 불화의 역사가 있었다는 것을 잊어서는 안 됩니다. 이 책을 통해 한국과 일본 사이의 복잡한 역사를 더듬어 갈 수 있으면 좋겠습니다.

2024년 5월 13일
세키 슈이치

역자서문

 이 책은 일본에서 발간된 『조일관계사』를 번역하여 『한일관계사』라는 제목으로 출간한 것입니다. 『조일관계사』는 고대부터 현대에 이르기까지 한반도와 일본 간의 역사적 관계를 깊이 있게 분석한 저서로, 일본 학계의 최고 권위자들이 집필에 참여하여 각 시대별 최신 연구 성과를 반영하고 있습니다. 이 책을 한국 독자들에게 소개함으로써, 한일 양국 간의 복잡한 역사적 관계를 보다 깊이 이해하는 데 도움이 되고자 합니다.
 한국에는 고대부터 현대까지의 한일관계를 포괄적으로 다룬 저서가 부족합니다. 대부분은 특정 시기나 주제에 국한된 연구가 주를 이루며, 한일관계를 전반적으로 조망할 수 있는 책은 상대적으로 적습니다. 이러한 상황에서 『한일관계사』는 한국 독자들이 한일관계사를 보다 체계적으로 이해하는 데 큰 도움이 될 것이라 확신합니다. 또한, 이 책은 일본 학계의 최신 연구 동향을 반영하고 있어, 한일관계를 연구하는 학자들과 학생들에게도 유익한 자료가 될 것입니다.
 일본 학계의 연구 성과를 한국에 소개하는 것의 중요성을 깨닫고, 이를 통해 양국 간의 이해를 증진하고자 하는 마음으로 전공 시대가 같아 학회나 소규모 연구 모임에서 자주 학문적 교류를 하고 있는 이기원 선생님과 함께 번역 작업을 진행하였습니다. 번역 과정에서 가장 큰 고민은 일본 고유 명사의 한글 표기였습니다. 일본어 발음을 한글로 옮기되, 독자들이 쉽게 이해할 수 있도록 역주를 추가하였으며, 각 시대별 용어와 개념도 한국 독자들에게 익숙한 표현으로 수정했습니다.

2021년 여름, 번역 작업이 거의 마무리되던 시점에, 다음 학기에 서강대 대학원에서 '일본사연구' 강의를 맡게 되어 교재를 선정해야 했습니다. 당시 한일관계는 도쿄 올림픽을 앞두고 문재인 대통령과 스가 요시히데(菅義偉) 일본 총리 간의 정상회담이 성사될 것으로 예상되었으나, 주한 일본 총괄공사의 망언으로 정상회담이 무산되었습니다. 이미 악화된 한일관계는 더욱 나빠졌고, 매일매일 매스컴에서 한일 관계가 보도되는 상황에서, 이러한 복잡한 한일 관계의 원인을 역사적 관점에서 되돌아볼 수 있는 교재의 필요성을 느꼈습니다. 학생들이 한국사와 중국사 전공자들이었기 때문에, 일본 역사 자체보다는 동아시아사적 관점에서 한일관계를 전체적으로 다루는 것이 적절하다고 판단하여 이 책을 교재로 선정하였습니다. 대학원생들은 학기말에 이 책이 일본 연구자들의 시선과 한국 연구자들의 관점이 어떻게 다른지를 파악하는 데 큰 도움이 되었다고 했습니다.

이 책이 출간되기까지 많은 분들의 도움이 있었습니다. 한일관계사학회의 번역 지원 사업 덕분에 출판 작업을 원활히 진행할 수 있었으며, 여러 선생님들과 동료 연구자들의 조언과 격려가 큰 힘이 되었습니다. 이 자리를 빌려 손승철, 김문자, 나행주 선생님을 비롯한 학회 임원 선생님들께 깊은 감사의 말씀을 드립니다. 또한, 번역본이 출간될 때까지 응원과 조언을 아끼지 않으신 서강대의 윤병남, 전인갑 선생님과 서강대 사학과 대학원생들, 그리고 꼼꼼하게 교정을 봐주신 부경대의 심민정 선생님, 서강대의 임현채 선생님, 여러 차례 수정 작업에 애써주신 경인문화사의 편집부에도 깊이 감사드립니다.

이 책이 한일관계의 복잡한 역사적 흐름을 이해하고, 두 나라 간의 미래를 고민하는 데 소중한 자료가 되기를 바랍니다.

2024년 여름
역자를 대표하여 허지은 씀

(허지은_들어가는 말, 1, 2, 3장 | 이기원_4, 5장, 번역)

목 차

머리말
저자 서문
역자 서문

I. 고대 동아시아의 국제관계와 교류
고우치 하루히토(河內春人)

1. 삼국의 등장과 왜국 ·· 5
   1) 한반도와 일본열도의 국가 형성 ························· 5
   2) 삼국의 성립과 왜국 ·· 10
   3) 동아시아 속의 왜 오왕(五王) ···························· 15
   4) 불교의 동아시아 전파와 문명화 ······················· 23
2. 율령국가군의 형성과 전개 ··································· 32
   1) 수당 제국의 출현 ·· 32
   2) 율령제 국가군의 등장 ···································· 38
   3) 율령제 국가들의 대립과 충돌 ·························· 44
3. 해체되는 동아시아와 재편 ··································· 57
   1) 율령제 국가군의 변용 ···································· 57
   2) 유동화하는 동아시아 ······································ 67
   3) 율령제 국가군의 종언 ···································· 72

[칼럼] 발해의 배구(裵璆)와 후당의 요곤(姚坤) -두 사자로 보는 국제정세- ······ 79
 _ 사와모토 미쓰히로(澤本光弘)

II. 중세 동아시아 해역과 한일관계
세키 슈이치(關周一)

1. 려일(麗日)관계와 해상 ··· 87
   1) 헤이안(平安)시대 고려와 일본의 외교 ···················· 87
   2) 려일 무역과 송(宋) 해상(海商) ······························· 92
2. 몽골의 위협과 고려·일본 ·· 98
   1) 몽고 침공 전야의 고려와 일본 ······························· 98
   2) 몽고 침공 ·· 104
3. 전기 왜구와 고려·일본 관계 ·· 106
   1) 전기 왜구의 융성 ·· 106
   2) 고려·일본 통교관계의 성립 ··································· 109
4. 한일 통교관계와 왜인 ·· 113
   1) 안정된 조선과 일본의 관계 ··································· 113
   2) 쓰시마(對馬)와 조선 ··· 126
5. 쓰시마의 조선통교 독점에서 도요토미 히데요시의 ········ 133
   '대륙침략'으로
   1) 쓰시마와 후기왜구 ·· 133
   2) 도요토미 히데요시의 대륙침략 ······························ 137
6. 중세 한일관계에서 근세 한일관계로 ···························· 153
   1) 조일 국교회복 ··· 153
   2) 근세 한일관계로의 전환 ·· 160

[칼럼] 위조된 국서 _ 세키 슈이치 ································· 162

III. 근세 한일관계와 변용

기무라 나오야(木村 直也)

1. 에도시대 '교린'관계와 쓰시마번·· 169
   1) 근세 조일통교 시스템·· 169
   2) 에도시대의 조일교류·· 176
2. 근세 중·후기 한일관계의 변질··· 183
   1) 근세 중기의 쓰시마와 한일관계·· 183
   2) 근세 후기 대외인식과 진출론·· 188
3. 막부 말기의 한일관계 -'교린'의 붕괴로···································· 192
   1) 쓰시마번에 의한 조선진출론 제창·· 192
   2) 도쿠가와 요시노부(德川慶喜) 정권기의 조일관계의 움직임······· 201
4. 조일관계의 변화 -'교린'에서 '정한'으로·································· 207
   1) 메이지 신정부의 성립과 한일통교의 정체···························· 207
   2) 근세 조일통교 시스템의 종언·· 213
   3) 근대 한일관계로·· 217

[칼럼] 아메노모리 호슈(雨森芳洲)와 성신지교(誠信之交) _ 기무라 나오야··· 222

IV. 근대 동아시아 속의 한일관계

마쓰다 도시히코(松田利彦)

1. 조선의 개국··· 229
   1) 강화도사건과 조일수호조규의 체결······································ 229
   2) 임오군란과 갑신정변·· 235

2. 청일·러일전쟁 ··· 247
   1) 청일전쟁 ··· 247
   2) 러일전쟁과 조선의 식민지화 ························· 255
3. 조선 식민지 지배 ·· 264
   1) '무단정치' ··· 264
   2) '문화정치'에서 농촌공황기로 ······················· 274
   3) 총력전의 시대 ·· 287

[칼럼] 재외조선인 _ 마쓰다 도시히코(松田利彦) ··············· 295

V. 패전·해방에서 교류로
오타 오사무(太田 修)

1. 동아시아 냉전의 형성과 한반도, 일본 ················ 301
   1) 해방과 점령의 틈바구니에서 ························ 301
   2) 한국전쟁 아래서 ······································ 308
   3) 국교정상화로의 길 ··································· 314
2. 냉전 하의 한일·북일관계 ······························· 321
   1) 한일 국교 수립 후 ··································· 321
   2) 한국 민주화 속에서 ·································· 329
3. 냉전의 붕괴와 한일·북일관계 ························ 333
   1) 과거의 극복 ··· 335
   2) 한일·북일관계의 미래 ······························· 340

[칼럼] 헤이트스피치와 재일조선인 _ 오타 오사무 ············ 343

참고문헌··· 345
연대표··· 354
찾아보기·· 360
집필자소개·· 378

Ⅰ. 고대 동아시아의 국제관계와 교류

고우치 하루히토(河內春人)

고대 한일관계는 문헌에서 1세기 즈음부터 보이기 시작한다. 동아시아라는 중국문명의 주변에서 한반도와 일본열도는 밀접하게 관련됨과 동시에 유사한 역사적 전개를 거쳤다.

당초 한반도 남부의 가야와 왜국은 철을 둘러싼 교류로 강하게 연결되어 있었다. 이후 7세기까지 자원으로서의 철은 그 관계에서 중요한 역할을 하게 했다. 4세기 중엽에 백제가 성립하고 힘을 갖게 되자 왜국과 외교관계를 수립했다. 이때 고구려가 남하정책을 추진했기 때문으로 백제과 왜국의 대립이 뚜렷해졌다. 5세기의 한반도와 일본열도의 관계도 중국을 끌어들이면서 대립이 계속되었다. 한편 부관제(府官制)[11]의 도입 등 지배기구의 정비는 백제·고구려·왜국에서 유사하게 이루어졌다.

6세기가 되자 한반도의 정세는 크게 변했다. 신라가 국력을 신장시켜 가야를 멸망시키는데 이르렀다. 이 과정에서 고구려·백제·신라의 대립이 격화되고, 가야에서 이미 얻은 권리와 이익을 고집하던 왜국도 여기에 가담하여 한반도와 일본열도에서의 동란의 전제가 형성되었다. 이 단계에서 나라 간의 관계는 상호 우위성을 주장하면서도 대등한 관계였다. 또한 한반도와 일본열도의 관계는 단순한 국제관계만으로 취급할 수 없다. 그것과는 별도

---

11) 장군이 모 지역에서 막부(幕府)를 열면 곧이어 막료(幕僚)를 등용하고 이를 통해 군무를 관장한다. 이는 고대 동아시아 국제 무대에서 중국 주변의 나라로 확장되었다. 부관제는 4~6세기 즈음에 고구려와 백제, 왜국 등 중국과 통교하던 나라들에 적용되었다. 중국 주변의 나라들은 부관제를 중국과의 외교에 활용하였다. 그리고 부관제 아래에서 중국과의 외교에 필요한 여러 인물들이 발탁되었다. (河內春人, 『倭の五王 - 王位継承と五世紀の東アジア』, 中央公論新社, 2018.)

로 다원적인 인적교류도 확인할 수 있다. 영역적인 국가형성 이전, 동아시아에서 한반도와 일본열도의 관계에서 왕권의 역할에는 한계가 있었다.

7세기에 수·당이 동아시아에 개입하게 되자 한반도의 삼국과 왜국은 그 압력에 대항하기 위해 권력 집중을 도모하였다. 이 과정에서 한반도의 여러 나라와 왜국은 자기 민족 중심주의를 노골화하는 체제를 지향하게 된다. 그러나 여러 나라의 경합은 한층 더 당의 군사력 행사를 초래하게 되어 백제·고구려는 멸망했다. 특히 백제의 멸망은 그곳에서 축적된 통치기술이 왜국으로 유입되어 왜국의 문명화를 가속화시켰다. 존속했던 신라·일본은 당의 침공이라는 위기감 속에서 중국적인 율령제 국가라는 지배체제의 구축을 선택했다.

7세기 말에 발해가 건국되자 신라·발해·일본으로 구성된 새로운 관계 구도가 출현했다. 8세기에 이들 나라는 율령제를 기반으로 국가가 대외교류를 일원적으로 제어하는 체제를 완성했다. 그것은 이전과는 달리 상대국을 종속시키는 제국질서이기도 했다. 각국이 제국질서를 주장하는 것은 외교상 관계 악화를 초래하는 것이었고, 특히 신라와 일본 사이에서 충돌이 끊이지 않았다. 강성함을 자랑했던 당에서 안사의 난[12]이 일어나 동아시아의 국제관계가 불안해지자 일본은 '신라정벌'을 계획하여, 대립은 회피할 수 없는 국면으로 접어들었다. 계획은 좌절되었지만 당이 쇠퇴함에 따라 동아시아의 국제질서는 유동화되고, 신라와 일본의 왕권외교는 종언을 향하게 되었다. 발해도 일본과의 외교에 대해 국내정세에 따른 교역을 목적으로 방향을

---

12) 중국 당나라 현종 말기인 755년에 안녹산(安祿山)과 사사명(史思明)이 주동이 되어 일으킨 반란이다. 안녹산은 양국충(楊國忠)과의 권력 다툼에서 밀려나자 그를 토벌한다는 명분으로 15만 대군을 이끌고 낙양을 함락시켰다. 이 반란은 당나라 쇠퇴의 전환점이자 중국 사회를 변화시키는 계기가 되었다. 인구의 급격한 감소, 재정 적자의 악화, 민생 파탄, 균전제와 조용조제가 붕괴되는 등 당나라의 근간이 흔들리자 당나라는 존속을 위해 새로운 지배체제로의 전환이 절실해졌다. (홍문숙, 『중국사를 움직인 100대 사건』, 청아출판사, 2013.)

바꾸었다.

 이러한 상황 아래 한일 교류에서 새롭게 등장한 것이 상인이었다. 그것은 동아시아에서 교류의 밀도를 상승시켰지만 한편으로는 각 국가가 국제 통교를 일원적으로 관리할 수 없게 되고, 한일 간에 통모사건과 해적이 발생하게 되었다. 특히 파탄이 현저해진 것이 신라였으며, 고려·후백제의 자립으로 후삼국 시대에 신라는 멸망한다. 발해도 신흥 거란의 압박을 받아 멸망했다. 일본도 셋칸(攝關)13)정치라는 새로운 체제 아래에서 마사카도(將門)의 난14)에 직면했다. 이러한 과정을 통해 10세기 전반 한반도와 일본에서 율령제 국가는 모습을 감추게 되었고, 고대의 한일관계는 끝을 맞이하게 되었다.

1. 삼국의 등장과 왜국

1) 한반도와 일본열도의 국가 형성

중국 문명과의 접촉

 한반도·일본열도가 문명화되어 국가로 성장하는 과정에서 중국 문명의 존재는 매우 중요한 요소였다. 중국 문명과의 접촉은 인접한 한반도에서 일찍부터 시작되었지만 큰 계기가 된 것은 기원전 108년 전한(前漢) 무제(武帝)의 조선 공격이었다. 이에 의해 낙랑(樂浪)·임둔(臨屯)·진번(眞番)·현토

---

13) 셋칸(攝關)은 헤이안(平安) 시대에 후지와라(藤原) 가문이 대대로 셋쇼(섭정 攝政)와 간파쿠(관백 關白) 직을 독점하면서 천황의 대리인을 명목으로 정치 실권을 독점하던 정치 형태이다.
14) 헤이안 시대 무장으로 도고쿠(東國; 현재의 관동지방)의 세력가였던 마사카도(平將門)가 황실 혈통임을 이용하여 신황(新皇)을 자처하며 940년에 조정에 반기를 들었던 사건을 말한다.

(玄菟)의 네 개 군(郡)이 설치되었다. 전한의 네 개 군에 대한 지배는 오래 지속되지 않고 기원전 82년에 멀리 있던 임둔·진번 두 개의 군이 폐지되었다. 이즈음에 한반도 북부에서는 고구려가 나라로서 모습을 드러내는데, 전한의 한반도 지배에 자극을 받았기 때문이라는 것을 쉽게 추측할 수 있다. 고구려는 중국에 대항하는 것으로 세력을 증진시키게 되지만, 한편으로는 중국으로부터의 압력도 강해서 12년에 전한을 멸망시킨 왕망(王莽)이 군대를 파견하여 고구려왕을 죽이고 나라 이름을 하구려(下句麗)로 고치는 조치를 취했다.

한사군의 설치가 계기가 되어 일본열도가 중국 문명에 알려지게 되었다. 후한 이후에 성립된 『한서(漢書)』 지리지(地理志)에는 "낙랑 바다 가운데 왜인이 있다. 100여개의 國으로 나누어져 있다. 절기(歲時)에 따라 와서 헌현(獻見)한다고 한다."라고 되어 있고, 전한은 낙랑군의 지배를 통해 일본열도의 존재를 확인하고 있다. 왜인이 낙랑군에 공물을 바친 것은 한반도와 일본열도 사이의 항상적인 교류를 배경으로 성립된 것이었다.

이즈음 한반도에는 동해안 지역에 옥저·예(濊), 남부와 서해안에 걸쳐 한(韓)이 있었고, 한이 특히 왜인과 깊이 교류했다. 그것이 정치적으로 중요한 의미를 갖게 된 것은 1세기였다. 44년에 한의 염사국(廉斯國) 사람 소마제(蘇馬諟)가 낙랑군에 조공했고, 후한을 세운 광무제(光武帝)는 그를 한렴사읍군(漢廉斯邑君)에 봉했다. 노국(奴國)이 후한에 사자를 파견하고, '한위노국왕(漢委奴國王)'이라는 금인(金印)을 받은 것이 57년이다. 한의 나라들 가운데 하나인 염사국이 후한에 사자를 보내고 책봉을 받은 것이 자극이 되어 노국이 사자를 파견했을 가능성이 높다. 노국과 후한의 외교는 낙랑군을 창구로 했지만 낙랑군에 이르는 교통 경로를 생각해 보면 염사국을 경유했을 가능성도 있다. 노국과 염사국의 교류는 한반도와 일본열도의 대중국 외교의 본격적인 개시를 재촉하기도 했던 것이다. 107년에도 왜국 왕 스이쇼(師升)가 후한에 사자를 파견했는데 역시 한을 매개로 하여 사절을 파견했을 것이다.

철을 둘러싼 교류

염사국에서 또 한 가지 주목할 것은 철이다. 『위략(魏略)』 한전(韓傳)에는 염사착(廉斯鑡)이 낙랑군으로 망명하려고 했을 때 목재를 채벌하는 한인 집단과 만났다는 전승이 기록되어 있다. 벌채된 목재는 제철용 목탄으로 제조되었을 가능성이 지적되고 있다. 고고학적으로도 경상남도 다호리(茶戶里) 유적(기원전 1세기)에서 철기가 발견되고 있어, 이때 이미 하난도 남부에서는 제철이 행해지고 있었던 것을 알 수 있다.

철은 열처리에 따라 강도를 조절할 수 있기 때문에 금속 중에서도 이용 가치가 높다. 그 때문에 일본열도에도 야요이(彌生) 중기 이후 급속히 수용되어 기원전 1세기에는 규슈 북부를 중심으로 보급되었다. 다만 당시 일본열도 내부의 수요만큼 철 자원을 자급하는 것이 곤란하여 한반도로부터의 수입에 의존했다. 철의 유통이 염사국과 노국의 교류에도 크게 관련되어 있었을 가능성이 있다

이러한 상황은 2~3세기에도 계속되었다. 『위지(魏志)』 한전에는 변진(弁辰)에 대해 "나라에서 철이 나온다. 한·예·왜가 모두 따르고 이것을 취한다. 여러 교역과 매매에서 모두 철을 이용하고 있다. 중국의 돈을 이용하는 것처럼 또한 두 군에 공급한다."라고 기록되어 있다. 변진 지역의 철은 북쪽은 낙랑·대방군, 동쪽은 예, 남쪽은 왜로 유통되고 있다. 변진 가운데에서도 독로국(瀆盧國)이 왜와 경계를 접하고 있다는 점, 구야국(狗倻國)은 대방군에서 일본열도로 가는 길에서 볼 수 있다는 등의 점에서 일본열도의 나라들은 주로 이러한 나라들과의 교류를 통해 철을 획득했던 것이다.

다만 철이 현대의 화폐처럼 편리하게 사용되었다고 생각할 수는 없다. 철 생산에는 '채굴→정련→단조(鍛造)→주조'의 과정이 필요하며 소집단에서는 할 수 없다. 아마 그 생산을 공동체의 수장이 장악하여 '구니(國)'수

준에서 행해졌다고 생각된다. 그렇게 해서 만들어진 철은 주변과의 교류에서 정치적으로 사용되었다고 볼 수 있으며, 누구나 쉽게 손에 넣을 수 있었던 것은 아니다.

그런데 야요이 중기까지 안정적이었던 기후가 2세기 후반 즈음부터 한랭해질 조짐을 보였다. '간레이(桓靈) 연간'(147~189)에 발생한 이른바 왜국대란은 그러한 가혹한 환경과 연동하는 것이었다. 일본열도에는 전란에 대한 방위시설로 높은 지대의 환호(環濠) 집락15)이 세토나이(瀨戶內)를 중심으로 분포하는데, 한반도에서는 구마한국(狗邪韓國; 김해 金海) 지역의 대성동(大成洞) 유적·봉황대(鳳凰臺) 유적 등에서 일본열도와 같은 상황을 확인할 수 있다. 이러한 내란에서 철을 생산하는 나라는 그것을 이권화함으로써, 그리고 철을 필요로 하는 주위 나라는 획득한 것을 기득권익화함으로써 혼란을 극복하려고 했을 것이다. 그런 점에서 한반도 남부의 쟁란과 일본열도의 내란과의 상관관계를 이해할 수 있다.

바다의 삼국지(三國志)

이 시기 중국의 동향도 한반도와 일본열도의 관계에 큰 영향을 주었다. 2세기 말 후한의 쇠퇴가 명확해지는 가운데 요동지역에서 세력을 넓힌 공손씨(公孫氏) 공손도(公孫度)16)는 요동후(遼東侯)를 자칭하고 황제 제사를 스스로 집행하는 등 후한으로부터의 자립을 지향했다. 뒤를 이은 공손강(公孫康)이 고구려를 공격하여 대륙의 군웅할거 상황은 한반도에도 미치게 되

---

15) 환호집락은 주위에 감싸는 형태로 판 못(해자; 垓字)을 설치한 취락(聚落)을 말한다. 벼 농사와 함께 대륙에서 들여온 새로운 취락 경계 시설이다. 판 못에 물을 채운 경우에 환호(環濠)라고 쓰고, 물을 채우지 않은 경우에는 환호(環壕)라고 써서 구별한다.
16) 후한 말 세력을 이룬 요동 공손씨(公孫氏) 정권의 제1대 수장으로 자는 승제(升濟) 또는 숙제(叔濟)이다. 유주(幽州) 요동군(遼東郡) 양평현(襄平縣) 출신으로, 본명은 공손표(公孫豹)이며, 공손도는 개명(改名)이다.

3세기의 동아시아

었고, 204년 즈음에는 낙랑군을 분할하여 대방군(大方郡)을 설치했다.

요동지역은 3세기 전반 국제관계에서 하나의 중심이었다. 특히 230년대에 들어오면 같은 지역을 둘러싸고 동중국 해역의 외교관계는 유동화했다. 232년 오(吳)나라가 공손씨에게 접촉을 시도하고 이듬해에는 공손씨가 오나라에 의해 연왕(燕王)에 봉해졌다. 이로써 공손씨와 오나라의 관계가 성립되었는데, 공손강은 곧 위나라에 붙었다. 공손씨의 회유에 실패한 오나라는 236년 고구려에 사자를 파견하지만 고구려에서 사자를 죽이고 위나라에 알려 이것도 실패했다. 이러한 불안정한 상황에서 위나라는 237년 요동 평정을 목표로 군대를 파견하지만 실패하고 공손강은 자립하여 연(燕)나라를 세웠다. 위나라는 이듬해에 사마의(司馬懿)를 보내 공손강을 베었다. 공손씨는 4대째로 망하고, 요동·대방·낙랑·현토군은 위나라가 차지하게 되었다.

왜국의 히미코(卑彌呼)가 위에 사자를 파견한 것은 이것을 받아들이는 것이었고, 이후 대방군이 왜국과 위나라의 창구로서 기능했다. 대방군에서 왜국에 이르는 길은 『위지』왜인전(倭人傳)에 "해안을 따라 바닷길로 가서 한국(韓國)을 거쳐 혹은 남쪽 혹은 동쪽"이라고 있는 것처럼 연안부에 있는 한 제국의 협력을 얻지 않으면 안전한 통행을 바랄 수 없었으며, 왜국에서 위나라에 보낸 사자는 한 제국과의 교류를 전제로 한 것이었다.

위나라에 의한 대방군의 군치(郡治)는 한반도의 여러 나라들에도 충격을 주었다. 위기감을 느낀 고구려는 242년에 서안평(西安平)을 침략했지만 오히려 위나라의 공격을 초래하여 246년에 도읍인 환도(丸都)가 함락되었다. 이때 위나라의 동방원정은 부여·옥저·예·숙신에까지 미쳤다. 그것은 군사적 위압이면서 동시에 전쟁 이후 토목공사로 백성이 이익을 얻는다는 점에서 문명의 전파라고 할 수 있는 측면을 가지고 있었다. 한반도 남부는 마한·진한·변한으로 나뉘어 있고, 대방군·낙랑군의 지배를 받았다. 이러한 군치에 대해 한의 일부는 따르지 않고 무력봉기를 하고, 이것을 누르고 흡수하려 한 대방군 태수 궁준(弓遵)을 전사하게 했지만, 두 군에 의해 멸망당했다. 위 나라의 고구려 원정과 낙랑·대방군의 군치는 중국 문명과의 직접적인 접촉이자 한반도의 문명화를 촉진시키는 계기가 되었지만, 한편에서는 특히 한의 왕권 성장을 억제하는 것이기도 했다. 한반도 남부의 소국이 분립한 상태는 영역 확대를 목표로 한 고구려와 철 등의 권익을 강하게 희망하는 왜국의 개입을 허락할 소지를 만들었다고 할 수 있다.

2) 삼국의 성립과 왜국

백제·신라의 성립

265년 위가 멸망하고 서진(西晉)17)이 성립했다. 영일군18)에서 출토된 '진솔선예백장(晉率善穢佰長)'이라고 새겨진 동인(銅印) 등에서 서진도 위의 동방 통치를 계승했던 모습을 엿볼 수 있다. 다만 서진은 280년에 오(吳)나라를 멸망시키기까지 대륙의 통일에 뜻을 두고 있었고, 통일 이후에는 290년에 무제(武帝)가 죽자 황실의 내분이 격화되었다(291~311, 팔왕八王의 난).19) 이 과정에서 서진의 동방 통치는 등한시되어 한반도의 여러 족속의 활동이 활발해졌다.

위나라의 공격에 의해 국력이 약해진 고구려는 300년에 즉위한 미천왕(美川王)이 국내의 관제를 정비하자 다시 강대해져서 313년에 낙랑군을 멸망시켰고, 얼마 되지 않아 대방군도 멸망시켰다. 그때 두 군의 중국계 인사를 접수하고 한반도 북부를 장악했다. 고구려에 의한 두 군의 멸망은 한반도 남부가 중국의 정치적 억제의 굴레에서 벗어남과 동시에 새롭게 고구려의 압박을 받게 된 것을 의미했다. 한반도 서쪽 연안의 마한 지역은 3세기에는 50여개 국이 있었지만 그 가운데 백제국(伯濟國)의 성장이 두드러졌고, 4세기 중엽에 백제(百濟)가 성립했다. 동쪽 연안의 진한 지역에서는 사로국(斯盧國)이 발전하여 신라가 등장했다. 변한 지역은 금관가야가 세력을 갖게 되었다. 다만 어느 지역에서도 4세기 시점에서 통일이 이루어진 것은 아니고 마한과 진한은 일강다약(一强多弱), 변한은 소국이 할거하는 양상을 보였다.

---

17) 서진은 중국 위(魏) 나라의 사마염(司馬炎)이 제위를 선양 받아 세운 나라이다.
18) 영일군이었던 지역은 옛 영일현·장기현·홍해군·청하현의 4개 고을이 합해 이루어진 행정구역이다. 옛 영일현은 삼국시대에 신라의 근오지현(斤烏支縣) 또는 오량지현(烏良支縣)이었다. 1995년 포항시에 통합되었다. 지금의 포항시 4개읍 10개면 196개 동리가 이 지역에 해당한다.(다음백과 https://100.daum.net/encyclopedia/view/b15a4015b)
19) 291년부터 306년까지 이어진 중국 서진의 내란으로 황후 가남풍이 권력을 잡고 전횡을 일삼자 이에 반발한 8명의 왕이 반란을 일으켜 내전을 벌인 사건이다. 팔왕의 난으로 인해 계속된 오랜 혼란의 결과 서진의 통치기반은 급격히 악화하여, 흉노족 침입(영가의 난 永嘉之亂)으로 서진은 멸망했다.

백제와 왜국의 동맹

칠지도(이소노카미 石上 신궁 소장)

3세기 후반부터 4세기 전반 왜국의 정치적 상황은 문헌사료가 없기 때문에 명확하지 않은 점이 많다. 다만 3세기 초부터 4세기 초에 걸쳐 존속했던 유통·제사의 중심적 성격을 가진 마키무쿠(纒向)20) 유적의 존재 등으로 인해 야마토 분지를 거점으로 하는 왜 왕권이 이때 즈음에 출현했을 것으로 간주된다. 왜 왕권은 근교의 호족을 손에 넣어 야마토 정권을 구축하고 일본열도 각지의 유력 호족과 느슨한 연합체를 구성했다.

왜 왕권이 일본열도의 정치적 결합에서 중핵이 될 수 있었던 이유의 하나로 신분·위세를 상징하는 재물(威信財)과 자원재물(資源財)의 유통과 관리를 장악한 점을 들 수 있다. 가장 단적인 예가 철이다.

철은 무기를 비롯하여 여러가지 용도에서 반드시 필요한데 일본열도 안에서 산출되지 않는 상황이어서 철의 입수는 절실한 문제였다. 왜 왕권은 변한 지역에 대해 철 이권을 유지하고 쇳덩이(철정鐵鋌)의 형태로 일본열도에 들여와 그것을 여러 호족에게 재분배함으로써 우위성을 확보하고 정치적 중핵으로서의 입장을 유지했다.

이러한 한반도 남부와 왜국의 관계에 강한 영향을 미친 것이 고구려의 남하였다. 311년에 서진이 멸망하자 대륙은 할거하는 상태가 되었다. 요동지역은 모용씨(慕容氏)21)가 세력을 넓히면서 고구려와 충돌하게 되었다.

---

20) 사쿠라이시(桜井市) 지역의 북부에 펼쳐진 유적지로, 초기 야마토 정권의 발상지로, 혹은 서쪽 규슈의 여러 유적군에 가운데 야마타이국(邪馬台国)의 동쪽 후보지로서 전국적으로도 저명한 유적이다.

337년에는 모용황(慕用皝)22)이 전연(前燕)을 건국하는데 이르렀지만 그 때 권력투쟁에서 패배한 동수(冬壽)23)가 고구려로 망명했다. 동수의 묘에 기록된 관작을 보면 고구려에서 반독립적인 세력을 유지했던 것 같다. 직접적 대립뿐만 아니라 반 전연 세력을 수용한 고구려의 상황을 중시했던 전연은 342년에 도읍을 공격하여 미천왕(美川王)의 묘를 파헤치고 왕의 어머니와 왕비를 납치했다. 고국원왕(故國原王, 재위 331~371)은 전연에 대해 신하를 칭하여 멸망을 회피했지만 고구려의 서쪽 진출은 좌절되었다. 그 후 고구려는 주로 남하하는 방침의 군사정책을 취하면서 백제와의 대결이 현저해졌다.

고구려와 백제의 대립은 371년 고국원왕이 패하여 죽음으로써 백제가 승리하게 되었다. 백제는 다음 해인 372년 동진에 사절을 파견하여 정식으로 책봉을 받아 한반도에서 세력을 확립했다. 같은 시기 왜국에 대해서도 칠지도(七支刀)를 주어 백제와 왜국의 외교관계가 수립되었다. 칠지도에 '泰□四年'으로 연도가 표기되어 있는데, 이것은 동진(東晉)의 태화 4년(太和四年; 369)으로 추정된다. 동진의 책봉에 앞서 그 연호를 사용하고 있었던 것에서 외교와는 다른 수준에서 동진계 인사가 백제에서 활동했던 모습을 볼 수 있다. 칠지도는 곡나철산(谷那鐵山 소재불명)의 철로 만들어졌다고 전해

---

21) 중국의 삼국 시대와 진나라 시기의 선비족(鮮卑族) 지파인 모용선비의 성씨로서, 후에 전연(前燕)·서연(西燕)·후연(後燕)·남연(南燕)을 건립하였다. 또한 토욕혼(吐谷渾)도 선비족이 지배층에 있던 티베트족이다. 현재도 존재하는 성씨이지만 관련이 없다. (다음 백과사전)
22) 16국 시대 전연(前燕)의 초대 왕(재위, 337-348)으로 모용외(慕容廆)의 아들이다. 모용외가 죽자 요동군공(遼東郡公)의 자리를 이어받아 선정을 펴고, 중국문화 보급에 힘썼다. 후조(後趙)와 손을 잡고 선비족인 단부(段部)를 멸망시켜 그 땅을 빼앗았다. 이어 후조(後趙)와 싸워 이겨 세력이 하북지방으로 신장했다. 함강(咸康) 3년(337) 동진(東晉)에 대한 종속적 관계를 끊고, 스스로 연왕(燕王)이라 칭하여 조양(朝陽)에 도읍을 정하고 문무백관을 두었다. (임종욱 편저, 중국역대인명사전, 2010.)
23) 삼국시대 때 모용부(慕容部)에서 고구려에 귀화한 유민이다.

지며, 양국의 외교관계에서 철은 역시 중요한 요소였다. 고구려와의 대결전에 백제가 왜국과의 외교를 개시한 것은 왜국에 군사적 원조를 기대했기 때문일 것이다. 고구려의 남하로 인해 압력이 완화된 것은 한반도 동쪽에도 영향을 미쳐서 377년 신라가 화북의 전진(前秦)에 사자를 보냈다.

고구려의 남하

고국원왕이 전사한 후 내정의 충실을 도모했던 고구려는 광개토왕(재위 391~412) 시대에 비약적인 발전을 이뤘다. 덕흥리(德興里)[24] 고분 묘지(墓誌)[25]에 '국소대형(國小大兄)'이라고 기록되어 있는 것처럼 고유의 관위가 성립되어 있었고, 영락(永樂)이라는 독자적인 연호도 사용했다. 5세기에 동아시아 여러 나라들에게 큰 의미를 가지는 부관제(府官制)를 최초로 도입한 것도 광개토왕 때였다.

국력을 회복한 고구려는 다시 한반도 남부로의 확대를 목표로 삼았다. 광개토왕비에는 '신묘년'(391년)에 왜국이 백제·신라를 '신민(臣民)'으로 삼았던 일 등이 기록되어 있다. 이 비문은 개찬설이 제기된 적도 있지만, 원석 탁본 조사에 의해 연구가 크게 진전되어 근대에 의도적인 개찬을 상정할 필요는 없다. 다만, 이 비문은 어디까지나 광개토왕의 공훈을 보여주는 한반도 남부로의 군사적 행동을 정당화하는 문맥에서 기록된 것이다. 왜국이 한반도에 대해 군사적으로 개입한 것은 인정할 수 있지만 391년의 왜국의 행동에 대해 고구려는 396년에 백제를 공격했다. 고구려는 왜국의 한반도에 대한 군사 활동은 백제와의 군사동맹적 연대를 전제로 했던 것으로 취급했다. 왜국·백제 대 고구려라는 대립축은 이 때 명확해졌다.

광개토왕은 왜국·백제와의 대결 과정에서 신라왕을 '노객(奴客)'으로 위

---

24) 함경북도 회령시 북부의 두만강 기슭에 위치한다.
25) 죽은 사람의 이름과 생몰년, 행적, 신분, 무덤의 방향 등을 글로 새겨 무덤 앞에 묻은 돌이나 도관 또는 거기에 새긴 글

치 지어 고구려의 군감(軍監)26)을 받게 하는 등 신라를 세력 아래 두었다. 그 후에도 몸소 정벌을 계속하여 패려(稗麗: 契丹)·숙신·동부여를 정복했다. 다음 대의 장수왕(재위 413~491)도 그 뒤를 이어 한반도 북부를 고구려의 지배 아래 두었다.

왜국이 한반도에 구애되었던 이유가 철 자원의 획득 때문이라는 것은 이전과 마찬가지로 바뀌지 않았다. 한반도 남부 지역은 백제와 신라처럼 특출한 나라가 출현하지 않았고, 4세기에는 가야로 불린 금관가야·안라(安羅) 등의 소국 연합체 상태였다. 왜국의 철 자원은 이 지역을 토대로 하였고, 철의 안정적인 공급을 목표로 백제와 외교관계를 맺었다. 고구려의 남하에 의해 그것이 위협받을 것이라고 판단했기 때문에 군사적 출동을 감행했다고 생각된다. 4세기 말에는 왜국이 마주해야 할 한반도의 국가들은 고구려·백제·신라·가야 등으로 수렴되었다.

3) 동아시아 속의 왜 오왕(五王)

부관제(府官制) 시대

고구려의 남하와 왜국·백제 동맹이라는 대립축은 분열하는 중국의 정세와 연동하면서 전개되었다. 383년 비수(淝水)27)의 전쟁에서 화북(華北)28) 통일을 목표로 했던 전진(前秦)이 동진에 패배하자, 서연(西燕)·후연(後燕)·휴량(後涼)이 자립하고 화북은 다시 혼란에 빠졌다. 여기에 편승하여 고구려는 385년에 요동·현토군(玄菟郡)29)을 공격하지만 후연(後燕)의 반격을

---

26) 군사(軍事)를 감독(監督)하는 직책(職責)
27) 중국 안휘성(安徽省)의 서북부에 있는 강으로 합비현(合肥縣) 자봉산(紫逢山)에서 발원(發源)하여 서북으로 흘러 회수(淮水)로 들어간다.
28) 중국 베이징시(北京市)와 허베이(河北)·톈진(天津)·네이멍구자치구(內蒙古自治區)에 걸친 지역의 총칭이다.
29) 고조선(위만조선)이 멸망한 이후, 전한(前漢)의 무제(武帝)가 기원전 108년에 설치

만났다. 그 후 고구려는 후연과의 외교관계를 성립시키고 평주목(平州牧)·요동·대방이국왕(帶方二國王)에 봉해졌다. 광개토왕은 이 관작(官爵)을 기반으로 국내에서 부관(府官)을 임명했다.

부관은 중국에서 삼공(三公)[30]·장군 등 고위 관직에 있는 자가 그 막하(幕下)를 장사(長史)·사마(司馬)·삼군(參軍) 등의 관으로 편성한 것이다. 이는 황제로부터 임명권을 위임받은 것이라고 할 수 있다. 주변 제국에서는 책봉을 받은 나라의 왕이 스스로 받은 장군호 등을 근거로 하여 국내의 신하를 부관으로 임명하는 구조였고 중국의 관작을 원칙으로 하여 국내의 지배를 정비했던 시스템으로 평가할 수 있다. 동아시아에서 최초로 부관제를 도입했던 고구려는 중국과의 엄격한 외교 속에서 적극적으로 국내 정비에 돌입했다고 할 수 있다.

비수(淝水)의 전쟁[31]에서 승리한 동진이 국제관계상 비중을 높이자, 고구려는 동진과의 외교를 시도했다. 특히 413년에는 왜국과 함께 입공하고 있는 점이 주목된다. 이때 왜국은 담비 가죽·인삼을 지참했는데 이러한 것은 왜국에서 생산되지 않는 산물이었다. 고구려가 대왜전(對倭戰)의 포로를 사절로 간주하여 대동했다고 이해하는 것이 타당할 것이다. 이러한 행위의 목적은 고구려가 왜국을 속국으로 삼은 대국이라는 점을 동진에게 어필하려고 한 것이었다.

420년에 동진이 망하고 송(宋)이 성립하자 고구려·백제·왜국의 대립·경합 관계는 최고조에 달했다. 송은 고구려와 백제에 동진보다 높은 관작을 주어 흡수하고자 했다. 왜국도 1년 뒤인 421년에 중국과의 외교를 백 수십

한 한사군(漢四郡) 중의 하나이다. 예맥(濊貊) 계통 토착민 세력의 반발에 의해 점차 중국 본토 방면으로 이동하다가 고구려에 의해 완전히 소멸했다.
30) 최고위 대신의 직위를 나타냈던 말
31) 중국 오호십육국시대(五胡十六國時代) 전진(前秦)의 부견(符堅)이 383년 동진(東晉)을 공격했다가 비수(淝水)에서 동진의 사현(謝玄)에게 패배한 전투이다.

년 만에 재개했는데, 백제로부터 자극을 받았기 때문일 것이다. 대송 외교에서 부관제가 백제와 왜국에도 적용된 것이 송에 파견된 사절의 직함을 통해 판명되었다.

이러한 부관제가 각국에서 어느 정도 의미를 가지고 있었는가에 대해서는 부관의 활동을 외교에 한정하여 보는 견해와 국내 지배자층의 편성에 이른다고 보는 견해로 평가가 나뉘고 있다. 전자의 견해에 따르면, 고구려에서 부관제를 도입한 광개토왕 시대에는 외교에 부관을 파견하지 않은 점에서 외교에만 한정된 제도는 아니었던 것을 알 수 있다. 다만 그것이 국내 전체의 지배체제로 기능했다고 간주할 수도 없을 것 같다. 고구려·백제·왜국의 부관 이름을 확인해 보면 조달(曹達) 등 중국계 이름만 있다. 고구려와 백제에서는 낙랑·대방계 유민을, 왜국에서는 한반도로부터의 도래계 인사를 왕권지배에 활동하기 위한 시스템으로 부관제를 채용했다고 생각할 수 있다. 바꿔 말하면 어느 나라나 왕권에 대항할 수 있는 유력 귀족·호족이 존재했지만, 그것을 왕권 아래 일원적으로 서열화하기까지는 이르지 못한 것이다.

또한, 고구려·백제·왜국의 왕이 요청한 중국 관작은 세 가지로 분류할 수 있다. 첫 번째는 왕(국왕)호로, 고구려·백제에는 왕호, 왜국에는 국왕호가 부여되었다. 왕호는 중국의 책봉체제 아래 정치적으로 가깝다고 평가되어 중국과의 관계를 한반도의 패권 전쟁에 반영시키려고 했던 당시에는 현실적인 의미를 가지고 있었다. 두 번째는 장군 호칭으로 고구려에는 정동대장군(征東大將軍), 백제에는 진동대장군(鎭東大將軍), 왜국에는 안동장군(安東將軍)을 주고, 동진 때부터 외교관계를 구축한 고구려와 백제는 대장군, 송에서 파견하게 된 왜국은 장군이었다. 대장군과 장군은 관부설치의 기준과 품계에서 큰 차이가 있었다. 세 번째로 사지절도독제군사(使持節都督諸軍事) 호칭이다. 이러한 것은 행사할 수 있는 군사권의 권한 수준과 공간적 범위를 보여주는 것이다. 첫 번째와 두 번째 점에서는 고구려와 백제가 거의 동렬이지만 왜국은 뒤쳐져 있었던 것을 알 수 있다. 세 번째 점에 대해서는 고구려의 영주제군사(營州諸軍事), 백제의 백제제군사에 대해 왜국은 왜신라임나가라진한모한육국제군사(倭新羅任那加羅秦韓慕韓六國諸軍事)를 인정받고 있다. 송과의 외교관계를 구축할 수 없었던, 즉 송의 시야에 들어가지 못했던 이러한 지역에 대해 왜국의 군사권 행사를 인정받는 것에 성공했다고 할 수 있다. 그러나 실제로 왜국의 군사권이 이러한 나라들에 대해 확립되어 있었는가 하는 것은 별개의 문제이다.

문자의 사용과 문서외교

문명화 지표의 하나로 문자사용을 들 수 있다. 고대 동아시아의 문자는 한자로, 그 수용이 문제가 된다. 일본열도에서의 한자 사용에는 몇 개의 단계가 상정된다. 첫째, 문자 개체로서 기호적 인식의 단계, 둘째, 문장으로서 독해할 수 있는 단계, 셋째, 문장으로서 기록이 가능한 단계이다.

일본열도에서의 첫 단계 관련 출토 유물로는 가센(貨泉)[32] 등을 들 수 있으며, 문자로 인식한 단계가 확실한 유물로는 금 도장(金印)을 들 수 있다. 왜인이 한자를 기록한 단계의 유물은 굽 높은 그릇(다카쓰키 고배高坏[33]))의 다리 부분에 새겨진 '봉(奉)'(혹은 '연年', 미에현三重縣 오시로大城) 유적 등이 있다. 그리고 『위지(魏志)』 왜인전(倭人傳)에는 이토(伊都)국에서 문서 관리를 했던 사실이 기록되어 있으며, 권력 중추부는 야요이(彌生) 시대 끝 무렵에 문자 수용 제2단계에 도달해 있었다. 한편 한반도에서는 다호리(茶戶里) 유적(기원전 1세기)[34]에서 문구가 출토되고 있는 것처럼

---

32) 중국, 신(新)의 왕모(王莽)가 서기 14년에 주조한 동전으로 둥근 바탕에 네모난 구멍이 있고 좌우에 '貨泉' 두 글자가 있다. 일본에서 야요이 토기와 같이 출토되었다.
33) 고배는 음식 담는 굽 높은 그릇이다.
34) 경상남도 창원시 북면 다호리에 있는 철기시대 나무널움무덤(공동무덤으로서 통나무를 파서 만든 독특한 나무널과 껴묻거리를 바구니에 담아 널 밑에 넣어두는 장법) 유적이다.

일본도에 비해 일찍부터 문자와 접하고 있었다. 낙랑계 중국인을 흡수했던 고구려와 백제는 4세기 시점에는 지배에 한자를 이용하고 있다. 이러한 동향 속에서 칠지도가 증여된 것이다. 한반도에서 일본열도 방향으로 한자는 전파되고 왜국의 정치적 지배에서 의미를 갖게 되었다.

이때부터 동아시아 제국은 대중국 외교에서 문서를 이용하게 되었다. 각국의 외교문서는 413년에 고구려가 동진에, 425년에 백제가 송에 그리고 왜국이 송에 보낸 것이 처음이었다. 문서 외교는 대중국 외교에서 필수 요건이었다. 또한 외교문서는 중국의 전적(典籍)을 적극적으로 이용했고, 그 이해도는 상당한 수준에 이르렀다. 그중에서도 왜국과 백제의 외교문서는 유사성이 높고, 백제의 작문 기술이 왜국에 제공되어 공유되었던 모습을 볼 수 있다. 대표적인 예로 478년 왜왕 무의 상표문(上表文)을 들 수 있는데, 전적의 구사와 변려체의 미문은 특필할 만한 수준이었다. 이러한 문서는 백제의 왕인(王仁, 와니키시和邇吉師)을 전적으로 수용하여 작성한 것으로 기(記)·기(紀)에 기록되어 있다. 전승을 해석할 때는 신중할 필요가 있지만 왕인이라는 이름에서 낙랑 왕씨와의 관련을 생각할 수 있다. 이러한 작문 기술과 전승은 왜국의 문자문화 수용이 주로 백제를 매개로 했다는 것을 보여준다.

5세기에 동아시아 문서 외교는 중국계(도래계) 인사의 활동과 관련된 것이었으며, 실제로 문자가 광범위하게 보급되어 있었다고 말하기는 어렵다. 그래도 5세기 후반 이후에는 동아시아에 문자문화가 정착하게 되는데, 한자를 만들어낸 중국의 용법과는 다르다는 점에서 공통점이 많다. 몇 가지 사례를 들면 사이타마(埼玉) 이나리야마(稲荷山) 고분에서 출토된 철검에 '7월 중'이라고 되어 있는 것처럼 연월을 기록할 때 '몇 월 중'이라고 쓴다. 이 '중'의 용법은 일본반도에서는 '~에'라는 시제를 표시한 것이다. 또한 중국에서는 중량 단위인 '일(鎰)'이 일본과 한반도에서는 열쇠(가기 カギ)라는 의미로 오용되고 있다. 한반도의 특수용법이 일본열도에 유입되어 공유되

었으며, 한반도와 일본열도는 동일한 문자 문화권 안에 있었다.

신라와 가야의 입장

5세기 전반 고구려에 종속되어 있던 신라는 그러한 상황에서 벗어나기 위해 왜국을 포함한 주변 지역과 교류했다. 450년에는 고구려에서 파견한 신라 주둔부장(駐屯部將)을 살해하여 고구려로부터 이탈하고, 경주 분지를 거점으로 진한 지역을 통합하기 시작했다.

왜국과의 관계는 『삼국사기』에 의하면 실성니사금(實聖尼師今)이 이전 왕이었던 내물니사금(奈勿尼師今)의 왕자 미사흔(未斯欣)을 왜국에 '인질(質)'로 보냈다고 기록되어 있다. 그 후 미사흔이 박제상(朴堤上)을 따라 신라로 도망갔다는 이야기가 『일본서기』와 『삼국유사』에 실려 전해지고 있다. 또한 이 시기에 백제 아신왕(阿莘王)이 전지(腆支)를 왜국에 인질로 파견했고, 왕이 사망한 후 귀국하여 즉위했다고 한다. 인질은 본래 맹약을 지키겠다는 증거로 서로에게 파견한 것으로, 이것으로 상하 관계가 규정되는 것은 아니다. 다만 신라의 경우 고구려와 왜국으로 좁혀진 지세에서 신라에 불리한 맹약을 맺게 되어 편무적으로 인질을 파견했을 수 있다. 이것을 왜국의 입장에서 보면 고구려의 남하에 대치하는 최전선에 신라를 위치 짓고, 신라를 왜국·백제의 동맹으로 끌어들이는 것을 중요한 과제로서 인식하게 된다. 438년에 즉위한 진(珍)은 이것을 실현시키기 위해 송에 신라를 포함한 제군사라는 작위를 내려주도록 요청했다.

한편 옛 변한 지역은 오래전에 임나로 불렸고, 가라(加羅)라는 별칭이 있다고 인식되어왔다. 그러나 이렇게 생각하면 왜국이 요구했던 제군사 칭호에 임나와 가야를 함께 쓰고 있는 것이 설명되지 않는다. 양자를 가야 지역에 있는 다른 나라로 이해하지 않으면 안 된다. 4세기 가야에서 유력했던 것은 금관국이다. 진경대사보월릉공탑비(眞鏡大師寶月凌空塔碑)에 '대사는 속성 신김씨(俗姓 新金氏), 그 조상은 임나왕족'이라고 되어 있다. 신김씨는

Ⅰ. 고대 동아시아의 국제관계와 교류 21

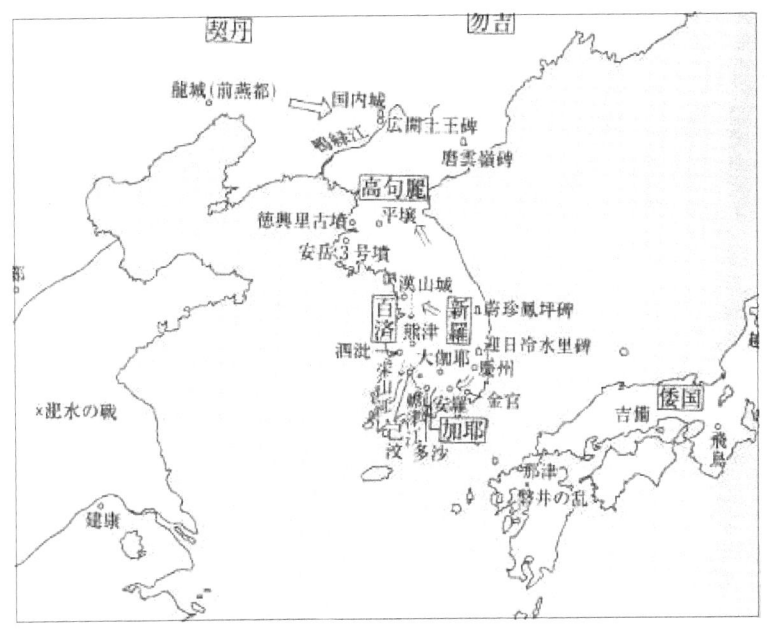

5~6세기의 한반도와 일본열도

금관국의 왕족이고, 여기에서 말하는 임나는 금관국을 중심으로 한 가야 연안부를 가리킨다. 한편 5세기가 되면 점차 내륙으로 들어온 반파국(伴跛國)이 세력을 넓혀 '대가야'로 불리게 되었다. 479년에 '가라국'의 가치(荷知)가 남제(南齋)에 사절을 파견한 일이 단 한 차례 있었고, 가치는 대야가의 가실왕(嘉悉王)이라는 점이 지적되고 있다.

　4세기부터 5세기에 걸쳐 소국 집합체인 가야의 중심적 세력이 금관에서 대가야로 옮겨오고 5세기 후반에는 일정한 정치적인 통합을 바탕으로 중국과의 외교를 실현시키는 데까지 진전되었다. 철이라는 가장 중요한 자원을 이 지역에 의존하고 있던 왜국은 그 이권을 확보할 목적으로 계속 관여하려 했다.

교통 상황

고대의 교통을 생각할 때 주의해야 할 점은 목적지까지 직접 이동할 수 없다는 것이다. 출발지에서 목적지에 도달할 때까지 하나 또는 여러 공동체의 영역을 통과해야 했다. 그때 각각의 공동체와의 평화적인 관계가 필요했다. 경우에 따라서는 대가를 치러야 하는 경우도 있었을 것이다.

국제관계에서는 왜 오왕이 남조에 보낸 사자의 경우 무(武)의 상표문에 '길은 백제를 거쳐'라고 했듯이 백제를 경유했다. 왜국의 국제교통은 백제와 가야와의 우호관계 없이는 실현될 수 없었고 거기에 왜국의 한계가 있었다.

한편 일본열도 안에서도 교통규제는 큰 과제였다. 야마토 정권은 나라 분지에서 오사카 평야에 걸친 지역을 거점으로 했기 때문에 대외 통교를 하기 위해서는 세토내해(瀨戸內海)와 북부 규슈(九州)를 경유하는 경로를 선택했다. 따라서 야마토 정권은 두 지역 세력과 관계를 맺을 필요가 있었다. 『일본서기』에는 기비(吉備)씨가 한반도와의 외교에 종사했다고 기록되어 있는데, 기비씨와 한반도의 교류 경로가 야마토 정권의 대조선 외교 경로와 겹치기 때문에 깊이 관여하게 되었다. 이러한 세토나이·북부 규슈의 제휴가 잘 이루어지지 않으면 통교에 방해가 되었는데, 쓰쿠시노기미 이와이(筑紫君磐井)의 거병[35]은 그러한 일면을 가지고 있었다.

일본열도 여러 지역의 교통도 마찬가지로 제한되었다. 호족이 반도의 세력과 교류할 때에는 야마토 정권을 정치적 매개로 하거나 또는 일본열도 연안부의 호족과 통교 관계를 구축해야만 했으며, 항구를 장악한 호족을 중심으로 완만한 관계가 만들어졌다고 생각된다. 그러한 지역적 대외 교류권으로 상정된 것은 북부 규슈, 세토나이, 일본해 연안(산인 山陰), 후쿠리쿠(北陸) 등이다.

---

35) 6세기 전반 규슈의 호족인 이와이가 야마토정권의 정치적 압력에 대한 불만으로 일으킨 반란이다.

이렇게 보면 5세기 중국·조선과의 교류에 차이가 있다. 중국에 대해서는 관작 등 정치 이데올로기적인 의미를 갖는 것을 알 수 있다. 왜국 왕은 자신뿐만 아니라 왕족과 유력 호족에 대해서도 관작을 주도록 요청하고 있고, 이 교섭에는 왜 왕권이 직접 막하로 편성한 부관이 파견되었다. 중국과의 외교는 왜 왕권이 독점하여, 재분배하는 정치적 색채가 농후했다. 이에 비해 한반도와의 교류는 각지와 이전의 상태를 지속하는 것이었고, 반도와 일본열도의 공동체 수장이 왕권을 매개로 하지 않고 관계를 맺는 경우도 있었다. 이 경우 물건의 교환이라는 성질이 강하게 부각되었다. 그것은 항상적으로 필요한 것이었고 왜 왕권이 간단히 규제·독점할 수 있는 것이 아니었다.

4) 불교의 동아시아 전파와 문명화

금관국의 멸망

475년 백제는 고구려와의 전쟁에서 수도 한산성(漢山城)이 함락되고 개로왕(蓋鹵王)이 사망하면서 일시에 멸망하는 상태가 되었다. 이때 왜국이 고구려를 공격하려는 계획을 세웠던 사실이 478년 무(武)의 상표문에 기록되어 있다. 다만 이것은 실현되지 않았다. 또한 479년 가라는 건국되자마자 남제(南齊)에 사절을 파견했는데, 그 배경에 백제의 정세가 있었다는 것은 상상하기 어렵지 않다. 백제는 수도를 웅진으로 하여 나라를 다시 세우려고 했기 때문에 남쪽으로의 진출을 도모했다.

우선 초점이 되었던 것은 한반도 남서부의 영산강 유역이다. 왜국과의 관계에서 주목할 점은 전방후원분(前方後圓墳)이 발견된 지역이라는 것이다. 전방후원분은 일본열도에서 출현하여 독자적으로 정형화되었다는 특색이 있는데, 5세기 후반부터 6세기 초에 걸쳐 영산강 유역에서 집중적으로 조영되었고, 현재 13기가 확인된다. 시간상으로 거의 한 세대에 한정되어 출현했다는 점이 특징적이다. 단지 왜 계통의 고분일 뿐만 아니라 백제 계통의 부장품과 축조방법, 자기 토용(土俑) 등 백제의 기술이 이용된 점도 눈길을 끈다. 그 피장자에 대해서는 백제의 남하에 대항하여 왜국과 동맹한 재지 수장이 왜국의 묘 방식을 채용했다고 하는 견해가 있지만, 이 경우 백제의 부장품이 고분에서 출토되는 것에 대한 설명이 필요하다. 오히려 한 세대라는 단기간에 걸친 출현이라는 점에서 백제와의 관계에 의해 한반도로 건너와서 거주하게 된 왜인으로 보는 견해에 주목해야 할 것이다. 백제는 6세기 초에 이 지역을 장악했다.

백제의 국력을 회복시킨 것은 무녕왕(武寧王, 재위 501~523년)이었고, 512년에는 가야 지역의 사이리(上哆唎)·하치리(下哆唎)·사타(娑陀)·모루(牟婁)를 병합했다. 『일본서기』에는 이른바 '임나의 네 개 현 할양(任那四縣割讓)'이라고 기록되어 있지만, 병합의 국제적 승인을 『일본서기』에서 일본 상위의 논리로 말한 것에 지나지 않는다. 이 네 개의 현은 백제와 맞닿은 지대이고 연안부에 많은 이권을 가지고 있는 왜국에서는 자국의 이해에 직접적인 관련이 없다고 판단하여 개입하지 않았던 것일 것이다. 이듬해에 백제는 섬진강 중류에 있는 기문(己汶)을 침입하고, 516년에는 하류에 있는 대사(帶沙)를 장악했다.

이 시기에 신라도 법흥왕(재위 514~540년)이 '율령'(실체는 관위제와 의복제의 정비)을 제정하고 국력을 신장시켰다. 백제의 군사력 행사에 반발한 대가야는 522년에 신라와 혼인 관계를 맺어 양국 사이에 동맹이 성립했다. 이 직후에 신라는 금관국 침공을 시작했다. 왜국에게 사활이 걸린 문제는 오히려 이쪽이었고, 527년 오미노케나(近江毛野)를 장군으로 파견하여 이것을 저지하려 했지만 신라와 내통한 쓰쿠시노 기미 이와이(筑紫君磐井)의 거병으로 방해를 받는 등 왜국이 효과적인 개입을 할 수 없는 상태에서 532년에 금관국은 멸망했다.

'임나일본부'의 실상

전전(戰前)에는 4세기 후반 이후 일본이 반도 남부를 영역적으로 지배했고, 그 출장소가 '임나일본부'였다는 언설이 통용되었다. 그러나 그것은 근대 식민지 지배의 소산이며, 전후(戰後) 문헌사료의 비판적 연구 및 고고학적 조사의 성과로 그러한 견해가 성립할 여지는 없어졌다. 그렇다면 『일본서기』에 기록되어 있는 '임나일본부'의 실체는 무엇일까.

'일본부'는 『일본서기』의 고훈(古訓)에서 야마토노미코토모치가 안라(安羅)로 파견되어 그곳을 거점으로 활동했기 때문에 '안라일본부'로 기록한 경우도 있다. 그 인원은 사료상 '일본부대신(日本府大臣)'이라고 해서 왜국에서 파견한 중앙 호족, 부수적으로 파견되는 지방호족인 '일본부신(日本府臣)', 현지의 왜계 인사 등으로 복합적으로 구성되었고 유동적인 존재였다.

야마토노미코토모치의 파견 목적은 신라의 가야 진출로 두려움을 느낀 백제 성명왕(聖明王; 재위 523~554)이 주도했던 임나부흥회의 출석을 위해서였다. 541년과 544년에 개최되었던 회의이고 백제·왜국·가야 제국의 대표자가 모여 금관국의 부흥을 의제로 했다. 가야로 영향력 확대를 노린 백제에 대해 이전부터 가지고 있던 한반도에 대한 기득권 보유를 목적으로 했던 왜국과 신라의 침공을 억제하는 것이 과제였던 가야 제국들의 생각은 엇갈리고 성과를 얻지 못한 채 끝이 났다.

그 후 백제는 551년 고구려에 한산성 지역을 빼앗겼지만, 양국의 대립에 편승한 신라가 552년에 이 지역을 점령했다. 성명왕은 왜국에 원군을 요청하고 반격하려 했지만, 오히려 554년에 패하여 사망하는 사태에 이르렀다. 이 때문에 백제의 세력은 일시 쇠퇴하고 신라의 가야지역으로의 진출이 한층 더 본격화되었다. 562년에는 대가야가 멸망하고 가야 지역은 신라에 흡수되었다. 이는 왜국의 반도 남부에 대한 기득권의 상실을 의미하며, 571년에 긴메이(欽明)가 사망할 때 '임나'의 부흥을 유언으로 남겼는데, 이것이 이후 왜국의 한반도에 대한 정책의 바탕이 되었다.

경계교류의 다원성

지금까지 서술한 대로 외교적 전개에서 보면 어느 나라도 정치적 통일을 달성한 것처럼 보이지만 한반도와 일본열도의 교류는 결코 정치적인 동시에 일원적인 것만은 아니었다는 점에 유의할 필요가 있다.

다원적인 교류의 한 예로 시나노(信濃) 지역과 반도의 관계에 주목해 보자. 호쿠신(北信)에 위치한 네쓰카(根塚) 유적(야요이후기)에서 소용돌이치는 형상의 문양 장식을 붙인 철검이 출토되고 있다. 이러한 장식은 일본열도에서는 볼 수 없지만 가야에는 비슷한 예가 많고, 북신 지역의 수장이 가야 지역에 제작을 의뢰했을 가능성이 지적되고 있다. 그 교류는 지리적으로 보아 나가노(長野)에서 일본해로 나오는 경로였을 가능성이 크다. 근처에서는 한반도 특유의 적석총으로 추측되는 아사히 고우로(朝日ゴウロ) 고분도 확인된다. 난신(南信) 이다(飯田)에도 6세기 전반으로 추정되는 아제치(畦地) 1호분에서 금은 장식을 길게 늘어트려 붙인 긴 사슬 형태의 귀걸이(耳飾)가 나왔는데, 가야계통으로 생각된다. 이러한 시나노 지역과 가야와의 관계는 왜 왕권을 매개로 했을 가능성을 상정해볼 수 있는데, 호쿠리쿠(北陸)지역에서 나온 고분의 부장품인 띠꾸미개와 길게 드리워 장식한 귀걸이에서 대가야 계통 외에 신라 계통의 것이 확인된다. 이 가운데 신라 계통은 일본열도의 다른 지역에서는 볼 수 없어, 신라와 호쿠리쿠의 독자적인 교류도 염두에 둘 필요가 있다. 또한 일본열도에서 한반도로 사람들이 이동하고, 6세기에 들어오면 왜계 백제 관료로 시나노(斯那奴)라는 인사가 출현한다. 야마토 정권에 의존했을 뿐만 아니라 시나노 지역과 한반도가 깊이 교류했던 것을 보여준다.

이러한 사례를 일반화하면 3세기부터 6세기에 걸쳐 일본열도의 여러 지역은 왜 왕권을 중심으로 유력 호족이 느슨한 결합체를 구성하고 있었으며, 대조선 외교도 왜 왕권과 함께 야마토 정권에 참여하는 호족의 의향도 반영되면서 진전되었다. 그러나 한편으로는 북부 규슈와 일본해 연안의 호족은 한반도의 세력, 특히 위치적으로 봤을 때 신라와 한반도 남동부의 국가들과 독자적으로 접촉하고 있었다. 왜 왕권은 그것을 제재할 수 있을 만큼의 패권을 확립하고 있지 못했다고 할 수 있다.

그것을 반영하여 일본열도와 한반도 사이 사람들의 이동과 관련성은 상당히 유동적이고 국경에 제약을 받지 않았다. 따라서 각국의 군신 관계도 상당히 애매하다는 특징이 있다.

앞에서 언급한 영산강 유역의 왜인은 북부 규슈의 호족 출신으로 이러한 호족은 왜국과 백제에 양속해 있었다는 지적이 있다. 왜국 출신으로 백제에 등용되었던 왜계 백제관료의 존재도 주목할 만하다. 6세기 후반에 달솔(達率)이 된 이치라(日羅)의 아버지는 히노아시키타노쿠니노미야츠코 유게히아리시토(火葦北國造刑部阿利斯登)이다. 이치라는 오토모노 가나무라(大伴金村)를 '나의 주군(主君, 와가키미我が君)'이라고 부르고 있다. 아리시토가 가나무라와의 관계에서 한반도로 부임하고, 거기에서 이치라가 태어나자 백제에서 특별히 봐준 것이 된다. 마찬가지로 야마토노미코토모치에게 참획했던 가야에 왜계 인사도 존재했다. 이와이가 거병했을 때 '신라 해변인'이 종자로 따랐던 예도 있다. 한반도에서도 출신국에 구애받지 않고 인재를 채용했다. 개로왕을 잡아서 베었던 고구려 장수 걸루(桀婁)·만년(萬年)은 원래 백제 출신이었다.

이러한 유동성은 외교에서도 나타난다. '임나부흥회의'에서 야마토노미코토모치는 친신라 정책을 선택했고, 왜국의 외교 정책을 준수하지 않았다. 파견된 호족은 일단 밖으로 나가면 독자의 행동을 취하는 일이 가끔 있었고, 대왕과의 군신 관계가 느슨했다. 또한 백제와의 외교에서 '박사'로 불리는 지식인·기술자의 파견을 볼 수 있는데, 그들은 일정 연한이 지난 후에 귀국했다. 일시적으로 출사한 곳이 바뀌었을 뿐 항구적인 군신 관계라는 의식은 희박했다.

국경 없는 사람의 이동과 군신 관계는 교류의 다원성과 겹치는 것이었다.

일대일의 상하관계가 아닌 필요에 따라 관계가 재편성되어 가는 매우 유연한 구조였고, 그것이 한반도와 일본열도를 넘어 성립하였고, 특히 대마 해협을 사이에 둔 한반도 남부와 북규슈에서 현저했다.

다만 6세기는 그러한 구조가 부정되기 시작한 시기이기도 하다. 527년 이와이(岩井)의 거병은 신라와의 통교를 전제로 한 것이었지만 다시 얘기하면 야마토 정권이 지방 호족의 다원적 교류를 억제하려고 했던 점이 충돌의 한 원인이라고 볼 수 있다. 570년 월(越)의 도군(道君)이 고구려 사자에 대해 '천황'을 사칭했던 사건은 지역 호족의 주체적인 대외교류라고 하는 면과 함께 '천황'을 칭하지 않으면 그것이 성립하지 못하는 상황이 출현했다는 것을 암시하고 있다. 외교권을 확립하지 못한 점에서 야마토 정권은 권력으로서 불충분했지만 외교에 대한 독자 의식은 높았고, 확실히 그 힘은 강했다고 할 수 있다.

불교전래

6세기, 문화적인 새로운 요소로서 불교가 중요해졌다. 후한 때까지 중국에 전해진 불교는 한역 경전에 의해 종교로 재구축되어 동아시아에서 유통되었다. 고구려에는 372년 전진(前秦)에서 전래되었으며, 동진(東晉)에서 전래되었다고도 한다. 고구려가 남북조와 양면 외교를 하고 있었던 점이 반영된 것으로 볼 수 있다. 백제에는 384년에 동진에서 전래되었다고 한다. 신라는 조금 늦어서 눌지마립간(訥祇麻立干, 재위 417~458년) 때 전해졌다고 한다. 가야에서도 5세기 중엽 금관국 질지왕(銍知王, 재위 451~492년)이 왕후사(王后寺)를 건립했다. 이처럼 한반도에서는 5세기까지 불교가 확산되었다.

일본열도에서는 시바타쓰토(司馬達止)가 초당(草堂)에 본존을 안치했다는 기사가 있고, 도래인(渡來人)이 가져온 것이 시작이다. 다만 도래인이 개별적으로 가져오는 단계에서는 일본열도사회에 보급되는 데까지는 이르지 못했다. 본격적으로 수용된 계기는 백제의 성명왕에 의한 불교 '공전(公傳; 국가간의 공적인 교섭에 의해 불교가 전해짐)'이었다. 그 연대에 대해서는 무오년(538년)이라고 한 호류지(法隆寺)계통 사료와 552년이라고 한 『일본서기』의 두 가지 설이 있는데 어떤 것이 맞고 틀린지에 대해서는 쉽게 단정할 수 없다. 이와는 별도로 주목할 점은 백제 쪽 사정이다. 538년은 백제가 웅진에서 사비로 수로를 옮기고, 국제관계에서 반격을 도모한 해에 해당한다. 한편 552년에는 신라가 한산성 지역을 백제로부터 빼앗았고 이곳을 회복하는 것이 백제에게는 중요한 과제였다. 어떻든 왜국에 대한 불교 그 자체의 정치적 증여는 백제의 국제 관계와 밀접하게 관련된 것이었다는 점은 틀림없다. 또한 백제가 왜국에 불교를 전했다는 것은 왜국과의 외교 이외에도 의미를 가졌다. 6세기 전반 백제는 불교 선진국으로 자각하고 있고, 그것을 다른 나라에 퍼트리는 것이 스스로의 불교적 정체성을 높이는 불가결한 행위였다. 또한 『수서(隋書)』 왜국전에는 불교에 의해 왜국에 문자가 전해졌다고 기록되어 있다. 명백히 사실과 다른 이 내용은 백제가 수나라에 전한 정보일 가능성을 생각해 볼 수 있고, 백제가 왜국에 대한 자국의 문명적 우위성을 주장한 것이라고 할 수 있다.

개인의 구제에서 출발한 불교는 동아시아에서 현세 이익적인 성질이 더해지면서 나라의 틀을 넘어 확산되었다. 그것은 사상적인 측면도 그렇지만 선진기술 및 지식을 이어받는 면이 큰 부분을 차지했다. 588년에 백제에서 승려와 함께 사공(寺工)·노반박사(鑪盤博士; 주물을 다루는 공장工匠)·기와박사(瓦博士)·화공(畵工) 등 건축과 기예 기술자가 왜국에 왔으며 593년 아스카데라(飛鳥寺) 절의 건립으로 결실을 맺는다. 610년에는 고구려 승려 담징(曇徵)·법정(法定)이 채색·종이와 먹을 전하고 있다. 불교의 전래는 교리와 불상뿐만 아니라 아름다운 지붕의 절·탑 등이 출현했고, 혹은 경전을 베끼는 형태로 문자사용의 정착을 촉진했다. 그것은 일본열도 사회에 문명적으로 큰 영향을 주어 호족이 불교를 받아들여 우지데라(氏寺; 일족의 명복을 빌기 위해 세운 절)를 세우는 배경이 되었다. 이렇게 해서 6세기 후반에는 동아시아 전체에서 불교적 질서가 정치에 불가결한 요건이 되고 동시에 사회적 규범의 일익을 담당하게 되었다. 아스카데라 건립에 즈음하여 소가노우마코(蘇我馬子)가 백제 옷을 입었는데 그것은 불교를 매개로 한 왜국과 백제의 관계를 상징하는 것이었다.

남조(南朝)문화권과 북조(北朝)문화권

한반도와 일본열도의 문명화는 중국 문화의 수용과 그것의 음미에 의한 변용이었다. 외교관계가 더욱 단적으로 수용을 촉진했지만 그렇다고 해서 외교관계의 단절로 그것이 정체된 것은 아니었다. 정치 문화는 네트워크화 한 국제관계에서 일정한 범위를 가지고 공유된다. 이러한 네트워크는 문화권이라고 칭할만하며 그 발신원은 분열하는 중국을 기점으로 하여 남조계와 북조계로 구별할 수 있다.

남조계 문화의 네트워크화는 이미 4세기에 그 맹아를 볼 수 있다. 서기(書記)라는 학술의 근거를 이루는 문화가 백제에는 4세기 후반 근초고왕대(재위 347~375년)에 '박사고흥(博士高興)'에 의해 전해졌다고 한다. 이 왕 때에 동진과 백제의 외교관계가 성립했고 중국 문화 수용의 획기였다. 한편 왜국에는 역시 근초고왕으로부터 왕인(王仁; 와니키시和邇吉師)을 통해 한적을 이어받았다는 전승을 볼 수 있다. 동진과 왜국 사이에 외교는 없었지만 '동진-백제-왜국'이라는 네트워크를 추출할 수 있다. 학술을 이어받는 관계 구조는 6세기에 왜국이 남조와의 외교관계를 단절했는데도 '양(梁)-백제-왜국'의 관계를 확인할 수 있다. 이것은 백제 오경박사(五經博士)의 도래로 이어지게 된 것이다.

한편 동아시아에서 북조계 문화의 수용은 북위(北魏)에서 고려라는 방향으로 수용되었다. 6세기에는 고구려에 『오경(五經)』・『삼사(三史)』・『삼국지』・『진양추(晉陽秋)』가 있었다고 한다. 『진양추』는 동진 손성(孫盛)의 저서인

데 곡필 압력을 피하기 위해 전연(前燕)의 공용준(恭容儁)에게 준 책이다. 6세기 전반에 북위의 효무제(孝武帝)가 요동에서 이 책을 손에 넣었고 '화북(華北)-요동-고구려' 사이에서 유통되었다. 다른 문화적 수용에서도 같은 상황을 상정할 수 있다.

남조문화권과 북조문화권은 동아시아에서 확실히 구분되지 않았다. 그것을 확실히 보여주는 것이 불교의 유통이다. 고구려로의 불교전래에 전진(前秦) 또는 동진설이 보여주듯이 남북 양쪽과 연관되어 있다. 백제의 불교도 남조 불교의 영향을 강하게 받았지만 북조에 퍼져있던 미륵신앙에 의해 미륵사가 건립되는 등 북조와의 연관성도 엿보인다. 미륵신앙은 신라에도 전해져 화랑 제도에 강하게 반영되었다. 이처럼 남북조에서 한반도 여러 나라로의 연결, 그 선두에 왜국의 불교 수용이 있었다고 할 수 있다.

이러한 네트워크화 한 문화의 유통은 외교 관계와는 다른 위치에서 한반도와 일본열도의 문명화를 촉진했다. 그것은 7세기 국가 형성의 전제로서 위치 지을 만한 것이었다.

2. 율령국가군의 형성과 전개

1) 수당 제국의 출현

한반도를 둘러싼 대립축

552년 신라에 의한 한산성 영유는 한반도의 형세에 커다란 변화를 가져왔다. 고구려와 백제는 경계와 영역이 접하지 않게 되고 신라가 양국 사이에 끼게 되었다. 그 때문에 신라는 남하하는 고구려와 한산성을 되찾으려는 백제 양쪽에 대항하지 않을 수 없었다. 한편으로는 한반도 서쪽 연안을 차지하게 되어 고구려와 백제를 매개로 하지 않고 중국왕조에 쉽게 사자를 파견하게 되자 한반도 정세를 타개하기 위해 중국과의 연계를 강화하려고 했다.

대륙에서도 큰 변동이 있었다. 581년 북주(北周)의 양도로 성립된 수(隋)나라는 결국 589년에 남조의 진(陳)을 멸망시키고 통일을 달성했다. 이듬해 수나라는 부병제(府兵制)를 재편하고, 거대한 군사력을 주변으로 향하게 했다. 그 압력을 직접적으로 받은 것이 고구려이고 수의 압력에 대항하기 위해 고구려는 598년 말갈을 이끌고 요서(遼西)를 침략했다. 이 자체는 격퇴되었지만 수나라는 이것을 구실로 고구려 '정벌'을 외교 과제로 삼게 되었다.

이러한 동아시아 정세의 변화는 한반도와 왜국의 외교 관계에도 강하게 영향을 주었다. 고구려는 6세기 중엽부터 왜국과 외교 관계를 구축하려 했고, 수나라와의 대립이 명확해지자 그 관계를 심화시켜 갔다. 백제는 전대 이래의 우호 관계를 견지하며 한반도에서의 열세를 타개하는 것을 목적으로 삼았다. 두 나라는 불교를 외교의 수단으로 활용하였고 왜국에 승려와 지식·기술을 제공했다. 그 가운데에는 7세기 왜국 불교에 큰 영향을 주게 되는 고구려 승려 혜자(慧慈)와 백제 승려 관륵(觀勒)도 있었다. 신라도 고구려와 백제의 왜국에 대한 정책을 의식하여 왜국에 사절을 파견하여 견제했다. 수나라의 동향에 영향을 받으면서 조선 삼국은 각각 사정에 따라 왜국과의 외교를 전개하게 된다. 5세기에 고구려 대 백제·가야·왜국, 고구려로부터의 이탈을 도모한 신라라는 대립축은 그 모습이 크게 변해갔다.

'임나의 조(調)'

가야의 철 권익을 잃은 왜국은 그것을 어떻게 회복할까 하는 것을 대조선 외교의 기축으로 삼았다. 다만 일본열도 내에서 철 자원의 획득과 제철이 6세기에는 실현되었다는 것을 히로시마(廣島)현 가나쿠로다니(カナクロ谷) 유적과 시마네(島根)현 이마사야야마(今佐屋山) 유적을 통해 알 수 있다. 산인(山陰)은 사철(沙鐵)[36], 세토나이(瀨戶內)는 암철(岩鐵)이라는 차이가 있

지만 철의 대외 의존이라는 과제에 대해서는 해결 방향으로 가고 있었다. 그러나 긴메이(欽明) 이후에도 비다쓰(敏達)와 스슌(崇峻)은 그 부흥을 외교 의제로서 군신에게 자문하고 있다. 일찍이 권익의 실체보다도 기득권의 유지 그 자체가 목적이었던 것이다. 그 방책이 실태로서는 신라의 가야 영유를 승인하지만 대신 가야로부터의 권익을 신라를 대신하여 왜국에 제공하게 하는 것이었다. 그 명목이 575년의 '네 읍의 조(四邑의 調)'이다. 이것에 의해 외교상의 체면을 지키려고 했다. 신라에게도 당초에는 왜국을 자극하지 않고 가야 병합을 묵인하게 하는 정책으로 받아들여졌다고 생각된다.

그러나 신라에 의한 구 금관(舊金官) '네 읍의 조' 제공은 한 차례로 끝나고 600년 이후부터 646년까지 단속적으로 '임나의 조(調)'가 왜국에 전해졌다고 『일본서기』에 기록되어 있다. '임나의 조'를 둘러싸고 『일본서기』에는 신라와 멸망한 '임나'가 싸웠다고 하는 이해할 수 없는 기사가 있고, 기사가 조작된 것으로 논해지고 있다. 다만 '임나'=구금관은 신라에 흡수된 후에도 신라 안에서 일정한 세력을 가지고 독자적인 활동을 했을 가능성이 있다. 외교 활동도 거기에 포함되어 '임나사(任那使)'의 왜국 파견도 그러한 문맥에서 이해할 필요가 있을 것이다. 한편 왜국은 그러한 정세를 근거로 신라에 대해 군사압력을 가해 종래의 기득권을 회복하고자 했다. 600년 이후 다시 신라에 파병을 시도하는데, 그때 사카이베노오미(境部臣)와 구메(來目) 황자·다이마(當麻)황자가 장군에 임명되었다. 사카이베노오미는 소가씨의 동족이고, 두 황자는 우마야도(厩戶) 황자의 동생으로, 당시 신라에 대한 정책에 왕권과 소가씨가 적극적으로 정무에 관여하는 트로이카 체제였다. 특히 신라에 대한 정책은 왜국의 중요 과제였고, 국내 체제를 반영하고 있었다.

지금까지의 연구에서는 해당 시기의 외교관계를 친 신라 혹은 친 백제라

---

36) 암석 중에 포함되었던 자철석이 작은 알갱이가 되어 강이나 바다의 밑에 퇴적된 광상 또는 광물로 철이나 티탄(Titan)의 원료가 된다.

는 측면에서 해석하려는 경향이 있지만 이런 관점에서만 판단하는 것은 적절하지 않다. 오히려 왜국이 '임나'의 권익을 형식적이라도 어떻게 유지할 것인가 하는 입장에서 조선 여러 나라들과의 외교에 몰두했던 것으로 이해해야 한다. 앞에 있었던 일이지만 645년에는 백제가 왜국에 대해 '임나조사(任那調使)'를 동행시키고 있는데 이것도 구 금관 세력의 동향을 반영하고 있을 가능성이 있으며, 왜국이 그것을 수용한 것도 외교상의 방편이었다.

견수사(遺隋使)

598년 수에 의한 고구려 공격은 왜국에게 대조선 외교만으로 동아시아가 성립되지 않는다는 것을 자각하게 했다. 이를 계기로 600년에 처음으로 견수사를 파견하였다. 파견 당시 한반도 서안을 경유해야만 해서 백제의 협력 없이는 불가능했다. 백제는 고구려를 공격한 수나라에 군의 안내를 제안하고, 우호적으로 대응함으로써 군사력이 백제로 향하는 것을 피하고자 했다. 왜국의 사자 파견에 협조하는 것은 백제에게 수나라와의 관계를 좋게 하는 수단으로 여겨졌다.

다만 백제는 왜국이 독자적으로 수나라와 외교관계를 맺는 것에 대해서도 경계했다. 그 결과 607년에 파견된 견수사 오노노 이모코(小野妹子)가 귀국하던 중에 수나라의 국서를 백제에 강탈당하는 사건이 발생했다. 이 사건을 둘러싸고 왜국에 불리한 내용의 국서를 은폐하기 위해 왜 왕권이 조작한 것이라는 견해가 있는데, 그렇다면 하이세세(裵世淸)가 가져온 '황제문왜황(皇帝問倭皇)' 국서 자체를 없애버린 것이 된다. 수나라에서 이모코 개인에게 준 문서를 빼앗은 것이라고 봐야 할 것이다. 이 사건이 사실이라면 백제가 견수사의 중요 서류를 접촉하기 쉬운 상황이었다고 상정할 수 있고, 견수사 왕래에 백제가 크게 관여했다는 것을 알 수 있다.

견수사에 관여했던 것은 백제뿐만이 아니다. 왜국은 다수의 유학생·학문승려를 수나라에 보냈는데, 618년 수나라가 멸망하자 일본인의 귀국이 문제가 된다. 623년에 에사이(惠齋)·에니치(惠日) 등이 신라사와 함께 귀국했다. 이 일은 당에서 왜국의 유학 승려와 신라 견당사 사이에 밀접한 접점이 있었다는 것을 보여주며, 중국도 또한 왜국과 조선 여러 나라가 교류하는 하나의 장이었던 것이다.

중앙집권화의 과정

598년 수나라의 고구려 공격은 보급 곤란과 전염병의 유행으로 고구려왕이 사죄하면서 일단 결착을 보았다. 그러나 그 후에도 중국과 고구려의 대립은 계속 잠재되어 있었다. 고구려는 돌궐과 외교 관계를 맺는 등 수나라에 대한 경계를 늦추지 않았다. 이후 수나라에 대항하기 위해 돌궐·토욕혼(吐谷渾)·고구려에 의한 '봉쇄 쇠사슬(封鎖連環)'이 존재했다는 견해도 있다. 양제(煬帝)가 즉위하자 611·613·614년에 고구려를 계속 공격했지만, 전쟁의 피폐를 참을 수 없었던 사회의 반동 속에서 618년에 수는 멸망했다. 같은 해 고구려는 왜국에 수나라가 물러갔다고 전하는 등 전쟁의 성과를 타국과의 외교에 이용하고 있다.

당이 성립하자 대립하던 조선의 세 나라는 사자를 보내지만 건국 당초 북 아시아에 돌궐이라는 과제를 안고 있었던 당은 626년에 평화를 재촉하는 조(詔)를 훈시하는 등 동아시아의 안정화를 도모했다. 그러나 대립은 끊이지 않았다. 641년 백제에서 의자왕이 즉위하자 국내의 반대파를 일소함과 동시에 신라에 대한 공세를 개시하고 대야성(大耶城)을 뺏는 성과를 올렸다. 642년 고구려에서는 연개소문이 영유왕을 살해하고 보장왕을 세워 전권체제를 확립했다. 이 배경에는 당이 630년 동 돌궐의 항복을 받아낸 일이 있었다. 당초 당은 동아시아에 대해 적극적인 행동을 하진 않았지만 무언의 압력 속에 삼국의 균형이 깨진 것이다.

왜국에서는 639년에 에온(惠隱) 등, 640년에는 다카무코노 쿠로마로(高向玄理) 등이 신라를 매개로 하여 귀국하고 있는데, 신라가 편의를 봐준 일

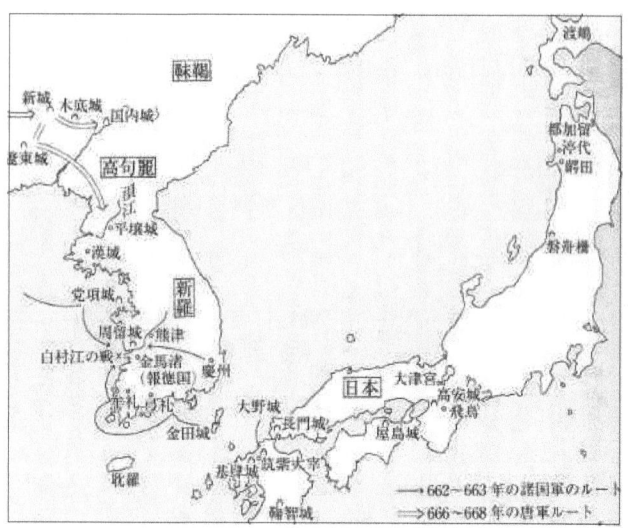

7세기의 한반도정세와 일본열도

로 우호관계를 유지하면서 한반도정세에 대응하려고 했다. 당에서 끊임없이 지식인이 귀국하면서 그들에게 가르침을 받은 유력자의 자제 등의 주도권 싸움이 현저해지고, 645년에 을사의 변이 일어났다. 대신 가문을 중심으로 권력을 집중시키려 했던 소가노 에미시(蘇我蝦夷)·이루카(入鹿)가 멸망하면서 대신 전제형의 중앙집권화는 부정되었지만 백제 정도의 국왕 전제형도 이루지 못했다는 점에서 왜국 왕권의 미약성을 엿볼 수 있다. 한편 신라는 친당 정책을 위해 고립되는 것을 피하려고 했지만 신라 왕권의 정당성을 둘러싸고 대립이 발생했다. 647년 상대등(上大等)37) 비담(毗曇)이 반란을 일으켰지만 진압되는 가운데 선덕여왕은 의심스러운 죽음을 맞았다. 그러나 그 후 같은 진골의 진덕여왕이 즉위했기 때문에 신라의 왕권은 그 지위를 확립했다고 할 수 있다.

---

37) 신라 때, 나라의 정권을 맡았던 최고 관직이다.

동아시아의 자기 민족 중심주의(에스노센트리즘 ethnocentrism)

7세기 중엽에 중앙집권화를 진행했던 여러 나라는 주변에도 그 세력을 미쳐 주변과의 정치적 관계를 질서화하려고 했다. 그때 사상적 프레임으로서 기능했던 것이 불교와 중화사상이다. 가장 빠르게 자국중심적인 세계관을 발현시킨 것은 고구려였다. 이미 광개토왕비에 노객(奴客)·귀왕(歸王)·궤왕(跪王) 등의 말이 보이고, 고구려에 복속했던 주변 집단을 상하관계로 규정하고 있다. 여기에 포함된 '객(客)', '귀(歸)' 등의 글자에서 중화사상의 영향을 볼 수 있다. 고구려는 4~5세기에 주변에 있던 신라·예(濊)·동옥저 등을 포함한 질서를 구축했다. 따라서 수·당과의 전쟁에서도 말갈을 동원하는 등 주변에 영향력을 실제로 행사했고, 그 관계에 중화사상을 이용했을 가능성이 있다.

백제는 5세기 말에 일시적으로 멸망한 후 가야로 진출하려고 도모했는데 그때 가야를 '번(蕃)'으로 간주하는 의식을 가지고 있었다. 또한 남서부의 섬인 탐라를 복속시키고 탐라왕에게 좌평(佐平)이라는 관작을 주었다. 『일본서기』에는 '남만침미다례(南蠻忱彌多禮)'(=탐라)로 기록되어 있고 중화사상에 기반하여 남만으로 위치지우고 있다.

신라는 가야를 병탄하는 과정에서 금관국의 왕족과 혼인관계를 맺는 등 백제처럼 가야를 '번'으로 취급하려는 의식은 낮았다. 7세기 전반 황룡사 9층 탑이 건립되면 주변 국가가 항복하고 '구한(九韓)'[38]이 조공할 것이라는 전승이 있었다. 주변 국가는 고구려·백제·왜국·말갈을 가리키며 신라의 외적 인식을 볼 수 있다. 다만 타국에 비해 자국 중심 의식이 낮다는 측면이 있다.

왜국에서는 7세기 전반 불교를 기축으로 한 중심 의식이 발현되었다. 그

---

38) 신라의 주변 국가로 추정되는 아홉 개의 국가. 일본, 중화, 오월(吳越), 탁라(托羅), 응유(鷹遊), 말갈(靺鞨), 단국(丹國), 여적(女狄), 예맥(濊貊)을 통틀어 이른다.

상징이 백제의 세공인이 만든 수미산석(須彌山石)이다. 수미산석은 아스카데라(飛鳥寺) 서쪽 광장에 설치되어 에조(蝦夷)[39]와 남도인(南島人) 등의 향응에서 중심과 주연의 관계를 강조하는 장치로 기능했다. 또한 7세기 중엽 중화사상을 받아들여 주변집단을 이적으로 간주했다. 사이메이(齋明)[40] 조정의 견당사는 이적으로 위치 지었던 에조를 대동하고 왜국 중심의 세계질서를 당에 과시하고 있다.

7세기 후반까지 각국은 불교 혹은 중화사상을 기반으로 하는 자국 중심의 대외질서를 형성했다. 여기에서 주목할 점은 이 시점에는 그 중심-주연 관계가 고구려·백제·신라·왜국 서로에게는 미치지 않았다는 것이다. 문화적 혹은 예제(禮制)상 스스로를 우위에 서 있다고 의식하는 경우는 있지만 적어도 이 네 개의 나라는 외교상에서 대등한 관계를 유지했다.

2) 율령제 국가군의 등장

백제의 멸망과 백촌강(白村江)

백제와 고구려 사이에 끼여 불리한 상황에 있던 신라는 친당적 입장을 분명히 하고, 서둘러 제도개혁에 착수했다. 650년에는 당 연호를 채용하고 독자적인 연호 사용을 중단했다. 651년에 관제를 개혁하고 집사성(執事省)[41] 이하를 중국풍 관제로 정비했다. 같은 해 신라는 당나라 의복을 입은 사절을 왜국에 파견하여 친당 정책을 대외적으로도 보여주었다. 654년에는 이방부격(理方府格)[42]을 제정했다. 내실은 명료하지 않지만 중국적인 집권적 법치

---

39) 일본 혼슈의 간토(關東)지방, 도호쿠(東北) 지방과 홋카이도(北海道) 지역에 살면서 일본인(야마토大和 민족)에 의해 이민족시 되었던 민족이다.
40) 일본의 37대 천황으로, 655~661년에 재위했다.
41) 신라 때, 국가 기밀과 일반 행정을 맡아보던 최고의 행정 기관이다.
42) 이방부는 신라 때, 법률 제정과 집행에 관한 일을 맡아보던 중앙 관아이다. 이방부격은 이방부에 관한 그간의 왕교(王教)를 격(格)으로 제정한 것으로, 신라시대 백관

국가를 지향하면서 당을 고려하여 율령제정을 피한 것이라고 할 수 있다. 신라는 중심의식이 희박했기 때문에 당나라 제도를 빨리 도입할 수 있었다.

이보다 앞서 당 태종은 연개소문의 쿠데타가 명분에 반하는 것이라고 해서 세 차례에 걸쳐 고구려에 출병(644~648년) 했지만 성과를 올릴 수 없었다. 한편 백제와의 대결을 피할 수 없게 된 신라는 당을 움직여 협공을 노렸다. 소정방(蘇定方)43)이 이끄는 당 군과 금관국 왕족 출신인 김유신의 공격으로 백제는 660년에 멸망했다. 의자왕 이하 왕족 등은 장안(長安)으로 연행되었고, 구 백제 지역에는 웅진도독부가 설치되었다.

백제 통치는 당초부터 난항을 겪어 유신들에 의한 부흥운동이 각지에서 일어났다. 그중에서도 큰 세력이었던 것이 도침(道琛)44)과 귀실복신(鬼室福信)45)무리였다. 복신 등은 백제왕권 부흥을 위해 왜국에 체재하고 있던 왕족인 풍장(豊璋)46)을 부르도록 획책했다. 왜국도 이것을 기화로 풍장에게 왜국의 관위를 주어 귀국시켰다. 여기에서 왜국은 백제를 스스로의 국제질서에 포섭하고자 했다. 그런데 순조롭게 되어가던 것 같았던 부흥운동은 내분으로 속도가 더뎌졌다. 복신을 살해했던 풍장과 왜국군은 당·신라 연합군과 싸웠지만 국조군(國造軍)의 집합체로 통솔하지 못해 오히려 전술적인 실책으로 백촌강에서 크게 패하고 말았다. 풍장은 고구려로 도망가고 부흥운동은 완전히 와해되었다.

당에 항복한 백촌강 전투 이후 당의 한반도정책에 관여했던 구 백제 귀

과 유사가 시행하는 업무에 관한 일을 규정한 법령이다.
43) 소정방(592~667)은 당나라의 장군으로, 본명은 소열(蘇烈), 字는 정방이다. 기주(冀州) 무읍현(武邑縣) 출신으로 환갑 이후에 주목받았다. 강행군과 속공을 구사하여 서돌궐, 사결(思結), 백제를 멸하고 그 왕을 모두 생포하였다. 고구려의 평양까지 공격하였으며 노환으로 중국에서 병사했다.
44) 삼국시대 백제의 재건을 주도하던 부흥운동가이자 승려이다.
45) 백제 무왕의 조카이다.
46) 백제 의자왕의 아들이자, 백제 부흥군의 지도자였던 풍왕(豊王)의 별칭이다.

족인 예군(禰軍)⁴⁷⁾의 묘지(墓誌)에는 백촌강 전투 이후의 정세에 대해 '일본의 여초(余噍), 부상(扶桑)에 의지하여 토벌을 면했다'라고 기록되어 있다. 묘지에 기록된 '일본'이 왜국을 가리키는지 혹은 백제인지 견해가 나뉘고 있지만 어쨌든 반당 세력이 일본열도에 잔존해 있었다고 볼 수 있다. 당과 신라의 내습을 두려워한 왜국은 백제인의 축성 기술을 채용하여 교통의 요충지에 오오노조(大野城)와 다카야스조(高安城) 등 한반도식 산성을 축성했다. 이러한 상황에서 탐라가 661년에 왜국에 사절을 파견하고 있다. 7세기 전반 중앙집권화로 억압당한 주변 지역이 백제멸망 후에 그 정치적 제약에서 벗어나 독단적으로 외교를 전개한 것이다. 탐라의 사자는 좌평(佐平) 등 백제의 관위를 쓰고 백제의 관제를 이용하면서 권력을 구축하여 독자적으로 행동하고 있으며, 나라로서 발전할 가능성을 가지고 있었다.

백촌강 패전은 지역 호족의 몰락을 촉진했고 한편에서는 당·신라를 경계하기 위해 군역을 많이 필요로 하여, 왜국의 중앙집권화는 급속도로 진전되었다. 거기에 시류를 탔던 것이 망명 백제인이다. 백제 부흥의 실패는 백제 귀족과 지식인의 왜국 망명이라는 현상을 초래하였다. 그중에는 백제 왕족인 여선광(余善光)도 있었고, 왜국에서 백제의 망명정권이 포섭되는 등과 같은 양상을 보이고 있었다.

삼국의 통일

당은 664, 665년에 신라와 웅진도독부에 회맹을 맺게 했다. 이것은 백제의 옛 영역과 신라의 분할을 한반도 통치의 기축으로 삼았다는 것을 보여준다. 고종은 666년 봉선(封禪)⁴⁸⁾ 의식을 거행하고, 동아시아에서 당의 패

---

47) 삼국시대 백제 웅진(熊津) 우이(嵎夷) 출신으로 당나라에 투항한 유민이다.
48) 중국 고대 제왕이 하늘로부터 천명을 받았음을 표명하기 위해 거행한 제사로, 태산(泰山) 정상에서 하늘에 제사 지내는 봉(封), 태산 아래 기슭에서 땅에 제사 지내는 선(禪)을 합쳐 이르는 것이다. (『역사용어사전』)

권을 과시했다. 이즈음 고구려에서는 당을 계속 물리쳤던 연개소문이 사망하고 그의 세 아들에게 뒷일이 맡겨졌다. 그러나 이들 사이에 균열이 생겨 장남인 천남생(泉男生)⁴⁹⁾은 당으로 망명했다. 이를 계기로 당은 고구려 공격을 단행했고, 668년 고구려는 멸망했다.

고구려에서도 부흥 운동은 전개되었으나 얼마 되지 않아 진압되었고, 670년에 고구려 왕족인 안승(安勝)이 신라로 망명했다. 신라는 그를 고구려 왕으로 봉하고(소고구려국) 고구려를 거느린 신라라는 국제질서를 만들려고 했다. 이러한 행위는 당이 받아들일 수 있는 것이 아니어서 신라와 당의 관계는 급속도로 악화되었다. 그리고 신라는 구백제령으로 군사 침공을 개시하여 671년에 백제의 옛 도읍인 사비(泗沘)를 점령하고, 당의 한반도점령군과 군사적으로 충돌하는 사태에 빠졌다. 당에 사과와 변명을 하면서 구백제 영토에 대해 실효적 지배를 추진하는 이중외교를 전개했다.

이를 전후로 하여 웅진도독부도 멸망할 백제를 자칭하는 사자를 왜국에 파견하고 있다. 백제에 대한 협력을 요청함으로써 왜국이 신라에 도움이 되는 외교 자세를 보이는 것을 견제하려 한 것이다.

신라도 당과의 교전에서 협격을 피하고 후방을 안정시키기 위해 670년대에 왜국에 대해서는 저자세를 취함과 동시에 빈번한 외교를 행했다. 다만 그러는 중에도 동아시아에서 서식하지 않는 동물을 증표로 보내 스스로의 국제 네트워크를 과시하거나, 소고구려국을 대동시켜 신라를 따르는 고구려라는 관계를 보이는 등 국제관계에서 신라의 우월성을 내포하고 있었다. 왜국 측도 방위체제의 구축이 급선무였고, 672년에 왜국 초대의 내란인 진신(壬申)의 난⁵⁰⁾이 일어나 사후 처리가 최우선 과제였기 때문에 신라와의 외교관계를 받아들였다.

---

49) 연개소문의 장남이지만, 당에 귀의하면서 성을 천씨로 바꾸어, 묘지명은 '천남생'으로 기록되어 있다.
50) 오키미(大王)가 처음으로 안정된 군사기반을 마련하게 된 왕위계승 전쟁이다.

674년에 당은 본격적으로 신라 공격에 나섰지만 신라군 앞에서 고전하다 676년에 철수할 수밖에 없었다. 678년에 다시 원정을 계획했지만 마침 토번(吐蕃)[51]의 침공이 긴박한 외교 과제로 부상하자 계획은 중지되었다. 이후 당은 토번과의 대결에 중점을 두고 동아시아에 대한 개입은 보류했다. 신라 왕권은 당과의 전쟁에 소극적이었던 귀족을 엄중히 처벌했다. 당군 격퇴에 성공한 신라 왕권은 빠른 속도로 권위가 높아지게 되었다.

전후, 신라는 한반도의 일원적 지배를 추진했다. 소고구려국에 대해서는 690년에 안승을 문무왕의 여동생과 결혼시키고, 또한 683년에 소판(蘇判)의 관위를 받게 하여 신라에 흡수시켰다. 왜국에 외교사절을 파견한 탐라도 693년을 최후로 모습을 감추는데, 역시 신라의 정치적 질서 안으로 들어간 것일 것이다. 여기에서 신라는 패강(浿江)[52] 이남의 땅을 통일하는 데 성공했다. 그것은 다시 말하면 고구려·백제의 멸망으로 싹텄던 지역적 자립의 움직임이 다시 억압되는 것이기도 했다.

동아시아의 율령제 국가

백제·고구려의 멸망과 한반도에서의 당의 철퇴는 동아시아에 정치적 질서의 재구축이라는 과제를 가져다 주었다. 그 결과 각국에서는 주로 당과 같은 중앙집권 국가의 형성을 지향하게 되었다.

왜국에서는 백제에서 망명해 온 백제 지식인의 관료 등용이 그 기초가 되었다. 671년에는 후미노쓰카사노카미(沙宅紹明)를 호칸타이후(法官大輔)에, 귀실집사(鬼室集斯)를 학직두(學職頭)에 임명하고, 또한 곡나진수(谷那晉首)와 목소귀자(木素貴子)에게 병법을 담당하게 한 것처럼 망명 백제인에게 가장 기대되었던 것은 법제와 군사였다. 『일본서기』에는 같은 해에 '관

---

51) 중국 당송 시대의 티베트족의 명칭이다.
52) 예전에 '대동강(大同江)'을 이르던 말이다.

위법도(冠位法度之事)'(오우미료近江令)가 시행되었다고 기록되어 있다. 오미령의 존재 여부에 대해서는 견해가 갈리지만, 전년에 경오년적(庚午年籍)이 만들어졌고, 호적 작성에 여러 가지 사무 수속이 필요하다는 점을 고려하면 관련 단행법들의 존재를 인정할 수 있다. 거기에 백제의 법적 지식이 반영되었다는 것도 추측할 수 있다.

한편 670년의 파견을 마지막으로 당과의 왕래가 30년 동안 단절되면서, 고토쿠(孝德)·사이메이(齊明)시기에 당에 파견되었던 유학생의 귀국이 문제가 되었는데, 이것을 신라가 해결했다. 당군이 철퇴했다고 하지만 잠재적인 대립이 계속되고 있는 상황에서 신라는 왜국과의 관계를 중시하여 유학생의 귀국을 중개하고 있다. 이에 따라 하지노스쿠 네오이(土師宿禰甥)·시라이노후히토호네(白猪史宝然) 등이 귀국할 수 있었다. 저들이 당에서 얻은 지식은 율령 편찬 때 실무 수준에서 큰 역할을 담당했고, 701년에 다이호(大寶) 율령53)이 제정되었다.

일찍부터 당나라 제도를 도입한 신라는 통일 후 백제와 고구려의 옛 신하를 흡수하여 관위제를 정비할 필요가 생겨 통합된 관위제를 마련했다. 관제도 중국적인 6부 제도를 마련했다. 지방제도에서는 유교적인 규슈 인식에 기반하여 지역구분을 했다. 신라는 당의 책봉 아래 있는 것을 외교 방침으로 채용했기 때문에 독자적으로 율령을 편찬하지 않았지만, 이방부격(理方府格)54)에서 보이는 것처럼 격(格)·식(式) 형태로 법 제도를 실현했다고 생각할 수 있다.

왜국과 신라가 중국적인 법적 지배제도의 실현을 시도하는 한편 북동 아시아에서는 새로운 움직임도 있었다. 거란·이진충(李盡忠)의 반당 봉기와 그 좌절을 계기로 고구려 유민 및 말갈이 자립하여 698년에 진국(振國)을 건국

---

53) 일본 나라(奈良) 시대 초기인 다이호 1년(701)에 중국 당나라(618~907)의 법전을 본떠 완성한 행정 및 형사에 관한 법전이다.
54) 신라시대 백관(百官)과 유사(有司)가 시행하는 업무에 관한 일을 규정한 법령이다.

했다. 당초, 당에서는 거란의 잔당으로 인식했지만 713년에 책봉을 받자 발해라고 칭하게 되었다. 발해의 건국 초기 통치구조에 대해서는 밝혀지지 않은 점이 많지만 3대 문왕 대흠무(大欽茂) 대에는 정비되어 당의 3성(省) 6부(部)라는 관사기구(官司機構)를 모방하고 있는 것을 볼 수 있다.

이렇게 7세기 말부터 8세기 전반에 걸쳐 동아시아에는 일정한 공통성을 가진 국가가 성립한다. 그것은 첫째, 통치기술로서 율령법 또는 그에 준하는 법제의 도입, 둘째, 중앙에서는 당의 3성 6부를 모방한 관제, 지방에서는 주현제(州縣制) 또는 그와 유사한 지방 행정구획의 성립, 셋째, 왕권에 있어서 적자 상속제, 넷째 대외적인 제국 질서의 지향성이다. 7세기 전시상황을 넘긴 나라는 모두 이러한 요소를 구비한 율령제 국가를 구축했고, 율령제 국가라고 칭할만했다.

3) 율령제 국가들의 대립과 충돌

대립의 형성

왜국은 702년에 당나라에 국호를 일본으로 개칭했다고 전했다. 그 이전에 한반도를 상대로 일본 국호를 사용했는지는 확실하지 않다. 국호의 요건으로 외교문서에서의 사용 여부를 들 수 있지만, 신라와의 외교에 문서가 이용된 것은 8세기부터이고 7세기에는 구두로 의사전달을 했다. 이것을 근거로 하면 7세기 후반 한반도를 상대로 한 일본 국호의 사용에 대해서는 신중하게 생각할 필요가 있을 것이다.

율령제 국가들의 한 가지 특징은 서로 동아시아 전체에 미치는 제국질서를 주장했다는 점에 있다. 일본은 율령제 국가를 완성하자 일본열도 주변을 에조(蝦夷, 동이), 에미시(蝦狄, 북적), 난토(南島, 남만), 하야토(隼人, 서융)로 정했다. 그러나 거기에 그치지 않고 신라를 번국으로 위치 지었다. 번은 번병(藩屛)이라는 뜻이고, 일본은 신라의 종주국이라는 자의식을 첨예화시켜 신종(臣從)을 주장했다.

　일본 내에서도 지토(持統) 시기에 백제 왕족·여선광(余善光)이 백제 왕선광으로 기록되었는데, 백제 왕씨로 성을 내려주었던 것을 알 수 있다. 또한 703년 고구려의 약광(若光)이라는 인물에게 왕성을 주어 고려 왕씨라고 했다. 일본에 망명한 백제와 고구려의 왕족을 왕으로 처우하고, 동시에 씨성 질서에 편입시킴으로써 백제·고구려의 왕보다 천황이 우월하다는 것을 드러내려는 시책이었다.

일본·신라외교 왕래표

(실선은 일본측 사절, 점선은 신라측 사절의 동향을 표시. 물자에서 선이 중간에서 꺾여 있는 것은 도착지에서 귀국시킨 것을 표시한 것임)

연차	천황	日本使節	月 次	신라사절	인원수	비고	신라왕
687	持統元	다나카노 노리마로(田中法麻呂)	1→7	金霜林		天武 告喪 왕자 내조, 국정을 주청(奏請)함	신문왕 (神文王)
688	持統2		2→				
689	持統3		1←4→7	金道那			
690	持統4		9→12	金高訓			
692	持統6	오키나가노 오유(息長老)	11←	朴億德			
693	持統7		2→2←3	金江南			
695	持統9	오노노 케누(小野毛野)	3←7	金良琳			효소왕 (孝昭王)
697	文武元		10→	金弼德			
698	文武2		2←				
700	文武4	사에키노 고마로(佐伯麻呂)	5←10→11	金所毛		임경	
701	大寶元		1→				
703	大寶3	일본국사 하타노 히로타리(波多廣足)	1←5	金福護		임경	
704	慶雲元	하타노아야노 도오루(幡文通)	9←8→10				

Ⅰ. 고대 동아시아의 국제관계와 교류   47

연차	천황	日本使節	月次	신라사절		인원수	비고	신라왕
705	慶雲2		5←10	金儒吉	입경			
706	慶雲3	미노노 기요마로(美努淨麻呂)	1→8←					
707	慶雲4		5←					
709	和銅2		3→5	金信福	입경			
712	和銅5	미치노 오비토나(道首名)	9→					
713	和銅6		8←					
714	和銅7		11	金元靜	입경	20		
715	和銅8		3→					
718	養老2	오노 우마카이(小野馬養)	3←					
719	養老3	시라이노 히로나리(白猪廣成)	2→5←(⑦)(⑦)	金長信	입경	40	元明太上天皇의 사망에 의함	성덕왕 (聖德王)
721	養老5		12←	金乾安	放還			
722	養老6	쓰노 스지마로(津主治麻呂)	5←12					
723	養老7		8←8→	金貞宿	입경	15		
724	神龜元	하지노 도요마로(土師豊麻呂)	8←					
725	神龜2		5←					
726	神龜3		5→7	金造近	입경			

연차		천황	日本使節	月次	신라사절	인원수		비고	신라왕
732	天平4	聖武	쓰노노 야카누시(角家主)	1~5~8	金長孫	임경	40+α	3년 연기하기로 함	孝成王
734	天平6			12	金相貞	임경			
735	天平7			2		임경			
736	天平8		아베노 쓰구마로(阿倍継麻呂)	2~				王城國 문제	
737	天平9			1~6					
738	天平10				金想純	放還	147		
740	天平12		기노 히토(紀必登)	3~10					
742	天平14		일본국사	2~→10	金欽英	放還	187	삼국사기에 의함. 日本國使主	
743	天平15			3~4	金序貞	放還			景德王
752	天平勝寶4	孝謙	야마구치노 히토마로(山口人麻呂)	1~③7~	金泰廉	임경	700여 명	내조	
753	天平勝寶5		오노노 다모리(小野田守)	1~2~8				당에서 席次爭長 사건	
759	天平寶字3	淳仁		8				신라 정토계획 발동	
760	天平寶字4			9	金貞卷	放還			
763	天平寶字			2		放還	211		
764	天平寶字7			7		放還	91	승려 가이후(戒融)의 안부 물음	

I. 고대 동아시아의 국제관계와 교류   49

연차	천황	日本使節	月次	신라사절	인원수	비고	신라왕
769 神護景雲3	稱德		11		187	후지와라노 기요카와(藤原淸河)의 귀국 가져옴	
770 寶龜元			3→				
774 寶龜5			3←		235		
779 寶龜10	光仁	시모쓰미치노 나가히토(下道長人)	2← 7→ 10	放還		迎聘羅漂着遺唐使	惠恭王
780 寶龜11			2→				
786 延曆5		일본왕사	→10			만파식적을 구함	元聖王
799 延曆18		오토모 미비마로(大伴雄麻呂)	4↓ 5	엄경		파견정지	昭聖王
803 延曆22	桓武	인베노 하마나리(齋部浜成)	3→	7		견당사선표착시 보호요청사 (遺唐使船漂着時保護要請使) 신라와 일본, 交聘結好	
804 延曆23		일본국사	9→	5		進物黃金 300냥 견당사 소식 탐색사(探索使)	哀莊王
806 大同元		오토모 미네만리(大伴岑万里)		3		신라, 朝元殿에서 인견	
808 大同3	平城	일본왕사		2		使를 예우	
836 承和3	仁明	일본국사	⑤→ 10←			遺唐使船漂着時保護要請使	興德王
842 承和9		기노 미쓰(紀三津)	1←			張保皐 실각통지 및 사후처리	
864 貞觀6	清和	일본국사		4		朝元殿에서 인견	文聖王
878 元慶2		일본국사		8			景文王
882 元慶6	陽成	일본국왕사		4		進物黃金 300냥, 明珠 10個	
884 元慶8				<		일본에 표착	憲康王
885 仁和元	清和		4 6	→		漂着遺唐謝恩使	

일본은 율령제적인 국가 질서 구축에서 신라와 백제·고구려 위에 군림하는 제국이라는 형식을 정비하려고 했다. 또한 727년부터 통교를 개시한 발해를 '왜국을 따랐던' 고구려의 계승국으로서 번국으로 위치지었다. 그 때문에 고구려 왕씨는 정치적인 의미를 잃어갔다.

이러한 제국질서는 어디까지나 일본이 가정한 것에 지나지 않으며, 타국이 받아들일 수 있는 것은 아니었다. 신라는 8세기 초까지는 당과의 관계 때문에 일본의 주장에 대해 신중하게 대응했지만, 735년에 당이 패강 이남의 영유를 정식으로 승인하자 대일본 외교 방침을 바꾸었다. 같은 해 신라 사자가 일본에 왕성국(王城國)이라고 자칭하여 방치되는 처분을 받고 있다. 왕성은 불교에서 중심지라는 의미를 가지며, 원래 불교국으로서의 정체성을 강하게 가지고 있었던 신라가 타국을 상대로 불교적 중심의식을 주장하게 된 것이다.

발해도 727년 일본과 통교할 때 작성했던 국서에 '함부로 제번(諸蕃)을 모두'라고 기록하고 있어 자국 주변의 말갈 등을 자국에 따라야 하는 속민으로 간주하는 의식을 가졌던 것을 알 수 있다. 한편 일본에 대해서는 대등한 인교를 말하고 있다. 772년 국서에서도 발해 왕은 스스로를 '천손'이라 칭하고 있고 이러한 문언에서 부용국 의식은 조금도 엿볼 수 없다.

7세기에도 자민족 중심주의는 동아시아 제국에서 발현하고 있지만 앞서 서술한 것처럼 동아시아라고 하는 공간 속에서 어느 정도 공존이 이루어지고 있었다. 그리고 8세기 제국질서의 큰 차이는 율령적 제국질서의 도입에 의해 각국이 가정하는 질서영역이 동아시아 전역에 미치게 되었기 때문에 서로의 제국질서에서 상대국을 위치지을 때 뜻이 맞지 않아 정치적으로 충돌하게 되었다.

복속관계의 정당화

일본은 신라와 발해를 스스로의 제국질서에 편입시키기 위해 의례의 정비와 역사인식의 구축이라는 방법으로 그것을 실현하려고 했다.

율령제국가의 제국의례로 가장 중요한 것은 새해 첫날 왕에게 하는 하례인 조하(朝賀)이다. 조하는 당의 원회(元會)를 본떠 만든 의례로 거기에 참가하는 것은 천황에 대한 신속(臣屬)을 의미하는 것으로 신라와 발해에 천황의 위세를 시인하게 할 목적을 가지고 있었다.

또한 조하 후에 향연이 개최되는데 그때 여러 지역의 음악이 연주된다. 이것은 천황이 여러 지역의 풍속 가무를 봄으로써 지배를 확인하는 율령제 이전에 있었던 국견(國見) 의례에 기원을 둔 것이다. 이와 관련해서 733년에 아악이 확립되는데, 당·조선 삼국의 음악도 정해진다. 이것은 외국 사절을 율령제 아래의 의식에 참여시켜 일본과의 지배-종속 관계를 확인·강조하기 위해 중국적 예제를 조합시킨 것이었다고 할 수 있다.

역사인식에 대해서는 지토(持統) 시기 즈음부터 신라 복속이라는 '역사'가 형성된다. 689년에는 신라를 '일본원황조신대(日本遠皇祖神代)부터 뱃머리를 늘어세우고 노가 마를 틈 없이 받든 나라'로 부르고 있는데, 신라 복속의 근거를 신대(神代)부터라고 하는 막연하지만 역사에서 구하려는 경향이 나타나고 있다.

그것이 720년 『일본서기』의 편찬으로 명확한 형태를 갖게 되었다. 신공황후기가 완성되고 '삼한정벌'에 의해 삼국이 일본에 복속하게 되었다는 '역사'를 완성했다. 지토 시기에는 신대로 설정되어 있었던 복속 기원이 인과관계를 명확히 하여 신공황후 시대로 재설정되었다. 그리고 이러한 역사상이 일본의 지배자층에 공유되는 계기로 주목되는 것은 강서(講書)이다. 『일본서기』를 해설하면서 읽는 국가행사에 의해 신공황후 전승이 관인층에 수용되게 되었다.

그 영향으로서 주목되는 것이 724년에 있었던 신공황후를 제사하는 가시이(香椎) 묘의 성립이다. 일본은 율령제 도입과 함께 그 토대가 되는 중국예제도 이어받고자 했으나 친족 구조를 기축으로 하는 선조 제사가 곤란하여 종묘제는 받아들이지 않았다. 그런데 가시이 묘는 유일한 예외로서 묘로 위치 지어졌다. 이것은 신공황후라는 '사람'을 제사 대상으로 하기 위해서이고, 일본에서 삼한정벌 전승의 정치적 중요성과 함께 그것이 새로운 것이었다는 것을 보여준다.

법 해석 위에서도 신라의 복속 의식은 전개되었다. 730년대에 다이호 율령의 주석서로 『고기(古記)』가 성립되었는데, 공식령(公式令) 조서식(詔書式) 항목의 주석에서 '이웃나라는 대당, 번국은 신라'로 명기하고 있다.

복속의 근거를 역사에서 찾는 수법은 발해에 대해서도 이용되었다. 발해는 고구려의 정통을 계승한 국가라는 것을 표방했는데, 그 이미지는 동아시아에서 세력을 떨쳤던 강국으로서의 고구려였다. 이에 대해 일본은 후지와라노 나카마로(藤原仲麻呂: 706~764) 정권 시기에 발해를 고려라고 불렀던 것처럼 고구려의 계승국이라는 것을 승인하고 있는데, 그것은 7세기 후반 대당 전쟁을 위해 왜국의 외교 자세에 양보하여 정중하게 말했던 고구려였다. 753년 발해 앞으로 보낸 국서에는 『고려구기(高麗旧記)』라고 써서 고구려가 왜국에 대해 신하로 칭했던 선례를 들고 있고, 왜국에 따르는 고구려라는 역사상을 일본·발해 관계에도 적용시키려 했다.

일본은 제국질서를 신라와 발해에 수용시키기 위해 군신관계가 과거부터 계속되었던 것이라고 강조했다. 그것은 일본의 대외의식을 경직시키는 결과를 초래했다.

긴장의 증폭

8세기에 들어오면 일본과 신라의 관계는 급속도로 악화되는데 거기에는 몇 가지 복합적인 원인이 있었다. 가장 큰 원인은 백촌강 세대의 퇴장이다. 백촌강 이후 유동적인 국제관계에서 왜국과 신라의 지배층은 당의 군사적 개입이라는 불확정 요소에 직면하면서 유연하고 현실적인 외교관계를 구축했다. 그것을 대표하는 인물이 후지와라노 후히토(藤原不比等: 659~720)와 김순정(金順貞: 725~미상)이다. 두 사람은 각자의 나라에서 제국질서를 갖춘 율령제 국가의 성립에 크게 기여했던 인물이지만 그 한편으로는 일본과 신라의 관계 조정에 심혈을 기울였다. 그들은 군주 간 외교 이외의 교섭 경로를 개방하여 외교를 보완하는 대신(大臣) 외교로써 파국을 피하기 위해 노력했다. 그러나 후히토는 720년, 김순정은 725년에 사망했다. 이를 전후로 대립이 두드러지게 되는데 그 이유는 이후에 등장할 세대가 율령제 국가를 물려받을 자들로 성장했고, 상대국의 종속을 전제로 하는 제국질서를 실현하기 위한 외교 정책으로 방향을 바꾸었기 때문이다.

일본과 신라 사이의 긴장관계는 722년 반도 동안부에 모벌군성(毛伐郡

8세기의 한반도와 일본열도

城)이 축성되고 이때부터 대립이 심해지는 상황이 나타났다. 『삼국사기』에 의하면 731년 일본 병선이 신라로 쳐들어갔다. 일본 측 사료에서는 이 사건을 확인할 수 없어 사실관계가 불분명하다. 일본에서는 나가야(長屋) 왕의 변 등 국내 불안과 함께 대외 정세를 배경으로 731년에 진부시(鎭撫使)55)가 설치되어 군사력 발동이 용이한 체제가 된 것을 생각하면 완전히 허구라고 단정하기 어렵다.

이보다 앞선 727년에 발해가 일본에 사자를 보내 외교관계가 성립되었다. 발해는 2대 왕 대무예(大武藝: 미상~737) 때로 주변으로의 확대를 목적으로 당과 대립했다. 732년에는 흑수말갈을 둘러싸고 등주(登州)를 공격했다. 당은 반격했고 신라도 동조했다. 따라서 당과 신라의 관계는 호전되었고 이어서 735년에 신라의 패강 이남 영유를 승인했다. 이것은 신라의 외교에 있어서 일본의 중요성을 빠르게 저하시켰다.

735년 신라의 왕성국(王城國) 자칭에 대해 일본은 이듬해에 사절을 파견했지만 교섭은 잘 진행되지 않은 채 끝났다. 737년 조정은 5위 이상의 관인에게 신라에 대한 대응을 자문했는데 힐문과 정벌이라는 두 가지 의견이 나왔다. 조정 내부의 의향은 통일되지 않았고, 최종적인 대응은 이세(伊勢)와 가시이(香椎) 등의 신사에 신의 가호를 비는 것으로 그쳤다. 하지만 '신라정토'가 과제로 출현한 것은 신공황후 전승이 관인층으로 확대된 것으로서 주목할 만하다.

이때 천연두가 유행해서 사회 불안이 야기되고 있었는데, 견신라사(遣新羅使)가 천연두 전염의 매개가 되었을 가능성도 있다. 국제적인 유통은 문물·제도 등에 한정된 것이 아니다. 천연두를 계기로 하여 비로자나불, 이른바 대불이 조영되고 752년에는 개안회(開眼會)가 개최되었다. 일본·신라는

---

55) 치안을 위한 순찰 및 고쿠시(國司)·군시(郡司) 감찰을 위해 각지에 설치되었던 임시 관직

화엄경에 의한 진호국가를 중시하고 있었고, 불교국가를 자인하는 신라로서도 무시할 수 없는 이벤트였다. 따라서 신라에서 왕자 김태렴(金泰廉) 이하 700명(다만 반수가 送使)에 달하는 사절이 일본으로 건너갔다. 일본에게는 신라번국관을 만족시키는 것이었지만 긴장 완화에는 미치지 못하고 이후 다시 관계가 악화되었다. 대립은 당나라에까지 미쳐서 753년 당의 원회(元會)에서 차석(次席)을 둘러싸고 쟁장(爭長) 사건이 발생했다. 이때는 일본의 주장대로 된 것 같은데 되돌릴 수 없을 정도까지 서로 대립하게 되어 756년에는 이토시마(絲島)반도56)에 이토죠(怡土城)을 쌓았다.

'신라정토' 계획

현종(玄宗)에 의해 이른바 개원(開元)·천보(天寶)의 치(治)를 구가하고 있었던 당나라의 파국은 갑자기 찾아왔다. 755년 평로(平盧)·범양(范陽)·하동(河東) 절도사를 겸임하고 있던 안록산(安祿山)이 반기를 들었고 햇수로 9년 동안 계속된 안사(安史)의 난57)이 일어났다. 이것은 동아시아에도 큰 영향을 미쳤다.

신라는 757년에 현종이 피난해 있던 촉(蜀)에 사자를 보냈고, 안사의 난 때는 친당 정책을 견지했다. 다만 연안 지역에 해적이 출몰하게 되자 해변 방위에 몰두했다. 한편 발해는 당으로부터 난 진압을 위한 협력을 요청받지만, 난의 영향이 미치는 것을 경계하여 신중한 자세를 취했다.

일본은 난이 발생하고 3년 후에 발해를 통해 정보를 겨우 접하고 국제정보에 대한 소홀함을 알게 되었다. 그러나 당이 내란으로 국제관계에 개입할 여유가 없다는 것을 간파하고 발해와 군사동맹을 맺어 신라에 대한 군사력 발동을 목표로 한 정책을 전개했다. 759년에 행군식(行軍式)을 제정,

---

56) 일본 후쿠오카현 서쪽 겐카이나다(玄界灘)에 돌출된 반도이다. 이토시마반도 일대는 고대의 이토국이 있던 곳으로 추정된다.
57) 중국 당나라 현종 말기인 755년에 안녹산과 사사명이 주동이 되어 일으킨 반란

가이시(香椎) 묘에도 폐백을 바치고 3년간의 준비기간을 가졌다. 이러한 군사정책이 가능했던 배경에는 모노우죠(桃生城)·오카치죠(雄勝城) 축조 등 동북지방에서의 에조에 대한 정책이 일단락되었던 것도 크게 작용했다. 761년에는 절도사를 설치하여 대외원정군의 편제까지 진행되고 있다. 762년에 준비기간이 만료되자 가이시 묘 이하의 천하신지(天下神祇)에 제물을 바쳤다. 730년대에는 하나의 의견에 지나지 않았던 '신라정토'가 실행 직전까지 도달해 있었다.

그런데 이후 계획에 관한 정책은 나오지 않고 좌절되었다. 그 원인으로 대외적·국내적 이유를 들 수 있다. 대외적으로는 발해의 정세변화를 생각할 수 있다. 762년 발해는 당으로부터 국왕칭호를 받았으며, 당과 발해의 관계가 개선되고 있다. 난 자체도 수습되어 가고 있고, 발해가 신라를 공격하여 당과 대립에 빠지는 것을 피하려고 했을 가능성이 있다. 국내 요인으로는 760년에 고묘(光明) 황태후가 사망하고 계획을 추진하고 있던 후지와라 나카마로 정권의 세력 기반이 붕괴되기 시작했다. 762년에는 고켄(孝謙) 태상 천황과 쥰닌(淳仁) 천황의 대립이 명확해지고 전쟁을 실행에 옮기지 못할 상태가 되었다. 763년 절도사가 폐지되고 계획 중지가 확정되었다. 나가카로는 764년에 총력을 다해 반란을 시도하지만 진압되어 비와코(琵琶湖) 물가에서 참수당했다.

전쟁까지는 가지 않았지만 악화된 일본과 신라의 외교관계는 회복되기 어려웠다. 또한 일본의 신라 번국관과 강요는 그 후에도 계속되었고 신라는 그러한 요구에 응하지 않았다. 그 때문에 양국의 외교관계는 급속도로 쇠퇴하게 되었다.

3. 해체되는 동아시아와 재편

1) 율령제 국가군의 변용

중국적 전제화의 파탄

7세기 후반, 동아시아 각국에 출현한 율령제 국가군은 중국적 전제화를 목적으로 했지만 그것은 형식적인 면에서 강하게 나타났다. 일본에서는 후지와라 나카마로가 관제를 중국풍으로 바꾸었다. 효경(孝經)을 집집마다 마련해 두게 하는 등 유교 존중 정책을 내세웠고, 관직 이름을 중국풍으로 바꾸었다. 이러한 나카마로 정권의 방침은 당풍 이데올로기를 중시한 것으로 평가되는 경향이 있지만 다른 나라들에서도 같은 정책이 취해졌다. 신라에서는 757년 주(州) 이름을 두 글자에서 중국처럼 한 글자로 고치고 759년에는 중국풍 관직 이름으로 바꾸어 불렀다. 이러한 배경에는 대당 관계의 개선과 중국적 예제의 도입이 있었다. 발해에서도 8세기 전반에 당풍의 관직 이름이 채용되고 있고, 안사의 난 시기에 부주현(府州縣)의 이름을 중국풍으로 바꾸었다. 한반도와 일본열도의 여러 나라는 율령제 국가군이라는 중국화로의 지향성을 외형적으로 국가제도의 모방이라는 형태로 실현하려고 했다.

율령제 국가군의 왕위 직계(直系) 계승

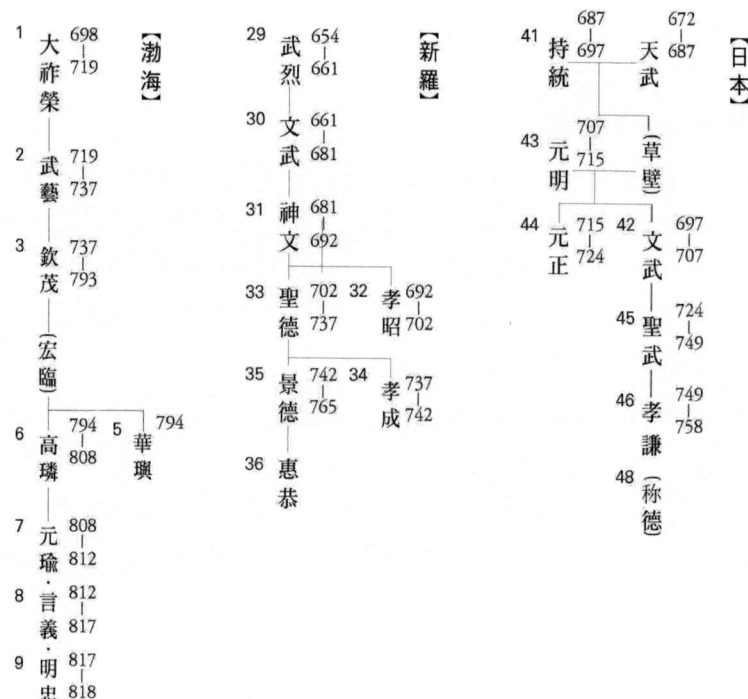

I. 고대 동아시아의 국제관계와 교류   59

일본 발해외교 왕래표
(실선은 일본측 사절, 점선은 신라측 사절의 동행을 표시. 월차에서 사절이 선이 중간에서 꺾여 있는 것은 도착지에서 귀국시킨 것을 표시한 것임)

연차	천황	사절 이름	일본 사절	月次	발해사	인원수	도착지		비고	발해왕
727				9	高齊德	24	데와(出羽)	입경	大使 高仁義 遭難	大武藝
728 神龜5		送渤海客使	히케타노 무시마로 (引田虫麻呂)	2→4→6			德			
730 天平2				8←						
739 天平11	聖武			7	己珎蒙		데와(出羽)	입경	견당사 대등, 大使肾要德 遭難	
740 天平12		견발해사	오토모노 우시카이 (大伴大養)	1→2→4→10←						
746 天平18				↙		1100	데와(出羽)	放還	발해, 鐵利恭化來朝	
752 天平勝寶4	孝謙			9	慕施蒙	75	에치고노쿠니(越後國) 사도가시마(佐渡嶋)	입경		大欽茂
753 天平勝寶5				6→						
758 天平寶字2		견발해사	오노 다모리 (小野田守)	2→9→2←	楊承慶	23	에치젠(越前)	입경		
759 天平寶字3				10	高南申		對馬	입경	迎入唐大使同行 迎入唐大使 가운데 88명 귀국	
760 天平寶字4	淳仁	送南申使	야코노 데이규 (陽侯玲璆)	2→11←						
761 天平寶字5		견고려사	고마노 오야마 (高麗大山)	10						
762 天平寶字6		送高麗人使	다지히노 고미(多治比小耳)	10→11←	王新福	23	에치젠노쿠니(越前國) 가가군(加賀郡)	입경		
763 天平寶字7				2→10←					다지히노 고미(多治比小耳) 등이 따르지 않고 坂振鎌束 渡航	

연차	천황	사절 이름	일본 사절	月次	발해사	인원수	도착지		비고	발해왕
771 寶龜2				6	壹万福	325	데와노쿠니(出羽國) 노시로미나토 후쿠라노쓰(福良津)	입경		
772 寶龜3				2→9						
773 寶龜4		送渤海客使	다케후노 도리모리(武生鳥守)	2→6→10	烏須弗	40	노토(能登)	放還	목풍으로 표류	
776 寶龜7	光仁			12	史都蒙	187	에치젠노쿠니(越前國) 가가군(加賀郡)	입경	다자이후(大宰府)를 목표로 했지만 표착	大欽茂
777 寶龜8		送高麗使	다카쿠라노 도노쓰구(高麗殿嗣)	5						
778 寶龜9		送高麗客使	오아미노 히로미치(大網廣道)	9→12	張仙壽		에치젠노쿠니(越前國) 미쿠니미나토(三國湊)	입경	遠次 遠夷之境에 漂着	
779 寶龜10				2→9→12	高洋粥	395	데와(出羽)	放還	張仙壽 등을 보냄	
786 延曆5				9	李元泰	65	데와(出羽)			
787 延曆6				2						
795 延曆14	桓武	送渤海客使	미나가노 히로오카(御長廣岳)	11	呂定琳	68	데와(出羽)	입경	에치고(越後)에서 귀국	
796 延曆15				5→10						
798 延曆17		遣渤海使	구라노 가모마로(內藏賀茂麻呂)	4→12	大昌泰		오키노쿠니(隱岐國) 지부군(智夫郡)	입경		大嵩璘
799 延曆18			시게노 센파쿠(滋野船台)	4→9						
809 大同4				10	高南容			입경		
810 弘仁元		遣渤海國使	임동인(林東人)	4→5→9→12	高南客			입경	6년의 年期 通達	大元瑜

연차	천황	사절 이름	일본 사절	月 次	발해사	인원수	도착지		비고	발해왕
810 弘仁元	嵯峨			1→4→10←						大言義
814 弘仁5				9	왕효렴(王孝廉)			입경	歸國途次遭難 여지젠(越前) 安置	
815 弘仁6				1→5						
816 弘仁7				5→						
818 弘仁9					慕感德					
819 弘仁10				11→	李承英			입경		
820 弘仁11				1→						
821 弘仁12				11→	王文矩			입경		
822 弘仁13				1→						
823 弘仁14				11→	高貞泰	101		방환		大仁秀
824 天長元				5→						
825 天長2	淳和			12	高承祖	103		입경		
826 天長3				5→						
827 天長4				12	王文矩	100	단바(但馬)	放還		
828 天長5				4→					年紀通違	
841 承和18	仁明			12	賀福延	105	나가토(長門)	입경		
842 承和19				4→						大彝震
848 嘉祥元				12	王文矩	100	노토(能登)	입경		
849 嘉祥2				5→						

연차	천황	사절 이름	일본 시점	月 次	발해사	인원수	도착지	비고	발해왕
859 天安3				1→7	烏孝愼	104	노토(能登)	放還	大虔晃
861 貞觀3	清和			1→5	李居正	105	오키(隱岐)	放還	
871 貞觀13				12	楊成規	105	가가(加賀)	임경	
872 貞觀14				5	崔宗佐				
873 貞觀15				5→7					
874 貞觀16				6→				入唐渤海使漂着	大玄錫
876 貞觀18				12	楊中遠	105	이와미(石見)	入唐渤海使漂着	
877 元慶元				6→			이즈모(出雲)	入唐渤海使漂着	
882 元慶6				11	裵?	105	가가(加賀)	임경	
883 元慶7				5					
892 寬平4	宇多			1→6	王龜謀	105	이즈모(出雲)	放還	
894 寬平6				5	裵?			임경	
895 寬平7				5→	裵?			임경	
908 延喜8				1→6	裵璆		호키(伯耆)	임경	大諲譔
919 延喜19	醍醐			11	裵璆	105	와카사(若狹)	12월에 호키(伯耆)에 도착했다는 기록도 있음	
920 延喜20				6→				임경	
929 延長7				12	裵璆	95	단고(丹後)	放還	東丹國王
930 延長8				6→					

그러나 8세기 후반 어느 국가도 예외 없이 혼란에 직면한다. 그것은 특히 왕위 계승에서 두드러졌다. 일본은 나카마로의 난 후에 고켄이 다시 즉위했지만(쇼토쿠 稱德), 미혼의 여제인 쇼토쿠가 살아있는 동안 후계를 정하지 않아서 와케오(和氣王) 주살58)과 도쿄(道鏡) 사건59) 등의 정변이 발생했다. 그 결과 쇼토쿠 사후에 덴지(天智)의 손자에 해당하는 고닌(光仁)이 즉위하여 덴무(天武) 계통에서 덴지 계통으로 황통이 바뀌었다. 신라에서는 반란이 계속 일어나고 정치가 불안정한 하대(下代)로 들어갔다. 발해는 문왕 대 흠무의 긴 치세 때로 안정되어 있었지만 오히려 적자 굉임(宏臨)이 일찍 세상을 떠나게 된다. 793년 흠무가 사망한 후에는 적손 계통이 아닌 일족이었던 원의(元義)가 즉위하지만 국내의 반발로 살해당하고 흠무 적손인 화여(華璵)가 뒤를 이었지만 얼마 되지 않아 사망했다. 율령제 국가군의 특징의 하나로 왕권의 직손 계승에 대한 희구성을 들 수 있지만 어디나 파탄나고 있다. 문명을 만들어낸 선진국 중국에 대해 주변 동아시아 국가들에서는 사회체제가 아직 왕권의 직손 계승을 정착시키는 단계에 이르지 않았다. 때문에 중국적 시스템에 대한 위로부터의 선구적 도입이 파탄난 것은 당연한 결과였다.

---

58) 755년에 오카 마사토(岡眞人) 성(姓)을 하사받았다. 759년에 도내리(舍人) 친왕에게 숭도진경(崇道尽敬) 황제 존호를 받고 황족으로 돌아갔다. 764년 후지와라노 나카마로의 난에서는 나카마로의 계획을 고켄(孝謙)상황에게 밀고하여 사건 후 종3위, 병부경(兵部卿)이 되었고, 같은 해에 준닌(淳仁) 천황의 폐위를 선고하였다. 765년에 칭토쿠(稱德) 천황의 황태자가 부재중일 때 모반 계획을 세웠다가 발각, 도망가지만 붙잡혀 이즈(伊豆)국에 유배되었으나 유배중에 살해되었다.
59) 고묘(光明) 황후가 사망하고 고켄(孝謙) 상황의 신임을 받은 도쿄는 766년 법왕(法王)이라는 칭호를 받으면서 권세를 떨치기 시작했다. 769년 쇼토쿠천황과 도쿄는 우사 하치만궁(宇佐八幡宮)의 신탁을 빙자하여 도쿄를 황위계승자로 옹립하려 했으나, 후지와라 모모카와(藤原百川)와 와케 기요마로(和氣淸麻呂)에게 저지당하고, 770년 쇼토쿠 천황이 사망하자 도쿄는 실각했다.

왕권외교의 쇠퇴

이러한 정치적 동향 아래 외교관계도 변질되었다. 특히 신라 하대의 정치적 불안정은 현저해져서 당과의 관계는 유지하지만 8세기 전반 이후 대립적이었던 일본과의 왕권외교는 9세기가 되면 거의 없어졌다.

한편 일본과 발해의 관계도 변질되었는데, 큰 계기가 된 것은 국서 개봉권 문제였다. 왕권외교에서 국서는 군주의 의사를 상징하는 것이고 상대국 군주 앞에서 개봉되어야 하는 것이었다. 일본과 발해 외교에서 일본은 위로조서(慰勞詔書), 발해는 계(啓)라는 형식으로 국서를 계속 주고받았지만 772년에 발해사 일만복(壹万福)이 가지고 온 국서의 날짜 아래에 관품·이름을 쓰지 않고, 또 발해왕에 대해 '천손(天孫)'이라는 용어를 사용한 것이 무례하다고 문제가 되어 일본에서 국서를 고쳐달라고 요구하는 이례적인 사태가 발생했다. 일본은 발해사가 왔을 때 다자이후로 오도록 지시했는데, 그와 함께 다자이후에 발해사가 지참한 외교문서(국서를 포함)를 개봉하여 검토하는 권한도 부여했다.

779년에는 신라에 대해서도 이 조치를 취했다. 천황 앞에서 외교문제가 발생하는 것을 회피하기 위한 조치였지만 발해왕의 국서를 일본의 하부기관이 개봉한다는 점에서 왕권외교는 파정될 수밖에 없었다고 평가할 수 있다.

발해는 재지 수장인 수령을 사절로 참가시키고, 대일외교에서 부수적으로 행해지는 요역의 이익을 공유함으로써 왕권으로의 구심력을 높이려고 했다. 궁내청 쇼료부(書陵部)에는 미부(壬生) 가문의 문서에 841(咸和11)년에 작성된 발해 중대성첩(中臺省牒)의 사본이 소장되어 있다. 그것에 의하면 도래한 발해사 105명 가운데 선원이 28명이고, 그 절반에 해당하는 65명이 수령이었다. 발해사의 불균형적인 구성에서 수령이 특수한 위치에 있는 것을 엿볼 수 있다. 파견된 발해사의 인원수도 9세기 전반 이후 105명 전후로 바뀌었고 변동이 적었다. 또 정기적으로 빈번하게 파견하려고 했는데,

당시 발해의 사자 파견 의도가 일관되게 교역에 있었다는 것을 암시한다.

한편 일본은 신라와의 외교가 파탄나면서 발해를 복속국인 번국으로 삼고자 했다. 그 점에서 발해사는 환영해야 할 일이었고, 798년에 정했던 내항 연한인 6년에 한 차례의 조공을 발해의 요청에 따라 철폐했다. 그러나 과도한 도래에 대한 부담이 재정난의 하나의 원인이 되어 일기일공(一紀一貢), 즉 12년에 한 번으로 연한을 정해 제국질서를 유지하면서 경제적 부담을 줄이려고 했다. 그러나 발해는 이것을 받아들이지 않고, 당에 들어가는 승려의 편지 중개 등 여러 가지 이유를 들어 일본에 사자를 파견하려고 했다. 그 내공(來貢)에 대해 826년 후지와라노 오쓰쿠(藤原緖嗣: 774~843)가 '떠돌이 장사꾼'이라고 지탄했다. 다만 이러한 문제가 있었다고는 하지만 발해의 멸망으로 일본과 발해의 외교가 끝날 때까지 12년에 한 차례씩 조공은 유지되었다.

일본과 발해의 외교는 동아시아의 중층적인 국제관계를 전제로 정치적 관계를 심화하는 외교에서 외교관계를 유지하면서 양국이 자국의 국내정세를 의식하여 그것을 외교에 반영시키려는 형태로 변화했다는 것을 알 수 있다. 9세기 일본과 발해 외교의 이상적인 상태로 7·8세기와 같은 긴장된 국제정세의 반영은 볼 수 없고, 정치적 외교는 형식화되어 갔다. 그 한편에서 일본은 명분상, 발해는 경제적으로, 차이는 있지만 법령제적인 지배질서를 유지하기 위해 외교관계가 필요하다는 점에서 양국의 이해는 일치했다고 할 수 있다.

국가기구(事務方) 교섭의 증대

외교관계에서 군주 사이의 외교는 국가의 위신, 체재와 관련되기 때문에 그것을 조정하는 것은 곤란했다. 그러나 그것의 쇠퇴·경직화는 반드시 국가 간의 교류가 끊기는 것을 의미하지는 않는다. 동아시아 여러 나라의 교류 밀도는 확실히 높아지고 있고 왕권외교만으로 처리할 수 있는 단계는 지나고 있었다. 그 때문에 왕권외교에 지장이 생겨도 문제가 발생했을 때 해결을 위한 교섭이 필요하게 되어 국가기구에 의한 사무적인 교섭이 행해지게 된다.

그러한 안건 가운데 하나가 동아시아 해역에서 표류하는 사람들의 구조였다. 804년 신라에 오토모노 미네마로(大伴岑萬里)가 파견되어 행방불명된 견당사 수색을 요청했다. 이때 신라에 보낸 문서는 태정관 첩(牒)으로, 천황은 직접 관여하지 않고 태정관이 교섭을 진행했다. 836년에도 견당사 파견에 앞서 '첩'을 휴대한 기노미쓰(紀三津)가 파견되어 일본인이 조난당했을 경우 구조해 줄 것을 사전에 의뢰했다. 이때 신라에서 보낸 답신이 남아 있는데, 그 문서 형식은 집사성 첩(執事省牒) 이었다. 역시 천황과 신라왕 사이에서 국서를 주고받는 일은 없지만 태정관과 집사성 사이에서는 동아시아 해역에서 발생하는 사태의 해결을 위해 교섭이 이루어지고 있었던 것이다. 또한 신라에서 의심스러운 행동을 한 기노미쓰에게 신라가 '대국'으로서 대응하자 일본은 분개했다. 그런 점에서 국가기구 교섭도 자국중심의식 아래에서 이루어지고 있었다.

발해와의 외교에서도 같은 경향이 나타났다. 759년 당에 있는 후지와라 기요카와(藤原淸河)의 귀국을 재촉하는 영입당대사사(迎入唐大使使)를 발해를 경유하여 파견했을 때 발해는 안사의 난으로 일부를 제외하고 일본으로 귀국시켰는데 사정 설명을 위해 중대성 첩(中臺省牒)을 발행했다. 9세기 발해와 일본의 외교에서는 왕의 편지와 중대성 첩을 세트로 보내고, 일본도 위로조서(慰勞詔書)와 태정관 첩을 보내고 있다. 이때가 되면 외교에서 군주간의 의사소통과 국가기구에 의한 안건 처리가 모두 필요한 것으로 인식되었다.

이러한 국가기구의 대응이 국가기구의 중추부(태정관·집사성·중대성)에 한정된 것은 아니었다. 9세기에 들어오면 신라로부터 많은 표류민이 발생했고, 북큐슈에서 산인(山陰) 지역까지 광범위했다. 그러한 표류민을 귀국시키는 것은 국가의 역할로서 부상하게 된다. 표류민은 제국에서 다자이후로 보내지고 쓰시마를 매개로 하여 신라로 송환되었다. 신라 쪽 창구는 청주(菁州, 강주康州)였다. 반대로 신라로부터의 표류민 송환도 있었다. 846년에는 신라인이 강주첩을 휴대하고 표류 일본인 50명을 송환했다. 송환할 때는 중앙의 지시가 관사(官司)에 위임되어 다자이후와 청주에서 문서를 발급했다. 외교사절의 왕래와는 다른 교류 경로가 형성되었다고 할 수 있다. 쓰시마는 그 최전선으로 이른바 경계·선이 되고 양국에 걸쳐있는 경계성의 성질이 강해져 갔다.

2) 유동화하는 동아시아

해역교류의 활성화

율령제 국가군은 집권적 성격 때문에 중앙 왕권이 외교라는 형태로 국제교류를 독점하려고 했다. 호적에 소속된 공동체에 묶여 이동이 대폭 제한되었던 민중의 교류는 거의 볼 수 없다. 그러나 8세기 후반 이후 민중의 이동 제한이 유지되기 어렵게 되면서 중앙·지방 관아에서 그 권한을 분장하게 된다. 그 배경에는 동아시아 전체에서 나타난 인적 이동의 유동화라는 경향이 있었다.

그것은 특히 신라에서 현저했다. 이미 764년에 안사의 난과 '신라정토' 계획으로 유민들이 일본으로 건너가고 있다. 신라 하대에 들어오면 약해진 중앙정부는 민중의 유동화를 억누를 수 없게 되어 국경을 넘는 신라인들의 이동은 활발해졌다. 앞에서 언급한 대로 일본으로 건너가는 사람 대부분은 실제 조난을 당해 간 것이 아니라 광역적으로는 이동을 통해 생계를 찾는 사람들이 어느 정도 포함되어 있었다. 그러나 애초부터 그런 사람들에 대한 대응을 상정하지 않았던 율령국가는 편의적으로 저들을 표착한 것으로 취급할 수밖에 없었다. 또 저들은 일본뿐만 아니라 당으로도 건너가 산동 반도의 남쪽 연안부에 신라방(新羅坊)이라는 촌락이 출현했다. 838년 견당사(遣唐使)로 당에 갔던 일본 승려 엔닌(円仁: 792~864)은 당나라에 있던 신라인의 네트워크를 이용하면서 순례·귀국하였다. 『입당구법순례행기(入唐求法巡禮行記)』에는 그들이 당에 있는 동안 역어(譯語)·병마사·압아(押衙)라는 관리와 운송, 농업 등 여러 가지 생업에 종사했던 모습이 잘 묘사되어 있다.

그러나 신라인은 본인의 의사로 고국을 떠나 외국으로 나온 것만은 아니었다. 그중에는 노예로 당나라에 매매되어 신분을 바꾼 자도 여러 명 있었다. 신라 노비의 존재는 820년에 당나라에서 문제가 되어 신라 노비를 돌려보내라는 조서가 내려지고 있다. 이때 당에서 두각을 나타냈던 것이 장보고(張保皐: 790~841)이다. 장보고는 828년에 신라 흥덕왕(興德王: 불명~836)과 면회했고, 노비매매 단속을 위해 청해진 대사(大使)로 등용되었다. 장보고가 동중국해 연안부의 교통을 장악하면서 국제적 노비매매는 줄어들게 되었다. 한편 청해진이 당·신라·일본의 교통 요충지에 위치했기 때문에 국제교역을 장악하여 강대한 힘을 갖게 되었다.

해상(海商)의 출현

해상이 출현한 것도 이때쯤이다. 814년에 나가토(長門)로 신라 상인이 일본으로 표류했다. 아마도 이 이전부터 건너갔을 가능성이 있지만 아직 해상이라는 직업적 구분이 이루어지지 않은 채 건너갔을 것이다. 그 이전의 교역 형태는 『매신라물해(買新羅物解)』에 752년 신라사가 일본에 왔을 때 귀족이 사절과 교역한 것을 나라에 보고하고 있는 것을 보면 알 수 있다. 768년에도 신라와의 교역을 위해 귀족에게 다자이후의 면(綿)이 지급되었다. 외교에서 왕권 간에 징표를 서로에게 주는 것 외에 부수적으로 교역이 일정 규모로 행해지고 있었던 것을 엿볼 수 있다. 이러한 사례는 어디까지나 국가의 감독 아래에서 교역이 성립되었던 것을 보여준다.

8세기 일본에서는 불교의례의 성행으로 향약(香藥) 등에 대한 수요가 증가했다. 주로 왕권과 귀족이 해외의 물품을 구했지만, 교역은 오쿠라쇼(大藏省)과 구라료(內藏寮)가 관리하고 입수는 국가를 매개로 할 수밖에 없었다. 일본과 신라의 외교관계가 파탄나자 대체 수단이 필요해졌다. 한일관계보다 밖으로 눈을 돌리면 이미 8세기 전반 당에 시박사(市舶使)가 설치되어 동남아시아를 경유하여 서아시아에까지 미치는 남해무역이 성립되었고, 남지나해에서는 해상이 직업적 위치를 확립했다. 이러한 유라시아 레벨에서의 상업적 동향의 영향을 받으면서 조일관계의 정치적 틈으로 해상이라는 새로운 존재가 들어오게 되었다.

9세기에 들어와 외교와는 별도로 해상이 도래하게 된 것은 일본에서 해외 물건의 공급이 가속화된 것을 의미했다. 해상이 가져온 물품은 진기한 물건으로 브랜드처럼 가치가 있다고 간주되어 귀족뿐만 아니라 현지에서 성장한 부호층 등도 경쟁적으로 손에 넣으려고 했다. 가산을 쏟아붓는 사람까지도 나타나게 되고 조정이 필요로 하는 물품을 먼저 구해 가버리는 사태가 발생했다. 이미 828년에 귀족의 사자, 도착지의 관인과 토호가 발해사신과 교역하는 것을 금지하고 있었지만 831년 조정은 신라해상과의 교역에도 같은 금령으로 개입했다. 이 때문에 해상이 도래하면 우선 관아에서 물품을 체크해서 가격을 정하고, 조정이 먼저 교역한 후 다자이후(大宰府)의 감독 아래 교역하도록 했다. 겐료(檢領)[60]·와시(和市)[61]라는 교역 절차가 성립되었다.

장보고의 실각

동아시아를 둘러싼 활발한 교역은 그것을 구조화했다. 일본에서는 이전

---

60) 사실 여부에 대해 실제로 검사한 후 영수(領受)하는 것
61) 평화롭게 매매하고, 상담하여 가격을 정하는 것으로 일방적으로 무리하게 가격을 정해 매매를 강제하는 고시(强市)에 대립하는 말로 사용

의 지쿠젠카미(築前守) 훙야노미야타마로(文室宮田麻呂)가 장보고와 손을 잡고 '당나라 물건'을 입수하기 위해 명주를 미리 지불하고 있다. 미야타마로와 장보고의 관계가 사적 교역인지 조정의 지시에 의한 것인지에 대해서는 견해가 나뉘지만, 어느 정도 신용 거래가 이루어지고 있었던 것은 사실이다. 이런 점에서 보면 일본에서 해상의 도래는 일회성이 아닌 계속적인 것으로 받아들여지고 있었다. 해상의 활동은 청해진을 거점으로 바다를 주름잡고 있던 장보고의 관리 아래 놓여 있었다. 그런 의미에서 장보고에 의한 동지나 해역의 장악은 외교와는 차원이 다른 국제적인 물자의 흐름을 만들어냈다.

다만 장보고의 주도에 의한 동지나 해역의 관리는 841년에 종언을 맞이한다. 신라 왕권과 혼인관계를 맺으려고 했던 장보고가 이전부터 귀족층이었던 사람들과 대립하여 실각하고 살해당했다. 이듬해에 장보고를 쓰러뜨

9세기의 동아시아

린 염장(閻丈)의 사자가 일본에 내항하여 그 교역물을 압류하려 했다. 일본에서는 사자를 개인으로 간주하여 거절했는데, 미야타마로도 동시에 실각하여 원한을 품고 사망한 것으로 생각되며, 863년에 신센엔(神泉苑)의 고료에(御靈會)에서 제사를 지냈다. 급속한 교역의 활성화에 대응할 수 없었던 양국이 반동적인 거부반응을 보이고 거기에 관여했던 인물도 사라진 것이다.

그리고 840년대를 계기로 사료에서 해상의 모습이 바뀐다. 그때까지 일본에 많이 도래하고 있던 '신라상인'이 사라지고 '당상인(唐商人)'이 출현하게 된다. 그러나 이것을 가지고 신라상인이 쇠퇴하고 대신 당상인의 활동이 활발해졌다고 보는 것은 성급한 생각이다. 예를 들면 850년대에 활동했던 해상 이연효(李延孝)는 '대당상객(大唐商客)' '발해국상주(渤海國商主)' '본국(本國, 일본)상객(商客)'으로 기록하고 있다. 나라 이름은 귀속을 보여주는 것이 아니라 그곳에서 왔다거나 하는 것을 의미하는데 지나지 않는다. 해상 집단은 하나의 국적에 한정되지 않는 여러 나라 사람들이 다국적으로 섞여 있었다. 해상은 항구에 도착하면 출발지를 관아에 보고하고 관아는 그것을 승인하고 체재를 허가했다. 그런 중에 '신라상인'에서 '당상인'으로 바뀐 것처럼 보이는 것은 해상이 신고할 때 출발지를 신라라고 하지 않고 당이라고 했기 때문이다.

해상의 의식에 그러한 변화가 생긴 이유로 장보고가 몰락한 점을 상정할 수 있다. 830년대까지는 동중국해의 제해권(制海權)은 장보고에게 있었다. 신라의 국명을 칭하는 것은 해상에게 장보고의 보호 아래에 있다는 것을 의미하며, 왕래의 안전에 큰 의미를 가졌다. 그런데 841년 장보고가 죽자 일본은 신라에 대한 경계를 강화하게 된다. 그것을 단적으로 보여주는 것이 842년의 후지와라노 마모루(藤原衛: 799~857) 상소장(奏狀)이다. 그것에 의하면 신라에 대해 '일을 상매에게 주고 나라(일본; 역자 주)의 소식을 묻는다'라고 하여 일본에 도래하는 해상을 위험시하고 있다. 마모루가 이와 같이 지탄했던 배경에는 율령제에 상정되어 있지 않은 해상이라는 존재에 대한 불신감이 있었고, 장보고 사후의 혼란은 그것을 증폭시켰다. 그러한 상황에서 해상에게도 신라를 칭하는 메리트가 없어지게 되고 대신 당을 칭하게 된 것이다. 동지나해에서 해상의 실태는 변한 것이 없었지만 해상을 둘러싼 환경의 변화가 그 이름을 칭하는 것에 영향을 미쳤다고 할 수 있다. 한편 847년 쓰시마 백성이 신라 무주(武州)에 표착했을 때 구금되어 한 명이 사망하는 사건이 발생했다. 청해진의 무력화로 해역이 불안정해지자 신라가 경계 수준을 높이고 있는 것을 알 수 있다.

3) 율령제 국가군의 종언

해역의 불안정화

장보고 몰락 후 동아시아 해역에서 해상의 활동은 변하지 않은 것을 알 수 있다. 그리고 그것과 동시에 장보고의 정치력에 억눌려 있었던 해상이 아닌 사람들의 이동과 교류가 다시 유동화하게 된다. 그것은 동아시아에 불안정한 상황을 초래했는데, 특히 860년대에 일본과 신라와의 관계에서 현저하게 나타났다. 863년에는 이나바(因幡)에 57명, 이와미(石見)에 30여 명의 신라인이 일본에 왔다. 이 해에 신라에서 큰 재해와 반란은 확인되지 않는다. 그럼에도 불구하고 신라에서 많은 유민이 발생했다는 것은 신라의 국경관리 능력이 크게 저하되고 있다는 것을 보여준다.

일본에서도 지방지배의 이완은 큰 문제가 되고 있다. 부호층은 왕신가(王臣家)와 결탁하여, 율령제적인 국군제(國郡制) 지배를 저해했다. 그에 따라 고쿠시(國司)[62]와 부호층은 대립했고, 혹은 지역지배의 근간이었던 군시(郡司)[63] 층의 불만을 초래하게 되었다. 그러한 동향은 신라를 휩쓸리게 하는

---

[62] 고쿠시(國司)는 일본 중앙 정부가 8세기의 율령제 아래에서 지방의 율령국을 감독하기 위해 파견한 지방관으로 율령에 따라서 세금징수 등 상당한 권한을 가지고 있었다.

사건으로 발전했다. 866년 히젠국(肥前國) 기이군(基肆郡) 기다이료(擬大領)64) 야마노라루나가(山春永) 등이 개인적으로 신라에 도항하여 무기 제조를 배워 쓰시마를 습격하려고 계획했다는 일로 고발당했다. 같은 해 오키국(隱岐國) 젠지오치노사다아쓰(前司越知貞厚)가 신라와 통모했다고 하여 같은 오키국의 낭인 아즈미노 사키오(安曇福雄: ?~869)에 의해 역시 고발당했다. 후자는 나중에 무고로 판명되었다. 870년에는 다자이후 쇼니(少貳) 후지와라 겐리마로(藤原元利萬侶: ?~?)가 신라와 통모했다고 규탄당한 사건이 발생했다. 사건이 어떻게 결론 났는지는 명확하지 않지만 역시 무고였을 가능성이 크다.

이러한 것들은 모두 율령국가 측의 사람(고쿠시·군시·다자이후 관료)이 신라와 결탁했다는 점에 특징이 있다. 실제 지방 관인이 신라와 결탁했다는 것 보다 사건의 실정은 관리와 대립한 부호층이 그를 실각시킬 목적으로 무고했던 것일 것이다. 다만 신라로 가서 결탁했다는 것이 리얼리티를 가지고 이야기되고 있는 점에 이러한 사건의 특징이 있다. 일본에서 신라로 가는 것은 충분히 가능한 것으로 생각되었고 해역의 유동화는 국내 지배의 불안정화와 쉽게 연결되었던 것이다.

또한 이렇게 불안정하게 된 요인의 하나로 기후 변동이 영향을 주었을 가능성이 있다. 9세기의 기온은 비교적 온난했다. 그러나 9세기 중엽 일시적으로 기온이 떨어졌다가 10세기에 회복되었다는 지적이 있다. 이것을 염두에 두면 신라의 유민과 일본의 지방 관리, 부호층과의 대립은 기온이 내려가면서 생산력이 떨어진 것이 하나의 배경이 되었다고 생각된다. 여담이

---

63) 군시(郡司)는 일본의 율령제 아래에서 율령국 내의 각 군을 다스리는 지방관이다. 중앙관료인 고쿠시(國司) 아래에서 군의 행정을 맡으면서 그 지역의 유력자가 세습적으로 임명되었다.
64) 일본의 율령제 시대에 있었던 직명 중 하나로 군시(郡司)의 최고 지위인 대령의 후보직이다.

지만 860년대는 큰 재해가 빈발한 시기이기도 했다. 864년부터 866까지 후지산(富士山)의 죠간(貞觀) 분화가 있었고, 후지고코(富士五湖)와 아오키가하라 주카이(靑木ケ原樹海)가 형성되었다. 869년에는 무쓰(陸奧)에 심각한 피해를 준 죠간 지진이 발생했다. 이러한 재해는 통모사건과 함께 일본 국내에 커다란 사회불안을 초래했던 것 같다. 그것은 배외의식과 연결되었다. 발해사가 도래한 872년에 해역병(咳逆病)이 유행했을 때 이들을 '이토(異土)의 독기(毒氣)'라고 싫어했다. 이러한 감상이 사람들 사이에서 이야기되었는데, 여기에서 사회의 폐쇄감이 뿌리 깊은 것을 볼 수 있다.

신라해적

해역의 유동화는 국제교역에도 크게 영향을 미쳤다. 그것이 해적 문제이다. 9세기 신라에서는 큰 해적 습격 사건이 세 차례 발생했다. 첫 번째는 고닌(弘仁) 해적으로 811년 신라의 배 20여 척이 쓰시마 앞바다에 나타나자 그 가운데 한 척을 나포했다. 813년에도 5척에 110명이 타고 오지카지마(小値賀嶋)[65]로 습격해왔는데 현지민이 반격하여 9명을 죽이고 101명을 잡는 전과를 올렸다. 두 번째는 죠간 해적으로 알려져 있으며, 859년 하카타만(博多灣)에서 적선 두 척이 부젠(豊前)의 공조선(貢租船)에서 비단과 무명을 약탈했다. 이 사건으로 큰 충격을 받은 조정에서는 여러 가지 대책을 시행했다. 우선 이세(伊勢)·이와시미즈(石淸水)·하치만(八幡)·가시이(香椎)·무나카타(宗像)·간나비(甘南備)의 여러 신에게 예물을 드리고 여러 지역에는 금강반야경(金剛般若經)을 전독(轉讀)하게 했다. 또한 해적을 경계하여 다자이후에 포로(후슈 俘囚)와 선발된 병사(센시 選士)를, 쓰시마에도 선발된 병사와 쇠뇌(노 弩)[66]를 비치하고 그 밖의 연해 여러 지역에도 경계하도

---

65) 규슈에서 서쪽으로 약 50킬로미터 떨어진 고토(五島)열도의 북쪽에 있는 섬이다.
66) 화살이나 돌을 여러 개 잇따라 쏠 수 있게 만든 큰 활

록 지시를 내렸다. 이때 붙잡힌 해적 용의자는 제국으로 이배(移配)시키는 조치를 취하고 있다. 세 번째는 893년 5월에 히젠·히고(肥後)를 습격하고 이후 일정하게 간격을 두고 규슈를 습격했던 간뵤(寬平) 해적이다. 신라 해적에 대해 다자이후는 파발로 중앙에 보고했고, 조정에서는 신속히 뒤쫓아 치도록 다자이후에 명령했다. 893년 7월부터 894년 1월까지 한 차례 보이지만, 2월부터 4월, 9월에는 단속적으로 나타났다. 이때 조정은 쫓아가 치라는 명령 외에 여러 신사(神社)에 예물을 드리고 연해의 경비를 철저히 하도록 했다. 해적은 10월에 도망갔다는 보고 이후 모습을 감추었다.

이러한 해적의 실체는 고닌·죠간과 간뵤가 달랐다고 생각된다. 고닌 해적이 출현하는 시기는 일본이 '신라상인'의 존재를 인식하기 시작한 때와 같은 시기이고, 해상과 관련이 있을 것으로 추정된다. 죠간 해적도 사건 발생 당초 다자이후에서는 관내에서 활동하는 신라인을 관계자로 간주하여 구금하려고 했다. 이때 관내에 체재하는 신라인과는 해상관계로 볼 수 있다. 적선의 규모가 두 척뿐이라는 것도 해상과의 유사성을 생각하게 한다. 즉, 고닌·죠간 해적은 해상의 겉과 속이 아닐까.

각각 전근대 바다에서의 안전은 어느 정도 자력으로 확보하는 것이 필요했다. 견당사선에도 사절 이외에 사격수 등이 배치되고 있다. 외교사절뿐만 아니라 해상의 배도 마찬가지였을 것이다. 해상의 경우 표착했을 때 약탈을 피해야 하는 두려움은 항상 있었던 문제이고, 스스로를 보호하기 위해 무장은 불가결했다. 고닌 해적은 전원을 살해 또는 포박하는 행동의 치졸함을 보이며, 해상(해적)으로서의 행동 패턴이 확립되지 않았던 중에 발생한 것으로 생각된다. 고닌과 죠간 사이에는 장보고에 의한 감독 기간이 있었기 때문에 해적의 출현은 억제되었다. 죠간 해적은 장보고 이후 불안정한 상황 속에서 약탈이라는 방향으로 움직였던 것으로 생각된다.

이에 대해 분명하게 구별되는 것이 간뵤 해적이다. 1년 이상의 기간에 걸친 활동은 해상이 단발적 또는 우발적으로 일으킨 행동과는 전혀 다른, 오히려 약탈을 생업으로 했던 집단에 가깝다. 사건 당시 신라왕은 신라의 마지막 여왕인 진성왕(887~897)이었다. 이 왕 때에는 반란이 많이 일어났고 이미 도읍에서 먼 곳과 연해부의 치안은 신라의 통제에서 벗어나 있었다. 그러한 상황을 근거로 하면 간뵤 해적은 한반도에서 반란을 일으켰던 집단의 일부가 일본으로 간 것으로 간주할 수 있을 것이다. 또한 도적 무리 중 한 사람은 당인이었다고 기록되어 있어 대륙 연안부와 한반도의 유동적인 연결도 엿볼 수 있다.

고닌·조간 해적과 간뵤 해적의 습격은 그 실태가 완전히 달랐지만, 일본에게는 해적에 대한 노하우를 구축할 기회로서 큰 의미를 가진다. 죠간 때 조정은 쓰시마에 신리 소식을 쓴 일기를 제출하도록 명령하고 정보 수집에 노력했다. 간뵤 해적에 대한 대응도 죠간 해적의 경험을 살리고 있는 것을 볼 수 있고, 그것은 이후 1019년 도이(刀伊)의 습격에서도 기능하게 된다.

후삼국·동단국(東丹國)과 일본

9세기 후반이 되면 신라의 정치적 쇠퇴는 현저해진다. 889년에 원종(元宗: 1219~1274)·애노(哀奴: ?~?)의 반란[67]을 시작으로 891년에 양길(梁吉: ?~?), 892년에 견훤(甄萱: 867~936)이 거병하여 신라의 쇠퇴는 결정적이 되었다. 893년 간뵤의 해적이 이것과 연관되어 있었다는 것은 앞에서 서술한 대로이다. 900년 견훤이 후백제를 자칭하고 이듬해에는 양길을 대신하여 궁예가 후고구려를 건국함으로써 반란은 지역의 자립이라는 성질을 포함하게 되었다. 918년 궁예를 내쫓은 왕건이 고려를 건국하고 한반도의 분열은 결정적이 되었다. 이 시대를 후삼국 시대라고 하는데 그 밖에도 한반도에서 자립할 가능성을 가진 세력은 있었다. 특히 주목되는 것이 일본에 대해 군

---

67) 889년 신라의 사벌주(沙伐州 : 지금의 경상북도 상주)에서 원종·애노가 일으킨 농민 봉기로 이후 지방 세력의 형성과 성장에 커다란 영향을 미쳤고, 신라 고대국가를 붕괴시키는 기폭제 역할을 했다.

사적 교섭 창구였던 강주(康州)이다. 권지강주사(權知康州事, 천주절도사 泉州節度使) 왕봉규(王逢規: ?~?)라는 인물이 중국에 사절을 파견하고 있고, 독자 외교로 맞붙고 있었다. 그 후 강주 세력은 927~928년에 걸쳐 고려와 후백제의 압력으로 해체되어 갔다. 분열하는 한반도에서 여러 지역 세력이 뜨고 가라앉으면서 후삼국으로 수렴되어 갔다.

한반도뿐만 아니라 동아시아 전체의 국제환경도 변동의 시기였다. 878년에 왕선지(王仙芝: ?~878)・황소(黃巢: ?~884)가 반란을 일으키자 당의 몰락도 결정적이 된다. 난 자체는 884년에 진정되지만 그로 인해 주전충(朱全忠: 852~912)이 세력을 펴게 되었다. 주전충은 907년 소종(昭宗: 1338(?), 1340(?)~1378)에게 자리를 물려주게(禪讓) 하여 후양(後梁)을 건국했고, 당은 멸망했다. 이것으로 인해 각지의 군벌도 자립하였고 대륙은 오대십국 시대로 돌입했다.

북아시아에서도 이러한 정세에 호응하여 새로운 움직임이 시작되었다. 907년 거란의 야율아보기(耶律阿保機: ?~926)가 가한(可汗)[68]의 지위에 올랐고, 918년에는 황제로 즉위하여 왕조로서의 거란(후에 요遼)을 건국했다. 거란은 동방으로 세력을 넓히고 발해를 멸망시켰다. 그 옛 땅에 아보기의 큰 아들 야율돌욕(耶律突欲: 899~937)을 왕으로 삼아 동단국(東丹國)을 건국했다. 발해는 919년까지 콘스탄트와 일본에 사자로 보내고 있었는데, 33회로 일본과 발해의 외교는 종언을 맞았다. 다만 929년 동단국에서 일본에 사자를 보냈다. 대사(大使)는 908・919년 발해의 대사로서 일본에 온 배구(裵璆: ?~?)였는데, 동단국이 발해의 견신을 그대로 거두어들인 상황이 엿보인다. 또 동단국 사자로서 일본에 온 배구는 거란에 대한 불만을 이야기하여 일본의 조정으로부터 견책을 받았다. 일본 측도 새로운 나라의 출현에

---

68) 중국 서북쪽의 유목민족인 선비(鮮卑), 투르크(突厥), 연연(蠕蠕), 위구르(回紇), 몽골의 최고 통치자의 호칭이다.

대해 신중하게 대응했던 것이다.

한편 후삼국의 쟁란에서 일본과의 외교에 적극적이었던 것은 후백제였다. 922년 쓰시마에 사자를 파견하여 외교관계를 구축하려고 했다. 그러나 일본은 배신(陪臣)의 조공은 인정하지 않는다는 취지의 답을 하여 거절했다. 그 후 929년에는 쓰시마에 표착한 후백제 사람을 송환시켰을 때 견훤의 통호 요청이 있었고, 일본은 다시 거부했다. 후백제는 900년부터 몇 번인가 오월국(吳越國)에 입조했고, 928년에는 거란과도 관계를 맺었다. 후백제의 대일외교는 신라와 고려를 포위하는 네트워크 외교의 일환이었다. 여기에 대해 일본은 명분적인 이유를 들어 새로운 국제질서의 재구축에 소극적이었다. 이러한 외교태도는 동단국에 대한 그것과 마찬가지였고, 그 점에서 일본의 외교방침은 일관되었다.

또한 일본과 후백제의 외교 절충에서 주목되는 것은 한반도와 열도의 교류에서 쓰시마가 담당하는 역할이 커지고 있는 점이다. 한반도의 정치적 규제력이 저하되고 일본의 외교자세가 명분적인 의식에 사로잡히게 된 속에서 쓰시마는 교류의 최전선이었고, 중앙과는 다른 현실적인 판단이 필요한 현장이었다. 쓰시마는 한일교류의 여러 가지 의도가 교착하고 그것을 조정하는 경계적인 장소로서 바뀌어 갔다.

그 후 한반도에서는 후백제와 고려의 치열한 싸움이 커져 935년에 견훤이 후계자 문제로 고려에 망명하자 상황이 변했다. 고려는 같은 해 신라를 병합했고 신라는 멸망했다. 이듬해에 후백제도 멸망하고 한반도는 고려에 의해 다시 통일되었다. 그즈음 일본에서는 셋칸(攝關)정치[69]가 정착하고 율령제적인 정치체제는 크게 모습을 바꾸었다. 935년 다이라노 마사카도(平

---

69) 미성년, 여성 또는 정무를 담당할 수 없는 천황을 대신하여 정치를 담당하는 섭정·성인이 된 천황을 보좌하여 정무를 담당한 관백이 주도권을 가지는 정치. 특히 헤이안 중기 후지와라씨가 천황의 외척이 되어 섭정·관백을 독점하고 정치의 실권을 잡은 정치 형태. 11세기 후반에 인세이(院政)가 시작된 이후에는 형식화되었다.

將門: ?~940)·후지와라노 스미토모(藤原純友: ?~941)에 의한 조헤(承平)·덴교(天慶)의 난이 발생했다. 『쇼몬키(將門記)』에 의하면 '쇼몬은 대사결(大赦契; 거란일까)왕, 정월 1일에 발해국을 정벌하고 동단국으로 고쳐서 영지를 장악했다'고 단언했다. 마사카도가 정말 발해의 멸망을 알고 있었는지는 확실하지 않다. 다만 고대적인 율령제 국가군은 모두 9세기 후반부터 10세기 초반에 걸쳐 해체 또는 변질되었던 것은 사실이다. 이러한 변화를 계승하여 조일관계도 중세세계로 이행해 가게 된다.

[칼럼]
발해의 배구와 후당의 요곤(姚坤) -두 사자로 보는 국제정세-
사와모토 미쓰히로(澤本光弘)

    사자가 가져온 정보는 정국에 영향을 미친다. 다만 하나의 사자를 추적하여 전반적인 정세를 파악할 수 있다고 한정할 수는 없다. 사자 파견은 시기에 따라 의미가 달라지고, 동시에 여러 가지 견해가 들어가 다면적인 외교가 되는 것이다.

    가령 일본에 온 발해사로 배정(裵頲)·배구 부자가 있었다. 아버지 배정의 경우는 882년~883년과 894년 일본의 견당사가 정지되었지만 당의 명맥이 아직 십여 년 지속되던 시기에 일본에 왔다. 아들 배구의 경우는 당이 멸망한 후 이른바 '오대십국'의 항쟁 시기에 일본에 왔다. 위세는 쇠퇴했지만 당의 존속과 멸망의 차이는 크다. 『자치통감(資治通鑑)』에서 당시 할거했던 여러 세력을 보면 당의 보호 등을 명목으로 세력 확충을 도모하거나 당을 대신할 권력을 위해 직접 무력으로 대항하는 세력을 공략하거나 정책이 시기에 따라 바뀌고 있다. 이 변화가 파견의 긴박함에 영향을 미치고 있다.

    907년 당이 멸망하고 후양이 성립된 것보다 먼저 거란의 야율아보기가 '천황제(天皇帝)'를 칭했다(1차 즉위). 거란은 머지않아 주변 지역을 압박했

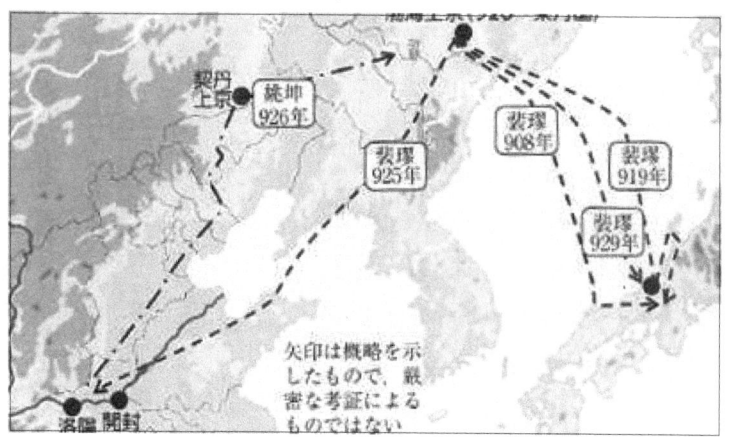
배구(裵璆)와 (요곤)姚坤의 내일 경로

다. 배구가 처음 일본에 온 것은 이런 시기에 해당하며, 908년 1월에 호키국(伯耆國)에 도착해서 4월에 입경하고 6월에 귀국했다. 정세는 더욱 심각해지고 916년 야율아보기는 '대성대명천황제(大聖大明天皇帝)'를 칭하고(2차 즉위), 917년 거란은 유주(幽州)를 200일 정도 포위하고 919년에는 요양(遼陽)으로 진출하여 발해호(渤海戶) 등을 지배 아래 두었다. 배구가 두 번째로 일본에 온 것은 이 시기로 919년 11월에 와카사국(若狹國)에 도착해서 12월에 에치젠국(越前國)에 안치되고 나서 이듬해 5월에 상경했고 6월에 귀국했다.

923년 후양이 후당에 멸망당하자 배구는 후당으로 갔다. 『오대회요(五代會要)』권 30·발해전(渤海傳)과 『책부원구(冊府元龜)』권 971·조공 제오(朝貢第五)를 보면 발해가 거란의 압박을 받고 있던 시기 발해국왕 대인선(大諲譔)이 배구를 파견했던 것을 알 수 있다. 현존사료에서 후당이 사자를 파견한 것은 발해가 아니라 발해와 적대했던 거란이다. 『구오대사(舊五代史)』권 137·거란전(契丹傳)과 『신오대사(新五代史)』권 72·거란전(契丹傳) 등에 후당에서 이존욱(李存勗, 장종莊宗)이 암살되고 이사원(李嗣源, 명종明宗)이 즉위한 것을 인정하여, 공봉관(供奉官) 요곤이 거란에 파견되었다는 기사가 남아있다. 그 밖에도 요곤이 거란을 방문했을 때 야율아보기가 발해 원정 중이었고 요곤은 발해 영내까지 쫓아가 주둔지 궁로(穹盧)에서 야진아보기와 열견(閱

見)했다고 한다. 후당은 발해 멸망 정보를 직접 입수했다고 할 수 있다. 그 후 야진아보기가 병사하자 요곤은 유해와 함께 귀환하고 있다. 잔존하는 사료는 적지만 발해, 후당, 거란의 다면 외교의 일단이 엿보인다.

배구가 세 번째로 일본에 간 것은 구 발해령 통치를 위해 거란이 세운 동단국의 사자로서였다. 배구가 거란에 불평을 드러낸 듯한 사죄장(㪅狀)이 『본조문수(本朝文粹)』에 남아 있다. 그리고 입경이 허락되지 않아 이듬해 귀국하였고 배구의 행적은 여기에서 끝났다.

발해는 근현대의 국경을 넘은 지역에 성립되었기 때문에 복수의 분국사(分國史)에 의해 이야기된다. 거기에는 안이하게 해소될 수 없는 다른 대립이 생겨나고 있다. 그래도 배구와 요곤 등은 분국사에서는 다루기 어려운 월경 활동을 전개하고 있다.

Ⅱ. 중세 동아시아 해역과 한일관계

세키 슈이치(關周一)

이 장에서는 10세기 전반부터 17세기 초까지를 중세의 한일관계로 간주하여 서술하고자 한다. 이 시대의 전반적인 특징으로는 쓰시마를 비롯한 서일본 각지에서 무역 혹은 약탈을 위해 많은 사람들(한국에서는 '왜구'라고 부른다)이 한반도로 갔다는 점을 들 수 있다. 고대의 국가 간 교섭과는 달리 일본 측 교류의 주체는 국가에 한정되지 않고 다양한 계층에 퍼져 있었다. 다만 그 교류는 왜구에 의한 약탈이라는 측면을 동반하고 있으며, 결국에는 도요토미 히데요시(豐臣秀吉: 1537~1598)에 의한 조선 침략까지 일어나게 했다.

10세기 전반, 한반도에서는 고려가 성립되고 일본 조정과의 교섭을 시도했다. 그것은 쌍방향의 사절 왕래가 아니라 고려에서 일방적으로 일본에 사절을 파견했다. 이러한 국가 간의 교섭과는 별도로 송 해상이 담당자가 되어 고려와 일본 사이에서 무역이 이루어졌다. 12세기 이후 쓰시마의 국아(國衙)에서 고려의 지방관아 앞으로 진봉선(進奉船)을 파견하여 무역을 했다.

13세기 유라시아 대륙에서는 몽골 제국이 성립하여 고려를 복속시켰다. 고려 삼별초(三別抄)의 저항을 누른 쿠빌라이는 고려군 등을 이끌고 두 차례에 걸쳐 일본을 침공했다. 가마쿠라(鎌倉) 막부(幕府)는 '이국(異國)'=고려에 원정할 계획을 세웠지만, 실행에 옮기지는 못했다.

일본에서는 남북조 내란[70]이 가장 심했던 14세기 후반, 한반도와 중국

---

70) 1336년 8월, 아시카가 다카우지(足利尊氏)는 고묘(光明) 천황을 옹립하여 교토에 성립한 조정(북조)에 대해, 같은 해 12월에 교토를 탈출한 고다이고(後醍醐)천황은 요시노(吉野)에 들어가 조정(남조)을 열었다.이후 57년간의 역사는 남북 양조의 옹립

대륙을 습격하는 전기 왜구가 출현하여 쌀과 사람을 약탈했다. 고려와 고려를 계승한 조선은 무로마치(室町) 막부와 오우치씨(大內氏)·소씨(宗氏) 등 여러 다이묘(大名)에게 왜구의 금압을 요구했다. 이 일은 고려, 조선과 일본의 통교 관계가 성립되는 계기가 되었다.

15세기, 조선에 대해 무로마치 막부와 여러 다이묘·상인들이 각각 사절을 파견하는 다원적 통교관계가 성립되어 활발한 무역이 이루어졌다. 특히 조선과 관계가 깊었던 것은 쓰시마였다. 쓰시마도주인 소씨는 문인71)제(文引制)와 고초도조어금약(孤草島釣魚禁約)72) 등 조선통교에 대한 통제 권한을 조선으로부터 위임받았다. 일본의 사선이 정박하는 항구인 삼포(三浦)73)에는 쓰시마 도민들인 항거왜(恒居倭)가 거주했다. 중세 국제 무역항이었던 하카타(博多) 상인과 소씨 등은 여러 지역으로부터 조선 통교를 청부받아 통교 명의를 사칭한 위사(僞使)를 조선에 파견했다. 16세기 사절은 대부분 쓰시마에 의한 위사였고, 이와미(石見) 은산(銀山) 등에서 채굴·제련된 대량의 은이 한반도로도 가게 되었다.

조일관계에 큰 단절을 초래한 것은 16세기 말 도요토미 히데요시에 의한 '대륙침략74)'이었다. 히데요시는 두 차례에 걸쳐 조선을 침략했고, 조선 국

을 명목으로 하는 귀족·무사를 항쟁시켰을 뿐만 아니라 광범위한 민중을 동란의 도가니에 끌어들여 전개되었다. 1392년에 무로마치(室町) 막부의 주도로 남북 양조가 합체될 때까지를 남북조 내란시대라고 한다.(日本國史大辭典編集委員會, 『日本國史大辭典』, 吉川弘文館, 1987.)

71) 조선 시대, 우리나라에 오는 왜인 사절(使節) 등에게 쓰시마(對馬島) 도주(島主)가 발행하던 도항(渡航) 증명서이다.
72) 1441년(세종 23) 조선과 쓰시마도주 소 사다모리(宗貞盛)가 맺은 어업조약이다.
73) 부산포(釜山浦, 또는 富山浦), 제포(薺浦, 또는 乃而浦), 염포(鹽浦)이다.
74) 원문에는 가라이리(唐入り, 중국입성)로 되어 있다. 도요토미 히데요시가 조선침략을 '가라이리'라고 불렀다.

왕 선조를 비롯한 지배자층과 민중에게 심각한 피해를 입혔다. 많은 조선인 피로인이 일본으로 연행되는 한편, 조선에 투항하는 항왜(降倭)도 속출했다.

17세기 초 도쿠가와 이에야스(德川家康: 1543~1616)는 조선과의 관계를 회복하고자 했다. 그때 소 요시토시(宗義智: 1568~1615) 등이 선조와 이에야스의 국서를 고쳐 써서 관계를 회복시켰다. 조선은 회답겸쇄환사(回答兼刷還使)를 일본에 파견했다. 그 후에도 소씨는 계속 국서를 위조했지만, 야나가와잇켄(柳川一件)으로 에도 막부에 폭로되었다. 사건 후 에도 막부는 이테앙(以酊庵)[75] 윤번제(輪番制)를 개시함으로써 조선외교에 직접 개입했다.

1. 려일(麗日)관계와 해상

1) 헤이안(平安)시대 고려와 일본의 외교

10세기 동아시아의 변동과 고려의 성립

앞 장에서 본 것처럼 당을 중심으로 한 국제관계는 9세기에 점차 변화를 보였고, 10세기가 되면 동아시아 여러 나라의 흥망이 이어져 국제교류의 조건은 크게 전환점을 맞았다. 중국 대륙에서는 907년 당나라가 망하고 오대십국 시대를 거쳐 북송(北宋)이 성립했다.

한반도에서는 왕건(877~943)에 의해 고려가 건국되었다. 왕건은 송악(松嶽, 개성 開城) 지방의 호족으로 처음에는 태봉(泰封)의 궁예(?~918)의 무장으로 활약했으나 결국 궁예를 쓰러트리고 왕이 되었다. 918년, 고구려의 후

---

[75] 쓰시마에 있던 선사(禪寺)로 1580년 게이테쓰 겐소(景轍玄蘇)가 개창했다. 현재의 나가사키현 쓰시마시 이즈하라쵸(嚴原町) 임제종 난젠지파(南禪寺派) 세이잔지(西山寺)에 해당한다. 에도시대에 막부는 오산(五山)의 학승을 이곳에 파견하여 조선과의 왕복 서한과 조선에서 오는 사자 접대 등을 담당하게 했다. 1868년에 폐지되었다.

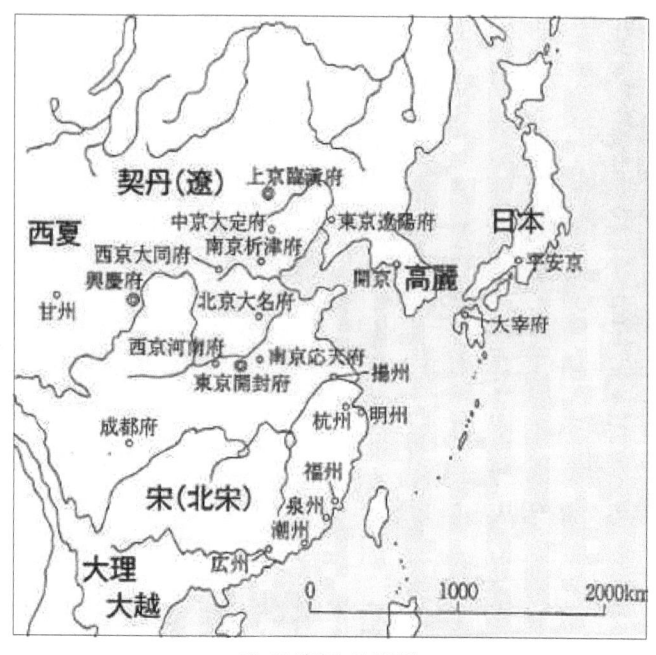

10~12세기의 동아시아
(아라노 야스노리 편, 『日本の對外關係 3 通交·通商圈の擴大』)

계자를 자처하여 나라 이름을 고려라 하고 이듬해에 송악을 도읍으로 삼았다. 그때 신라는 경주 주변에서 간신히 세력을 유지하고 있었을 뿐이고, 남서부는 후백제가 지배하여 각지에 호족이 할거하고 있었다. 935년, 신라는 자립할 수 없다는 것을 깨닫고 고려에 항복했다. 936년, 왕건은 후백제를 쳐서 멸망시켰다. 게다가 북방에서는 발해가 망해 많은 유민이 고려로 이주해 왔다. 고려는 발해 유민을 받아들이고 새로운 왕조를 세웠다.

고려는 통일 이전부터 오대(五代) 왕조와 오월국(吳越國)에 사절을 파견하여 책봉을 받았다. 북송·남송에도 계속해서 조공하여 쌍방의 사자가 왕래했다. 그에 비해 거란(요)과의 관계는 순조롭지 않아 세 차례에 걸쳐 침략을 당했다. 993년에 거란의 제1차 침략이 있었다. 이듬해 고려는 북송에 사절을 파견하여 거란원정 지원을 요청했지만 거부당하자 거란 중심의 책봉관계에 들어갔다. 그러나 1010년, 고려의 왕위를 둘러싼 내분을 구실로 제2차 침략을 당해 도읍이었던 개성의 '태묘(太廟)·궁궐·민가'는 잿더미가 되었다. 1018년에 제3차 침략을 받았지만 구주(龜州, 구성 龜城) 싸움에서 크게 승리했다. 이때 불교의 힘으로 거란의 침공을 막아냈기 때문에 1020년 전후부터 대장경 조판을 시작하여 1087년 즈음에 완성됐다. 그 후 전쟁으로 소실되었다가 다시 조판되었다. 그러나 거란의 군사적 압박이 계속되자 고려는 거란에 항복하고 1022년 거란으로부터 책봉을 받아 다시 거란 중심의 책봉관계로 돌아갔다.

한편, 중국=북송에 대해서는 동경하는 마음이 커서 계속 조공했지만, 거란과의 앞날을 생각하여 1030년부터 1070년까지는 조공을 중단했다. 또한 송나라 해상이 고려에 거점을 두고 무역을 했다. 송나라 해상들은 1012년 이후 거의 해마다 고려로 건너와 무역을 하고 있었다. 고려 왕조는 그들을 입공 사절로 위치 짓고 있으며, 송나라 해상은 송·고려 사이 외교의 일부를 담당했다. 한편 송나라는 때때로 해상의 고려 도항을 금지했다. 예를 들면 1090년부터 1094년까지이다. 송나라 해상의 활동 범위는 일본에도 미쳤으며, 11세기 후반 이후 하카타에 '당방(唐房)'이라 불리던 거점을 두었다.

고려와 일본 조정의 외교

이와 같은 국제환경 아래에서 고려와 일본 관계가 전개되었다. 외교를 보면 고려 왕조에서 일본 조정에 사절을 파견했다. 즉 고려의 주도로 양국 교섭이 이루어졌다.

고려는 한반도를 통일한 이듬해에 해당하는 937년(承平7), 일본에 사자를 파견하여 첩장(牒狀)을 보냈다. 뒤이어 939년(天慶2)에도 사자를 파견하여 광평성(廣評省) 첩장을 보냈고, 다자이후에서 광평성 앞으로 보내는 답장을 가지고 귀국했다. 고려가 새로운 한반도의 패자가 된 것을 전하고 일본과의 외교를 요구한 것으로 추측되지만 일본에서는 두 번 모두 거절한다. 10세기 초부터 일본 조정은 외국의 수장으로부터 일본의 국가 수장(천황) 앞으로 온 외교문서에 답하지 않고 중앙의 태정관 반첩 혹은 지방 관아인 다자이후의 반첩으로 답했다. 다만 다자이후의 첩 그 자체는 태정관에서 작성했다. 교토 조정에서 심의는 했지만 답장은 다자이후 첩이라는 문서양식을 취했고, 이 다자이후 반첩에는 조정의 의사가 반영되었다.

그 후 972년(天祿 3) 남원부(南原府)와 김해부(金海府)의 사자가 이어서 쓰시마에 왔고, 다자이후의 반첩을 받아 귀국했다. 974년(天延2), 고려국 교역사(交易使) 장인소출납(藏人所出納)·고려국화물사(高麗國貨物使) 등이 교역한 화물을 가지고 귀경했다. 고려의 지방관 또는 지방 호족이 독자적으로 파견한 자들이었을까.

997년(長德3) 다자이후에서 고려 첩장 세 통(한 통은 '일본국'앞, 한 통은 '쓰시마토시(對馬島司)'앞, 한 통은 '쓰시마'앞)을 조정에 보냈다. 한반도에서 일본인이 일으켰던 난잡한 행위(왜구)에 대해 항의를 한 것이다. 일본조정의 논의에서는 그 표현을 일본을 모욕하는 것으로 보기도 했고, 개중에는 '송의 모략이 아닐까'라는 의견도 있었다. 이처럼 군사적인 위기감이 격화된 일본조정에서는 일체 반첩을 하지 않는다고 결정함과 동시에 만일에 대비하여 다자이후에서 군사적으로 중요한 곳을 굳게 지키고 기도에 힘쓰라는 명령을 내렸다.

1079년(承曆3) 고려는 다자이후 앞으로 의사 파견을 요청했다. 조정에서는 의사를 파견했는데 치료에 실패하면 일본의 '수치'가 된다는 의견 등에 따라 고려의 요구를 거부했다. 그때 반첩을 보냈는데 의사 파견을 거절하는 이유로 고려 첩장의 형식적인 난점을 지적하고 있다.

이처럼 일본에 온 고려사절에 대해 다자이후 첩을 보내는 것을 기본으로 했다. 군주 사이에 사절이 왕래하고 방물을 교환하는 형태의 통교 관계는 성립되지 않았다. 또 사절을 다자이후에 머무르게 하고 교토로 올라가는 것을 허락하지 않았다.

　양측의 교섭 배경에는 각자의 중화의식이 있었다. 일본에서는 고대 이래 신라와 발해를 조공국으로 간주했다. 고려를 고구려·발해의 후계자로 위치 짓고, 마찬가지로 일본보다 하위에 위치 지으려고 했다. 한편 고려도 소중화의식을 가지고 있어서 첩장에는 '임금의 뜻(聖旨)' '조(詔)' 등의 표현을 사용하고, 고려 국왕을 중국 황제에 견주었다. 이상에서 본 교섭과 고려 측 외교문서의 표현에 대한 일본 측의 대응에는 쌍방의 소중화 의식의 충돌이라는 측면이 있었다.

도이(刀伊)의 침략

　1019년(寬仁3) 3월 말부터 4월에 걸쳐 이른바 '도이'라는 도적이 다자이후 관내로 침입했다. '도이'는 고려가 특히 여진을 부르던 용어였다. 여진은 나중에 금나라를 건국하는 퉁구스계 민족으로 연해 지방에 거주하며 수렵·목축을 하고, 고려의 북쪽과 닿아있어 바다에서 고려로 침입하여 약탈했다. 여진 해적은 현재의 함경도 함경평야를 근거지로 하여 한반도 동쪽 지역에서 약탈을 반복하고 울릉도에 있던 우산국을 빈번하게 습격했다.

　여진족은 50여 척의 선단으로 쓰시마·잇키(壹岐)를 습격하고, 또 지쿠젠국(筑前國) 이토군(怡土郡) 등에 침입하여 각지에서 1,000명이 넘는 사람들을 사로잡아 노인과 아이들을 포함하여 400명 이상을 죽이고, 소와 말, 개를 잡아먹고 곡식을 약탈하고 민가 45채에 불을 지르는 등 피해를 주었다. 주나곤(中納言)[76] 겸 다자이곤노소츠(大宰權師)[77] 후지와라노 다카이에(藤原隆家: 979~1044)는 조정에 급히 보고함과 동시에 군대를 정비하여 방어전을 하도록 명령했다. 다자이후의 무사들은 이들을 격퇴했고, 여진족은 마

---

76) 태정관(太政官)에 설치된 영외관(令外官)의 하나로 4등관의 차관(次官)에 상당한다.
77) 다자이후(大宰府)의 권관(權官). 영외관으로 친왕(親王)이 정관(正官)인 원수(帥)에 임명될 경우 대신 정무를 담당했다.

지막으로 히젠국(肥前國) 마쓰라군(松浦郡)을 습격했지만 현지의 무사들에게 격퇴당하여 퇴각했다.

그 후 고려군이 여진의 침입을 격파했을 때 포로였던 일본인 200명 이상을 구출하여 무사히 일본으로 송환했다. 고려는 일본에 대해 우호적인 태도를 보인 것이다. 이 송환보다 앞서 가족과 함께 여진족에게 사로잡혔던 쓰시마 한간다이(判官代)[78] 나가미네노 모로치카(長岑諸近: ?~?)가 탈출했지만 남은 노모를 염려하여 고려로 건너가 포로였던 여성 등을 데리고 귀국했고, 조정에 포로 상황 등을 보고했다. 일본조정에는 도해제(渡海制)[79]가 있어서 정부의 허락 없이 다른 나라로 도항하는 것은 처벌의 대상이 되었다. 나가미네에게는 허가받지 않고 고려로 건너가는 것이 도해제를 어기는 행동이라는 의식이 있었다. 이 도해제는 율조(律條)에 기초한다는 견해(야마우치 신지山內晉次, 이나가와 야요이稻川やよい)와 911년에 정해진 연기제(年紀制)에 의한 것이라는 견해(이시이 마사토시石井正敏)가 있다. 후자의 설에서는 연기제는 해외에서 입국하는 자뿐만 아니라 일본에서 출국하는 자를 관리하는 법령일 것으로 추측하고 있다(이시이 마사토시 '고려와의 교류' 아라노 야스노리荒野泰典·무라이 쇼스케松井章介 편, 『일본의 대외관계 3, 통교·통상권의 확대』, 吉川弘文館, 2010).

2) 려일 무역과 송(宋) 해상(海商)

고려·일본 무역과 표류민 송환

처음에 고려와 일본의 교섭은 표류민의 송환을 통해 진전되었고, 그 이후는 일본의 관아와 상인이 고려로 건너가 무역을 했다.

---

78) 인(院)의 사무관으로 5위·6위의 자들을 임명했다. 헤이안 시대 이후 국아령(国衙領)·장원(莊園)의 현지에서 토지 관리와 연공 징수 등을 담당했다.
79) 견당사(遣唐使) 이외에는 해외 도항을 금지한 제도이다.

고려가 성립된 직후인 10세기 후반부터 일본에서 고려로 표류민을 송환했다. 일본에 표착한 고려의 사람들을 보면 탐라(耽羅), 즉 제주도 사람들이 많았다. 표착지는 이와미국(石見國)·이나바국(因幡國)·지쿠젠국(筑前國)·오스미국(大隅國) 등이었다. 송환 때 조정에 보고는 했지만 다자이후와 여러지역의 관아가 주도하여 송환이 이루어졌다. 일본 각지 → 다자이후 → 쓰시마 → 김해(경상남도) → 동남해선병부부서(東南海船兵部部署)라는 관청 사이의 경로로 처리되고 있었다. 그 가운데 쓰시마의 관아가 고려와 일본 교섭의 최전선 기지로서 중요한 역할을 담당하고 있었다(야마우치 신지, 2003).

도이의 침략 후 고려와 일본의 관계는 비교적 평온했다. 그래서 11세기 후반에는 일본에서 고려로 도항하는 자가 증가했다. 그것은 a.『고려사(高麗史)』와 『고려사절요(高麗史節要)』에 '일본국사(日本國使)' '이키노시마(壹岐島) 고토칸(勾當官)' '쓰시마(對馬島) 고토칸'으로 기록된 관아·관인을 주체로 하는 경우와 b. '상인' '상객(商客)' '후나가시라(船頭)' 등으로 표기되어 있는 사람들, 개인명을 가지고 표기된 사람들의 경우가 있다. 이 가운데 a타입은 ① 다자이후와 쓰시마 섬의 관아가 태정관의 지시를 받아 고려와 교섭하는 경우와 ②태정관의 지시를 받지 않고 관아 독단으로 교섭하는 경우가 있었고, 모두 재청 관인과 상인들이 담당자가 되었다. ②에 대해서는 쓰시마 섬의 관아가 고려에 파견하는 진봉선(進奉船)으로 대표된다. b는 '일본' 상인이라고는 표기되어 있지만 반드시 민족으로서의 의미로 사용되고 있는 것은 아니며, 일본을 거점으로 하는 송나라 해상도 포함되어 있었다(에노모토 와타루榎本涉, 2007).

진봉선(進奉船)

1085년 '쓰시마 고토칸(勾當官; 쓰시마 관아(?))'이 고려에 사절을 파견하고 감귤을 바쳤다. 12세기 이후 쓰시마 관아에서 고려의 지방관아 앞으로 진봉선을 파견하여 무역이 이루어졌다. 이영(李領)은 쓰시마의 고려에 대한 진봉관계(신종臣從관계)가 1169년(嘉應元)에 성립되었고, 다이라노 기요모리(平 淸盛)의 뜻에 따라 다이라노 기요모리 또는 쇼니 우사노 기미미치(少貳宇佐公通)가 추진했다고 했다. 진봉이라고 해도 그 실태는 진봉을 명목으로 한 무역이고 쓰시마 관아·다자이후 등의 지방행정 기관이 그 주체였다. 또 이영은 진봉선의 종언을 1266년(文永 3) 11월, 몽골에서 일본의 조공을 재촉하는 조서(詔書)가 고려에 보내진 시점에서 찾고 있다(이영, 1999). 고려는 김해에 객관을 설치하여 접대하고 있다.

무역품을 보면 일본에서 고려에 수출한 것은 수은·유황·진주·법라[80]·삼재[81] 등의 원료품, 나전 안장·벼루 집·향로·부채 등의 공예품, 도검·활과 화살·갑옷과 투구 등의 무기였다. 수입품은 인삼·사향(麝香)·잇꽃[82] 등 외에 송나라의 견직물과 책이었다. 특히 고려청자와 조선의 종이 선호되었다.

가마쿠라(鎌倉) 시대(13세기)에도 고려의 사절이 일본에 갔는데, 다자이후가 대응했다. 1240년(延應2) 고려의 사절이 다자이후를 방문하고 진봉선에 관한 고려국 첩장을 다자이후에 제출했다. 다자이후는 그 첩장을 조정에 보냈고, 조정에서는 섭정 고노에 가네쓰네(近衛兼經: 1210~1259)가 고려 첩장에 대한 대응을 심의했다.

송나라 해상의 네트워크

고려·일본 무역의 배경에는 송·고려 사이에서 활동했던 송 해상의 네트워크가 있었다.

일본으로는 송 해상이 의천판(義天版)이라고 불리는 고려판 불교 서적을 가져왔다. 의천(義天: 1055~1101)은 고려국왕 문종(文宗)의 네 번째 왕자로 화엄종을 비롯한 내외의 여러 학문을 닦고 승관의 최고 자리인 승통에 올

---

80) 불교에서 사용한 소라 껍데기로 만든 악기
81) 삼나무
82) 홍화

랐으며, 나중에 대각국사 시호를 받았다. 1085년 4월 북송(北宋)으로 건너가 화엄종의 정원(淨源: 1011~1088)과 천태종의 종간(從諫)에게서 배우고, 동시에 불교 서적 수집을 위해 노력했다. 귀국 후 주지가 된 개성 근교의 홍왕사(興王寺)에 교장도감(敎藏都監)을 설치하여 송·요·고려와 일본 국내에서 널리 불교 서적을 모아 『속장경』 4천 여권을 간행했다(의천판). 북송의 천주(泉州) 출신 해상들은 의천과 새롭게 관계를 맺어 의천판을 입수할 수 있었다. 해상들은 하카타(博多)의 '당방(唐房)'에 가서 일본에 의천판을 전했다(하라 미와코原美和子, '송대 동아시아 해상의 중간관계와 정보망' 『역사평론』592, 1999).

  1093년, 송 사람 12명과 일본인 19명이 함께 탄 배가 해적으로 의심받아 고려 연평도(延平島) 순검군(巡檢軍)에게 나포되는 사건이 일어났다. 활과 화살·도검·갑옷·투구와 함께 수은·진주·유황·법나 등을 싣고 있었다. 이런 품목은 일본에서 고려로 수출된 무역품과 일치하며 왜인이 많았던 것을 보면 이 배는 일본에서 보낸 무역선으로 생각된다. 이 배에 대해서는 ①일본에서 고려로 향했던 배(모리 가쓰미森克己), 일본에서 요로 향했던 배(후지타 아키요시藤田明良), 이영, 하마 미와코, 이시이 마사토시石井正敏), ③일본에서 송으로 향했던 배(야마노우치 신지山內晋次)로 보는 세 가지 설이 있다. 1090년 송 해상의 고려 도항이 금지되고 1094년까지 계속되었던 것을 근거로 볼 때 송 해상이 주체가 되어 일본에서 요나라를 향해 도행했던 무역선으로 생각된다(이시이 마사토시石井正敏, '고려와의 교류). 이 사례로 송 해상이 일본인도 중개로 삼아 활동하고 있었던 것을 알 수 있다.

  일본 승려 메이한(明範)의 입요사건(入遼事件)을 통해 송 해상이 요나라와의 무역을 시도하고 있었던 것을 알 수 있다. 1091년(寬治 5) 해상 융곤(隆琨)이 승려 메이한을 태우고 하카타에서 요로 건너갔다. 이듬해 융곤의 배가 하카타로 돌아왔을 때 일본 조정은 다자이 곤노소츠(權師) 후지와라노 고레후사(藤原伊房)·쓰시마노가미(對馬守) 후지와라노 아쓰스케(藤原敦輔)

와 메이한·융곤을 붙잡아 1094년(寬保 元)에 처분을 지시하고 있다. 융곤은 일본과 요의 항로를 열었을 가능성이 있다. 그 배경에는 1090년부터 송나라가 해상의 고려 도항을 금지했던 일(앞에서 서술)이 있고, 그 결과 일본에서 요나라로 건너가는 해상을 출현시켰던 것이다.

왜구의 발생

활발한 무역이 전개되는 한편, 고려 연안을 습격하는 일본인(왜구)이 등장했다.

997년(長德 3) 한반도에서 약탈 행위를 한 일본인이 있었다. 앞에서 서술했던 대로 고려가 다자이후 거주자를 통해 첩장 세 통을 보내 일본에 항의했다.

1152년(仁平 2)에는 오지카지마(小値賀島)의 기요하라노 고레쓰미(淸原是包: ?~?)가 고려의 배를 습격했다. 1264년(弘長 4)으로 생각되는데, 고려를 습격했던 해적의 명부(교묘交名)가 '아오카타 몬죠(靑方文書)[83]' 가운데 남아 있다.

가마쿠라(13세기) 시대가 되자 왜구가 한반도 남부를 습격하고 약탈을 반복하게 된다. 연구자는 이들을 초기 왜구 또는 13세기 왜구라고 부르고

[83) 아오카타 씨(靑方氏)는 가마쿠라 시대 초기부터 고토(五島) 열도의 아오가타(현재의 신조고토초 아오가타新上五島町靑方)의 재지영주로 발전했다. 남북조(南北朝) 이후에는 송(松)포(浦)당(党)의 일원으로 활약했고, 근세에는 고토 번의 가신, 막부 말기에는 가로(家老)직을 지냈다. 현립 나가사키 도서관에서는 아오카타 씨에게 전래된 중세부터 근세에 이르는 문서를 일괄적으로 '아오카타 문고'(1,229점)로 정리하였는데, 그 중 가마쿠라 시대부터 센고쿠(戰國) 시기에 이르는 중세를 중심으로 한 문서(일부 근세 문서 포함) 94점(성권분 73권·기타 21권분)을 '아오카타 문서'로 지정하였다. 아오가타 문서는 가마쿠라 막부의 소송제도나 지방무사단의 존재형태, 남북조기부터 무로마치기에 걸친 잇키(一揆)의 실태를 알 수 있는 사료로서, 또한 중세 어업관계 사료 등으로서 질과 양 모두 현내에 유례가 없는 중세문서군이다.(나가사키현 학예문화과 https://www.pref.nagasaki.jp/bunkadb/index.php/view/190)

있다. 이 왜구 중에는 쓰시마 도민도 있었다. 1227년(安貞 元) '고려국 전라주 도안찰사(高麗國全羅州道按察使)'가 '일본국 물(총)관 다자이후(日本國物(惣)官大宰府)' 앞으로 쓰시마 사람이 전라도를 습격한 것에 항의하는 고려국 전라주 도안찰사의 첩을 보냈다. 이에 대해 다자이후 쇼니(少貳) 무토 스케요리(武藤資賴: 1160~1228)는 조정에 보고하지 않고 다자이후에 파견된 고려국 사자 앞에서 '악당' 90명의 목을 베었다. 그리고 은밀히 고려에 반첩을 보냈다.

도망처로서의 고려

겐페이(源平) 합전(合戰, 지쇼·쥬에이 내란治承·壽永之內亂)[84]이 한창이었을 때 쓰시마노카미 후지와라 지카미쓰(藤原親光)는 1183년(壽永 2)에 교토로 가려고 했다. 그러나 다이라(平)씨가 교토에서 규슈로 왔기 때문에 교토로 가는 길이 막혀 출발할 수 없었다. 다이라노 도모모리(平知盛: 1152~1185)와 하라다 다네나오(原田種直: 1140~1213)로부터 야시마(屋島)로 오도록 재촉을 받았으나 후리와라 지카미쓰는 그것을 거부했다. 그 때문에 다이라씨는 세 차례에 걸쳐 추토사(追討使)를 파견했다. 지카미쓰는 1185년(文治 元) 3월, 고려로 건너갔다. 지카미쓰는 임산부를 데리고 있었기 때문에 벌판에 임시 거처를 만들어 출산하게 했다. 이때 사나운 호랑이가 엿보러 온 것을 지카미쓰의 가신(郎從)이 활을 쏘아 막았다. 고려국왕 명종(1131~1202)은 이에 감동하여 지카미쓰에게 세 개의 나라를 주었다. 단노우라(壇の浦) 전투 후 미나모토노 노리요리(源範賴: 1150~1193)는 미나모토 요

---

[84] 1180년부터 1185년까지 헤이안 시대 말기에 조정의 주도권을 둘러싸고 헤이시(平氏)와 겐지(源氏)의 갈등으로 발생했다. 결국 헤이시가 패배하고 겐지가 전국을 장악하여 가마쿠라 막부가 수립되고, 미나모토노 요리토모(源賴朝)는 막부의 수장인 쇼군(將軍)이 되었다.

리토모(源賴朝: 1147~1199)의 명령을 받아 지카미쓰를 맞으러 고려에 배를 보내라고 쓰시마 재청(在廳)에 명령했다. 쓰시마의 슈고(守護)인 가와치 고로요시나가(河內五郞義長: ?~?)가 지카미쓰에게 편지를 보냈다.

이 이야기는 구죠 가네자네(九條兼實: 1149~1207)의 일기 『교쿠요(玉葉)』와 가마쿠라 막부의 역사서 『아즈마카카미(吾妻鏡)』에서 볼 수 있다. 고려로 건너간 후의 이야기인 호랑이 퇴치 기사와 세 개의 나라를 받았다는 것을 사실로 보기는 어렵다. 그러나 지카미쓰가 한 때 고려로 도망갔었다는 것은 사실로 봐도 좋을 것이다. 도망처로서 고려라는 이국이 선택되었던 점이 주목된다.

2. 몽골의 위협과 고려·일본

1) 몽고 침공 전야의 고려와 일본

몽골 제국의 고려 침공

13세기 유라시아 대륙에서는 몽골(중국에서는 원나라)이 대두하여 금(金)과 서하(西夏)를 멸망시키고 여섯 차례에 걸쳐 고려를 침략하여 정복하고 결국 남송을 멸망시켜 광대한 제국을 세웠다. 몽골 제국은 육로에 역전제(驛傳制)를 도입하여 수도인 대도시와 해로를 연결하는 등 교통로 정리에 힘썼고, 그와 함께 활발한 교류가 이루어졌다.

12세기 후반 이후 고려에서는 무인의 세력다툼이 계속되고 있었다. 가마쿠라 막부의 성립보다 약간 늦은 1196년, 최충헌(崔忠獻: 1149~1219)에 의해 무인정권[85]이 성립되었다. 고려와 몽골의 접촉은 1218년 몽골군에게 쫓

---

85) 한국에서는 무신(武臣)정권이라고 한다. 정중부를 비롯한 무신들이 1170년 정변을

겨난 금나라의 지배 아래 있었던 거란인이 고려에 침입한 것을 계기로 시작되었다. 고려는 거란인을 평안도의 강동성(江東城)에 몰아넣고, 몽골군과 공동작전을 펴 성을 함락시켰다.

이처럼 고려와 몽골 사이는 처음에는 친밀한 관계였지만 점차 험악하게 변했다. 1225년 몽골 사자가 고려에서 공물을 받아 귀국하던 도중 어떤 자에게 살해된 사건이 계기가 되었다. 1231년 사르타크가 이끄는 몽골군이 침공하여 수도 개경을 포위했다(제1차 침략). 그 후에도 몽골군은 1232년(제2차), 1235~39년(제3차), 1246~47년(제4차), 1253년(제5차), 1254~59년(제6차) 등 모두 여섯 차례에 걸쳐 계속 침략했다. 고려의 전 국토가 몽골군에게 유린되었고 1254년에는 포로가 된 자가 206,800여명, 사망자는 셀 수 없을 정도로 피해가 많았고, '해골이 들을 덮었다'(『고려사』)라고 할 정도로 참상을 입었다.

이에 대해 고려에서는 최씨 정권을 중심으로 격하게 저항운동을 계속했다. 1232년 최씨 정권은 수도를 개경에서 강화도로 옮기고 끝까지 항전할 방침을 밝혔다.

그러나 몽골의 공격 기간이 길어지면서 고려인들은 더욱 피폐해졌다. 그리고 최씨 정권의 기반도 점차 흔들려 무인들의 항쟁이 일

진도 용장(龍藏) 산성

일으켜 권력을 잡고 1270년까지 100년간 정권을 장악했다. 당시 실세는 이의방, 정중부, 이의민, 최충헌으로 이어졌다.

어났다. 한편 국왕 고종(高宗: 1192~1259)과 문인들을 중심으로 몽골과의 강화를 구하는 움직임이 활발해졌다. 1258년에 쿠데타가 일어나 4대에 걸쳐 이어졌던 최씨 정권은 멸망했다.

삼별초의 난

최씨 멸망 후에도 무인들은 정치 실권을 장악하고 계속 몽골에 저항하였다. 한편 국왕 원종(元宗: 1219~1274)은 몽골과의 신종(臣從) 관계에 의해 정치적 지위를 회복하려고 했다. 그리고 강화도에서 나와 몽골과 교섭을 진행하여 수도를 개경으로 되돌리려고 했다. 저항의 거점이었던 강화도에서 수도를 개경으로 되돌리는 것은 고려 측의 완전한 굴복을 의미했다. 1270년 문인들은 삼별초(三別抄, 좌·우야별초夜別抄, 신의군神義軍 3개 부대)라는 정규군을 움직여 권력을 장악하고 있었던 임유무(林惟茂: ?~1270)를 살해했다. 이렇게 무인정권의 시대는 끝나고 수도를 개경으로 되돌리게 되었다.

그러나 삼별초가 개경 천도에 반대하고 일어났다. 삼별초는 배중손(裵仲孫: ?~1271)을 두목으로 하여 원종의 동생인 승화후 왕온(承化侯 王溫: ?~1271)을 국왕으로 옹립했다. 신정권 수립을 위해 강화도를 버리고 전라도 진도로 거점을 옮겼다. 이곳을 도읍으로 하여 급하게 도성 건립을 추진했다. 용장산성(龍藏山城)은 삼별초에 의해 만들어진 궁전으로 볼 수 있는 거대한 산성으로 현재도 석담이 남아있고 행궁터가 확인된다. 이에 대해 강화도에는 몽골병사 2,000명이 들어가고, 원종은 개경에 머무르고, 천도는 실현되었다.

삼별초는 진도에 새로운 도읍 건설을 추진하는 한편, 1271년 초에는 전라도를 거의 제압했고, 경상도 남해안도 함락시켰다. 몽골·고려군은 두세 차례 진도를 공격했지만, 그때마다 격퇴당했다.

그러나 같은 해 4월 중순부터 몽골의 공세가 본격화되자 형세는 역전되었다. 5월, 몽골·고려 연합군은 진도를 공략했고 승화후 왕온은 살해당했다. 김통정(金通精: ?~1273)은 잔당을 데리고 탐라(제주도)로 근거지를 옮겼다. 삼별초 중에 친몽골 세력이 대두했기 때문에 이처럼 빨리 쇠퇴한 것으로 보인다.

진도에서의 패배로 삼별초는 한층 반몽골 자세를 분명히 했다. 반란군은 머지않아 조용해졌고, 그 사이 몽골·고려의 사자는 계속 일본으로 건너가 몽골에 복속할 것을 요구했다.

한편, 삼별초의 행동 범위는 점차 커져서, 동쪽으로는 경상도, 북쪽으로는 충청도·경기도에 미칠 정도로 광범위한 해역에 출몰했다. 그러나 1273년 4월 몽골군·한군(漢軍)·고려군 만여 명이 탐라를 총공격했고, 김통정은 자살했다. 이렇게 해서 3년여 동안 계속되었던 삼별초의 난은 끝이 났다.

이 삼별초의 저항은 일본 쪽에서 보면 몽골의 일본 공격을 대폭 지연시켰고 또한 몽골을 피폐하게 한 것이었다. 그리고 뒤에서 얘기하겠지만 삼별초는 일본에 사절을 파견하고 있었다.

고려·몽골과 일본의 교섭

몽골이 일본과의 교섭을 개시한 13세기 중엽 즈음 교토 조정은 고사가(後嵯峨: 1220~1272) 조우고(上皇)[86]의 인세이(院政)[87] 시기였다. 1236년(寬元 4) 고사가 천황은 황자 히사히토(久仁) 친왕에게 양위(고후카쿠사後深草 천황: 1243~1304, 지묘인토持明院統 초)하여 인세이를 시작하고 1259년(正元 元) 고후카쿠사 천황은 동생인 쓰네히토(恒仁)친왕에게 양위(가메야마龜山 천황: 1249~1305), 다이가쿠 지토(大覺 寺統초: ?~?) 했지만 고사가

---

86) 양위(讓位)한 천황에 대한 존칭이다.
87) 헤이안(平安)시대 말기에 셋칸(攝關)정치가 쇠퇴하고 무가 정치가 성립할 때까지의 과도기에 나타난 정치형태로 천황의 지위에서 물러난 상황이 원(院: 인)에 거주하여 정치를 했기 때문에 '인세이'이라 부른다.

천황의 원정은 계속되었다. 외교를 비롯한 국가의 큰일은 원(院)의 효죠(評定)에서 심의하고 결정했다.

한편, 가마쿠라 막부에서는 1268년(文永 5), 64세의 호죠 마사무라(北條 政村: 1205~1273)가 싯켄(執權)[88](7대째)에서 렌쇼(連署, 부副 싯켄의 지위)에, 19세가 된 도쿠조(得宗) 호죠 도키무네(北條 時宗: 1251~1284)가 렌쇼에서 싯켄으로 싯켄과 렌쇼의 교대가 이루어지고 도키무네가 막부의 정책 결정을 주도하는 위치가 되었다.

1266년 8월, 몽골 제국의 쿠빌라이(1213~1294)는 일본에 조공하라는 내용의 국서를 작성하여 병부시랑 흑적(黑的)·예부시랑 은홍(殷弘)을 국신사(國信使)로 임명하여 고려를 매개로 일본에 파견했다. 그러나 일본과의 전쟁으로 발전하는 것을 염려한 고려의 재상 이장용(李藏用: 1201~1272)의 공작도 있어서, 국신사는 일본으로 건너가지 않았다. 쿠빌라이는 고려의 태도를 질책했고, 고려국왕 원종(元宗)은 어쩔 수 없이 반부(潘阜)를 사자로 일본에 파견했다. 1268년(文永 5) 1월, 반부 등은 몽골 국서와 고려 국서를 지참하고 다자이후에 도착했다. 이 문서는 다자이 쇼니무토, 쇼니 스케요시(少貳資能: 1198~1281)가 가마쿠라 막부로 보냈고, 막부의 사절 두 사람이 교토로 가서 간토모우시쓰기(關東申次)[89]인 사이온지 사네우지(西園寺 實氏: 1194~1269)에게 제출했다.

2월, 인노효죠(院評定)[90]와 죠기(仗議; 진노사다메陣定)가 열려 심의가 시작되고 두 통의 문서(牒狀)에 대해 검토했다. 그 결과 답서를 보내지 않기로 결정했다.

---

88) 가마쿠라(鎌倉) 시대 막부 정소(政所)의 장관(長官)으로 쇼군(將軍)을 보좌하고 정무를 통할한 최고의 직책이다.
89) 가마쿠라 시대 조정에 설치되었던 직책으로 가마쿠라 막부측과 조정·인(院) 사이의 연락·의견 조율을 담당했다.
90) 인세이(院政)에서 조우고(上皇) 또는 법황(法皇)이 주재한 의정(議定) 및 그 구성원을 말한다.

같은 해 9월 쿠빌라이는 흑적·은홍을 사자로 삼아 고려의 사절과 함께 다시 일본에 파견했다. 이듬해 2월, 쓰시마에 도착한 몽고·고려국 사자는 쓰시마인과 뜻밖에 싸움을 일으키고, 쓰시마 사람 도지로(塔二郞)·야지로(彌次郞)를 납치하여 고려로 갔다.

1269년(文永 6) 9월, 몽골 측의 사절로 고려의 김유성(金有成: ?~1307)·고상(高桑)이 쓰시마 이나우라(伊奈浦)에 왔다. 다자이후에서 고려국·몽고국의 편지(牒)를 조정에 제출했다. 인노효죠에서는 답장을 보내기로 결정했고, 스가와라 나가나리(菅原長成: 1205~1281)가 태정관과 다자이후 슈고쇼(守護所)를 제출자로 하는 문서를 작성했다. 이 답서의 내용을 전달받은 막부는 평의를 열어 이전에 편지를 가져왔던 사자 때와 같이 답장을 가져갈 수 없다고 답변했다. 그 결과 몽고에 답서는 보내지지 않았다.

삼별초와 일본의 교섭

1271년(文永 8) 9월, 가마쿠라 막부의 사자가 간토(關東)와의 연락을 담당했던 사이온지 사네카네(西園寺實兼: 1249~1322) 앞으로 '고려첩장(牒狀)'을 보냈다. 이 편지는 고사가인(後嵯峨院)의 평의에 붙여져, 공가(公家)들이 그 해석과 대응에 대해 의논했다.

이 '고려첩장'의 내용은 도쿄대 사료편찬소 소장 '고려첩장불심조조(高麗牒狀不審條々)' 문서를 통해 알 수 있다(이시이 마사토시石井正敏, '文永8년 내일 고려사에 대해-삼별초의 일본통교 사료의 소개-'『도쿄대학사료편찬소보(東京大學史料編纂所報)』12, 1978, '文永8년 삼별초 첩장에 대해'『중앙대학문학부기요(中央大學文學部紀要)』史學56, 2011). 제3조에는 '진도(珍島)로 천도한다'라는 말이 있는데, 삼별초가 보낸 편지였다. 일본 측에도 몽골군에 저항하기 위한 원군과 병량미를 요청했다. 몽골이 김해부(金海府) 스무 명을 일본에 보낸 일과 고려가 몽골에 수만의 병사를 파견요청 했다는 일본에게도 유익한 정보를 제공했다. 표류민을 서로에게 호송할 것과 일본에서 사자를 파견해 줄 것을 요청하고 있는 것에서 일본과 항상적인 외교관계를 맺으려는 의도도 보인다.

이 편지에 대해 인(院)의 효죠(評定)에서는 문장을 제대로 이해할 수 없어서 '의심스럽다(不審)'고 결론을 내리고 답서를 보내지 않았다. 가마쿠라 막부는 삼별초로부터의 정보에 기반하여 규슈에 영지를 가진 가신들에게 규슈로 내려가서 슈고의 지휘 아래 이국에 대한 경비를 담당할 것과 영지 안의 악당을 진압할 것을 명령하고 있다. 조정·막부 모두 삼별초에 대해 지원하는 일은 없었다.

2) 몽고 침공

분에이(文永) 몽고전쟁

이 사이 1271년 11월 쿠빌라이는 새롭게 국호를 고쳐 '대원(大元)'이라고 했다. 1273년, 남송의 양양(襄陽)을 함락하고 이어 고려의 삼별초를 평정함으로써 쿠빌라이의 일본원정을 방해하고 있던 걸림돌이 없어졌다.

1274년 1월, 쿠빌라이는 고려에 900척의 배를 만들도록 명령하고, 속전속결로 배를 만들도록 재촉했다. 일본원정에 동원된 병사의 수는 몽골인·여진인 및 금나라의 통치 아래 있었던 한인(漢人)을 모두 합쳐 이만 명, 도원수(都元帥)는 혼도(忻都: ?~?), 우부원수(右副元帥)는 홍다구(洪茶丘: 1244~1291), 좌부원수(左副元帥)는 류복향(劉復享: ?~1283)이었고, 고려의 지원군은 약 6,000명으로 김방경(金方慶: 1212~1300)이 지휘했고, 그 외에 많은 키잡이(梢工)·뱃사공(水手)이 있었다.

10월, 고려·원 연합군은 합포(合浦; 경상남도 마산馬山)에서 출발했다. 쓰시마에 상륙하자 슈고다이(守護代) 소 스케쿠니(宗助國; 스케쿠니(資國: ?~1274)등이 대응했지만 전사했다. 이어서 이키(壹岐)를 습격한 후 하카타 만(博多灣) 서쪽(후쿠오카시福岡市)의 이마즈(今津)-모모치바루(百道原)에 상륙하여, 스소하라(龜原)·도리카이(鳥飼)·벳푸(別府)·아카사카(赤坂)에서 격전이 벌어졌다. 일본군은 밀리는 분위기였지만 마지막 승부가 나지 않은 채 고려·원군은 배로 철수했고, 다음 날인 21일 하카타만 안에서 원·고려군의 배는 사라졌다. 고려·원군은 고려로 철퇴하는 도중에 폭풍우를 만났다.

최근의 연구에서는 이 원정은 남송 접수 작전의 일환으로 일본을 견제하고 협박하기 위한 것으로 철수는 예정된 행동이었다고 하는 견해가 강해지고 있다.

'이국정벌' 계획과 고안(弘安) 몽고전쟁

1275년(建治 元) 말부터 이듬해에 걸쳐 가마쿠라 막부는 '이국정벌', 즉 '이국'=고려로 원정할 계획을 세웠다.

같은 해 12월, 막부는 아키국(安藝國) 슈고 다케다 노부토키(武田信時: ?~128)에게 이듬해 3월에 이국정벌을 하기 위해 키잡이·뱃사공 등이 규슈에서 부족할 경우 산인(山陰)·산요(山陽)·난카이도(南海道)에서도 하카타로 보내도록 명령하고, 아키노쿠니(安藝國) 해변 영지를 관리하는 가신·장원을 직접 관리하는 지역 등은 서둘러 키잡이·뱃사공 등을 즉시 하카타로 파견하도록 명령하고 있다. 이국정벌을 하러 가지 않는 규슈의 가신은 하카타만에 돌담(후에 왜구방루倭寇防壘라고 불렀다) 축조를 담당하게 되었다. 그러나 원정 계획은 생각처럼 순조롭게 진행되지 않고 중지되었고, 막부는 돌담 축조에 전념하게 되었다.

1279년, 쿠빌라이는 남송을 멸망시키고 1281년(弘安 4)에 다시 일본원정을 했다. 흔도·홍다구가 지휘하는 몽골·한군(漢軍) 3만 명, 김방경이 지휘하는 고려군 1만 명 모두 4만 명(별도로 키잡이·뱃사공이 있다)이 900척의 동로군(東路軍)과 남송의 항복한 병사(降兵)를 주체로 아탑해(阿塔海: 1234~1289)·범문호(范文虎: ?~1301)를 대장으로 한 10만 명, 3,500척의 강남군(江南軍)을 일본에 파견했다. 5월, 동로군은 고려의 합포에서 진격을 시작했다.

한편, 강남군은 경원(慶元; 영파寧波)와 주산도(舟山島) 부근에서 장비를 정비하여 같은 해 6월 순차적으로 출발하였다. 동로군은 쓰시마를 습격하고 이키를 거쳐 하카타만 입구로 나아갔다. 이 사이 일부는 나가토(長門)로 나아갔다. 동로군은 시카노시마(志賀島)에 거점을 만들고, 공방전을 수행했다. 동로군은 그 후 이키로 물러나 일본군의 공격을 받고 있다. 동로군은 7월, 히라도시마(平戶島)와 고토(五島)열도에 도착한 강남군과 합류하여 함께 하카타 만으로 진입하려고 다카시마(鷹島; 나가사키현 마쓰라시松浦市) 부근에 결집했지만 태풍으로 괴멸할 정도의 타격을 받았다.

원나라의 제2차 일본원정은 동로군·강남군 모두 대개가 피정복민으로 싸울 의지가 없었고, 여러 장수의 불화와 원나라 병사들이 해전에 익숙하지 않은 점이 두드러졌다. 한편, 일본 쪽은 방비태세를 갖춘 돌담을 쌓고 도쿠소(得宗) 아래 슈고-관내 무사의 응전체제는 재편 강화되어 있었다.

고안(弘安) 몽고합전 후 막부는 다시 '이국정벌'계획을 세웠다. 쇼니씨 또는 오토모씨(大友氏)를 대장군으로 하여 지쿠젠(筑前)·히젠(肥前)·분고(豊後) 세 곳의 가신 및 야마토(大和)·마야시로(山城)의 사람들을 동원하여 고려를 토벌하려고 생각했던 것으로 보인다. 그러나 이 계획도 실행에 옮겨지지 못했다.

3. 전기 왜구와 고려·일본 관계

1) 전기 왜구의 융성

경인(庚寅) 이후의 왜구

일본의 남북조 내란이 한창이었던 14세기 후반 한반도와 중국 대륙을 왜구가 습격하고 계속해서 약탈했다. 왜구는 피해를 입은 조선·중국에서 부르는 호칭이다. 일본의 연구자는 14~15세기에 활동했던 왜구를 전기왜구로 부르고 있다.

1350년(경인년) 2월, 왜구는 고려의 경상도 남해안의 고성(固城)·죽림(竹林)·거제(巨濟)를 습격했다. 고려의 지방군은 왜구와 싸워 300여 명을 죽이거나 붙잡았다.

1351년 가을 이후 수도가 있는 경기도 서쪽 해안을 습격하는 왜구도 나타났다. 1351년 8월, 왜선 30척은 자연(紫燕)·삼목(三木) 두 섬을 습격하고 건물을 불태웠다. 또한 경기도의 배로 화물 등을 나르는 중요한 곳이었던 남양부(南陽府)·쌍부현(雙阜縣)을 습격했다.

고려지도(아라노 야스노리 편 『日本の對外關係 4 倭寇と'日本國王'』)

왜구는 교동(喬桐)을 몇 차례나 습격하여 왜선을 정박시키고 갑산창(甲山倉)[91]을 불태웠다. 『고려사』는 '경성계엄(京城戒嚴)', 즉 수도인 개경(개성)이 계엄체제에 들어간 일을 기록하고 있다. 1360년 왜구는 강화도를 습격하고 300여명을 죽이고 쌀 4만 여 섬을 약탈했다. 1373년 왜구는 개경을 사이에 두고 그 동서를 흐르고 있는 동강(東江)과 서강(西江)에 모여, 양천(陽川)을 습격했다. 그리고 한양부(漢陽府; 서울)에 이르러 건물을 불태우고 인민을 죽이거나 납치하여 수백 리가 시끄러웠다. 경성은 크게 동요했다고 한다.

---

[91] 고려 시대에 강화도 교동(喬洞)에 두었던 창고로 1352년에 왜구의 침입으로 불에 탔다.

왜구의 침공 횟수는 『고려사』에 의하면 1350년부터 91년 사이에 약 300건을 넘는다. 침략이 가장 많았던 시기는 1376년부터 85년까지이며, 1377년에는 29차례, 78년에는 22차례, 83년에는 24차례의 침략이 있었던 것을 확인할 수 있다(다나카 다케오田中健夫 2012). 단 하나의 집단이 이동하면서 연속적으로 침공한 경우도 많다. 이영은 '왜구집단'이라는 개념을 제시하고 1350년부터 91년에 있었던 집단의 수를 136개로 보고 있다(이영, 1999).

왜구 중에는 100·300·500척 등의 대선단으로 조직된 자들도 있었다. 고려 우왕(禑王) 시대가 되면 내륙부까지 침공하는 대규모 기마집단도 등장했다.

아키바쓰(阿只拔都)와 이성계(李成桂)

왜구 두목의 한 사람으로 아키바쓰라고 불렸던 인물이 있었다. 『고려사』에 의하면 연령은 15,6세, 용모는 바르고 고우며, 용맹은 달리 비교할 바가 없는 자였다. 흰 말을 타고 창을 휘둘러 맞서는 자가 두려워 부복하고 감히 상대하는 자가 없었다.

고려의 장군이었던 이성계(1335~1408)는 '황산(荒山)전투'(남원南原산성 싸움이라고도 한다)에서 아키바쓰가 이끄는 왜구를 상대로 싸웠다. 이성계는 아키바쓰의 투구를 쏘아서 떨어뜨리고 이성계의 부하였던 이두란(李豆蘭)이 활을 쏘아 죽였다. 왜구는 크게 기가 꺾였고, 이성계는 왜구를 크게 무찔렀다. 강은 모두 붉게 되어 6~7일간 색이 변하지 않아 사람들은 강물을 마실 수 없었다. 손에 넣은 말이 1,100여 필이 넘었다. 이 승리는 이성계가가 대두하는 계기가 되어 1392년에 조선을 세웠다.

전기왜구의 실상

왜구의 주된 약탈품은 식량(쌀)과 연안의 주민들이었다. 식량에 대해서는 조세를 운반하는 운송선과 그것을 비축하는 창고가 공격 대상이 되었다. 저들이 약탈한 쌀과 사람 등은 매매되었다. 따라서 전기왜구는 약탈자(해적)로서의 측면과 교역을 행하는 상인(해상)으로서의 측면이 있었다.

또한 왜구에게 잡힌 사람들(피로인)은 안내인(첩자)으로 왜구 활동에 종사시키거나 하카타와 이키・쓰시마와 류큐의 나하 등에 전매(專賣)되었다. 당시 동아시아 해적에게 인신매매가 빈번하게 이루어져 왜구에 의한 피로인도 상품이 되었다.

전기왜구의 주된 구성원을 조선은 '삼도(三島)의 왜구'라고 하는 쓰시마를 비롯한 잇키・마쓰라(松浦) 지방의 사람들이라고 보았지만, 고려 왕조에 불만을 가진 고려인들도 포함되어 있었을 가능성이 있다. 또한 고려의 천민인 화척・재인이 왜구를 사칭하여 약탈을 한 사례도 있다. 화척은 양수척(楊水尺)・수척이라고도 하며, 소와 말을 도축・피혁 가공 등의 일을 했다. 재인은 가면극을 하는 집단이다.

따라서 전기왜구를 특정 성격을 가진 집단으로 취급해서는 안 되며, 또한 일본인・조선인 어느 쪽이라고 하는 논법도 해서는 안 된다. 왜구들의 거점과 생활권, 행동 범위에 따라 다양한 집단으로 취급하는 것은 어떨까.

이러한 왜구를 무라이 쇼스케(村井章介)는 경계인이라고 부르고 있다(무라이 쇼스케(2013)). 조일 경계를 활동의 장으로 하는 국가와 민족이라는 범주를 넘는 일본과 조선이라고 하는 두 개의 세계를 자유롭게 왕래하는 사람들이었다.

2) 고려・일본 통교관계의 성립

고려사절과 무로마치(室町) 막부의 교섭

왜구의 피해를 받은 고려와 명은 일본에 사자를 보내 그 단속을 요청함과 동시에 외교관계의 성립을 모색하였다. 왜구의 발생이 일본과 조선・중국과의 국교를 성립시킨 것이다.

1366년, 고려의 공민왕(恭愍王: 1330~1374)은 사자로 김용(金龍) 일행과 김일(金逸) 일행을 따로 일본의 교토로 파견했다. 그 목적은 일본 측에 왜구의 단속을 요청하는 것이었다.

무로마치 막부의 쇼군(將軍) 아시카가 요시아키라(足利義詮: 1330~1367)는 고려 사절의 처우에 대해 조정에 상주(上奏)했지만, 조정은 궁전회의 결과 사절을 받아들이는 것을 거절하기로 결정했다. 그러나 막부는 덴류지(天龍寺)를 숙소로 하여 사절을 맞았다. 사절을 접대한 것은 덴류지 주지 슌오쿠 묘하(春屋妙葩: 1312~1388) 등의 승려였다. 또한 쇼군 아시카가 요시아키라도 덴류지로 가서 사절을 접견했다. 그리고 요시아키라의 뜻을 담은 슌오쿠의 편지를 답서로 했다. 이때 슌오쿠에게는 승록(僧錄)이라는 직함이 더해지고 있다. 덴류지의 승려 두 사람과 함께 김용·김일 등은 귀국했다. 이 고려사자와의 교섭은 막부가 조정으로부터 외교권을 접수하는 첫걸음이 되었다.

머지않아 고려 사절의 내일(來日)은 점차 끊겨 가지만, 그 후 다섯 차례에 걸쳐 고려 사자가 일본에 왔다. 1375년에 파견된 나흥유(羅興儒: ?~?)에 대해 막부는 도쿠소 슈사(德叟周佐: 1324~1400)의 서장을 보내 왜구의 단속을 약속했다.

명의 성립과 일본국왕 가네요시(懷良)

중국 대륙에서는 원나라 말기의 혼란을 수습하고, 1368년 주원장(朱元璋: 1328~1398)이 명나라를 건국하여 황제가 되었다(태조 홍무제洪武帝). 홍무제는 일반 중국인이 해상으로 나가는 것을 일체 금지하는 해금(解禁)정책을 실시했다. 그러는 한편, 홍무제는 주변 여러 나라의 국왕에게 조공을 하게 했다. 무역은 명나라 황제가 책봉을 받은 국왕의 사절에게만 허락했다. 이렇게 해서 국가 간에 사절을 파견하는 통교관계가 성립하고 그것과 함께 무역을 하는 체제가 형성되어 간다.

여기에 가장 빨리 대응했던 것은 류큐(琉球)였다. 류큐의 본섬에서는 중산(中山)·산북(山北; 北山)·산남(山南; 南山)이라는 세 개의 세력이 형성되어 있었다. 1377년, 류큐국 중산왕 삿토(察度: 1321~1395)는 동생인 다이키(泰期: ?~?) 등을 명나라에 파견하여 말 64마리와 유황 1,000근을 바쳤다. 이에 맞서 1380년에는 산남왕 쇼삿토(承察度: ?~1398)가, 1383년에는 산북왕 하니지(怕尼芝: ?~1395(?))가 조공 사자를 보내고 있다.

홍무제는 규슈에 세력을 가지고 있던 남조(南朝)의 세이세이쇼군(征西將軍) 가네요시(懷良: 1329(?)~1381) 친왕에게 양재(楊載: 1271~1323) 등을 파견하여 조공을 요구했다. 두 차례 교섭한 결과 1371년(建德2) 가네요시 친왕은 소라이(祖來)를 사자로 명나라에 파견했다. 소라이는 가네요시 친왕을 일본국왕으로 봉하는 홍무제의 조서(詔書)와 명나라 달력인 대통력(大統曆)을 받아 귀국했다.

가네요시 친왕을 일본 국왕으로 봉한 홍무제의 조서를 가지고 명나라 사자 중유조천(仲猷祖闡)·무일극근(無逸克勤)이 1372년 5월, 하카타로 왔다. 그러나 하카타는 쇼군 아시카가 요시미쓰(足利義滿: 1358~1408)가 보낸 규슈 단다이(探題) 이마가와 료슌(今川了俊: 1326~?)에게 제압되어 있었다. 료슌은 명나라 사자를 하카타의 쇼후쿠지(聖福寺)에 구류했다. 일본의 사정을 안 명나라 사자는 다자이후를 잃은 세세후(征西府) 대신 북조(北朝) 측과 교섭하기 위해 이듬해 6월에 교토(京都)로 올라갔다.

아시카가 요시미쓰는 몬케 엔센(聞溪円宣)·시켄 죠고(子建淨業)를 사자로 삼아 명나라 사자가 귀국할 때 동행하게 하고 피로인 150명을 송환했다. 이것이 무로마치 막부 최초의 견명사(遣明使)였다. 그러나 홍무제는 요시미쓰의 국서(國書)가 '국신(國臣)의 글(書)'이고, 국왕이 신하로서 황제에게 올리는 공식적인 표(表)가 아니었기 때문에 거절했다.

그 후 '일본국왕 가네요시' 명의의 사자가 여러 차례 명나라에 입공했다.

이 사자는 거점을 잃은 가네요시 친왕이 파견한 것으로 생각되지 않는다. 이러한 파견 명의의 사람과 실제 파견자가 다른 사자를 위사(僞使)라고 한다. 이후 조선왕조와의 교섭에서는 다수의 위사가 등장하게 된다.

이와가와 료슌·오우치 요시히로(大內義弘)와 고려

고려는 막부와의 왜구단속 약속에 만족하지 않고, 왜구의 단속을 기대할 수 있는 교섭 상대로서 규슈 단다이 이마가와 료슌과 오우치 요시히로와 교섭하게 되었다.

1377년(應安 3·天授 3) 안길상(安吉常)이 일본에 파견되어 왜구의 단속을 요청했다. 이듬해 이마가와 료슌은 사자인 승려 신코(信弘)와 함께 순사 69명을 고려로 보냈다. 이 군대는 전라도의 북양포(北陽浦)에서 왜구와 싸우고 한 척을 얻어 피로인 부녀자 20여 명을 얻었다. 그러나 경상도 고성군(固城郡)의 적전포(赤田浦)에서는 왜구와 싸웠지만 패배하여 일본으로 돌아갔다. 같은 해 일본에 파견되었던 정몽주(鄭夢周: 1337~1392)는 피로인을 하카타에서 돈을 주고 샀다. 이듬해 정몽주는 이마가와 료슌의 사자 슈모닌(周孟仁)과 피로인 수백 명과 함께 귀국했다.

1379년(康曆 元·天授 5), 이자용(李子庸: 1330~1395)은 이마가와 료슌으로부터 피로인 230여 명을 얻어 귀국했다. 또한 전 사재령(司宰令)[92] 한국주(韓國柱: ?~?)는 오우치 요시히로의 부하 박거사(朴居士)와 군병 186명과 함께 귀국했다. 그러나 박거사는 고려의 하을지(河乙沚)의 원군을 얻지 못하고 왜구에 대패했다.

이러한 것을 별도로 쓰시마의 소씨(宗氏)도 사절을 파견했다. 소 쓰네시게(宗經茂; 崇慶)는 1368년(應安 元·正平 23)에 고려에 사절을 파견했다.

---

92) 고려시대 궁중에서 생선과 고기, 소금, 연료 을 맡은 사재시의 관직)

고려와 류큐

1380년대 후반에는 고려군의 왜구 토벌이 주효하여 왜구는 점차 잠잠해져 갔다.

1389년(嘉慶 3·元中 6) 2월, 경상도 원사(元師) 박장(朴葳)은 병선 100척을 이끌고 쓰시마를 공격했다. 왜선 300척을 불태우고 연안의 건물을 모두 불태우고 피로 고려인 남녀 104명을 찾아내어 돌아왔다.

이 사건은 류큐가 고려와의 교섭을 시작하는 계기가 되었다. 같은 해 류큐국 중산왕 삿토는 처음 고려에 사절을 파견했다. 삿토는 표(表)를 바쳐 신하를 칭했고, 고려가 쓰시마를 정벌한 일을 듣고 사절 교쿠시(玉之)를 파견했다. 그리고 피로 고려인을 송환하고 고려 국왕에게 유황·소목·후추를 보냈다. 교쿠시는 전라도 순천부(順天府)에 왔다. 삿토는 처음으로 교섭하는 고려에 쉽게 받아들여질 수 있도록 표를 선택한 것으로 생각된다. 또한 삿토는 고려군의 쓰시마 공격 정보를 입수하고 있다. 쓰시마에 관한 정보를 얻을 수 있었던 것처럼 규슈 북부~류큐 사이에 교역이 있었다는 것을 의미한다. 그 정보에 기반하여 교쿠지는 쓰시마-경상도 경로를 피해 전라도 경로를 선택했던 것이다.

4. 한일 통교관계와 왜인

1) 안정된 조선과 일본의 관계

명일관계의 성립

1401년(應永 6) 아시카가 요시미쓰는 소아(祖阿)·고이쓰미(肥富)를 명나라 건문제(建文帝: 1377~1402(?))에게 파견하고 이듬해 일본국왕으로 봉해져 명·일무역이 시작되었다. 그 후 요시미쓰는 영락제(永樂帝: 1360~1424)

로부터 '일본국왕지인(日本國王之印)'이라고 새겨진 금인(金印)과 감합(勘合)을 받았다.

아시카가 요시미쓰가 사망한 후에도 쇼군 아시카가 요시모치(足利義持: 1386~1428)가 견명사를 파견하고 있지만 1411년(應永 18) 명나라 사자 왕진(王進)의 입경을 허락하지 않고 효고(兵庫)에서 귀국시켜 명일 관계는 단절되었다. 요시모치 자신이 아버지 요시미쓰의 정책에 비판적이었다는 것도 있지만 명 황제에게 복종한다고 하는 형태를 굴욕적으로 간주한 사람들이 막부와 조정 안에 많다는 사정이 있었다.

그 후 쇼군 아시카가 요시노리(足利義教: 1394~1441)에 의해 명일관계는 부활한다. 1432년(永享 4) 8월, 정사(正使) 료시쓰 도엔(龍室道淵) 등은 효고를 출발했다. 일행은 이듬해 북경으로 들어가 아시카가 요시노리의 표를 바치고 있다. 그리고 1434년(永享 6) 명의 사자 뢰춘(雷春)등과 함께 귀국했다.

아시카가 요시미쓰·요시모치 시기의 견명선은 모두 일본국왕 이름으로 파견되었고 경영의 주체도 막부였다. 요시노리 시기부터는 막부의 사절을 태운 배 외에 슈고다이묘(守護大名; 야마나씨山名氏 등)와 사사(寺社, 쇼고쿠지相國寺·덴류지天龍寺)가 사선(使船)을 준비하여 경영에 참가하게 되었다. 또한 하카타와 사카이(堺) 등의 상인이 견명선에 승선하여 이익을 얻었다. 이러한 다채로운 승조원으로 된 선단 전체를 일본국왕사로 취급하여 명나라로 파견했던 것이다.

류큐에서는 쇼하시(尙巴志: 1372~1439)가 삼산(三山)을 통일하여 '류큐국 중산왕'으로서 명에 조공하는 한편, 조선과 동남아시아 여러 나라와도 교섭했다. 일본의 기나이(畿內)와 하카타, 남큐슈(南九州)에도 빈번하게 내항하고, 중국산 물품과 동남아시아산 향료 등도 가져왔다.

조일 통교관계의 성립

조선을 건국한 이성계(1355~1408)는 현재의 함경도(咸鏡道) 영흥(永興)에서 태어난 무인(武人)이었다.

　전주(全州) 이씨의 일족이지만 여진족 출신이라는 이야기도 있다. 원나라 말의 혼란으로 고려에 침입했던 홍건군(紅巾軍)을 무찌른 무인으로서 두각을 나타냈다. 그리고 여진인과 몽골의 잔존세력, 아키바쓰(阿只拔都) 등의 왜구 토벌에 활약하여 고려왕조의 중추부로 들어갔다. 명나라 성립 이후 고려의 관료는 친원파와 친명파로 나뉘어져 있었다. 친원파가 우왕(禑王)을 세우고 왜구 공격에서 활약했던 최영(崔瑩)이 친원파의 중심인물이 되었던 데 반해 이성계에게는 유교 관료가 많았다. 이성계는 1388년 명의 요동을 공격하는 지휘관이 되었지만 원정 도중, 압록강 하류인 위화도에서 전군을 돌려 개경으로 입성하여 신우왕과 최영을 추방하고 창왕(昌王)을 옹립했다. 1389년에 공양왕을 옹립하고 정치·군사의 최고 권력을 장악했다. 1392년 공양왕으로부터 왕위를 양도받고 즉위하여 새로운 왕조를 열었다. 즉위 후 명나라에 사자를 보내고 '권지고려국사(權知高麗國事)'라고 칭하여 국왕의 교대를 승인받았다. 명나라로부터 국호 개정을 끌어낸 것을 계기로 1393년 국호를 조선으로 정하고 친명정책을 취했다.

　1394년, 수도를 개경에서 한양(1395년에 한성으로 개칭. 현재의 서울)으로 옮겼다. 유교를 국교로 하고 성균관(成均館)을 비롯한 학교를 각지에 세웠다.

　일본에서 조선에 사절을 파견한 것은 고려 말기부터 계속되고 있었고, 이마가와 료슌과 오우치 요시히로 등이 있었기 때문에 당초에는 그들이 조일관계를 담당했다. 규슈 단다이(探題) 이마가와 료슌은 고려시대와 마찬가지로 조선에도 빈번하게 사절을 보내고 1,100명 이상의 피로인을 송환했다.

　아시카가 요시미쓰도 조선과의 교섭을 개시했는데, 처음에는 오우치 요시히로를 전면에 내세워 교섭했다. 1397년(應永 4), 오우치 요시히로는 승려 에한(永範)·에카쿠(永廓)를 조선에 파견했다. 그들의 귀환에 맞춰 조선은 회례사(回禮使) 박돈지(朴惇之: 1342~1422)를 일본에 파견했다. 이듬해

8월, 박돈지는 아시카가 요시미쓰를 알현했다. 이때 막부에서 조선에 보낸 문서는 오우치 요시히로를 통해 막부가 왜구의 단속에 힘을 기울이고 있다는 것을 전하는 내용이었다. 1399년 5월, 박돈지의 아시카가 요시미쓰의 사자와 함께 귀국하고 피로인 100여 명을 송환하고 있다. 따라서 요시미쓰는 우우치씨의 중계에 의해 조선과 교섭할 수 있었다.

그러나 같은 해 12월, 오우치 요시히로는 막부군과 사카이에서 싸워 패했다(오에이應永의 난). 1402년 이후 오우치씨를 매개로 하지 않고 단독으로 아시카가 요시미쓰의 사자가 파견되었다. 『조선왕조실록』에는 아시카가 요시미쓰를 '일본국대상국(日本國大相國)' '일본국대장군(日本國大將軍)'으로 기록하고 있다. 1404년부터는 조선이 막부의 사절을 일본국왕사(日本國王使)로 취급하고 있다. 그러나 막부는 조선에 대해 일본국왕 칭호를 사용하지 않고 '일본국미나모토노 요시모치(日本國源義持)' '일본국미나모토노 요시노리(日本國源義教)'처럼 '일본국원모(日本國源某)'의 형식을 취했다.

또한 쓰시마의 소씨도 사절을 파견하고 있다. 1399년 소 사다시게(宗貞茂: ?~1418)가 사절을 파견하여 방물(方物)과 말 여섯 마리를 바쳤다. 이후 쓰시마 도주(島主)인 소씨가 더욱 빈번하게 사절을 파견하고 조일통교 제도의 한 부분을 담당하게 되었다.

다원적 통교관계와 통교제도

중국을 중심으로 한 국제관계에서는 '인신(人臣)에게 외교는 없다'라는 것이 원칙이고, 일명관계는 명의 황제와 일본국왕(아시카가씨)이라는 일원적인 관계이다. 여기에 대해 왜구 단속을 구하는 조선 측의 의향에 따라 조일관계는 일본국왕(아시카가씨) 외에 오우치씨·시마즈씨·소씨 등 슈고다이묘와 고바야카와씨(小早川氏)·스후씨(周布氏) 등의 국인(國人)층, 하카타·쓰시마 등의 상인층(원래 왜구였던 자들을 포함한다) 등 복수의 파견주가 조선 측에 수용되는 다원적인 통교관계였다.

이러한 통교관계가 성립된 계기는 왜구에 납치되었던 피로인을 조선에 호송하는 것이 일본 측 통교자에게 유효했기 때문이다. 사시씨(佐志氏)와 시키씨(志佐氏) 등 이키(壹岐)의 통교자는 피로인의 송환에 열심이었고, 그에 따라 조선과 밀접한 관계를 맺으려고 했다(세키 슈이치2002).

또한 조선은 왜구를 회유하는 정책을 취했다. 그 하나로 왜인을 향화(向化; 귀화歸化)시키는 정책이 있다. 향화왜인(또는 투화投化왜인)은 조선 국왕의 덕화를 사모하여, 조선에 귀화한 왜인을 말하며, 쓰시마도민이 많았던 것으로 추측된다. 향화왜인은 크게 봐서 두 종류가 있었다. 하나는 항왜(降倭)로 조선에 투항, 귀순한 왜구이다. 두 번째로 내투(來投) 왜인이다. 스스로 조선에 건너와서 향화한 왜인이다. 생활고를 이유로 건너온 경우가 많았다.

투화왜인 가운데 관직을 받은 자를 수직인(受職人)이라고 한다. 그들에게는 조선에서 고신(告身)이라는 사령서(辭令書)를 주었고, 관직은 무관(武官)이었다. 원래는 조선 영내에 거주하는 것을 원칙으로 했지만 일본에 거주하는 것도 허락되었고, 그 경우 1년에 한 차례 입조(入朝)하는 것이 의무였다. 수직인은 통교권을 가지고 있었기 때문에 통교와 무역을 했다.

회사품(回賜品), 사절의 체재비와 과해료(過海料)에 해당하는 쌀 지급 등 조선 측의 경제적 부담은 컸다. 그 때문에 통교를 통제하는 제도가 조선 측의 주도로 정비되었다. 조선이 통교자로서 인정한 자의 일부에게 도서(圖書)라는 동으로 만든 도장이 부여되었다. 도서에는 통교자의 실명이 새겨져 있고 통교 때에 소지하는 외교문서(서계 書契)에 찍게 하여 통교의 증거로 삼았다. 도서를 소지하고 있는 통교자를 수도서인(受圖書人)이라고 했는데, 수도서인이 되는 것은 조선통교권을 획득한 것을 의미했다. 최초의 수도서인은 1418년(應永 25)에 도서를 받은 고바야카와 노리히라(小早川則平: 1373~1433)였다.

모든 사자의 통제역으로 중요한 역할을 담당했던 것은 쓰시마의 소씨였다. 소씨는 도항증명서인 문인(文引)을 발급하는 권한을 조선으로부터 인정받았다. 소씨가 조선의 대행자로서 통교자의 자격을 체크하는 제도라고 할 수 있다. 이 제도는 1438년(永享 10)에는 확립되었다. 문인을 소지하지 않은 사절은 조선 측으로부터 접대를 받을 수 없었다. 쓰시마에서는 문인을 스이쿄(吹擧)라고도 불렀다. 처음에는 일본국왕사와 여러 다이묘의 사절(조선에서는 '거추사巨酋使'라고 불렸다)은 대상 밖이었지만 15세기 후반에는 모든 통교자에 대해 통용되었다. 소씨는 문인발행 수수료를 통교자들에게 징수했다. 15세기 중엽 이후 조선은 일본의 통교자가 연간 파견하는 선박 수를 규정했다. 수도서인 등의 파견선을 1년에 1척, 연간 1, 2척 등으로 규정하게 된다(세견선규약歲遣船規約). 1443년, 소 사다모리(宗貞盛: ?~1452)는 조선과 계해약조(癸亥約條)를 체결하고 세견선 50척 파견이라는 특송선(特送船) 파견을 허락받았다.

이러한 조일통교 제도의 정비에 최선을 다한 조선 조정의 관료였던 신숙주(申叔舟: 1417~1475)는 일본, 류큐의 풍토와 통교자 등을 기록한 '해동제국기'를 저술하였다(1471년 성립). 그는 1443년(嘉吉 3)에 서장관(書狀官)으로 일본에 건너갔으며, 또한 외교문서의 작성과 세종(1397~1450)의 훈민정음 제정에도 기여했다. 세조(1417~1468)에 의해 의정부의 영의정이라는 최고의 관직에 임명되었다.

조일무역의 구조

조·일간의 무역은 사절(조선에서는 사송使送왜인이라고 불렀다)들에 의해 조선에서 행해졌는데, 다음과 같은 형태가 있었다.

(1) 조선 국왕·일본국왕 사이의 증답(贈答), 모든 사절의 조선 국왕에 대한 진상(進上)과 그에 대한 회사(回賜). 그 외에 사절에 의한 개인적인 진상과 그에 대한 회사도 있었다.

(2) 공무역(公貿易)은 조선이 관물(官物)을 가지고 교역하는 형태이다. 세종 초기 조선에서 생산되지 않는 동(銅)·주석·소목·후추 등을 대상으로 하

여 시작된 것으로 양국 물자의 교환비율은 조선 조정에 의해 결정되었다.

(3) 사무역(私貿易)은 공무역의 대상 외의 물건을 관리들의 감독 아래 조선 상인과 주고받는 것이었다. 이 형태는 왜인과 조선인과의 (4) 밀무역이 발생하게 되는 온상이 되었다.

조선 국왕이 일본국왕 앞으로 보낸 물건을 보면 경전(經典)류(대장경 또는 개별 경전), 공예품(은준銀樽93)·은병銀甁94)·청동靑銅), 포(布, 모시苧布)·삼베(麻布; 정포正布라고도 한다)와 비단, 모피(호랑이, 표범), 화문석, 인삼·잣·봉밀 등이다. 이 가운데 삼베는 조선에서 통화의 역할을 하고 있었고, 목면·면포 등과 함께 어떤 사절에게나 지급되었던 대표적인 회사품이다. 일본에서 조선으로 수출된 것을 보면, 일본국왕사에 의한 증여를 포함해서 많은 사절이 도검을 진상품으로 삼았다.

아시카가 쇼군과 다이묘·사사(寺社)의 수요가 높았던 것은 대장경이다. 특히 막부의 사절(일본국왕사) 파견은 외교상의 목적보다도 대장경의 획득에 주안점을 두었다. '조선왕조실록'에 의하면 일본국왕이 25회 전후로 대장경을 구청(求請)했고, 1~2회를 제외하면 기본적으로는 매회 받았다. 또한 오우치씨가 18회 전후로 구청해서 12~15회 받았고, 쓰시마의 소씨는 6~7회 구청하고 4~5회 받았다(스다 마키코須田牧子, 2011). 대장경은 주로 고려판이었지만 송판(宋版)·원판(元版), 서사(書寫)본, 혹은 이러한 것들의 혼합장(混合藏) 등 여러 가지 종류가 있었다.

무로마치 막부의 대조선 외교

무로마치 막부의 외교실무는 교토의 고산 승려(五山僧)95)가 담당했다.

---

93) 은으로 만든 술두루미병
94) 고려전기 유통된 은화
95) 교토를 대표하는 5개의 임제종(선종 불교의 일종) 사찰에 소속된 승려로 화가, 문학가 등으로 활동하며 무로마치 시기 문화 발전에 기여했다.

중국을 중심으로 한 동아시아의 국제관계에서는 한자·한문이 공통어·공용어였다. 외교문서를 집필하는 데에는 사육병려체(四六騈儷體)의 문장을 작성할 수 있는 능력이 필요했다. 또한 한시를 즉석에서 읊을 수 있는 것도 외교사절의 즐거움이었다. 사절과 접대자와의 사이에서 빈번하게 시의 증답이 이루어졌다. 조정에서 외교권을 접수하여 무가외교를 확립한 무로마치 막부는 구게(公家)에 의지하지 않고 자신의 외교담당자를 필요로 했다. 따라서 고산 승려가 외교문서의 작성을 담당하고, 사절이 되었던 것이다.

막부외교에 종사했던 것은 무소 소세키(夢窓疎石: 1275~1351)와 그의 후계자인 슌오쿠 묘하(春屋妙葩: 1312~1388)로 대표되는 무소파 선승(禪僧)들이었다. 특히 명 황제 앞으로 보내는 외교문서인 표(견명표遣明表)는 세쓰카이 쥬신(絶海中津: 1334~1405)과 그 학통이 집필했다. 조선으로 보내는 국서는 당초는 겐츄 슈가쿠(嚴中周及: 1323~1409) 등 로쿠온 소로쿠(鹿苑僧錄)[96]가 담당했다. 1466년(文正 元)부터는 쇼군 아시카가 요시마사(足利義政: 1436~1490)의 명령으로 쇼고쿠지(相國寺)의 기케 신즈이(季瓊真蘂: 1401~1469)가 담당했다. 조선 국왕·류큐국 중산왕(中山王) 앞으로 보내는 국서에 서명한 '덕유린(德有鄰)'은 구보 미쿠라(公方御倉)에 있는 것보다 이료겐 미쿠라(陰涼軒御倉)에 있는 경우가 많았다. 이러한 것은 무로마치 막부가 대명관계에 비해 대조선·류큐 관계를 경시하고 있었던 것을 보여준다.

외교문서를 집성한 것이 즈케이 슈보(瑞溪周鳳: 1392~1473)의 『선린국보기(善隣國寶記)』(1470년에 성립)이다. 이 책은 고대 이래 국사(國使)·승려의 해외 도항자 왕래 기사와 외교문서(명과 조선 앞으로 보낸)를 한데 모은 것으로 외교문서의 작성에서 알 수 있는 이전 기록을 후세의 외교문서 작성자를 위한 지침으로 남기는 것을 의도한 것이다.

명 황제로부터 책봉되었다는 점에서는 조선 국왕과 일본 국왕(아시카가

---

96) 일본 임제종의 최관기관으로 모든 사찰을 총괄했다.

씨)과는 대등한 관계이다. 그러나 일본에서 조선 사절을 맞이하는 장면에서 조선을 일본보다 낮게 보는 '조선멸시관' 의식이 표출되었다(무라이 쇼스케, 1988).

이 의식은 아시카가 쇼군가의 저택인 하나노 고쇼(花の御所)에서 조선사절을 인견하게 된 쇼군 아시카가 요시노리 시기 이후 외교의례를 행하는 장소에서 명백해졌다(하시모토 유橋本雄, 2012). 1439년(永享 11) 통신사 고득종(高得宗: 1388~1452)은 남쪽을 향한 요시노리에게 세 번 절하고 국서를 봉정하고 있다. 남쪽을 향한 것은 사절에 대해 상위에 서 있는 것을 보여 준다. 1443년(嘉吉 3) 일본에 왔던 조선통신사 변효문(卞孝文: 1396~?)의 입경을 허락할지 말지를 의논할 때 조정의 교바라 나리타다(淸原業忠: 1409~1467)는 진구황후(神功皇后)에 의한 '삼한정벌(三韓征伐)'의 고사를 인용했고, 마데노 고지 도키후사(萬里小路時房: 1395~1457)는 일기 『겐나이키(建內記)』에서 이 통신사를 '고려국 조공사'로 기록하고 있다.

이런 의식은 신라·발해를 '번국'=조공국으로서 취급한 고대 율령국가의 외교이념을 계승한 측면이 있다. 또한 상대국을 낮게 보는 자세는 일본에서만 볼 수 있는 현상은 아니었다. 중국과 그 주변 제국은 외교의례라는 정치적인 장면에서 내항해 온 외교사절을 조공사절로 간주하는 것처럼 자국을 상위에 위치 짓는 연출을 자주 행했기 때문이다(하시모토 유, 2011). 그리고 조선이 교섭상대로서의 자격이 있다고 인식했기 때문에 사절이 교토로 들어가는 것을 인정하고, 저들을 맞이하는 정치적인 연출의 장을 만든 것이다. 마찬가지로 중국의 피책봉국이기 때문에 경쟁상대로서 인식하고 있었다고 할 수 있다.

그 배경에는 조선 문화를 높이 평가하고 있다는 점이 있었다. 중세 일본에서는 고려·조선의 문물에 대한 동경과 수요가 높았다.

하카타 상인의 활약

하카타는 일찍부터 한반도·중국대륙과의 무역 거점이었다. 중세(12~16세기)의 하카타는 바다 쪽 오키노하마(息浜)와 내륙 쪽의 하카타하마(고대 이래 구舊 하카타부博多部)로 나뉘고, 두 지역을 연결하는 부분이 가늘게 잘록해진 두 개의 매듭지어진 것 같은 모습을 하고 있었다. 15세기 오키노하마(息浜)는 일관해서 우토모씨가 영유했던 것에 대해 구 하카타부는 오우치씨와 쇼니씨 계(係)의 경쟁지였고 1478년(文明 10) 이후는 오우치씨가 영유했다.

신숙주의 『해동제국기』에 '류큐·남만의 상선 소집의 땅'이라고 기재되어 있는 것처럼 15세기에는 류큐선·남만선(동남아시아 제국의 배)도 내항했다. 세토나이카이(瀨戶內海)·니혼바시(日本橋)·규슈 서해안의 바닷길 등을 통해 일본열도 각지와 연결하면서 서일본의 최대급 물자의 집산지였다.

하카타를 거점으로 하면서 규슈 단다이의 이마가와 료슌과 시부카와 미쓰요리(澁川滿賴: 1372~1446)·요시토시(義俊)·시부카와 미쓰이에(澁川滿家) 등이 조선에 대해 빈번하게 사절을 파견했다(가와조체 쇼지川添昭二, 1996). 또한 하카타는 오우치씨·오토모씨의 대외 교섭의 거점이기도 했다.

이와 같은 여러 다이묘의 대외교류를 지탱하고 있었던 것이 하카타 상인이다. 더욱이 저명한 상인·승려는 소킨(宗金)이다. 그는 처음에는 규슈 단다이 시부카와씨 아래에 있었지만 후에 오우치씨의 하카타 다이칸(代官)을 담당했다. 1419년(應永 26) 오에이(應永)왜구 이후 막부는 무카이 료게(無涯亮倪)·히라카타 요시히사(平方吉久)를 조선에 파견했는데, 이 사절의 파견은 규슈 단다이 시부카와 미쓰요리의 지시로 소킨이 교토로 가서 쇼군 측근인 진외랑(陳外郎, 도래 중국인 진연우陳延祐의 아들)을 통해 실현되었다. 무카이 료게는 하카타 묘가쿠지(妙樂寺)의 승려로 히라카타 요시히사는 진외랑의 아들이다. 이 사절에 대한 회례사로서 일본에 왔던 송희경(宋希璟: 1376~1446) 일행과 하카타에서 교토까지 동행하고 1429년(永享 元) 쇼군 아시카가 요시노리의 일본국왕사에 가담했다. 또한 시부카와·오토모·쇼니씨 등의 사절도 되어 무역을 하고 있다. 1425년(應永 32) 이후는 수도 서인으로서 자신의 자녀·사인(使人)을 파견하여 무역을 했다.

오우치씨의 선조관(先祖觀)과 조선

스오국(周防國) 야마구치(山口)를 거점으로 하는 오우치씨는 교토에서 무로마치 막부의 정치에 관여하는 한편 조선, 명과 빈번하게 교섭했다. 오우치씨는 세토나이카이 항로의 요충인 스오국 아카마세키(赤間關, 현재 야마구치현 시모노세키시下關市)를 제압함과 동시에 하카타로의 진출을 추진했다. 쇼니씨와의 전쟁에서 승리하고 1478년(文明 10)이후 구 하카타부를 영유하여 무역선 파견의 근거지로 삼았다. 하카타의 쇼후쿠지(聖福寺)와 죠텐지(承天寺)의 선승에게 외교 실무를 위임하고 있다.

오우치 요시히로는 앞에서 서술했던 대로 14세기 말부터 고려와 통교하고 왜구를 금압하기 위해 군사를 파견했다. 조선이 성립하자 1395년 이후 빈번하게 통교했다. 또한 조선과 무로마치 막부 사이의 교섭 중개역을 담당하고 있다. 조선은 오우치씨를 중요시하여 오우치씨의 사절을 일본국왕사에 준하여 취급하고 있고 막부에 파견된 조선사절은 도중에 야마구치를 방문하고 있다. 1453년(享德 2)에 명나라로 가는 견명선과 함께 간 이후 오우치씨는 견명선을 파견하고 있다.

오우치씨는 조선과의 교섭에서 다음 세 가지를 계기로 하여 선조관(先祖觀)을 비대화시켜갔다. 첫 번째로 1399년(應永 6) 오우치 요시히로는 집안 계보와 출신을 보여주는 문서와 '땅(土田)'을 요구했다. 두 번째로 1453년(享德 2) 오우치 노리히로(大內敎弘: 1420~1465)는 백제왕자 임성(琳聖)태자의 후예라고 하면서 『임성태자입일본지기(琳聖太子入日本之記)』라는 서적을 조선에 요구했다. 세 번째로 1485년(文明 17) 오우치 마사히로가 '국사(國史)'를 조선에 요구했다. 이러한 것은 조선과의 교섭을 원활하게 진행하기 위해 의도했던 것이고 두 번째에서 조선은 오우치씨를 같은 계통으로 인식하여 통신부(通信符)를 만들어 오우치씨에게 주었다. 통신부는 와리후(割符)로 오른쪽 후(符)를 오우치씨에게 주고 왼쪽 후는 조선에서 보관하여 감합(勘合)에 대비하였다. 오우치씨는 백제왕자 후손설을 오우치씨의 영지와 교토 쪽에도 발설하고 있다. 이 선조관은 오우치씨의 권력을 정통화 할 것으로 기대하고 있었기 때문이며 오히려 일본 국내에 선전하기 위해 이 설을 창출했다고 생각된다. 그와 함께 오우치씨는 일본 조정에 관위를 요구하고 가문의 사찰인 고류지(興隆寺)를 조정의 번영 등을 기원하는 절(勅願寺)로 만들고자 했다.(스다 마키코, 2011).

조선 사절이 본 무로마치 시대의 일본

일본에 파견된 조선 사절은 복명 후 일본에서의 견문을 조정에 보고하는 것이 임무였다. 사절 중에는 1419년(應永 26) 오에이 왜구 후 무로마치 막부에 파견된 송희경처럼 일정 도중에 읊었던 오언(五言)·칠언(七言)의 한시와 산문의 서문 형식으로『노송당일본행록(老松堂日本行錄)』이라는 저작을 엮은 사례도 있다.

『노송당일본행록』에는 일본 사료에서는 볼 수 없는 사회의 한 면이 기록되어 있다.

무로마치도노(展; 쇼군, 고쇼御所) 아시카가 요시모치는 다이묘들 가신의 저택과 사사(寺社)를 빈번하게 방문했다. 송희경이 들었던 사례는 어느 다이묘가 교토의 야시키에 당을 짓고 무로마치 쇼군을 맞이하여 활·검·안장·돈 등을 헌상하고 온갖것을 준비하여 대접했다. 접대를 한 것은 다이묘의 처로 욕실에서 무로마치 쇼군의 때를 밀었다. 또한 무로마치 쇼군이 여성보다도 소년을 좋아했다는(남색) 것과 길가에 유녀가 있었던 것 등을 기록하고 있다.

돌아오는 길에 아키국(安藝国) 가마가리(蒲刈, 히로시마현 구레시吳市)에

Ⅱ. 중세 동아시아 해역과 한일관계 125

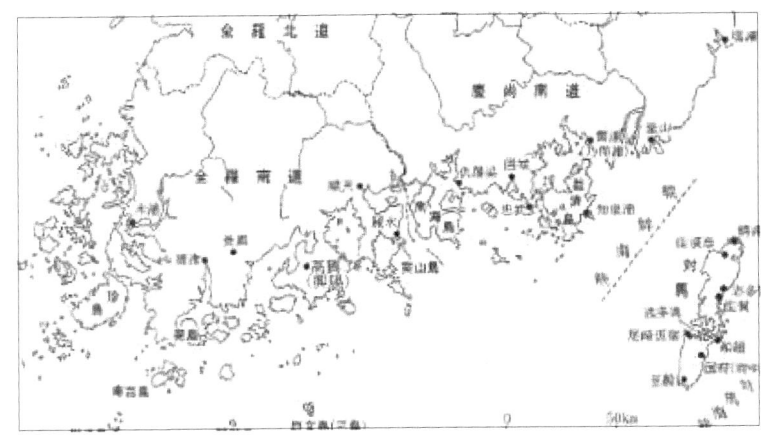

한반도 남해안 지역(세키 슈이치 『對馬と外交』)

서는 해적에게 경호를 의뢰했다. 이것을 우와노리(上乘)라고 한다. 이곳은 해적이 거주하는 곳으로 쇼군의 명령이 미치지 않는 땅이었다. 동서에 해적이 있고 동에서 서로 가는 배가 동적(東賊) 한 사람을 태우고 들어가면 서적(西賊)은 이것을 습격하지 않는다. 마찬가지로 서쪽에서 동쪽으로 가는 배가 서적 한 사람을 태우고 가면 동적을 습격하지 않는다는 관행이 있었다. 거기에서 세토나이카이의 동쪽에서 서쪽으로 향해 갔던 송희경 일행은 동적 한 사람을 태우기로 했고, 소킨(宗金: ?~1455)은 돈 7관(貫)을 주고 동적 한 사람을 사서 배에 태웠다.

아카마가세키(赤間関)의 젠넨지(全念寺)에서는 법당에서 비구니와 승려가 경전상자를 사이에 두고 동서로 나뉘어서 숙박하며 가운데에는 아기를 임신한 비구니가 있다는 이야기를 들었다.

또한 1429년(永享 元)에 교토를 방문한 박서생(朴瑞生)은 귀국 후 15개 항목으로 된 장문의 복명서를 국왕 세종에게 제출하고 있다. 거기에는 일본에서의 돈 유통과 점포는 처마 아래 판(板)을 이용하여 사다리를 설치하고 그 위에 상품을 두기 때문에 먼지로 더러워질 일이 없고 사는 쪽도 상품을 보기 쉽다는 일 등을 지적하고 있다. 또한 일본의 수차(水車)를 도입할 것을 제안했다. 그 제안은 채용되었지만 조선은 토양이 나빠서 생각대로 보급되지 못했다.

2) 쓰시마(對馬)와 조선

소씨의 쓰시마 지배와 조선

조선과의 국경의 섬인 쓰시마는 고대 이래 일관하여 조선과의 교섭의 최전선에 있었다. 특히 조선과의 교섭에서 담당했던 역할이 매우 컸고, 조일통교제도의 대부분은 쓰시마 사람들을 대상으로 하는 것이었다.

신숙주의 『해동제국기』에는 '쓰시마는 사방이 모두 돌산뿐으로 토지가 척박하여 사람들이 가난하고 도민은 제염(製鹽)·어업·교역을 생업으로 하고 있다'고 기록되어 있다. 쓰시마는 남북으로 긴 섬이지만 같은 책에 '일본국 쓰시마 지도'는 아소만(淺茅灣)을 안쪽으로 안고 있는 것처럼 북부·남부를 구부린 것처럼 묘사하고 있다. 구로다 사토시(黑田智)가 크로와상 모양이라고 이름 지었던 지도이며, 섬들의 윤곽선을 덮는 파도와 쓰시마의 중앙부를 뻗어있는 산맥 표시로 구성되어 있고 82개의 포구가 적혀있으며 두 개의 항로가 흰 선으로 그려져 있다(구로다 사토시, 2009).

14세기 이후 쓰시마를 지배했던 것은 소씨이다. 소씨는 원래 쇼니씨 소속 관리였다. 무로마치 막부로부터 쓰시마국 슈고에 임명되는 한편 때로는 조선의 외신(外臣)이라는 입장을 주장하며 조선으로부터 여러 가지 권익을 얻었다. 1399년(應永 6)에 소 사다시게(宗貞武)가 조선에 통교를 개시한 이래 소씨는 통교 빈도에 있어서는 최대급 통교자였다.

1443년(嘉吉 3) 소 사다시게는 조선과의 사이에서 계해약조(癸亥約條)를 체결하고 세견선 50척을 파견하도록 허락받았고 매년 쌀 200석을 받는 권익을 얻게 되었다. 소씨는 쓰시마에서 최대 규모의 통교자의 지위를 얻게

됨과 동시에 세견선의 권익을 가신들에게 주고 통용시켜 섬에서 지배 기반을 확고히 했다(아라키 가즈노리荒木和憲).

또한 소씨는 쓰시마 도민의 활동에 통제를 가하고 있다. 조선에 건너와 교역을 하는 배에 대해서는 고려공사(高麗公事)라는 도해세(渡海稅)를 부과하는 권한을 가지고 가신에 대해서는 고려공사를 면제받는 특권을 주고 있다. 또한 물고기와 소금에 대한 과세도 하고 있다. 조선에 통교하는 선박에 대해 문인을 발급하는 권리를 조선으로부터 인정받았다는 것은 앞에서 서술했다. 이 권한에 의해 소씨는 쓰시마 안과 섬 밖의 조선 통교자를 통제할 수 있게 되었다.

쓰시마 도민 중에는 생선과 소금을 조선에 가지고 가서 쌀과 교환하는 흥리왜선(승선인이 흥리왜인)을 운영하는 사람들이 있었다. 1441년(嘉吉元) 소 사다모리(宗貞盛)는 조선과의 사이에서 고초도 조어 금약(孤草島釣魚禁約)을 체결하고 고초도에 출어하는 쓰시마 어민에게 문인을 주는 권한을 얻었다. 고초도는 현재의 전라남도 거문도로 생각된다(오사 세쓰코長節子 2002).

이처럼 소씨는 조선과의 관계를 이용하여 쓰시마 도민의 활동을 통제하고 섬에서의 기반을 확고히 했다. 또한 무역에 필요한 물자는 하카타에서 입수하고 있어 하카타와의 관계를 긴밀하게 할 필요가 있었다. 소씨는 쇼니씨에 속한 관리였기 때문에 오우치씨와 대립하고 있었지만 1478년(文明 10) 소 사다쿠니(宗貞國: 1430~1494)와 오우치 마사히로와의 사이에서 화친이 성립되었다. 이 이후 하카타와의 관계는 안정되어 갔다.

또한 소씨는 문인제도를 이용하여 쓰시마 외에 조선에 사자를 파견하는 서국(西國)의 무사와 상인들과의 관계를 긴밀히 할 수 있게 되었다. 또한 서국 각지에 표착한 조선인을 조선에 송환하는 중개역할을 하게 되었다. 조선인 표류민을 송환하는 것은 조선 국왕에게 예로서 막대한 회사품을 얻는 것 외에 도서를 받을 수 있어 세견선 정약을 맺고 조선과의 통교권을 얻는 기회가 되었다. 15세기 전반은 다원적 통교관계를 반영하여 표착지 영주(무사)들이 개별적으로 송환하고 있었지만 15세기 후반이 되면 소씨가 영주와 조선 사이의 교섭을 담당하는 경우를 볼 수 있다. 이렇게 해서 조선과의 교섭과 무역을 목적으로 했던 서국 무사와 상인들에게 소씨는 중요한 위치를 차지하게 되었다(세키 슈이치, 2002).

오에이 왜구와 쓰시마의 귀속문제

1419년(永應 26) 5월 왜선 50여 척이 충청도 비인현(庇仁縣)의 도두음곶(都豆音串)으로 쳐들어와 병선을 태우는 사건을 일으켰다. 이 왜구는 명을 목표로 했었다. 이 사건을 계기로 군사권을 장악한 전 국왕 태종(당시 국왕은 세종)은 왜구의 소굴 또는 통과지역으로 간주되고 있던 쓰시마 세력의 토벌을 계획했다. 6월 태종이 내린 교서(敎書) 안에서 쓰시마가 일찍이 경상도 '계림(鷄林, 경주의 아명雅名)'에 속해 있다고 하는 인식이 보인다. 이것은 쓰시마 동정(東征)을 정당화하는 논리로서 만들어 낸 것으로 생각된다.

삼군부 체찰사(三軍部體察使) 이종무(李從茂: 1360~1425)가 지휘하는 쓰시마 정벌군은 병선 227척 총 10,725명이었다. 6월 조선군은 아소만으로 들어와 오자키(尾崎)의 쓰치요리(土寄)에 상륙했다. 이종무는 소 사다모리에게 편지를 보냈는데 답장이 없자 섬을 수색하여 배를 빼앗고 집을 불태우고 선박 왕래의 중요한 장소인 후나코시(船越)에 울타리를 만들어 오랫동안 주둔할 뜻을 보였다. 이종무는 니이군(仁位郡)에 상륙했으나 누카다케(糠岳)에서 싸워 패배했다. 소 사다모리의 정전(停戰) 수호(修好) 요청에 따라 조선군은 철수하여 거제도로 돌아왔다.

조선에서는 다시 정벌하는 문제가 논의되었으나 결국 중지되고 소씨를 비롯한 섬 안의 영주층과 쓰시마 도민을 조선으로 이주시킬 것을 요구하는 '권토래항(卷土來降)'이라 불리는 방법으로 전환했다. 조선 측은 쓰시마를 비울 생각을 했던 것이다. 태종은 병조판서 조말생(趙末生: 1370~1447)에게 명령하여 쓰시마의 슈고 소 사다모리 앞으로 서계를 보내 '권토래항'을 요구하고 또 쓰시마가 경상도에 속하는 일이 서책에 명확히 있다고 했다.

쓰시마에서는 소 사다모리의 사자라고 칭하는 지오 가이도(時應界都)가 조선에 와서 쓰시마 도민을 거제도로 이주시키고 조선 국내 주군(州郡)의 예에 따라 쓰시마의 주명(州名)을 정하고 조선에서 '인신(印信)'을 내려줄 것을 요청했다. 이것을 받고 세종은 쓰시마를 조선의 속주(屬州)로 삼기로 결정했다.

그 후 일본 회례사 송희경이 쓰시마를 방문했을 때 당시 쓰시마의 최대 실력자였던 소다 사에몬타로(早田左衛門太郎: ?~1428)는 '쓰시마는 쇼니의 조상인 소덴(相傳)의 땅으로 만약 속주가 되면 백번 싸워 백번 죽더라도 싸우고 그만두지 않을 것이다'라고 하여 경상도에 쓰시마를 속하게 하는 결정에 항의했다.

1421년 소 사다모리의 사자인 구리안(仇里安)이 소 사다모리의 서계를 가지고 조선을 방문했다. 사다모리의 서계에는 '책과 노인(古老)에게 확인해 보니 쓰시마가 경상도에 속한다는 근거는 없다'고 주장하고 속주화를 거부했다. 결국 '인신'하는 것만으로 쓰시마의 속주화는 실행되지 못하고 또 '권토래항'도 관철되지 못했다.

이처럼 쓰시마의 귀속에 관한 교섭은 소 사다모리와 소 다사에몬타로오와 같은 쓰시마도주 또는 실력자, 혹은 그 뜻을 받아들인 사절들에 의한 것으로 무로마치 막부는 어떤 관여도 하지 않았다.

그 후 조선 측은 쓰시마의 내국화를 요구하지는 않았지만 쓰시마가 원래 경상도에 속해 있었다는 인식을 그 후에도 자주 표명하고 있다. 『신증동국여지승람(新增東國輿地勝覽)』에는 '쓰시마'라고 쓰여 있어 쓰시마가 현재 일본국에 속해 있지만 원래는 '계림(경주)'에 속해 있었다는 인식을 보여주고 있다. 조선에서 작성한 조선 전도에는 쓰시마가 묘사되어 있다.

그리고 쓰시마에 파견한 사자의 이름에 경차관(敬差官)이 사용되고 있다.

경차관은 본래 조선 국내에 파견되는 문관(文官)의 임시직으로 그것이 쓰시마에 파견되고 있는 것은 조선이 쓰시마를 완전한 이국으로는 보지 않았다는 것을 보여준다.

삼포(三浦)의 항거왜(恒居倭)

일본에서 조선에 파견된 사절들은 조선이 지정한 삼포에 정박했다. 삼포는 경상도의 제포(薺浦; 내이포乃而浦)·부산포(富山浦; 釜山浦)·염포(鹽浦)를 가리킨다. 각 포구에는 왜관·담당 관아가 설치되었다. 삼포에 체재하는 왜인은 어디까지나 노정(路程)상이나 또는 무역을 위해 체재하는 것이 원칙이었다. 그러나 현실적으로는 거처를 만들고 장기간 거류하는 항거왜가 나타났다. 항거왜의 대부분은 쓰시마 도민이었다.

조선 측은 항거왜의 증가에 부담감이 커져 1436년(永享 8) 소 사다모리에게 항거왜의 송환을 의뢰하고 제포에서 253명, 염포에서 96명, 부산포에서 29명을 쓰시마로 송환하고 사다모리가 체재를 요청한 자와 거주를 희망한 자 206명에게는 거주를 허락했다. 이렇게 해서 조선 측은 모두 378명의 왜인을 송환시키는데 성공했는데, 소 사다모리 관하 60명의 거류를 공인하게 되었다.

이 송환을 계기로 소 사다모리는 항거왜에 대한 검단권(檢斷權)과 과세권(영업세의 징수)을 장악했다. 종래는 소다 사에몬타로가 과세권을 장악하고 있었지만 소다씨(早田氏)가 몰락해서 소씨가 장악했다. 각 포구에는 '왜추(倭酋)'가 배치되어 쓰시마에서 파견된 삼포 다이칸(代官)이 삼포 항거왜 전체를 통할하고 있었다. 해마다 삼포 다이칸은 항거왜에게 면포를 징수했는데, 그 금액은 넉넉한 집안은 2필, 그렇지 않은 집안은 1필이었다.

항거왜의 주목적은 교역이었다. 일본으로부터의 사자와 흥리왜선[97]이 입

---

97) 조선 세종 때 쓰시마도주의 청원을 들어주어 삼포(三浦)로 내왕을 허락한 무역선이

항하면 무리지어 호객하고 또는 다른 항구에서도 술을 팔러 오는 자가 있었다. 여자는 행상을 생업으로 했고, 유녀도 있었다. 남자는 어업에 종사하고 삼포 주변과 경상도 연안을 어장으로 삼았다. 조선인과의 사이에서 빈번하게 밀무역이 이루어지고 있었다.

이렇게 부를 축적하고 있었던 항거왜는 그 수가 점차 증가해 갔다. 1466년(文正 元)에는 제포에 1,200여 명(300가구), 부산포에 330여 명(120가구), 염포에 120여 명(36가구) 합계 1,650여 명(446가구)의 사람들이 거류하고 있었다. 그것이 1494년(明應 3)에는 제포에 2,500명(347가구), 부산포에 453명(127가구), 염포에 152명(51가구) 합계 3,105명(525가구)로 제포를 중심으로 거의 배로 늘어나고 있다. 또한 제포에 10개, 부산포에 4개의 사원이 있었다. 이처럼 삼포의 경관을 표현한 지도가 『해동제국기』에 실려 있다.

위사(僞使)

일본에서 조선에 보낸 사절(사송왜인使送倭人)에 상당수의 위사가 포함된 것이 15~16세기 조일관계의 큰 특징이다. 위사는 명의인과 실제 파견자가 다른 사절로 이런 경우 명의인은 실재하지 않는 가공인 경우가 많았다.

위사파견 세력으로 상정할 수 있는 것은 하카타의 상인과 선승들이다. 조선에 파견된 사절은 조선 국왕 또는 외교를 담당하는 예조 앞으로 보내는 외교문서(조선에서는 서계라고 부른다)가 필요했다. 그것은 높은 수준의 한문으로 써야만 했다. 무로마치 막부가 고잔(五山) 승려들에게 담당시켰던 것처럼 학식있는 선승이 집필을 담당하는 일이 많고 사절도 선승인 경우가 많았다. 또한 조선 국왕에 대한 진상품과 공무역·사무역을 위한 상품도 필요했다. 하카타는 이러한 조건을 가지고 있었다. 또한 쓰시마의 소씨 등은 조선통교의 노하우에 정통해 있고 하카타로에서 물자를 얻으면 같은 조건

다. 1510년에 있었던 삼포 왜란 이후 수를 반으로 줄이고, 제포로만 내왕하게 했다.

제포(薺浦, 1992)

을 갖게 된다. 소씨는 문인 발행에 즈음하여 조선으로 보낼 사절을 심사했는데 그래서 사절 파견자의 명의와 실정 등에 대해 잘 알고 있었다. 소씨는 통교를 규제하기 위한 제도였던 문인제도를 거꾸로 이용하여 위사를 만들게 되었다.

위사는 류큐 왕국의 대조선 사절에서도 볼 수 있다. 류큐왕 중산왕인 쇼씨(尙氏, 첫번째 쇼씨)는 조선에 사절을 빈번하게 보냈는데 15세기 전반 그 사절을 하카타와 쓰시마 상인이 청부하고 있었다. 1470년 가나마루(金丸)가 쿠데타를 일으켜 즉위하여 쇼엔(尙円: 1415~1476)이라 이름 했다(제2 쇼씨). 이후 조선을 방문한 사절은 하카타 상인이 류큐국사를 거짓으로 칭한 위사였다.(다나카 다케오, 1975; 하시모토 유, 2005).

왜 위사가 발생한 걸까. 그 열쇠는 류큐의 대조선 사절처럼 하카타 상인이 이키 등 규슈 각지의 사절 파견을 청부맡았던 것으로 추측된다.

즉, 하카타 상인과 쓰시마의 소씨 등이 1) 파견주의 허가를 얻거나 혹은 파견주가 청부한 경우와 2) 파견주의 허가를 얻지 않고 그 명의를 사용했다. 또는 가공의 파견주 명의를 사용하는 경우가 있었고, 2)가 위사에 해당된다고 생각한다.

15세기 후반 이후 위사의 수는 증가해 갔다. 오닌(應仁)의 난[98] 시기에 교토의 유력 슈고를 이름하는 사절(조선에서는 '왕성대신사王城大臣使'로서 취급)이 빈번하게 조선에 파견되었다. 『해동제국기』에는 조선 국왕 세조의 상서로운 징조(奇瑞)에 따라 임시로 도항한 사절이 80건 정도 보인다(오사 세쓰코, '조선전기 조인관계의 허상과 실상-세조왕대 상서로운 징조 축하사를 중심으로-'『年報朝鮮學』9, 2002).

위사에 대한 대책으로 1474년(文明 6) 조선은 아시카가 요시마사의 제언에 따라 상아로 만든 와리후(割符, 가후牙符 제1~제10)를 만들어 이것의 반쪽 10장을 귀국하는 일본국왕사 정구(正球)를 통해 막부에 보냈다. 1482년 일본국왕사 영홍(榮弘)이 첫 번째 가후를 조선에 가지고 와서 가후 제도는 정식으로 유효하게 되었다(하시모토 유, 2005). 이 이후 일본국왕사는 상아로 만든 후를 의무적으로 지참하게 되었다.

5. 쓰시마의 조선통교 독점에서 도요토미 히데요시의 '대륙침략'으로

1) 쓰시마와 후기왜구

삼포의 난

15세기 후반 항거왜와 쓰시마 등을 거점으로 하는 왜인들의 활동 범위는 삼포에 머무르지 않고 한반도 남부의 해역에서 어업을 하는 자도 많았다. 왜인의 활동에 자극받아 1470년대 이후 수적(水賊)이라 불리는 조선인 해

---

98) 일본 무로마치 막부의 제 8대쇼군의 후계자 선정 문제를 둘러싸고 각 지역을 지배하던 슈고다이묘(守護大名)들이 대립하면서 1467년부터 1477년까지 내란이 계속되어 센고쿠(戰國)시대가 시작되는 계기가 되었다.

적의 활동이 활발해졌다. 그들은 일본어를 사용하며 여러 섬에 숨어들면서 해상을 자유자재로 다닐 수 있는 해민이었고 그 대부분은 제주 도민이었다. 그중에는 왜인과 섞여 있는 사람들도 있었다.

15세기 말에는 조선 배와 문제를 일으키거나 해적행위를 하는 왜인이 속출했다. 이에 대해 조선은 엄격한 대처를 하게 되고, 항거왜의 특권 일부를 뺏고 무역을 제한하게 되었다. 그 때문에 항거왜들은 이익이 크게 줄었고 조선 관리들에게 불만이 커져 갔다.

1510년(永正 7) 제포·부산포의 항거왜는 쓰시마도주 소 모리요리(宗盛順: 1476~1520)의 다이칸(代官) 소 모리치카(宗盛親, 쓰시마의 사료에서는 구니치카國親)와 결탁해서 봉기하여 거제도의 수군 근거지를 공격한 후 제포에 결집했다(삼포의 난). 그러나 제포를 총공격한 조선군 앞에서 패퇴했다.

삼포의 난 후 항거왜는 모두 쓰시마로 송환되고 무역은 일시 중단되었다. 1512년 소 모리요리와 조선과의 사이에서 임신약조(壬申約條)가 체결되어 통교관계는 재개되었다. 그러나 쓰시마 도주의 세견선은 50척에서 25척으로 반감되고 세사미두는 100척으로 되고, 세견선 이외에 파견이 허락되었던 특송선이 폐지되어 소씨의 권익은 크게 줄게 되었다. 개항하는 항구는 제포(내이포, 후에 부산으로 변경)만으로 되고 항거왜는 폐지되었다. 이후 쓰시마 도민들은 왜관에 장기 체재하는 유관(留館) 왜인으로 간신히 조선 안에 머물게 되었다.

명나라에서도 1523년(大永 3) 호소카와(細川) 선박과 오우치 선박의 항쟁에 의한 영파(寧波)의 난이 일어났다. 사건 후 명나라는 일본 선박의 내항을 일시 금지했다. 재개 후 견명선은 오우치씨의 독점 아래 파견되었다.

이와미(石見) 은산과 후기왜구

16세기에 들어와 해역 아시아의 물류는 한층 확대되고 있었다. 그러나 삼포의 난와 영파의 난을 계기로 조선과 명나라의 관리 아래 무역 규제가 강화되어 그 규모는 축소되어 갔다. 그 사이 주산(舟山) 군도를 거점으로 하는 중국인 밀무역상의 활동이 활발해졌다. 이것이 후기왜구(16세기의 왜구)로 민중 주도의 교류가 국가를 주체로 하는 통교관계를 동요시켰다.

그러한 동향이 진전되는 계기가 된 것이 16세기 전반 이와미 은산의 채굴개시였다. 『은산구기(銀山舊記)』에서는 다음과 같이 설명하고 있다. 은산 경영을 시작한 것은 하카타의 호상인 가미야 주테이(神屋壽禎)였다. 1526년(大永 6) 주테이는 하카타에서 배로 이즈모(出雲)로 향하던 도중에 은 광맥을 발견하고 이즈모국 사기우라(鷺浦)의 동산(銅山) 주인인 미지마 아오자에몬(三島淸左衛門)과 협력하여 채굴을 개시했다. 또한 하카타에서 소탄(宗丹)과 게이주(慶壽)를 데려 온 일로 회취법(灰吹法)이 전해지고 이와미 은산에서 정련을 하게 되었다. 이처럼 『은산구기』의 설명에 대해 아키타 요이치로(秋田洋一郎)는 『오베니 마고에몬 엔키(おべに孫右衛門緣起)』 등의 사료에는 소단의 이름이 없고 도요토미 정권기에 하카타의 호상으로 활약했던 가미야 소단(神屋宗湛)의 이름이 에도 시대에 추가로 기록한 것으로 이해하고 있다(아키타 요이치로, '16세기 이와미 은산과 회취법 전달자 게이주 선문(禪門)-일조 통교의 인적 네트워크에 관한 하나의 시론-', 『히스토리아』207, 2007).

회취은은 하카타까지 운반되었고, 그 가운데 일부는 조선까지 수출되었다. 1542년 4월, 일본국왕사 안신 도도(安心東堂)가 실제 팔만 냥의 은을 가져왔는데 그것은 조선의 목면 9천여 동(同)에 상당하는 것이었다. 이 사절은 쓰시마의 소씨에 의한 위사였다.

1540년대가 되면 일본열도와 중국 대륙 사이를 직행하는 항로에 의해 일본 은이 명나라로 들어가게 되었다. 중국인 밀무역 상인(후기왜구)이 일본열도로 건너와 은을 구입했다. 그들의 대부분은 중국 주산군도(舟山群島)의 쌍서(双嶼)와 역항(瀝港; 열항列港) 등을 거점으로 중국 연안부와 동남아시아에서 밀무역을 하고 있던 중국인 해상들로 후에 포르투칼인도 가담하게 되었다. 다네가시마(種子島)에 온 후기왜구의 두목 왕직(王直: ?~1560)은 그 선구였다. 정크선에 포루투칼인을 태우고 철포와 그 생산기술을 일본에 전하게 되었다. 후기왜구가 경영하는 '중국배(唐船)'는 규슈를 비롯한 일본해 쪽 항구에 내항했다.

이러한 후기왜구의 여파는 한반도 주변 해역에까지 미치게 되었다. 한반도 남쪽 해안에 표착한 황당선(荒唐船)도 그중 하나였다. 중국 남부 연안 지역의 배가 조선에 표착한 것으로 대개 은을 구하러 일본으로 향하던 배였다. 첫 번째는 1544~1547년의 열한 건으로 복건(福建)·조주(潮州; 광동廣東) 사람이 주체였다. 그에 비해 두 번째는 1552~1554년의 여덟 건은 중국인 보다 북큐슈의 일본인이 오히려 많았다. 즉, 첫 번째와 두 번째 사이에 중국인과 왜인 간의 연합이 한반도 남쪽 연안에서 북큐슈라는 해역으로 진출하고 있는 것을 보여준다(다카하시 기미아키高橋公明, '16세기 중기의 황당선과 조선의 대응', 다나카 다케오, 『전근대의 일본과 동아시아』, 吉川弘文館, 1995).

갑진사량왜변(甲辰蛇梁倭變, 1544년)[99]과 을묘달량왜변(乙卯達梁, 1555년)[100]도 후기왜구의 움직임에 영향을 받은 것이다. 이 두 변으로 쓰시마=조선 관계는 일시적으로 중단되었지만 1547년 정미약조(丁未約條)로 쓰시마 도주 세견선은 25척이 되고 1557년의 정사약조(丁巳約條)로 도주 세견선은 5척이 늘어 모두 30척이 되었다.

쓰시마의 조선통교 독점

조선의 통교 규칙에 대해 쓰시마 도주 소씨는 대규모의 무역이 가능한 일본국왕사를 빈번하게 파견했다. 삼포의 난 이후 일본국왕사의 대부분이

---

99) 1544년 사량진(현재 통영시 원량면 진리)에서 일어난 왜인들의 약탈 사건이다.
100) 1555년에 왜구가 전라남도 강진·진도 일대에 침입해 약탈하고 노략질한 사건이다.

소씨에 의해 꾸며진 위사였다.

　소씨는 후기왜구와 해적들을 억누르기 위해 이키와 고토 열도 등 주변의 여러 영주와의 관계를 유지하면서 다음의 두 가지 방법으로 조선의 환심을 끌려고 했다. 하나는 빈번하게 횡행하는 해적선에 관한 정보를 조선에 통보하는 것이다. 둘째는 쓰시마에 표착한 조선인 표류민을 송환하는 것이다. 소 하루야스(宗晴康: 1475~1563)는 표류민 송환 때 가신 오우라 민부(大浦民部)대부(大夫)에게 편지를 보내 조선인 표류민의 송환이 조선에 대한 '어봉공(御奉公)'이라는 것을 말하도록 했다.

　이러한 소씨 측 노력은 결실도 있어서 1563년에는 10명, 1567년에는 12명의 심처왜(深處倭; 규슈의 왜인들)의 도서 복구에 성공하게 된다. 그러나 도서의 명의인은 쓰시마에 의해 만들어진 가짜 명의인이었다. 이처럼 가짜 명의인의 도서를 획득하거나 혹은 도서 그 자체를 위조하여 쓰시마는 통교 권익을 증가시켜갔고 그 권익은 가신들에게 나누어 주었다.

2) 도요토미 히데요시의 대륙침략

　조일관계에 극적인 전환을 초래한 것이 도요토미 히데요시에 의한 '대륙침략'이다. 이 전쟁의 호칭에 대해 한국과 북한에서는 당시의 간지를 가지고 '임진·정유왜란'이라고 하며, 중국에서는 명나라 연호를 사용하여 '만력(萬曆) 조선의 역(役)'이라고 부른다. 일본에서는 그 시대에는 '대륙침략' '고려진(高麗陳)'이라고 불렀지만 에도시대가 되면 '정한(征韓)' '조선정벌(朝鮮征伐)'로 부르게 되었다. 근대에 이르러서도 '조선정벌'이라는 호칭은 계속 사용되었지만 그와 함께 '분로쿠(文祿)·게이쵸(慶長)의 에키(役)'라고도 부르게 되었다. 현재 일본에서는 '분로쿠·게이쵸의 에키', '조선출병', '조선침략'으로 부르고 있다.

　히데요시는 천하 통일 사업을 추진하는 중에 명나라를 중심으로 한 동아시아의 정복을 구상하게 된다. 종래의 연구에서는 1585년(天正 13) 7월, 히데요시가 간파쿠(關白)에 취임한 직후부터 그 구상을 보였다고 이해되어왔다. 그 근거는 같은 해 9월, 수하의 무장이었던 히토츠야나기 스에야스(一柳末安: 1553~1590) 앞으로 보낸 문서로, 분에 맞지 않는 가신을 보듬은 가토 미쓰야스(加藤光泰: 1537~1593)를 오가키(大垣) 성주(城主)에서 해임시킨 일을 전한 것이다. 거기에서 히데요시는 대륙 출병을 선언했다고 이해되었다.(이와사와 요시히코岩澤愿彦, '히데요시의 대륙침략에 관한 문서' 『일본역사』163, 1962). 그러나 가모가와 다쓰오(鴨川達夫)에 의하면 해당 부분은 '가토가 이렇게 마음대로 말한 것을 보면 자신이 바라면 히데요시는 중국(唐國) 정도는 맡겨줄 것이다. 즉, 자신의 말하는 것은 무엇이라도 통한다. 가토는 그런 기분이었던 것은 아닐까'라는 생각을 히데요시는 이야기한 것이고, 가토의 방자함 뒤에 있는 자부심, 그것을 강조하기 위한 기교로서 히데요시는 '중국'을 끌어냈다고 생각된다(동경대학사료편찬소편, 『일본사의 숲을 가다』, 중앙공론신사, 2014). 히데요시의 '대륙침략' 구상이 명확해진 것은 다음 해인 1586년 예수회 선교사 가스파르 코엘료(Gaspar Coelho: 1529~1590)에게 이야기한 것으로 히데요시는 조선·명 정복 의사가 있다고 이야기하고 있다. 코엘료는 군함 2척과 승무원을 제공하고 원조할 의향을 드러냈다.

'조선침략'의 구상이 실현되어 가는 것은 1587년 규슈 평정 직후부터였다. 5월, 히데요시는 사쓰마국 센다이(川內)에서 시마즈 요시히사의 항복을 받고, 하카타 근교인 하코자키(箱崎) 싸움에서 이긴 후 규슈를 분할하여 하카타 부흥에 착수했다. 선교사들에게 20일 안에 국외로 나갈 것을 명령한 선교사 추방령을 발포하는 한편 '고려·남만·중국'까지도 복종시키겠다고 말하게 되었다.

쓰시마 소씨의 조선과의 교섭

그러면 히데요시에 의한 '대륙침략'의 경과를 살펴보겠다. 아래 내용은 주로 기타지마 만지(北島萬次)의 연구에 근거하고 있다(기타지마 만지, 1990, 1995, 2002ab, 2012).

1587년(天正 15) 6월, 도요토미 히데요시는 쓰시마의 소 요시시게(宗義調: 1532~1589)·소 요시토시(宗義智: 1568~1615) 부자에게 쓰시마 소유를 인정하는 한편 조선에 대해 자신에게 복종하고 명 정복을 위해 길 안내를 하도록 명령했다. 이 강압적인 히데요시의 요구를 조선이 받아들일 수 있는 일이라고는 생각되지 않았다. 따라서 소씨는 가신 다치바나 야스히로(橘康廣)를 일본국왕사로 (위사) '히데요시가 일본을 통일하고 새로운 국왕이 되었으니 신착(新着) 통신사를 파견해 주기 바란다'는 내용으로 바꾸어 조선에 요청했다. 조선에서는 히데요시가 일본국왕의 지위를 찬탈한 것으로 간주하여 이것을 거절했다.

1589년 히데요시의 두 번째 명령에 따라 소 요시토시 자신이 하카타의 쇼후쿠지(聖福寺)의 외교승려 게이테쓰 겐소(景轍玄蘇: 1537~1611), 하카타의 호상 시마이 소시쓰(島井宗室: 1539~1615) 등과 함께 조선으로 건너가 히데요시의 일본 통일을 축하하는 통신사 파견을 거듭 요청했다. 조선 측은 황윤길(黃允吉: 1536~?)을 정사(正使), 김성일(金誠一: 1538~1593)을 부사(副使)로 하는 통신사를 일본에 파견했다. 이때 조선 조정의 관료들은 동인(東人)파와 서인(西人)파로 나뉘어 당쟁이 격화되고 있었다. 황윤길은 서인파, 김성일은 동인파였다.

1590년 11월, 히데요시는 주라쿠다이(聚樂第)에서 통신사를 만났다. 히데요시는 그들을 복속 사자로 생각하여 '정명향도(征明嚮導)'(명을 정복하러 가는 데 길 안내할 것)를 명령했다. 조선으로 귀국한 후 국왕 선조는 저들에게 히데요시의 조선출병 여부를 물었다. 황윤길은 그렇다고 했고, 김성일은 아니라고 대답했다. 좌의정 유성룡(柳成龍: 1542~1607)이 동인파의 영수

였기 때문에 김성일의 의견이 채용되었다. 그 때문에 조선 측은 히데요시의 출병에 대한 준비를 하지 않았다.

통신사가 귀국할 때 소 요시토시와 고니시 유키나가(小西行長: ?~1600)는 겐소와 요시토시의 중신인 야나가와 시게노부(柳川調信: 1539~1605)를 동행하게 했다. 그들은 히데요시의 '정명향도' 명령을 '가도입명(假道入明)'(명으로 들어가기 위해 조선의 길을 빌려주길 바란다)으로 바꾸어 조선과 교섭했지만 거절당했다. 이처럼 쓰시마 소 요시토시는 히데요시의 명령을 바꿔 교섭했는데 이것 역시 위사 파견의 수법이었다.

1591년 10월 히데요시는 아사노 나가마사(淺野長政: 1547~1611)를 총괄 부교(奉行)로 구로다 요시타카(黑田孝高: 1546~1604)를 전략 부교로 하여 히젠(肥前) 나고야성(名護屋城, 사가현 가라쓰시佐賀縣唐津市)을 축성했다. 나고야에는 전국에서 모인 여러 다이묘의 진영이 나란히 세워졌다. 다이묘와 가신들의 수요에 따라 교토, 사카이, 오사카 등에서 온 상인과 직인이 모이고 큰 조카마치가 탄생했다. 다이묘들의 진영 터는 130개 이상이 확인되고 있다. 또한 나고야의 본영에서 조선으로 건너가기 위한 (히데요시의) 거처로 이키(壹岐)에 가쓰모토성(勝本城), 쓰시마에 시미즈산성(淸水山城)을 축성하게 했다.

임진왜란의 시작

1592년(天正 20) 3월, 히데요시는 규슈, 주고쿠(中國), 시코쿠(四國) 다이묘(大名)들의 약 16만 병력을 아홉 개의 대대로 편성하여 조선에 파견했다. 4월, 소 요시토시와 고니시 유키나가가 이끄는 제1군이 부산에 상륙했다. '가도입명'의 최후통첩을 부산진에 보냈으나 답장이 없자 부산진을 함락시켰다. 다음 날 요시토시 등은 동래성(東萊城)으로 쳐들어가 '전쟁을 하겠다면 대적하겠다. 싸우지 않겠다면 길을 열라'고 목찰(木札)을 던졌다. 이에 대해 동래부사 송상현(宋象賢)은 '죽는 것은 간단하지만 길을 여는 것은 어럽다'라고 하는 목찰을 던져 답했다. 합전이 시작되고 일본군은 동래성을 빼앗았다.

제1군에 이어 가토 기요마사(加藤淸正: 1562~1611), 나베시마 나오시게(鍋島直茂: 1538~1618) 등의 제2군이 부산포로, 구로다 나가마사(黑田長政: 1568~1623) 등의 제3군이 김해강(金

동래성(東萊城)

海江)에 상륙했다. 같은 해 5월 조선의 수도 한성(서울)이 함락되고 조선 국왕 선조는 평양으로 도망했다. 그 보고를 받은 히데요시는 명 정복 후 고요제이(後陽成) 천황(1586~1611)을 북경으로 옮기고 일본의 천황은 요시히토(良仁) 친왕 또는 도시히토(智仁) 친왕으로 하고 간파쿠(關白) 도요토미 히데쓰구(豊臣秀次: 1568~1595)를 중국의 간파쿠로, 일본의 간파쿠에는 하시바 히데야스(羽柴秀保: 1579~1595) 또는 우키타 히데이에(宇喜多秀家: 1572~1655)를 임명하고 자신은 영파(寧波)에 거주하고 조선은 하시바 히데카쓰(羽柴秀勝: 1569~1586) 또는 우키타 히데이에에게 준다는 등의 구상을 히데쓰구에게 보였다.

일본군은 임진강(臨津江) 전투를 거쳐 개성을 함락시켰다. 제1군은 평양으로 쫓아갔고, 선조는 명과의 국경 가까이에 있는 의주로 도망갔다. 6월, 고니시 유키나가의 군대는 평양을 함락시켰다.

조선에 출진한 다이묘들은 조선 팔도를 나누어 지배하기로 했다. 경기도에는 우키타 히데이에, 충청도는 후쿠시마 마사노리(福島正則: 1561~1624), 전라도는 고바야카와 다카카게(小早川隆景: 1533~1597), 경상도는 모리 데루모토(毛利輝元: 1553~1625), 황해도는 구로다 나가마사, 평안도는 고니시 유키나가, 강원도는 모리 요시나리, 함경도는 가토 기요마사를 각각 배치했다. 그

임진왜란관계지도(기타지마 만지(北島萬次)
『秀吉の朝鮮侵略と民衆』, 일부수정)

목적은 조선 전역을 명 정복의 발판으로 확실히 하여 조세=병량미를 징수하는 것과 부산에서 의주까지의 길을 확보하는 것에 있었다. 함경도에 들어온 가토 기요마사군은 7월, 회령(會寧)에서 2명의 조선왕자 임해군(臨海君: 1572~1609), 순화군(順和君: 1580~1607)을 붙잡았다. 그리고 두만강(豆滿江)을 건너 여진족과 싸웠다.

이때 히데요시는 자신의 조선도해를 계획하고 있었는데 도쿠가와 이에야스 등이 만류하여 연기했다. 그 대신 이시다 미쓰나리(石田三成: 1560~1600), 마시타 나가모리(增田長盛: 1545~1615), 오타니 요시쓰구(大谷吉繼: 1559~1600) 등이 조선 부교로서 도해하여 다이묘들을 지휘하게 되었다.

조선의 각지에 침입했던 다이묘들은 민중을 농경에 투입하여 병량미를 구하고 반항하는 자를 처벌하는 점령정책을 시행했다. 함경도의 경우 나베시마 나오시게가 조선민중을 인질로 삼고 이들과 교환하여 병량미를 징수하고 토지조사를 강행했다.

의병과 이순신

일본군의 침공에 대해 조선 민중은 양반층을 지도자로 의병을 조직하여 일어났다. 경상도에서는 곽재우(郭再祐: 1552~1617), 전라도에서는 고경명(高敬命: 1533~1593)과 김천일(金千鎰: 1537~1593), 충청도에서는 조헌(趙憲: 1544~1592)과 승려 영규(靈圭), 평안도에서는 이계(李桂), 함경도에서는 류응수(柳應秀: 1558~?)와 정문부(鄭文孚: 1565~1624)가 의병을 인솔하여 일본군과 싸웠다. 의병의 궐기는 조선 전역으로 확대되었고 일본군에 타격을 주었다.

한반도 남쪽의 해전에서는 이순신이 이끄는 조선수군이 일본 수군을 격파하고 일본의 보급로를 차단했다. 젊었을 때부터 유성룡(동인파)과 교우가 있어 그의 추천으로 가리포(加里浦) 수군 첨절제사(僉節制使)에서 전라좌도 수군절도사로 발탁되었다. 1592년 왜란이 시작되자 일본군과의 싸움에 기가 죽은 경상우도 수군절제사 원균(元均: 1540~1597)을 도와 옥포 해전, 한산도 해전 등에서 거북선을 이용하여 교묘한 전술을 써서 일본 수군을 격파했다. 이후 충청·전라·경상 삼도수군통제사가 되었다.

거북선은 화살과 적의 침입을 막기 위해 배의 윗부분에 두꺼운 판을 덮고, 거북이 모양을 하고 있다. 15세기 초 왜구 격퇴용으로 고안되었으나, 왜국 진정 후는 잊혀졌었다. 이순신은 접근전에 유리하다는 특성에 주목했고, 개량해서 해전에 사용하여 크게 승리를 거두었다. 이순신의 개량선은 길이 27~28미터, 폭 8~9미터로 거북선 갑판에 얇은 철판을 씌우고 쇠못을 고정하고, 한 쪽 면에 뾰족한 작은 칼을 심고 뱃머리에 용머리를 배 후미에 거북이 꼬리를 붙이고 그 그늘에 총구를 만들었다.

또한 책봉된 조선 국왕 선조의 요청에 따라 종주국인 명(만력제)이 보낸 구원군도 조선으로 들어왔다. 1593년 1월 제독(提督) 이여송(李如松: ?~1598)이 이끄는 명군은 평양전투에서 고니시 유키나가·소 요시토시의 일본군을 격파하고 한성으로 남하했다. 이에 대해 고바야카와 다카카게·다치바나 무네시게(立花宗茂: 1567~1643)는 한성의 북쪽에 있는 벽제관(碧蹄館)에서 명군을 격파했고, 이여송은 철퇴했다.

평양과 벽제관 싸움을 계기로 이시다 미쓰나리 등의 조선부교는 함경도의 가토 기요마사 등을 한성으로 철퇴시키기로 했다. 기요마사는 함경도 각지에서 농성하고 있는 가신을 구출하여 나베시마 나오시게 등과 함께 한성으로 후퇴했다. 벽제관 싸움에서 명군은 패했지만 일본군의 남하로 조선군은 활기를 띠었다. 1593년 2월 일본군이 한성에 결집하는 것을 보고 전라도 순찰사 권율(權慄: 1537~1599)이 이끄는 조선군은 한성의 서쪽에 있는 행주산성에 진을 치고 우키타 히데이에 등과 싸워 승리했다.

일명 강화교섭

1593년 3월, 명의 군무경략(軍務經略; 총지휘관, 문관) 송응창(宋應昌: 1536~1606)은 한성에 주둔하고 있는 일본군의 군량미 보급로를 끊는 작전을 펴고, 한성의 남쪽에 있는 용산창(龍山倉)을 불태웠다. 이로 인해 일본군은 2개월분의 병량미 대부분을 잃었다.

같은 해 4월, 명의 유격장군 심유경(沈惟敬)은 고니시 유키나가에게 '머지않아 40만 명의 명나라 병사가 출동하여 일본군의 앞뒤를 차단할 것이다. 지금 두 명의 조선 왕자를 돌려보내고 일본군이 한성을 철퇴한다면 명과 일본에서 강화 사절을 파견하게 될 것이다'라고 전했다. 유키나가는 그 제안을 받아들여 화의의 전제조건으로 삼았다.

조선 측은 일본군에게는 역대 국왕의 묘를 파헤치고, 또한 하늘을 기만한 천하에 없는 원수라며 강화에 반발했지만 송응창은 그 반발을 억눌렀다. 그리고 송응창은 부하인 사용재(謝用梓)와 서일관(徐一貫)을 명 황제가 보내는 사절로 꾸며 일본 진영에 보냈다. 일본군은 명에서 보낸 정식 사절로 생각하여 조선의 두 왕자와 저들을 데리고 한성을 떠나 부산을 향해 남쪽으로 내려갔다. 가짜 '명 사절'은 이시다 미쓰나리 등의 안내를 받아 같은 해 5월 히젠 나고야에 도착했다.

도쿠가와 이에야스(德川家康: 1543~1616)와 마에다 도시이에(前田利家:

1539~1599) 등은 '명나라 사자'를 환대하고 하카타 쇼후쿠지의 겐소와 난젠지(南禪寺)의 겐포 레이산(玄圃靈三: 1535~1608)이 화의의 절충을 담당했다. 그 절충에 따라 쇼코쿠지(相國寺)의 사이쇼 죠타이(西笑承兌: 1548~1608)가 강화조건의 초안을 정리했다. 같은 해 6월 히데요시는 강화조선 7개 조와 '대명 칙사에게 보고할 조목'을 '명사절'에게 보였다.

강화조건 7개 조항의 요점은 1) 명 황제의 딸을 일본의 천황의 비로 삼는다(제1조), 2) 일명무역=감합무역(勘合貿易)의 부활(제2조), 3) 조선의 영토에 대해서는 북쪽 4개의 도와 한성을 조선 국왕에게 돌려준다(제 4조), 라는 것이었다. 또한 '대명 칙사에 대해 보고할 조목'은 1)일본은 신국으로 히데요시는 '태양의 자녀'이며 히데요시의 천하통일은 하늘의 명령이다. 2) 히데요시는 해적 단속령(1588년)에 의해 해로를 평온하게 했는데 명이 감사의 인사를 하지 않은 것은 일본을 작은 나라라고 업신여기는 것으로 그 때문에 명을 정복하려고 병사를 일으켰다. 3) 조선은 일본과 명과의 회담을 알선한다고 하면서 그것을 실행에 옮기지 않아 일본은 그 위반을 그냥 바로 잡기 위해 조선에 병사를 보냈는데 조선이 저항하여 전쟁이 되었다. 4) 명은 조선에 갑자기 닥친 어려운 일을 돕기 위해 이익을 잃었는데 그 책임은 조선에 있다는 것이었다. '명사절' 사용재 등은 이 조건을 듣고 나고야를 출발했다.

왜성(倭城)의 배치(기타지마 만지北島萬次 『秀吉の朝鮮侵略と民衆』)

한편, 조선에서는 심유경

과 고니시 유키나가가 유키나가의 가신 나이토 조안(內藤如安: 1550~1626)을 가짜 강화사절로 꾸미고 히데요시의 '항표(降表)'(표는 황제에게 올리는 문서)를 지참시켜 명 황제에게 파견했다.

그 사이 히데요시는 조선 남쪽 네 개의 도 할양을 기정사실화하고 일본군의 사기를 높이기 위해 경상도 진주성(晉州城)을 총공격하도록 명령했다. 1593년 6월 일본군은 진주성을 포위하고 9일간에 걸쳐 공방전을 벌인 결과 함락시켰다.

강화교섭의 결렬

강화교섭의 장기화와 함께 일본군은 조선 남해안에 쌓은 왜성에서 주둔하고 있었다. 서생포성(西生浦城)에 가토 기요마사, 임랑포성(林浪浦城)에 모리 요시나리(毛利吉成: ?~1611) 등, 기장성(機張城)에 구로다 나가마사(黑田長政: 1568~1623), 부산성에 모리 히데모토(毛利秀元: 1579~1650), 동래성에 모리 히데모토 등, 가덕도성(加德島城)에 모리 히데모토 등, 죽도성(竹島城)101)에 나베시마 나오시게, 웅천성(熊川城)에 고니시 유키나가, 안골포성(安骨浦城)에 구키 요시타카(九鬼嘉隆: 1542~1600) 등, 거제도성(巨濟島城)에 시마즈 요시히로(島津義弘: 1535~1619) 등이 주둔했다.

1594년 4월, 조선에 출정해 있던 명나라 총병 유정(劉綎: 1558~1619)과 조선의 도원수(都元帥) 권율은 의병 병장이었던 송운대사(松雲大使) 유정(惟政: 1544~1610)을 가토 기요마사에게 파견했다. 그 목적은 왜성의 상태를 살피고, 사이가 좋지 않다는 소문이 있는 기요마사와 고니시 유키나가를 등지게 하는 것, 히데요시의 강화조건 내용을 확인하는 것이었다. 기요마사 측의 혼묘지(本妙寺, 구마모토시熊本市) 승려 니쓰신(日眞: 1565~1626)을 통해 유정은 기요마사와 세 차례 회담을 하였다. 4월 회담에서 기요마사로

---

101) 김해 죽도성으로 부산광역시 강서구 죽림동에 쌓은 왜성이다.

서생포(西生浦)왜성

부터 히데요시의 강화조건을 알아내었고, 같은 해 7월 회담에서는 유키나가가 명과 절충하고 있는 화의조건이 히데요시의 요구사항과 다른 봉공(封貢) 요구라는 것을 전했다. 이 회담을 눈치챈 유키나가는 조선의 경상우병사인 김응서(金應瑞: ?~1624)에게 기요마사가 말한 명 황제의 공주를 시집보내는 것과 조선 남쪽 네 개의 도를 할양하는 등의 조건은 기요마사가 독단적으로 제안한 것이라고 변명하고 있다.

그즈음 일본군에서 조선 측에 투항하는 장졸과 잡역부 등이 속출하고 있었다. 조선 측은 그들을 항왜(降倭)라고 부르며 처음에는 묻지도 않고 죽이는 일이 많았지만 머지않아 일본군을 동요시키는 데 효과가 있을 것이고, 철포 등의 군사기술을 획득할 수 있다는 이유에서 적극적으로 투항을 부추기는 방침으로 바꾸었다. 항왜의 속출은 오랫동안 주둔하여 피폐해진 일본군의 진에서 철병·귀국을 희망하는 분위기가 만연해 있었던 것을 보여준다. 조선은 항왜를 이용하여 가토 기요마사를 암살할 계획을 세웠다. 성공하지는 못했지만 조선에서는 강화를 둘러싸고 여러 가지 획책이 행해지고 있었던 것을 짐작케 한다. 나이토 조안의 행동에 주목해 보면 1594년 12월, 북경에 도착하여 만력제를 알현했다. 명나라 병부상서 석성(石星) 등은 (1) 부산 주변에 주둔한 일본군은 쓰시마에 머무르지 말고 귀국할 것, (2) 히데요시는 책봉 외에 공시(貢市, 조공에 의한 무역)를 요구하지 않는다, (3) 일본은 조선과 화해하고 또한 명의 속국이 될 것이라는 세 가지를 화의조건으로 조안에게 제시하고, 조안은 승낙했다. 만력제는 히데요시를 '일본국왕'으로 책봉하는 고명(誥命), 관복, '일본국왕'이라고 새겨진 금인(金印)을 만들어 책봉 정사(正使)에 이종성(李宗城), 부사에 양방향(楊方亨)을 임명했다.

1595년 1월, 책봉사 일행은 북경을 출발하여, 4월에는 의주, 이어서 한성에 도착했다. 일본군을 철퇴시키기 위해 양방향은 10월에 부산으로 들어가 고니시 유키나가·게이테쓰 겐소와 회담하고 철병을 요청했다. 11월, 이종성이 부산으로 들어갔지만 철병은 조금도 진행되지 않았다.

1596년 4월, 이종성은 소 요시토시에게 히데요시에게 별도의 화의조건이 있다고 들었고, 또한 히데요시는 명의 책봉을 받을 의지가 없으며, 책봉사가 일본으로 오면 구속될 것이라는 소문을 들었다. 두려움을 느낀 이종성은 도망가 버렸다. 5월, 만력제는 양방향을 책봉정사, 심유경을 부사로 삼아 일본 측과의 교섭을 담당하게 했다. 심유경은 이미 같은 해 정월에 고니시 유키나가와 함께 일본으로 건너가 있었다.

같은 해 6월, 양방향은 쓰시마로 건너갔고, 그 후 사카이(堺)에 도착했다. 쓰시마의 야나가와 시게오키에게 독촉을 받아 조선 조정은 책봉사와 동행하는 통신사 황신(黃愼: 1560~1617)을 파견했다.

고니시 유키나가에게 조선통신사가 일본으로 건너간다는 보고를 받은 히데요시는 기뻐하며 책봉사와 함께 만나기로 했다. 그러나 그 후 인질로 조선왕자가 일본으로 오지 않았다는 이유 등을 들어 통신사와의 회견을 허락하지 않았다.

9월, 히데요시는 오사카성에서 양방향·심유경 일행을 인견했다. 그들은

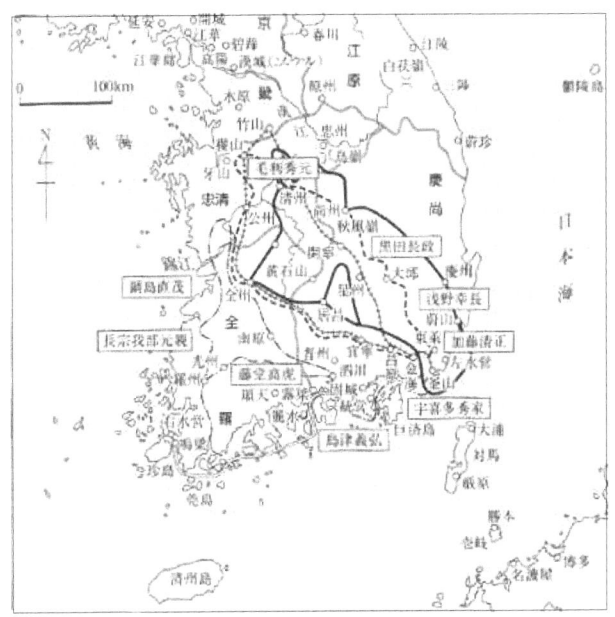

정유왜란 관계지도
(기타지마 만지(北島萬次) 『秀吉の朝鮮侵略と民衆』, 일부 수정)

만력제의 고명·금인·관복을 주려 했지만, 히데요시는 책봉을 받을 의사를 보이지 않았다. 그리고 다음날 향응 자리에서 심유경 등이 일본군을 조선에서 완전히 철수시킬 것을 요청한 것에 대해 히데요시가 반발하여 강화교섭은 결렬되었다.

정유재란

1597년(慶長 2) 2월, 히데요시는 조선남부 네 개의 도를 뺏는 것을 목적으로 다시 14만의 군사를 조선에 파견했다. 당초의 목표는 전라도를 손에 넣는 것으로 세웠다.

같은 해 1월 초순 가토 기요마사가 이끌던 병선은 쓰시마에서 정박하고 있었다. 이것을 안 고니시 유키나가는 통역관 요시라(要時羅: ?~1598)를 경상우병사 김응서에게 파견하여 화의 교섭의 파정 이유는 기요마사가 전쟁을 주장했기 때문이라고 하며 상륙전에 조선 수군이 기요마사를 습격할 것을 제안했다. 김응서는 국왕 선조에게 보고했다. 선조는 한산도에 진을 치고 있는 이순신에게 황신을 파견하여 이 작전의 실행을 명령했다. 이순신은 일본군이 제 마음대로 '이랬다 저랬다 하며 속인다(變詐)'고 하며 이 작전을 쓰면 함정에 빠질 것이라고 하면서 명령 수행을 거절했다. 기요마사는 경상도 다대포에 상륙한 후 서생포의 왜성으로 들어갔다.

이때 조선에서는 수군 장수로서 이순신과 원균 둘 가운데 누가 더 유능한지 논의가 있었다. 그 배경에는 이순신을 지지하는 동인파와 원균을 지지하는 서인파의 대립이 있었다. 이순신은 왕명을 무시한 죄로 삼도수군통제사 지위를 박탈당하고 같은 해 3월에 투옥되었다. 7월, 도도 다카토라(藤堂高虎: 1556~1630)·가토 요시아키(加藤嘉明: 1563~1631)·와키자카 야스하루(脇坂安治: 1554~1626) 등의 수군은 원균이 이끄는 경상도 거제도 수군을 이겼고, 원균은 가덕도에서 사망했다. 이후 이순신이 다시 삼도수군통제사가 되어 수군을 정비하여 명군과 힘을 합쳐 일본군과 싸웠다.

8월, 경상도 황석산성(黃石山城) 싸움에서는 가토 기요마사 등의 일본군이 성을 함락시켰다. 같은 달 전라도 남원성 전투에서는 우키타 히데이에·시마즈 요시히로 등의 일본군은 성을 함락시켰고, 명나라 부총병 양원(楊元: ?~1598)은 도주했다.

남원성 전투 때부터 조선인의 코를 베는 것이 횡행했다. 히데요시는 남녀노소, 승려 모두를 노리도록 지시했다. 히데요시가 파견한 군 감찰직책의 메쓰케(目付)가 여러 다이묘들로부터 코를 취합하여 '코 장부'를 발급했다. 또한 다이묘가 가신에게 전공의 증거로서 코를 베도록 했다. 가토 기요마사는 가신 한 사람 당 코 세 개를 할당했다. 베어 온 코는 소금에 절여 석회를 발라 항아리와 통에 담아 히데요시에게 보냈다. 히데요시는 교토 히가시야마(東山)의 호코지(方廣寺) 가까이에 코 무덤(鼻塚)을 만들어 이것을 묻었다. 같은 해 9월, 히데요시는 세이쇼 쇼타이에게 주관시켜 '대명·조선의 싸우다 죽은 사람들'에게 공양했다.

같은 해 9월, 충청도 직산(稷山) 싸움에서는 모리 히데모토와 구로다 나가마사 등이 명의 부총병 해생(解生) 등과 싸웠으나 결론이 나지 않고 양군 모두 철수했다.

같은 달 이순신은 13척의 병선을 가지고 133척의 병선을 가진 도도 다카토라·와키자카 가토 요시아키라·야스하루 등의 수군을 전라도 진도의 명량해협에서 격파했다. 이순신은 명량해협 서쪽에 어선을 병선으로 위장하여 포진하고 동쪽에서 공격해 오는 일본군을 유인했다. 해전 당초는 조류가 동쪽에서 서쪽으로 흘렀으나 도중에 서쪽에서 동쪽으로 바뀌어 조류를 타고 이순신의 수군은 일본군을 격파했다.

같은 해 11월 가토 기요마사·아사노 요시나가(淺野幸長: 1576~1613) 등은 경상도 울산에서 새로운 성 수축에 관여했다. 명·조선군은 12월, 울산성으로 진격해 와 울산성의 수로를 차단했다. 이 때문에 울산성의 일본군은 병량도 물도 떨어져 가는 중에 농성하지 않을 수 없었다. 일본군은 굶주림과 추위로 어려웠고, 성 안에서는 우물이 없어서 빗물로 견뎠다. 1598년 1월, 모리 히데모토 등이 울산을 포위하여 명·조선군을 뒤에서 공격하여 겨우 농성이 끝났다.

1598년 10월, 명 제독 동일원(董一元: 생몰년 미상)이 이끄는 명·조선군은 시마즈씨가 축성한 경상도 사천성을 공격했다. 울산의 경우와 달리 성 축성이 끝나 시마즈씨의 철포부대는 명·조선군을 격파했다. 시마즈씨 측 사료에 의하면 명·조선 38,000여 명의 머리를 베었다고 한다.

같은 해 10월 명의 서로군(西路軍) 제독 유정이 이끄는 명·조선군은 고니시 유키나가가 수축한 전라도의 순천성을 공격했지만 실패했다. 이어서 명의 수군도독 진린(陳璘: 1543~1607)과 이순신의 조선수군이 순천성 협공을 도모했지만 유키나가에게 뇌물을 받은 유정이 협공하지 않아 이것도 실패했다.

조선에서 격한 전투가 계속되고 있는 중에 1598년 8월, 도요토미 히데요시가 죽었다. 이것을 계기로 일본군은 조선에서 철퇴하기 시작했는데, 조선수군과 명군은 일본군의 추격작전을 도모하여 같은 해 11월 순천에서 철퇴하는 고니시 유키나가 등의 퇴로를 차단했다. 이 때문에 시마즈씨는 경상도 노량진에서 진린과 이순신이 이끄는 명·조선의 수군을 유인해서 싸웠다. 이순신은 시마즈 군과 싸웠지만 총탄을 맞아 전사했다. 이 사이 유키나가 등은 순천에서 도망갔다. 조선에서 이순신은 조국을 구한 영웅으로 기려져 선무(宣武)공신 제 1등 반열에 추가되었다.

항왜

두 번에 걸친 왜란 중에 조선 측에 투항한 일본인이 많이 있었다. 이들 왜인은 앞에서 서술한 대로 항왜(또는 향화왜向化倭, 순왜順倭 등)로 불리며, 조선군에 내응하여 행동했다.

1593년 이후 이와 같은 항왜가 속출했기 때문에 조선은 그에 대한 조치를 강구하게 되었다. 언어·습속이 통하는 자는 통역과 외교절충을 담당하게 하고, 무술이 뛰어난 자는 조선병사에게 검술과 철포 교육을 담당시키고, 병기를 만드는 기술을 가지고 있는 자는 조총(화승총)과 화약 제조에 종사시켰다. 또한 날쌘 자를 뽑아 투순군(投順軍)이라고 이름붙인 부대를 편제하여 북쪽 국경지대의 경비 등을 담당하게 했다. 공적이 현

명량(鳴梁)해협

저한 자에 대해서는 물자와 은을 주거나 또는 관직을 주고 성명을 주고 대우했다. 조선 측은 그들을 조선 영내 각지의 관아 아래에 분치하는 방침을 취하고 있고 일부를 서울로 연행했다.

널리 알려져 있는 항왜로 사야가(沙也可: 1571(?)~1642)가 있다. 이 이름은 조선 측 사료에 보이는 것으로 일본 이름은 특정할 수 없지만 히고(肥後)의 토호로, 가토 기요마사가 히고로 간 후 그 가신단에 들어간 자로 생각된다. 그는 조선에 투항하여 김충선(金忠善)이 되었다. 18세기 말 김충선의 자손이 그의 연보와 기록을 『모하당(慕夏堂)문집』으로 모으고 있다. 그것에 의하면 1592년 4월, 기요마사의 선봉장으로서 조선침략에 종군했지만 조선의 예의 풍속을 보고 중화 문물이 성한 것을 사모하여 그 부하들을 데리고 조선 측에 투항했다. 임진왜란때 공적을 세웠기 때문에 조선 국왕이 관직과 김해 김씨 성을 내려주고 모하당이라는 호를 주었다.

항왜가 조선군으로 종사하고 있는 모습을 이순신의 『난중일기(亂中日記)』에서 볼 수 있다. 그에 따르면 난에몬(亂汝文, 南右衛門)이라는 항왜가 이순신의 측근으로 빈번하게 등장하고 있다. 그는 도요토미 히데요시의 사망 정보(오보)를 듣고 크게 기뻐하고 있다. 화재를 일으킨 왜인 3명과 항왜 사고여음(沙古汝音, 사쿠에몬作右衛門)을 베도록 이순신이 명령했다. 연은기(戀隱己)·사이여문(沙耳汝文) 등은 난우에몬(南右衛門)과 적대하여 습격하려고 했기 때문에 거꾸로 난우에몬에게 베였다. 또한 야여문(也汝文, 야우에몬彌右衛門)이라는 항왜는 신시노(信是老, 신지로信次郎)를 죽이는 것을 이순신에게 허락받고 있다. 또한 항왜 들에게서는 여러 가지 유희를 즐기려는 일면도 볼 수 있다. 이처럼 항왜는 결코 단결력이 좋지 않았고, 동료 항왜를 적대하고 죽이는 경우도 있었다. 이순신은 저들의 이러한 대립을 이용하면서 군의 통제를 강화했던 것이다.

6. 중세 한일관계에서 근세 한일관계로

1) 조일 국교회복

조일 강화교섭

조선출병과 함께 쓰시마의 피폐는 심각했다. 노동력이 부족하고 스스로 백성 신분을 유지할 수 없는 '고용'백성(예속민)과 도산하는 자도 생겼다. 무엇보다도 심한 타격은 조선과의 무역이 단절된 것으로, 장기화 된다면 쓰시마의 경제는 성립할 수 없게 되는 것을 의미했다.

그래서 쓰시마도주 소 요시토시는 '대륙침략'이 끝난 1598년(慶長 3) 말부터 부산에 사자를 파견하기 시작했다. 1599년 6월에 파견한 사자는 야나가와 시게노부의 서계를 가지고 왔다. 그러나 교섭은 실패로 끝났다.

1600년 2월에 파견된 사자는 강화가 도쿠가와 이에야스의 의사에 의한 것이라고 하면서 피로인(被擄人) 약 200명을 송환했다. 소 요시토시와 가신 야나가와 시게노부·데라사와 마사나리(寺澤正成)·고니시 유키나가가 연명(連名)으로 문서를 보냈다.

1601년 소 요시토시는 다치바나 도모마사(橘智正, 이데미로쿠자에몬井手彌六左衞門)를 파견하고 겨우 조선으로부터 회답을 얻었다. 소 요시토시는 조선의 예조 앞으로 외교문서(서계)를 보내고 도쿠가와 이에야스의 의향이라는 것을 강조했다. 그 후에도 세 차례에 걸쳐 소 요시토시는 다치바나 도모마사를 사자로 조선에 파견하여 국교회복 교섭을 계속했다.

1604년 조선 조정은 일본 사정을 탐색하기 위한 '탐적사(探賊使)'로 송운대사 유정과 수행원 손문욱(孫文彧) 등을 일본에 파견했다. 유정과 손문욱은 이후의 무역을 허락한다는 '개유서(開諭書)'를 휴대하고 같은 해 8월 쓰시마에 도착했다. 소씨에게는 무역 재개의 실마리가 보였다. 그 후 유정과 손문욱은 소 요시토시와 게이테쓰 겐소와 함께 같은 해 12월에 상경하여 이듬해 3월 교토 후시미성(伏見城)에서 도쿠가와 이에야스를 만났다. 이에야스는 혼다 마사노부(本多正信: 1538~1616)와 세이쇼 죠타이를 통해 조선에 대한 원망이 없으며, 국교회복의 의사가 있다는 것을 전했다. 또한 유정은 막부와 교섭하여 1,390명 전후의 피로인 송환을 실현시켰다.

1606년 조선 조정(국왕은 선조)은 소 요시토시를 통해 에도 막부에 강화 조건을 제시했다. 그 조건은 첫째, 도쿠가와 이에야스 쪽에서 먼저 일본국왕으로서 조선에 국서를 보낼 것, 둘째, 먼저 이전 침략 때 한성부 안에 있는 왕릉을 파헤친 범인을 체포하여 조선에 보낼 것 등 두 가지였다. 그 가운데 첫 번째 조건은 당시의 외교 관행에 있어서 일본 측이 항복하는 것을 의미했다. 조선 측은 전계신(全繼信: 1562~1614)을 쓰시마에 파견하여 두 가지 조건을 독촉함과 동시에 이에야스의 태도를 살폈다. 그때 다치바나 도모마사는 전계신에게 '이에야스의 문서 사본'을 보여주었다. 전계신은 내용이 불손하고 왕릉을 범한 범인을 체포하여 보낸다는 말이 없다는 것을 이유로 문서 내용을 고쳐줄 것을 강하게 요구했다.

그래서 소 요시토시와 가로 야나가와 시게노부는 다치바나 도모마사를 조선에 파견하여 도쿠가와 이에야스의 국서를 보내고, 또 왕릉을 파헤친 범인으로 쓰시마의 죄인 두 명을 지목하여 조선에 보냈다. 선조는 왕릉을 파헤친 두 명의 나이가 너무 어렸기 때문에 진범이 아니라고 하고, 또한 이에야스 국서에 명의 연호, '일본국왕' 호칭, '일본국왕' 도장이 사용된 것에 의문을 보였다. 또한 전계신은 귀국 후 소 요시토시와 야나가와 가게나오(柳川景直)가 이에야스국서를 개찬했다고 보고하고 있다.

이 이에야스 국서에 대해서는 쓰시마가 국교회복을 서두르면서 조선 측에 받아들여지기 쉽도록 고쳐서 위조했다는 학설(나카무라 히데다카, 다나카 다케오, 요네타니 히토시米谷 均)와 이에야스 국서는 이에야스 자신의 의사에 따라 발급되었다고 하는 학설(쓰시마 측이 마지막에 개찬했다고 하는 설을 포함, 다카하시 기미아키高橋公明, 가미야 노부유키紙屋敦之, 민덕

기뎡덕기(紀閔德基) 등이 있다. 위에서 본 조선 측의 대응과 슨푸(駿府)에 있는 이에야스와의 왕복 일수와, 조선 국서의 개찬(칼럼 참조)을 고려하면 소씨 등에 의한 위작으로 보는 것이 타당할 것이다(나카오히로시[仲尾宏], 2007).

회답겸쇄환사(回答兼刷還使)의 파견

선조는 일본 측의 대응에 불신감을 가지면서도 북방의 여진(후금)에 대치하지 않으면 안 되는 사정을 감안하여 일본과 국교를 회복하기로 결단을 내렸다. 1606년 9월 선조는 일본에 사자를 파견하기로 결정했다. 사절의 명칭은 일본에서 온 국서에 회답한다는 '회답사', 피로인의 쇄환(송환)을 요구한다는 뜻에서 '쇄환사'로 선정되었다.

1607년(경장 12) 회답겸쇄환사 여우길(呂祐吉: 1567~1632) 등 일행 총 504명이 일본에 파견되었다. 임진왜란 후 최초의 조선사절단 파견이었다. 사절의 목적은 국교회복을 위한 일본 측의 요청에 대한 회답과 피로인의 송환을 요구하는 것이었다. 그리고 군악대를 포함하여 예의를 다한 사절단이고, 또한 각계의 일본인과의 교류를 예상하여 통사(通事: 통역)만이 아니라 학관(學官)·사자관(寫字官)·화원(畫員) 등도 일행에 더하여 조선의 문화를 드러내고 문화교류의 결실을 맺는 것을 계획했다. 또한 여진에 대항하기 위해 일본에서 조총 등의 무기를 구입하는 것도 계획하는 한편 일본인과의 밀무역·밀통은 엄하게 금지되었다.

일행은 부산을 출항하여 쓰시마로 건너가, 쓰시마번주 소씨의 거처가 있는 후츄(府中: 이즈하라 嚴原)에서 접대를 받은 후 오사카·교토 등을 거쳐 에도에 도착했다. 에도성에서 쇼군 도쿠가와 히데타다(德川秀忠: 1579~1632)를 상대로 국서 전달식이 거행되었다. 칼럼에서 서술한 대로 이 국서는 소 요시토시 등이 개찬한 것이었다. 그 후 히데타다의 답서가 사절에게 건네졌는데 거기에는 '미나모토노 히데타다(源秀忠)'라고만 되어 있고 '일본국왕' 인장도 없고(히데타다는 명황제로부터 책봉받지 않았다) 연호는 그해의 간지를 쓰고, 그 뒤에는 '그 해'를 의미하는 '용집(龍集)'으로 명 연호를 사용하지 않았다. 에도 막부는 무로마치 막부가 조선 국왕 앞으로 보냈던 국서 양식을 답습하고 있었던 것을 알 수 있다.

사절 일행은 도쿠가와 이에야스의 의향에 따라 가마쿠라를 유람한 후 슨푸 근처 아키쓰(興津: 시즈오카시 기요미즈구靜岡市淸水區)의 세켄지(淸見寺)로 들어가 슨푸성에서 이에야스를 만났다.

또한 피로인 조사와 송환에 대해서는 에도의 로주가 조선의 예조(외교담당) 앞으로 보내는 문서에 송환 노력을 약속하는 뜻을 써넣었다. 쓰시마에서 에도까지 왕복하는 동안 피로인이 사절의 숙박소로 오면 그때마다 사절과 동행하여 귀국할 것을 권했다. 그러나 일본의 주인이 귀국을 허락하지 않거나 이미 결혼을 했거나 하는 등 쉽게 설득할 수 없었다. 기나이 각지 외에 아카마가세키(赤間關: 야마구치현 시모노세키시山口縣 下關市)에서 100여 명, 지쿠젠 아이시마(筑前 藍島)에서 하카타(博多)에서 온 100여 명, 히젠 나고야에서 140명, 이키와 쓰시마에서 각지에서 모여든 사람들도 더하여 모두 약 1,300명의 피로인을 조선으로 송환했다.

여진 대책을 위해 조총 등의 무기도 구입하고, 교토에서 장검 100자루, 오사카 체류 중에 사카이(堺)의 상인으로부터 조총 500자루를 구입했다.

피로인의 송환

피로인은 도요토미 히데요시에 의한 '대륙침략'의 과정에서 다이묘와 인신매매 상인들에 의해 잡혀 매매되었던 사람들이다. 일본에서 강제로 농사를 짓게 된 사람들을 비롯하여 다양한 사람들이 있었다. 시종·다도를 맡아보는 사람·하인·요리사와 여성을 시중드는 시녀·내시, 도공·인쇄공 등의 직인, 약방·차를 파는 가게의 상인 등이 있었다. 도시에 구류된 사람들은 주인에게 구속되면서도 어느 정도 자유로운 활동이 허락되었다.

또한 이름 높은 주자학자인 강항(姜沆: 1567~1618)과 같은 지식인도 포함되어 있었다. 그는 유학자 이퇴계 학풍을 이어받았다. 남원성으로 운반되는 병량미를 감독하고 있었을 때 도도 다카토라의 병사에게 붙잡혀 이요국(伊予國) 오쓰(大津)로 연행되었다. 그 후 후시미로 옮겨져 후지와라 세이카(藤原惺窩: 1561~1619)와 만났다. 세이카는 그에게 실천적인 조선 주자학을 배우고 근세 주자학의 기초를 구축했다.

회답겸쇄환사는 제 2차가 1617년(元和 3), 제 3차가 1624년(寬永 元)에 일본에 파견되었다. 그러나 피로인의 송환은 생각처럼 진행되지 않았다. 제 2차 때 321명, 제 3차 때 146명을 송환하는데 그쳤다. 그 후에도 1636년에 2명, 1643년에는 14명이 귀국하는데 그쳤고, 그 이후는 귀국한 예를 볼 수 없다. 나이토 슌포(內藤雋輔)는 모두 약 7,500명의 피로인이 송환되었다고 추측했고(나이토 슌포, 1976), 요네타니 히토시(米谷 均)는 6,323명으로 보았다(요네타니 히토시, 정두희·이경순 엮음, '조선침략 후 피로인의 본국송환에 대해서'『임진왜란 동아시아 삼국전쟁』, 2008).

피로인이 본국으로 귀환하는 경위는 ① 피로인의 자력귀환, ② 쓰시마 소씨 등을 매개로 한 송환, ③ 지금까지 서술했던 조선사절(회답겸쇄환사와 통신사)이 일본에 왔을 때 송환되는 세 가지로 크게 구분된다. 조선 사절이 피로인을 불러 모으는 경우는 사절의 분견대(分遣隊)와 동행하거나 또는 여러 다이묘와 교섭하는 등 쓰시마번이 담당했던 역할은 컸다. 한편, 여러 다이묘에게 피로인의 본국 귀환은 영민 확보라는 점에서 이익이 되지 않아, 대부분 소극적이었다. 또한 귀국을 거절한 피로인도 있었다. 이미 가족을 갖게 되는 등 어느 정도 일본 사회에 적응했기 때문일 것이다. 또한 포르투칼인 등에 의해 동남아시아 등에 팔려 간 피로인도 많았다.

귀국하지 못한 피로 조선인은 대개 일본사회에 동화되어 갔다. 아리타야키(有田燒)·사쓰마야키(薩摩燒)·다카토리야키(高取燒)·아가노야키(上野燒) 등을 창시한 도공이 대표적이라고 할 수 있다. 사쓰마 나에가시로가와(苗代川)의 도공들처럼 사쓰마번의 정책에 의해 격리·집주되어 번의 보호를 받으면서도 조선의 습속을 지켜가는 경우도 있었지만 그것은 어디까지나 특별한 경우였다.

피로인 전체로 보면 약간이지만 무사 신분에 흡수된 피로 조선인도 존재했다. 그들은 의학·유학·한학 등의 소양, 즉 학문적 소양을 인정받아 사무라이로 흡수되었다. 예를 들면 가가번(加賀藩)에서는 와키타 나오카타큐베(脇田直賢九兵衛, 김여철金如鐵)과 스가노가에몬(菅野加右衛門) 등 11개 집안이 있고, 그 가운데 '정규 무사' 신분이라고 할 수 있는 건 3개 집안이다. 2대 이후는 대개 조선인의 계보를 잇기 때문에 차별받은 흔적은 없다.

기유약조

조선 조정과 쓰시마도주 소 요시토시 사이에서는 1609년(慶長 14) 5월, 기유약조(己酉約條)가 체결되었다(쓰루다 케鶴田 啓, 2006).

조문은 11개 항목(13개라고 하는 사료와 12개였다고 하는 설도 있다)으로 되어 있다. 부산 왜관에서 접대받는 일본의 사자는 일본국왕(쇼군)의 사신, 쓰시마도주의 특송(세견선 이외에 파견하는 사절), 쓰시마의 수직인(受職人) 3명으로 한정했다(제 1조). 이 가운데 특송선은 임신(壬申)·정미(丁未) 두 약조와 마찬가지로 세견선에 포함되었고, 도주 세견선은 특송선 3척을 포함하여 20척이 되었고, 그 내역은 큰 배가 6척, 중간 배·작은 배가 각각 7척이었다(제 3조). 쓰시마도주에게 주는 세사미(歲賜米)와 대두는 모두 100석으로 한다(제 4조). 수직인은 전쟁 중과 후의 수직인에 한한다(제 5조). 배의 대중소 길이와 승선 숫자를 한정했다(제 6조). 모든 도항선에 도주의 문인(文引:도항증명서)을 받게 했다(제 7조). 쓰시마도주에 대해서는 전례에 따라 도서를 만들어 주고, 어떠한 도장인지는 종이에 찍어서 예조와 교서관(인쇄·간행·도장 등을 관리하는 관청)에 보관하도록 했다. 그리고 부산포에서 서계(외교문서)가 올 때마다 그 도장의 진위를 검사하고 규정에 위반되는 배는 돌아가도록 했다(제 8조). 그리고 입항이 인정된 것은 부산포 한 곳이었다(제 8·9조).

이와같이 중세 이래 쓰시마도주 소씨의 특권은 인정되고 일본 측의 통교자는 쓰시마번이라는 단일 주체가 되었다. 한편 세견선이 30척에서 20척으로 줄었기 때문에 후에 갖가지 명목을 내세워 실질적으로는 선박수를 늘리려고 했다. 그리고 도서에 대해서는 종래와 같이 타인 명의의 도서를 사용할 수 없고, 위사를 파견할 수 없게 되었다. 그러나 조선 국왕과 도쿠가와 쇼군의 국서 위조와 개찬은 계속되었다.

또한 일본에서 조선에 파견된 사절에는 1629년(寬永 6) 일본국왕사의 정사로서 조선에 파견된 기하쿠 겐포(規伯玄方)가 조선의 수도인 한성까지 상경했다. 이 경우 외에 사절은 부산에 머무르는 것이 통례였다.

2) 근세 한일관계로의 전환

야나가와 사건(柳川一件)

이러한 쓰시마번의 모든 국서 개찬이 결국 발각되었다(야나가와 잇켄, 야나가와 사건, 다시로 가즈이田代和生, 1983).

사건의 발단은 쓰시마 소씨와 중신 야나가와씨와의 오이에(御家)소동[102]이었다. 야나가와씨는 센고쿠(戰國)시대 말기 야나가와 시게노부때 급속히 대두하여 가신단의 필두까지 되었다. 도쿠가와 이에야스는 소씨와 조일관계의 통제를 위해 시게노부의 손자 시게오키를 인질로 삼아 슨푸에 두었다. 시게오키는 도쿠가와 이에야스·히데타다 막각에 인맥도 가지고 있고, 에도 막부·조선 조정 양쪽에 실력을 인정받았고, 쓰시마번 안에서는 돌출된 존재였다. 소 요시토시 사후 쓰시마 내부는 소 요시나리와 야나가와 시게오키

---

102) 오이에소동은 에도 시대에 다이묘가(大名家)에서 일어난 내분을 말한다.

두 사람이 함께 다스리는 정치가 이루어졌다.

1633년(寬永 10) 야나가와 시게오키는 소케(宗家)를 떠나 막부의 지키산 하타모토(直參旗本)가 되려고 했고, 그것을 저지하려는 소 요시나리 양쪽 모두 막부에 소송을 제기했다. 그 과정에서 국서 위조와 개찬 사실이 드러나게 되었다. 그러나 폭로된 것은 야나가와씨의 관계자가 관여하지 않은 1621년(元和 7)과 1629년(寬永 6)의 두 차례뿐이었다.

이 논쟁은 1635년 에도 성에서 쇼군 도쿠가와 이에미쓰의 친재에 의해 야나가와 시게오키의 유죄, 소 요시나리의 무죄가 확정되었다. 인감과 국서 위조 실행범이었던 소씨 집안의 사무 관료인 시마카와 다쿠미(島川內匠)와 야나가와 집안의 중신인 마쓰오 도모야스(松尾智保)는 처형되었다. 야나가와 시게오키는 히라사키번(弘前藩)으로, 야나가와씨의 외교승 겐코(玄昊)는 아키타번(秋田藩)으로, 소 요시나리의 종형제인 소 도시마사(宗智順)는 신조번(新庄藩)으로, 소씨의 외교승인 기하쿠 겐포는 모리오카번(盛岡藩)으로 각각 유배되었다. 쌍방의 처벌자는 같은 숫자였다.

1630년대는 막부의 대외정책('쇄국')이 차차 실시되던 시기이다. 1639년에 포르투칼선의 내항이 금지되고, 교류 상대국은 중국(명)·네덜란드·조선·류큐, 그리고 에조치(蝦夷地)의 아이누로 한정되었다. 그러한 속에서 중세 이래 조선 조정과 독자적인 관계를 계속해 왔던 쓰시마의 소씨가 없어서는 조선 조정과의 외교·무역은 성립할 수 없었다는 것이 막부의 판단이었다고 생각되며 그것이 소 요시나리가 승리한 이유였다.

이테안(이정암 以酊菴) 윤번제(輪番制)와 소씨의 가역(家役)

야나가와 사건 후 에도 막부가 조선외교에 직접 개입하게 되었다. 국서 등의 외교문서 취급은 교토 고산(五山)의 승려가 교대로 쓰시마에 파견되어 이테안에서 담당하는 이테안 윤번제가 시작되었다. 이렇게 해서 중세 이래의 위사파견 체제는 종언을 맞이했다.

1636년(寬永 13) 소 요시나리는 막부로부터 통신사를 오게 하라는 명령을 받고, 조선관계를 담당하는 다이묘로서의 위치(막부에 대한 가역)가 재확인되었다. 그리고 소씨는 번정개혁을 추진하여 집안에 분배되어 있었던 조선으로의 사절 선박 파견 권리를 소씨에게 되돌려주게 하고 다시 녹봉의 형태로 지급하는 제도로 전환했다. 이것은 소씨가 근세 다이묘로 탈피해갔던 것을 보여주며 그것과 함께 조일관계도 근세 고유의 것으로 변해갔다.

[칼럼]
위조된 국서
세키 슈이치

'위정이덕(爲政以德)'이라 새긴 나무도장(木印)(규슈국립박물관 소장)

본문에서도 서술한 것처럼 15세기 이후 쓰시마의 소씨는 조선에 빈번하게 위사를 파견하고 조선통교에 의해 많은 권익을 얻고 있었다. 위사의 파견을 위해 사절에게 지참하게 했던 조선으로 보내는 문서(조선에서는 서계라고 했다)의 위조 혹은 개찬을 계속했다.

그것을 가능하게 했던 것은 서계에 찍는 도서 등의 도장을 소씨가 가지고 있었기 때문이다. 소씨 집안의 구장(舊藏)자료(규슈 국립박물관 소장) 중에는 조선 조정으로부터 받은 동으로 만든 도서가 23개 있다. 그 대부분은 1563·1567년에 도서의 복구에 성공한 신쇼와(深處倭: 규슈의 왜인들)의 명의였다. 그러나 그 명의인은 쓰시마에 의해 만들어진 가짜 명의인이었다. 그 외에 아시카가 쇼군 도장인 '도쿠유린(德有鄰)' 도장이 4개, 오우치씨가 조선에게 받은 와리후(割符)인 통신부(通信符)가 2개, 조선 국왕 도장인 '위정이덕(爲政以德)' 도장이 1개 있고, 모두 쓰시마에서 위조된 나무도장이었다(다시로 가즈이·미타니 히로시, '종가 구장(宗家舊藏) 도서와 목인', 『조선학보』156, 1995).

일본의 궁내청(宮內廳) 서릉부(書陵部)에 현존해 있는 1590년 3월 일자 '조선 국왕 이연(李昖: 선조) 서계'(조선국서)와 같은 날짜의 '조선 국왕 이연 별폭(別幅)'(별폭은 진공목록)은 황윤길을 정사, 김성일을 부사로 한 조선통신사가 같은 해 7월 도요토미 히데요시에게 보낸 것이다. 그러나 두 통 모두 소 요시토시 등에 의해 개찬된 문서이다. 앞서 말한 소씨 집안 구장 자료에 있는 '위정덕인' 도장에는 날인했을 때의 인주가 지금도 남아 있고, 성분 분석 결과 이 두 통의 문서의 인주와 성분이 일치한다. 이 나무 도장도 개찬 시점에 작성된 것은 아닐까(규슈박물관 편, '센고쿠다이며 규슈의 군웅(群雄)과 아시아의 파도', 서일본신문사 TVQ규슈방송, 2015).

히데요시로부터 조선 국왕을 상경(參洛) 시키라는 요청을 받은 요시토시는 일본국왕사를 재삼 조선에 보내 히데요시의 천하통일을 축하하는 통신사 초빙을 위한 교섭내용을 바꾸었다. 그 때 요시토시는 히데요시의 국서를 무단으로 작성했다. 그에 따라 작성된 통신사가 지참해 온 조선국서에는 '조선 국왕 이연 봉복(奉復) 일본국왕 전하'라고 쓴 것에서 시작하여, '봉복'처럼 히데요시 국서에 대한 회답이라는 것을 보여주는 표현이 사용되었다. 현존하는 이 국서는 '봉복'이 아닌 보낸다는(往信) 문구인 '봉서(奉書)'가 사용되고 있다. 조선 국왕의 인장 '위정이덕' 도장도 위조한 나무도장이 사용되고 있다.

원래 조선국서·별폭의 종이는 두꺼운 닥나무 종이를 사용하고, 표면을 부드럽게 해서 붓을 움직이기 쉽도록 돌 위에 놓고 나무 방망이로 두드려 윤기가 나도록 만들었다. 그러나 개찬된 위의 국서·별폭의 종이는 안피지(雁皮紙) 두 장을 붙여서 그 양쪽 바깥 쪽에 죽엽지(竹紙) 한 장씩을 붙여서 두껍게 한 것이다.

왜란 후 조선 조정과의 교섭 때에도 소 요시토시 등은 국서 개찬을 계속하여 국교회복에 성공했다. 교토대학 총합박물관 소장 1607년 1월 날짜의 '조선 국왕 이연(선조) 서계'(조선국서)와 같은 날짜 '조선 국왕 이연 별폭'은 모두 개찬된 것으로 닥종이 두 장을 붙이고 그 양쪽 바깥에 주엽지 한 장씩을 붙인 것이다. 국서에 대해서는 '봉복'을 '봉서'로 바꾸고 '과거를 반성해서 국서를 먼저 보냈다'는 부분 등을 삭제해서 이치에 맞게 했다. 이 국서를 받은 도쿠가와 이에야스는 조선과의 국교회복을 결단했다.

Ⅲ. 근세 한일관계와 변용

기무라 나오야(木村 直也)

국제적 고립으로 파악되어 왔던 '쇄국' 개념이 근래에 재검토되어 '네 개의 창구'에서의 대외교류가 주목되는 가운데 에도시대의 평화적인 조일관계(교린관계)에 대한 재평가도 이루어졌다.

 도요토미 히데요시의 조선침략 후 쓰시마의 소씨가 조일국교를 회복시키고, 1635년 야나가와사건 이후에 조일통교가 정비·재편되어 쓰시마번은 부산의 왜관에 사선(使船)을 파견하여 통교와 무역을 했다. 그러나 소씨는 도쿠가와 쇼군과 주종관계에 있는 한편, 조선 국왕에 대해 조공·신종하고 있는 것과 같은 형식을 취하고 있어서, 막부·조선 조정·쓰시마번의 미묘한 삼각관계가 근세 조일통교 시스템을 지탱하고 있었다. 에도시대에는 모두 12차례 조선통신사가 일본에 파견되어 활발한 문화교류가 전개되었다. 아메노모리 호슈(雨森芳洲: 1668~1755)는 조일교류에 온 힘을 쏟았던 인물로 근래에 알려지게 되었지만 치열한 교섭도 경험하고 있다. 또한 에도시대의 교린관계의 그늘에서 상호 인식의 차이 등 반드시 우호적이 아닌 요소도 있고, 밀무역 등 통교시스템에서 일탈하는 움직임도 있었지만, 양국관계는 2세기 반에 걸쳐 평화적·안정적으로 유지되었다.

 농업생산이 부족한 쓰시마번은 조선무역과 조선 쌀에 의존하지 않을 수 없었다. 근세 중기가 되면 막부에 의한 무역제한과 국산화에 의해 조일무역은 점차 쇠퇴하게 되었고, 쓰시마번은 재정이 궁핍해져 막부에 원조를 요구하게 되었다. 통신사는 1811년에 쓰시마에서 역지빙례가 행해졌던 것을 최후로 일본에 건너오지 않게 된다. 19세기가 되면 일본에서는 '쇄국' 개념이 형성·보급되어가는 것과 함께 내우외환의 의식을 배경으로 대외 진출론이 널리 퍼지게 되었다.

 1861년 러시아 함선 포사드닉호의 쓰시마 점거사건이 일어나자 쓰시마 번은 봉토를 다른 지역으로 바꿔 달라는 요구서를 막부에 제출했다. 그것은 실현되지 않았지만, 이듬해에 쓰시마번의 실권을 장악한 존왕양이파는 죠슈번(長州藩)과 막부의 주요 인물과 접촉 하면서 막부에 대해 원조요구 운동을 전개했다. 쓰시마번은 종래의 조일통교 문제점을 지적하고, 1863년에는 해마다 3만 석의 쌀 원조를 요구하는 요청서를 막부에 제출하면서 조선진출론을 주장했다. 막부는 이 요구를 받아들였고 또한 쓰시마번사 오시마 도모노죠(大島友之允: 1826~1882)는 조선진출 건백서(建白書)103)를 막부 관리에게 제출했다. 존양운동의 실추와 함께 막부의 쓰시마·조선 문제에 대한 조치는 보류되었지만 도쿠가와 요시노부(德川慶喜: 1837~1913) 정권은 1866년 조선에서의 병인양요를 계기로 조선에 막부사절 파견 계획을 세웠다. 여기에는 조일통교 변혁을 노리는 쓰시마번도 적극적으로 관여했다. 그러나 조선으로서는 쓰시마번의 통교변혁에 대한 움직임, 이례적인 막부사절 계획, 그리고 이때 일어났던 야베 준샤쿠(八戶順叔)의 정한(征韓)기사 문제는 일본에 대한 의심을 환기시키게 되었다.

 막부가 타도되자 쓰시마번은 메이지 신정부에 조일통교 쇄신 건의를 했다. 또한 쓰시마번이 외국관(外國官)과 협의하여 작성한 신정부 수립 통고 서계는 종래의 관계를 깨고 일본을 조선의 우위에 두는 형태였기 때문에 조선에서는 거부했다. 신정부 내부에서도 기도 다카요시(木戶孝允: 1833~1877) 등의 '정한론'이 나오게 되었다. 그러나 1871년 폐번치현(廢藩置縣)이 단행되자 외무성이 조일외교를 접수했다. 조선이 메이지 정부와의 국교를 인정하지 않는 상황에서 1873년에는 사이고 다카모리(西鄕隆盛: 1828~1877)의 조선파견을 둘러싸고 정한론 정변도 일어났다. 조선에서 배외양이

---

103) 관청 또는 윗사람에게 의견을 적어 올리는 글이다.

주의를 취하는 대원군 정권이 쓰러지고 일본이 조선에 대해 강하게 대응하던 중에 일본군함 '운요'가 강화도 사건을 일으키고 1876년에는 조일수호조규가 체결되었다. 막말이래 조일통교 변혁의 결론이었다.

1. 에도시대 '교린'관계와 쓰시마번

1) 근세 조일통교 시스템

'쇄국'의 재검토와 에도시대 조일관계의 재평가

　에도시대의 일본은 나가사키를 유일한 창구로 남겨두었지만 외국과의 교류를 차단하고 국제적 고립상태에 빠져있었다고 하는 '쇄국' 개념은 메이지 이후 많은 사람들의 역사인식이 되었고, 국민의식 속에 정착해 갔다. 이 '쇄국'은 에도시대 전기인 간에이(寬永) 연간(1624~1644)에 막부에 의해 '완성'되어 2세기 남짓 지속되었고, 1853년(嘉永 6) 페리 내항에 의해 무너지게 되었다(이와오 세이치岩生 成一, 1963). 이러한 '쇄국'에 대한 역사인식은 에도시대 일본의 대외관계를 지나치게 폐쇄적으로 취급하고, 서양 여러 나라와의 관계에 시야가 한정되어 있고 동아시아 주변 여러 나라·민족과의 관계는 거의 고려하지 않고 있다는 문제점이 있었다. 그러나 에도시대에는 중국·네덜란드 선박이 내항했던 나가사키 외에 조선과 통교·무역을 했던 쓰시마번, 류큐 왕국과 관계를 가지고 있었던 사쓰마번, 아이누와의 교역을 관장하고 있었던 마쓰마에(松前)라는 '네 개의 창구'가 존재하고 있었다.

　글로벌화가 진행되기 시작하고 또한 동아시아 여러 나라의 경제적 대두가 현저하게 되어 간 1980년대가 되자 '네 개의 창구'에서 보여지는 것처럼 에도시대 동아시아 주변 여러 나라·민족과의 관계가 주목받게 되었다. 에도시대의 대외관계를 '쇄국'이 아니라 동아시아 국제관계에서 볼 수 있는

'해금(海禁)', '화이질서(華夷秩序)'로 취급해야 한다는 주장도 나왔다(아라노 야스노리荒野泰典, 1988).

이러한 논조가 나타난 것과 보조를 맞추듯 에도시대의 조일관계에 대해서도 재평가가 이루어졌다. 즉 조일관계의 역사에서는 도요토미 히데요시의 조선침략과 근대의 식민지 지배가 전면에 나와 있다고 말할 수 있지만 '2,000여 년에 걸친 조일관계의 역사에서는 불행한 관계뿐만 아니라 오히려 평화적인 관계 쪽이 길다'는 역사인식 아래 에도시대의 통신사에 의한 교류가 주목받고, 외교사·무역사의 실증적 연구가 진행되었다. '쇄국'이었다는 인식 아래 경시되어 실태가 거의 알려져 있지 않았던 에도시대의 조일관계가 갑자기 주목받게 되었다(기무라 나오야, 2009).

근세 조일통교 시스템의 확립

앞 장에서 서술한 대로 쓰시마번은 쇼군의 국서를 위조하는 등을 하면서 도요토미 히데요시의 침략 후의 조일관계를 회복시키고 조일간의 사절 왕래를 실현시켜 1609년에는 기유약조를 성립시키고 쓰시마·조선간의 무역을 재개시켰다. 또 국서위조 등이 발각되어 판결이 내려진 1635년 야나가와 사건 후 조일통교는 정비·재편성되었다. 즉, 이테안 윤번제가 시작되어 교토 고잔 승려가 교대로 쓰시마의 이테안에 부임하여 한문으로 된 외교문서를 검열하게 되었다. 그러나 이에 따라 막부가 조일외교를 완전히 감시 아래 두었다는 평가를 내리는 것은 적절하지 않다. 막부가 쓰시마번에 조일관계에 관한 필요한 지시를 내리고 또 쓰시마번이 중요한 사실을 막부에 보고하고 있지만 일상적인 조선통교 업무는 쓰시마번에 위임하고 있고, 쓰시마번이 독자적으로 판단·운영하였고 또 막부와 이테안에 대한 정보전달의 제한과 조작도 하고 있고 있기 때문이다.

기유약조에서는 쓰시마에서 보선으로 해마다 보내는 세견선 20척 등, 무역에 관한 12개 항목이 규정되었다. 무역은 부산 왜관으로 쓰시마 배가 들어와서 이루어졌고, 쓰시마번과 조선 정부가 직접 담당한 관영무역과 상인들에 의한 사무역이 있었다. 관영무역은 우선 쓰시마에서 조선에 대한 진상(進上, 나중에 봉진封進이라고 불렸다)과 조선으로부터의 회사(回賜)가 행해졌지만 이것은 쓰시마에서 조선에 조공하고 있는 것과 같은 형식이었다. 또한 관영무역으로서는 쓰시마·조선 쌍방이 조달한 물건을 교환하는 정품·정액의 공무역이 있다. 사무역은 금지된 물품 등의 규제는 있지만, 기본적으로는 쌍방의 상인이 가지고 있는 물품을 교환했다.

세견선에 각각 서계(외교문서)를 지참한 사절이 타고 오고, 부수적으로 관영무역·사무역이 이루어졌는데 야나가와 사건 이후는 겸대제(兼帶制)가 도입되어 몇몇 사선의 서계를 한꺼번에 가져와 연례송사(팔송사) 형태로 통합되었다. 봉진·공무역품은 배마다가 아니라 해마다 한꺼번에 결제하고 사절이 다른 배에 동승하여 접대의 절약을 도모했기 때문에 사절이 타는 배와 타지 않는 배가 생겨서, 이른바 외교와 무역의 실질적 분리가 이루어져 갔다. 또 야나가와씨 등에게 주었던 사선 파견의 권리가 폐지되고 소씨 파견선으로 통합되었기 때문에 쓰시마번 소씨의 관리에 의한 일원적 통교체제가 확립되었다.

이처럼 세견선은 연례송사의 형태로 간략화 되고, 사자파견은 의례적·형식적으로 되었지만 쓰시마 측은 사자를 파견하면 그 만큼 무역기회도 늘어났기 때문에 임시사절의 배를 파견하려고 했다. 그러한 임시사절(差倭)로는 다음과 같은 명목의 사자가 관계적으로 파견 되었다.

- 도쿠가와 쇼군의 길흉 등을 전하는 차왜

관백승습고경(關白承襲告慶: 쇼군의 후계자 결정嗣立), 관백고부(關白告訃: 쇼군의 사망), 관백퇴휴고지(關白退休告知: 쇼군의 은거), 퇴휴관백고부(退休關白告訃: 전 쇼군의 사망), 관백생자고경(關白生子告慶: 쇼군의 아들 탄생), 관백입저고경(關白立儲告慶: 쇼군의 승계결정), 관백생손고경(關白生孫告慶: 쇼군의 손자 탄생)

- 쓰시마도주의 길흉 등을 전하는 차왜

도주 승습고경(島主承襲告慶: 도주의 후계자 결정), 도주고부(島主告訃: 도주의 사망), 도주퇴휴고지(島主退休告知: 도주의 은거), 퇴휴도주고부(退休島主告訃: 도주의 사망), 도주고환(島主告還: 도주의 에도로부터의 귀국)

- 조선 국왕의 길흉에 관한 차왜

진하(陳賀: 국왕의 즉위), 조위(弔慰: 국왕·왕비의 사망)

- 통신사에 관한 차왜

통신사청래(通信使請來: 통신사 파견요청), 통신사호행(通信使護行: 통신사 마중), 통신사호환(通信使護還: 통신사 호송), 통신사청퇴(通信使請退: 통신사 연기요청)

- 그 외

도서청개(圖書請改: 새 도주에 대한 새 도서 발급 요청), 표인영래(漂人領來: 표류민 호송), 재판(裁判: 여러 가지 외교교섭)

조선에서는 후술하는 통신사를 도쿠가와 쇼군에게 파견하는 것 외에 때때로 역관사(일본어통역을 하는 왜학역관들로 구성된 사절)가 쓰시마에 파견되었다(통교 무역에 관해서는 다시로 가즈이田代和生, 1981).

부산 왜관에서의 통교·무역

에도시대 조일통교·무역의 주요 무대는 부산에 설치되었던 왜관(일본에서는 '와칸(화관和館)'이라고도 표기)이다(쓰루다 게鶴田 啓, 2003; 다시로 가즈이, 2011; 윤유숙, 2011). 중세에는 일본인이 건너와 체재하는 삼포가 있었지만 삼포의 난(1510년) 이후 부산 한 곳으로 한정되었다. 에도시대에 들어와 통교·무역이 재개되었을 때는 부산의 두모포에 왜관이 설치되어 있었지만 협소하고 배를 정박하는 장소의 여건이 좋지 않아서 쓰시마번은 조선에 이전 요구를 했다. 이에 관한 쓰시마·조선 사이의 교섭은 난항을 겪으면서 장기화되었지만 1678년에 부산 남쪽에 있는 초량으로 이전했다.

초량왜관 부지는 조선에서 제공한 10만평에 이르는 넓은 땅으로 현재는 부산 시가(市街) 중심부에 들어가 있으며, 용두산 공원 주변이다. 통상 왜관에는 쓰시마에서 건너온 500명 전후의 사무라이·상인들이 체재하고 있었고 통교·무역업무 등을 담당했다. 당시 왜관의 동쪽과 남쪽에는 해안이, 동쪽에는 선창이 있었다. 주위는 담으로 둘러싸여 있고, 동쪽에 수문(守門)이라는 정문이 있고, 보통 출입은 이 문으로 제한되었다. 중앙부에 용두산(龍頭山)이 있고 그 동남 기슭에 쓰시마번에서 파견한 왜관 책임자 관수(館守)의 집무실과 체재 공간이 있었다. 용두산을 경계로 동관(東館)·서관(西館)으로 나뉘어 있다. 동관은 선착장, 창고, 관수·재판(특정 안건을 교섭하는 관리)·통사·대관(무역관리)·의사 등의 거처, 체재자들이 주거, 일상생활을 하는데 필요한 물건을 파는 가게, 동향사(東向寺) 등이 있었다. 또 개시대청(開市大廳)도 설치되어 무역이 행해졌다. 서관에는 큰 건물이 줄지어 늘어서 있고 쓰시마에서 파견된 사절들이 체재했다. 왜관의 북쪽에 인접한 구역에는 연향청(宴享廳)이 있는데 쓰시마에서 온 사절을 접대하는 연회, 의례가 행해졌다.

겸대제(兼帶制) 이후 왜관무역을 통한 수출·수입품목을 확인해 보자. 관영무역(봉진封進·공무역)에서는 동(銅), 납, 단목(丹木), 명반(明礬), 흑각(수우각水牛角) 등이 쓰시마에서 조선으로 보내지고 조선에서는 공목(公木; 목면)으로 지불했지만 일부를 쌀로 환산하는 일(공작미公作米)이 정착되어 갔다. 사무역에서는 은을 중심으로 동·납 등의 금속, 각종 피혁류, 동남아시아산 물건(단목, 후추 등), 공예품 등 다채로운 물품을 쓰시마에서 조선으로 가져가고, 조선에서는 생사·견직물의 중국산 물품을 중심으로 조선 인삼 등을 가져가서 일본 시장으로 보내졌다.

쓰시마번 사람은 의례 때를 제외하면 원칙적으로 왜관 밖으로 나가는 것이 금지되어 있었다. 그러나 조일간에 교섭이 단절되었을 때 등 쓰시마번 측이 억지로 왜관 밖으로 나가서 동래부(대일외교를 담당하는 관청)와 직접 교섭하기 위해 무단으로 왜관을 뛰쳐나오는 난출(闌出)이 발생하는 일도 있었다. 조선 측에서 왜관에 출입하는 것은 훈도·별차를 비롯한 역관, 허가받은 조선인 상인들이다. 또 쓰시마에서 여성을 데리고 오는 것은 금지되어 있었기 때문에 조선인을 중개로 하여 조선인 여성이 몰래 왜관에 들어가는 교간(交奸)사건도 때때로 일어나고 있다.

표류민 송환에 관해서도 왜관에서 인수인계가 이루어졌다. 일본에 표착한 조선인은 쓰시마 이외의 지역에 표착하면 나가사키에서 부교쇼(奉行所)의 조사를 받은 후 쓰시마를 경유하여 왜관으로 이송되어 조선에 인계되었다. 쓰시마에서 왜관으로 이송할 때에는 표류민 송환 사절이 보내지고, 무역이 더불어 이루어졌다. 조선에 표착한 일본인은 왜관에서 쓰시마번으로 인계되고 쓰시마를 경유하여 나가사키(사는 곳에 따라서는 오사카)로 이송되어 부교쇼에서 조사를 받은 후 살던 곳으로 보내졌다. 쓰시마 이외의 지역에 사는 표류민의 경우는 쓰시마에서 왜관으로 표류민을 마중하러 사절을 보냈고 더불어 무역이 이루어졌다.

근세 조일통교 시스템을 유지하는 삼각관계

에도시대의 일본과 조선의 관계를 그림으로 그렸는데(176페이지), 조선 조정-쓰시마번-막부 사이를 연결하는 선들의 차이는 각각의 관계의 질적·양적 차이를 보여준다.

도쿠가와 막부와 조선 조정과의 관계에 대해서는 쇼군과 조선 국왕이 형식상 대등한 교린·적례(敵禮) 관계로 위치 지어져 있지만, 양자 사이에 일상적인 접촉 없이 쇼군의 교체 등으로 통신사가 일본으로 파견되었을 때 국서 교환과 교류가 행해졌을 뿐이다.

III. 근세 한일관계와 변용   175

　도쿠가와 쇼군과 쓰시마번주 소씨와의 관계는 다른 다이묘와의 관계와 마찬가지로 봉건적 주종관계였고, 전쟁 때에는 막부의 명령에 따라 병사를 출병시키는(평상시에는 토목공사 등 담당) 군역을 담당하는 한편 영지를 주고 연공수입을 얻는 관계였다. 평소 쓰시마번은 막부와 접촉하고 그 지시를 받고 있으며 1년마다 쓰시마번과 에도를 오가는(산킨코타이 參勤交代)도 수행하고 있다. 쓰시마번의 경우 특수한 것은 조선과의 통교·무역을 지체 없이 행한다는 조선통교의 '가에키(가역 家役)'='조센고야쿠쇼쿠(朝鮮御役職)'(쓰시마번 측은 에도시대 중기부터 '조선제재역制裁役'이라고도 표현한다)를 담당하는 대신 조선무역의 수입을 독점할 수 있게 되었다는 점이다. 때문에 쓰시마번은 뒤에 서술하는 것처럼 조선무역을 통한 수입은 연공수입과 같다는 논리를 주장하게 된다.

　쓰시마번 소씨와 조선 국왕 사이는 통교·무역이 이루어지는 관계지만 여기에서는 소씨가 조선 국왕에게 조공·신종하고 있는 듯한 형식도 취하고 있다는 점에 유의해야 한다. 조선 국왕의 즉위를 축하하는 사절이 쓰시마에서 파견될 때에는 상표문(上表文) 형식으로 서계(외교문서)를 보내고(米谷均, 1995), 연례송사 등의 사절이 왜관에 파견되어 조선 측이 연향을 행할 때에는 쓰시마 사절 등은 조선 국왕을 상징하는 전패에 배례하는 의례(역자 주, 숙배례肅拜禮)를 행했다. 또 사절이 조선 국왕에게 진상품(奉進品)을 지참하고 국왕으로부터 회사품(回賜品)을 받는 점, 사절의 배를 타고 오는 승선인들에게 도

전패(殿牌) 배례(傳鄭敾 '東萊府使接倭圖' 부분, 한국국립중앙박물관 소장)

해 비용과 체재비로 쌀이 지급되는 점 등 중국 왕조와 조공국과의 통교·무역 형식과 유사하다. 조선·쓰시마 쌍방이 공식적으로 '조공'이라고 인정하고 있는 것은 아니지만 조선 측으로서는 쓰시마를 '기미'로 대한다는 인식을 가지고 이러한 형식을 취했고, 또 쓰시마 측은 이러한 형식을 받아들임으로써 조선무역을 실현시켜 많은 이익을 얻을 수 있었다.

막부에 의한 외교통할과 위임 체제

```
조선조정        교린·적례관계      막부
 (국왕)  - - - - - - - - - - -   (쇼군)
     \                         ⋮
 통교·무역                  봉건적 주종관계, 군역, 지행(知行) 관계
 조공관계                  통교 가역(家役) 대신 무역수입 확보
       \          ⋮
         쓰시마번
          (소씨)
```

조선과 일본의 국가원수(도쿠가와 쇼군과 조선 국왕)가 쓰시마번을 매개로 연결되는 이 미묘한 삼각관계에 의해 에도시대의 조일관계는 오랜 기간에 걸쳐 평화적·안정적으로 유지되었다.

2) 에도시대의 조일교류

통신사의 일본방문

1635년 야나가와 사건을 재판한 막부는 쓰시마번주 소 요시나리에게 조선에서 통신사를 보내오게 하라는 명령을 내렸다. 처벌받지 않고 그 지위를 유지하게 된 소 요시나리의 외교능력을 시험할 목적이 있었다고 한다. 에도시대가 되고 조선은 쇼군에게 그때까지 세 차례 사절을 보냈는데, 국서위

조·개찬이 얽혀 있는 '회답겸쇄환사(回答兼刷還使)'였다. 조선 쪽에서 처음으로 국서를 보내는 형태의 '통신사(通信使)'는 에도시대가 되고 나서 처음이고 조선 정부에서도 파견을 두고 논의가 이루어졌다. 그러나 조선은 북방의 여진족 후금의 위협을 받고 있던 시기이고(후금은 1636년 4월 국호를 청으로 고쳤고 12월에 조선을 침략하고 있다) 조선은 일본과의 긴장을 바라지 않았기 때문에 쓰시마로부터의 통신사 파견 요청을 받아들였다. 1636년 '통신사'가 일본으로 와서 쇼군 이에미쓰와 대면하고 국서를 교환했다.

이후 쇼군 취임 축하를 목적으로 통신사가 일본으로 갔다. 1811년까지 에도시대 동안 12회('회답겸쇄환사'를 포함) 파견되었고, 일본 측에서도 매우 큰 이벤트였다.

통신사 일행은 한성을 출발하여 육로로 부산까지 가고, 배로 쓰시마로 건너가서 쓰시마번의 환영을 받은 후 간몬(關門) 해협에서 세토(瀨戶) 내해를 통해 요도가와(淀川)[104]를 거슬러 올라갔다. 요도가와에서 상륙하고 나서부터는 육로로 에도로 향했다. 사절단의 총인원은 400~500명(그 가운데 뱃사람들은 에도까지는 가지 않는다), 정사(正使)·부사(副使)·종사관(從事官)의 삼사(三使)를 비롯하여 상상관(上上官)·제술관(製述官)·서기(書記)·역관(譯官)·사자관(寫字官)·화원(畫員)·의원(醫員)·군관(軍官) 등이 참가하며, 거기에 의례와 문화교류를 위해 전악(典樂)· 취수(吹手)·마상재(馬上才; 말 위에서 곡예)·소동(小童)들도 함께 갔다. 에도성(江戶城)에서 조선 국왕과 쇼군의 국서를 교환하고 여러 가지 문화교류 후에 귀국한다.

통신사가 통과하는 연도와 에도에서의 다채로운 교류는 에도시대의 우호적인 조일관계를 상징하는 것으로 잘 알려져 있다. 연도에는 행렬을 구경하는 사람이 많이 모여들었고, 에도 등에서는 관객석이 설치되었다. 조선의 일급 주자학자들도 동행했기 때문에 일본 학자들이 교류를 위해 각지에서

---

104) 오사카(大阪) 평야 북부 지대를 흐르는 강이다.

통신사(1711년 신묘년 조선국 신사 귀로 행렬
(正德元年辛卯年朝鮮國之信使 歸路行列) 부분,
한국국사편찬위원회 소장)

몰려들어 대면하고 필담할 수 있으면 최고였지만 그렇지 못하더라도 자신의 한시문(漢詩文)에 대해 평가를 받으려고 했다. 연도 각지에서는 소동들이 춤 등을 추었는데, 현재도 오카야마(岡山)현의 우시마도(牛窓)의 당인(가라코 唐子) 춤 등 몇 군데 지역에 남아있다. 또한 연도의 여러 번에서는 풍광이 아름다운 곳에 일행의 숙박시설을 조일 정하고 특히 삼사에게는 특산물을 섞은 호화로운 요리를 제공하고 접대했다.

그러나 막부에게는 다른 나라에서 온 사절을 쇼군이 있는 곳까지 오게 하여 권위를 과시하는 의미도 있었고, 조선에게는 일본보다 뛰어난 유교문화의 나라라는 것을 과시하는 의미가 있었다. 또한 통신사 일행을 접대하는 막부·여러 번의 부담은 매우 커서 많은 민중의 부담으로 전가되었다. 예를 들면, 연도 주변 마을들에서 동원되는 사람과 말이 엄청났다. 조선 측의 부담도 커서 통신사 도래에 즈음해서는 지참하는 조선인삼 등을 민중에게 징수했다.

통신사만큼 유명하지는 않지만 조선의 왜학역관(倭學譯官; 일본어 통역관) 등이 쓰시마로 건너오는 역관사(譯官使)의 도래도 있었다. 통역관은 쓰시마번주가 산킨코타이에서 귀국했을 때 파견되는 문위행(問慰行)과 현안 사항의 교섭을 위한 사절로 막부말기까지 51회에 이르렀고, 각각 50~100명 정도의 규모로 쓰시마에 파견되어 번주를 만났다. 쓰시마 섬 안에서는 통신사의 미니어처 같은 형태로 행렬의 통행과 번에 의한 접대, 여러 가지의 교류가 있었다.

아메노모리 호슈(雨森芳洲)에 대해서

에도시대 조일교류를 담당했던 인물로서 유명한 아메노모리 호슈는 1668년에 태어나 쓰시마번에 부임한 주자학자였다. 에도에서 기노시타 준안(木下順庵: 1621~1699)에게 수학하고 1689년에 쓰시마번에 취업했고, 얼마 되지 않아 에도 번저에서 임무를 처리하면서 학문수행을 했다. 93년에 쓰시마로 부임하여 조선과의 외교를 담당하는 죠센가타(朝鮮方)의 보좌역으로서 통교·무역 관련 임무를 담당하고 자주 부산 왜관으로 건너가 실무를 보면서 조선어를 배웠다(어학교과서『교린수지交隣須知』도 집필했다.). 1711년과 1719년에 조선통신사를 수행하여 에도까지 왕복하였다. 21년 죠센가타 보좌역을 사임한 후에는 외교 등 공무에 관계하면서 교육·저작에 힘쓰고, 1755년에 쓰시마에서 사망했다.

1711년 통신사의 도래 때 아라이 하쿠세키(新井白石: 1657~1725)의 개혁에 대해 호슈가 논쟁한 일은 유명하다.

하쿠세키는 명분론에 근거하여 통신사 접대에 관한 제반 의례의 개혁·간소화를 시행하고 쓰시마번과 조선 측의 저항을 받으면서 거의 승낙하게 하여 실현시켰다. 그때까지 조선에서 보낸 국서에 쇼군의 칭호는 '대군(大君)'이었는데, 그것을 '일본국왕'으로 되돌려 부를 것을 요구했다. 일찍이 아시카가 쇼군은 '일본국왕'을 칭했고, 쓰시마가 위조·개찬해왔던 에도시대 초기 국서에서도 그같이 했었는데, 야나가와 사건 이후 조선 측 국서에서 쇼군에 대해 '국왕'호를 빼고 '대군'호칭을 사용하고 (중국 중심의 책봉체제에서 일정 거리를 두었다고 생각된다) 일본 측 국서에는 '일본국원모(日本國源某)'라고 표기해 왔다. 하쿠세키는 '일본국왕' 호칭을 다시 쓰는 근거로 '대군'이 조선에서는 '그 신하에게 주는 직함'이기 때문에 조선의 관직을

받는 형태라는 점, 또한 외국의 경우 천자를 가리키는 것으로 볼 수 있다는 점을 들었다.(아라이 하쿠세키, 『오리타쿠시바노키 折たく柴の記』)105). 아메노모리 호슈는 '일본국왕'은 국내에 없는 존칭(천자를 가리킴)이라고 반론했지만 하쿠세키는 이것을 관철시켰고, 조선 측도 인정하게 했다. 이때의 논쟁에 대해 하쿠세키는 '쓰시마에 있는 미숙한 학자들이 잘 알지도 못하면서 어찌할 수 없어서 이러저러하게 변명해서 쓰시마인들이 반대했다'고 회고하고 있다(『오리타쿠시바노키』). 하쿠세키는 명분론적 견지에서 당연히 그러해야 할 제도를 주장했지만, 호슈는 조일관계를 원활하게 유지하는 것과 그에 기반한 쓰시마번의 이익 확보를 희구한 행동을 취했던 것을 알 수 있다. 하쿠세키 실각 후 1719년 기해(己亥) 통신사 때는 이러한 것들이 거의 이전 방식으로 되돌아갔다.

아메노모리 호슈와 신유한의 교류도 유명하다. 신유한은 기해 통신사 때 제술관으로 일본에 갔다 귀국한 후『해유록(海遊錄)』106)을 집필했다. 일본에 있는 동안에는 진문역(眞文役)107)이었던 호슈가 그에게 대응했지만『해유록』에서는 양자 간에 있었던 양국의 체면을 건 대립과 상호이해를 엿볼 수 있다. 정사 등과 쓰시마번주의 만남과 교토에서 일본 측이 일행을 호코지(方廣寺)에 가게 하려고 했던 장면 등에서 신유한은 조선 측의 체면을 걸

---

105) 고토바잉(後鳥羽院)의 노래(歌) "돌아가신 님을 생각할 때마다 태우던 나뭇가지 연기에 목이 메어 눈물 나는 것도 기쁜 일이구나! 그것도 남겨진 유품이라 생각하면"(思ひ出づる折りたく柴の夕煙むせぶもうれし忘れがたみに)에서 유래했다. 아라이 하쿠세키(新井白石)의 자서전으로 3권 3책. 1716년, 쇼군 도쿠가와 이에노리(德川家宣)의 5주기 날에 집필하기 시작하여, 그해 안에 완성했다. 조부(祖父)와 관련된 일부터 시작해 자신의 성장 과정·경력 및 쇼군 이에노리의 사후, 정직의 징계를 받고 은퇴에 이르는 내용을 담고 있다. 일본어와 한문 혼용문(和漢混淆文)으로 되어 있다.
106) 신유한이 제술관으로 숙종 45년(1719) 4월부터 이듬해 1월까지 일본에 다녀오면서 기록한 견문록으로 승려들 사이의 필담·풍속 따위가 기록되어 있다.
107) 외교문서 담당자

고 일본 측의 잘못을 추궁했지만 호슈도 일본 측의 체면을 걸고 격렬하게 응대했다. 그 한편에서는 신유한은 호슈의 학문적 역량을 높이 평가하고 일본의 문물과 관습, 천황의 존재 등에 대해 솔직하게 질문하고 호슈도 그에 대해 답하고 있다. 사절 일행의 귀국에 즈음해서 호슈는 쓰시마에서 신유한과 헤어질 때 눈물을 흘리고 있다.

아메노모리 호슈는 『교린제성(交隣提醒)』, 『다와레구사(たはれ草)』 등 많은 저작을 남겼으며 그 외에도 쓰시마번의 문교에 깊이 관여했고, 특히 조선무역에 관한 상인들의 자주적인 학습에 맡겼던 조선통사 양성에 대해 번에 의한 공적인 교육제도 창설을 제창하여 실현시켰다.

'교린'의 그늘에서

에도시대 조일관계가 평화적·안정적이고 통신사 도래로 보는 것처럼 풍성한 교류가 있었다는 것은 평가할 만하다. 그러나 단순히 '우호' 의식만 있었던 것은 아니고, 제도화된 통교 시스템에서 일탈한 움직임도 있었다.

통신사 도래에 즈음해서는 세세한 의례·수속에 대해 여러 가지 일이 분쟁 후 결정되는 경우가 많았다. 막부는 1636, 1643, 1655년 통신사 때 사절 일행을 닛코(日光)까지 데려가고 도쇼구(東照宮)[108]에 참배하도록 했다 (1655년에는 다이유인도大猷院堂[109]까지). 사절에게 도쿠가와 이에야스와 이에미쓰의 위덕을 느끼게 하고 화려한 건축을 보여줄 목적이 있었다고 생각된다. 또한 교토에서는 호코지를 참배하게 한 일이 있었다. 호코지는 도요토미 히데요시가 세운 절로 대불이 건립되어 있으며 1596년 후시미(伏見) 지진 때 붕괴되었으나 이후 재건되어 호코지 종명사건·오사카 전투를 거쳐 도쿠가와 막부에 의해 관리되고, 붕괴된 대불도 다시 복원되었다. 이 호코

---

[108] 에도 막부를 세운 도쿠가와 이에야스의 위패를 모신 사당으로 일본 혼슈(本州) 도치기현(栃木縣) 닛코시(日光市)에 위치.
[109] 에도 막부의 3대 쇼군 도쿠가와 이에미츠(德川家光)의 사당

지를 통신사에게 참배하도록 한 것에 대해 아메노모리 호슈는 『교린제성』
에서 진귀한 대불을 보여주고 싶어 하고, 거기에 더하여 가까이에 있는 귀
무덤(耳塚: 히데요시의 조선침략으로 전쟁터에서 가져온 코·귀를 묻은 무
덤)을 보여주어 무위를 드러내려는 의도가 있었다고 비판하고 있다.
 쓰시마번에서도 쓰시마가 조선에 조공·신종하고 있는 듯한 형식을 취하
는 것을 굴욕으로 보는 언설이 근세 중기 유학자 미쓰야마 라이카(滿山雷
夏) 등에게서 보여진다(이시카와 히로시石川寬, 2008). 이러한 굴욕성의 인
식은 에도시대 동안 쓰시마번에서도 마찬가지로 존재했다고 생각되며, 이
것이 막부 말기에 이르러 전면으로 나오게 된다.
 근세 조일통교 시스템에서 일탈한 움직임이라고 하면 밀무역(잠상潛商)
이 있다. 1667년에는 하카타(博多)·나가사키 등의 상인과 다수의 쓰시마번
사람이 참가한 대규모 잠상사건이, 또 1721년에는 조선에서 쓰시마로 온 역
관사 일행이 공동 모의한 잠상사건 등 대대적인 밀무역이 발각되었지만, 에
도시대 후기가 되면 대규모 잠상사건은 볼 수 없게 된다. 그러나 수출입 금
지품목을 왜관에 숨겨 가지고 가서 몰래 조선 상인에게 팔려고 하는 등 소
규모 잠상이 막부말기에도 적발되고 있고, 발각되지 않았다면 쓰시마번 사
람과 조선인 상인과의 사이에서의 잠상 루트가 성립되어 있어서 잠재적으
로는 공권력의 규제를 일탈한 민중에 의한 활동 영역이 존재하고 있었다고
상정할 수 있다.
 현재, 한일 양국의 영토문제가 되고 있는 독도에 대해 에도시대의 상황
을 간단히 확인해 두겠다. 1625년 호키(伯耆)국 요나고(米子)의 죠닌(町人)
오야 신키치(大谷甚吉)·무라카와 이치베(村川市兵衛)는 막부로부터 울릉도
로 가는 도해면허(渡海免許)를 받아 섬 주변에서 어획·벌채에 종사했다. 그
러나 울릉도를 둘러싸고 조선인과 경합하는 문제가 발생했기 때문에 쓰시
마번을 통해서 조선과 교섭한 후에 막부는 1696년 이 섬에 도해하는 것을
금지하는 명령을 내렸다. 그 직후에 안용복 등이 돗토리(鳥取) 번령에 나타났

지만, 조선으로 귀국한 후 체포되어 울릉도·독도(당시의 '마쓰시마松島')를 조선의 땅이라고 주장하기 위해 일본에 갔다고 공술했다. 그러나 그러한 주장을 일본에서 했다는 사실은 확인되지 않는다. 1836년 이와미(石見)국 하마다(濱田) 이마쓰야(今津屋; 會津屋) 야우에몽(八右衛門)이 울릉도로 도해했던 일이 발각되자 막부는 이국에 속해있는 섬에 도해했다고 해서 처벌했다. 이때 울릉도 도해금령이 전국 법령으로 주지되었다. 에도시대에 독도(당시의 '마쓰시마')는 울릉도에 딸려있다고 인식되었기 때문에 일본령으로 인식되지 않았고, 또한 조선 측에서 독도를 조선령으로 인식했던 것도 아니다. 그리고 1877년 태정관 지령에도 울릉도와 '그 외의 한 섬'(현재의 독도)은 '우리나라와 관계없는 것으로 알 것'이라고 되어 있다. 이상이 현재의 역사학이 명확히 한 에도시대의 독도의 상황이다(이케우치 사토시, 2012, 2016).

 에도시대의 '교린'관계 뒤에는 반드시 우호적이 아닌 요소도 있었고 통교시스템을 일탈하는 움직임도 있었다. 그러나 여러 가지 모순·대립을 포함하면서도 양국에서 이 관계를 유지하려는 의지가 강했기 때문에 2세기 반에 걸친 평화적·안정적인 조일관계가 유지될 수 있었던 것이다.

2. 근세 중·후기 한일관계의 변질

1) 근세 중기의 쓰시마와 한일관계

쓰시마의 "위치"

쓰시마는 규슈와 한반도 사이에 있고, 그 위치는 한반도에 가깝다. 또 지형적으로는 해안이 복잡하고 평지는 매우 협소하다. 그 때문에 농업생산이 부족해서 조선무역에서 나오는 수익에 의존하는 것 외에 조선으로부터 받는 쌀이 쓰시마의 식량 확보에 중요했다. 이국·이문화의 접촉 영역으로서

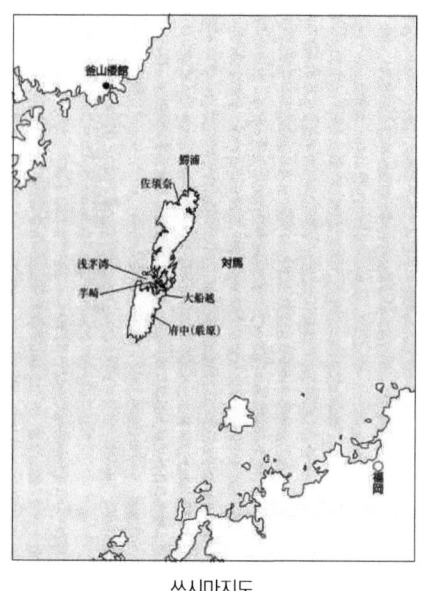

쓰시마지도

국가와 민족의 틀을 넘는 교류의 가능성을 갖는 '경계'성이 있는 동시에 일본이라는 국가의 주연부이고, 국방의 최전선으로서의 역할을 하는 것 외에 경제적인 핸디캡 때문에 중앙정부에 의존하지 않을 수 없는 '변경'성이 병존하고 있었다. 에도시대에도 조일양국을 매개로 교류하고 조선과의 무역으로 이익을 얻는 것이 가능한 '경계'로서의 성격과 무역이 정체되었을 경우 경제적인 곤궁으로부터의 구제를 막부에 바라지 않으면 안되는 '변경'으로서의 실태도 볼 수 있다.

그러한 쓰시마의 중요한 경제기반이 되는 조선무역은 동아시아 정세에 의해 크게 좌우되었다. 1644년 명이 멸망하고 청이 북경에 입성하는 명청교체가 이루어지고 얼마 되지 않아 남명(南明)정권110)과 정(鄭)씨 일족의 저항, 삼번(三藩)의 난111) 등의 변동이 이어졌지만, 대만의 정씨 세력이 청에 항복하자 동아시아의 동란은 수습되었고, 1684년에는 천계령(遷界令: 청국의 연안부의 주민을 내륙으로 이주시킨 정책)이 철폐되었다. 이에 의해 동아시아 해역의 활성화가 진행되고 나가사키로 오는 중국 선박의 내항도 증가했다. 이러한 정세 아래 1688~1704년에는 조일무역도 최고조에 달했고, 쓰시마번은 무역의 이익으로 윤택해졌다. 쓰시마 이즈하라(嚴原)의 반

---

110) 남명정권은 명나라가 멸망 후 남쪽으로 망명한 정권을 말한다.
111) 삼번의 난은 중국 청대초 오삼계(吳三桂)·상가희(尙可喜)·경계무(耿繼茂) 세명의 번왕(藩王)이 일으킨 반란이다.

쇼인(萬松院)112)에 있는 역대 번주의 묘지를 방문하면 번의 선조 소 요시토시(宗義智) 등 근세 초기 번주의 묘가 소박한데 반해 중기 이후 번주의 묘에 큰 돌이 사용되고 화려한 것을 보면 당시의 경제적 상황이 반영된 것을 알 수 있다.

조일무역의 쇠퇴로

일본의 근세 국가(막번제 국가)에서는 근세 중기에 걸쳐 소농 자립이 진행되고 상품경제가 진전되어 오사카를 중심으로 전국적 시장이 형성되어 갔다. 화폐경제가 발전함과 동시에 금·은·동에 대한 수요가 증대하는 한편, 무역 활성화와 함께 중국산 생사·견직물에 대한 수요도 높아져서 금은 유출이 심해졌다. 그 때문에 막부는 17세기 후반부터 화폐 개주를 하고 동시에 무역을 제한했다. 나가사키 무역의 총량 규제와 관리 강화가 진행되었고, 1715년 쇼토쿠신레(正德新例: 해박호시신례 海舶互市新例)로 결실을 맺었다. 나가사키뿐만 아니라 쓰시마·사쓰마로의 무역 제한도 도모되고, 화폐 개주에 의한 은화의 품위 악화는 은을 수출품의 중심으로 해왔던 쓰시마에게 사활이 걸린 문제였다. 쓰시마번은 막부에 탄원하여 일시적으로 품위를 높인 특주은(特鑄銀)이 무역용으로 주조되었지만 이것도 후에 폐지되었다.

또한 막부(특히 도쿠가와 요시무네德川吉宗 정권)는 금·은·동 유출 방지를 위한 수입품목(생사, 견직물, 조선인삼, 약종 등)의 국산화 정책을 추진했다. 그 때문에 18세기는 생사·견직물의 수입이 감소하고 일본 생사를 기반으로 한 신흥기업 지역도 생겨났다. '쇄국'의 자급자족에 의한 자주적인 국산화라기보다 무역 발전을 계기로 한 무역 제한과 국산화에 의해 구심력 있는 강력한 국가 수준의 경제 단위가 창출되는 모순적인 관계에 있었다.

---

112) 쓰시마 도주(對馬島主) 소 요시토시(平義智)의 원찰(願刹). 임진왜란 때에 평화를 위해 노력한 공로를 인정받아, 해마다 사찰에 딸린 무역선 한 척을 조선에 보내 교류하는 것을 허용하였다.

이러한 정세와 함께 조일무역의 의미도 변질되어 갔다. 17세기 말부터 18세기 초에 조일무역은 최고조에 달했지만 막부에 의한 무역관리·화폐개주의 영향을 받아 특주은도 폐지되어 18세기 후반에는 은 유출이 중단되었다. 대신 동(銅)이 수출의 중심이 되어 가는데 동도 막부의 강력한 관리 아래 놓이게 되었다. 또 생사·견직물·조선 인삼은 국산화에 의해 수입의 의미가 저하되어 가고 사무역은 쇠퇴했다. 조선무역은 품목을 바꾸면서 관영무역(봉진·공무역)을 중심으로 막부 말까지 이어졌지만 이러한 무역쇠퇴의 사태는 쓰시마번의 재정 궁핍을 초래하게 되었다. 18세기 이후 쓰시마번은 거듭해서 막부에 차관과 원조를 청원하여 어느 정도는 허락을 받았다. 특히 1776년부터는 사무역 '단절'을 명목으로 한 막부 원조(매년 금 12,000냥)가 개시되었다(실제로 사무역은 단절되지 않았다).

이러한 막부 원조를 요청했을 때 쓰시마번의 논리는 조선통교는 쓰시마 소씨에게 부과되었던 가역('조선 억압의 임무')이고, 그 보상으로 얻고 있는 무역 수입은 봉록과 마찬가지이기 때문에 무역수입의 감소는 봉록의 삭감과 마찬가지이고, 봉록이 삭감되면 가역을 유지할 수 없다는 것이었다. 즉 조선통교를 유지하고 싶다면 막부는 쓰시마번을 원조해야 한다는 것이다. '조선 억압의 임무'라는 표현은 쓰시마번에 의한 것으로 막부는 이 논리를 직접적으로 채용하지 않았고, 어디까지나 개별사정에 대한 조치로서 개개의 원조를 인정하고 있었던 것이지만 막부말기에 걸쳐서 동 대금의 지불유예·반제(返濟)유예 등도 포함해서 매우 많은 재정원조를 해준 것으로 실질적으로는 쓰시마번의 논리를 부정할 수 없었던 것일 것이다.

쓰시마 역지빙례(易地聘禮)

간세이(寬政) 개혁을 하고 있던 로주 마쓰다이라 사다노부(松平定信: 1759~1829)는 1791년 쇼군 도쿠가와 이에나리(德川家齊: 1773~1841)의 습직과 함께 쓰시마번에 통신사가 에도까지 오지 않고 쓰시마에서 국서교환을 하는 역지빙례(易地聘禮)를 지시했다. 에도까지 통신사가 왕복할 때 접대에 드는 막부·여러 번의 부담이 심하다는 재정적 이유 때문이었지만 그 배경에는 조선멸시관도 있었다고 생각된다.

마쓰다이라 사다노부가 제출한 의견서인 나카이 지쿠잔(中井竹山: 1730~1804)의 『초모위언(草茅危言)』의 '조선의 건'에는 '진구(神功)의 원정 이래 한국이 복종하고 조공하여 우리의 속국이었던 것은 대대로 오랫동안 끊이지 않았고, 지금의 시세는 이와 달라', '원래 작은 외딴 나라의 사자로, 가령 지금은 속국이 아니라 해도 이렇게까지 천하의 재물과 식량을 쏟아부어 접대하지 말아야 할 것이다'라고 적혀있다. 진구황후의 삼한정벌 이래 조선은 일본의 속국이었지만 최근에는 그렇지 않고, 원래 작고 보잘것없는 나라에서 온 사자에게 이렇게까지 일본의 금품·곡물을 써서 응접할 필요는 없다고 한 것이다. 『초모위언』은 사다노부가 정치를 할 때 참고로 했다고 하며, 이러한 조선멸시관도 사다노부에게 영향을 미쳤을 가능성이 있다.

쓰시마 역지빙례는 쓰시마번 내의 항쟁도 얽히고, 조선과의 복잡·곤란한 교섭과정을 거쳐 종결되는데 긴 시간이 필요했다. 쓰시마에서 조선 측 역관들에게 뇌물을 준 사건도 일어나면서 우여곡절을 거쳐 통신사 도래와 함께 조선 측의 부담도 줄이는 것을 조건으로 타결되었다. 1811년 쓰시마 역지빙례는 실현되어 에도에서 쓰시마로 파견된 상사(上使) 오가사와라 다다타카(小笠原忠固: 1770~1843)와 통신사 사이에서 국서가 교환되었다.

그 후에도 쇼군 교체 때마다 통신사파견은 계획되어 덴포(天保) 기간(1831~1845)에는 오사카에서의 빙례도 검토되었지만 모두 연기를 거듭하다가 결과적으로는 1811년의 쓰시마 역지빙례를 최후로 통신사 도래는 없었다. 막부 말기에는 쇼군이 교체되었어도 통신사의 연기가 당연한 것처럼 되어 실현시킬 의욕은 볼 수 없게 되었다. 다채로운 문화교류를 동반하는 일대 이벤트였던 통신사 도래가 이루어지지 않게 된 것은 많은 사람들의 조선에 대한 관심이 줄었다는 점과도 관련이 있다.

2) 근세 후기 대외인식과 진출론

'쇄국'의 조법화(祖法化)

1792년에 러시아의 락스만[113]이 네무로(根室)[114]로 내항하였고, 이어서 1804년 레자노프[115]가 나가사키에 내항하여 통상을 요구했다. 막부는 이때 조선·류큐·중국·오란다(네덜란드) 네 나라 이외에는 통신·통상을 하지 않는 것이 조법이라고 해서 거절했다. 또 1801년 나가사키 통사 시즈키 다다오(志筑忠雄)가 캠페르[116]의 저작을 '쇄국론'이라고 제목을 붙여 번역했는데, 이때 처음으로 '쇄국'이라는 용어가 사용되었다. 즉, '쇄국' 개념은 구미 열강이 일본 근해에 출몰하기 시작한 이즈음부터 서서히 형성된 것이다.

구미 열강 함선의 도래가 빈번해진 1844년 나가사키에 내항한 네덜란드 선박이 일본의 개국을 권고하는 네덜란드 국왕의 친서를 가지고 와서 네덜란드 상관장이 막부에 제출하였다. 막부는 이때 '통신의 나라'는 조선·류큐, '통상의 나라'는 중국·네덜란드라고 명확히 하고 네덜란드와의 '통신'(국서의 교환)은 조법에 어긋나는 것이라고 했다. 막부는 네덜란드 국왕의 친서를 일단 받았지만, 쇼군 명의가 아닌 로쥬 이름으로 네덜란드 정부 고관에게 거절하는 답장을 보냈다.

이러한 과정에서 조선은 '통신의 나라'로 높은 위치를 부여하고 관계를

---

113) 아담 락스만(1766~1806?). 러시아 제국의 군인으로, 최종 계급은 육군 대위였다. 러시아 역사상 최초로 일본에 파견한 사절이다.
114) 일본 홋카이도 동부에 있는 도시이다.
115) 레자노프(N. P. Rezanov)는 러시아의 무역상·외교가·행정가로 1804년 9월 러시아 황제의 국서를 지참하고 나가사키에 입항하여 통상을 요구했다. 당시 쇄국정책을 펴던 막부가 이것을 거절하자 이에 대해 1806년 레자노프의 부하가 가라후토(樺太: 사할린)에 있는 마쓰마에번 거류지를 습격하는 사건이 일어났다.
116) 엥겔베르트 캠페르(Engelbert Kaemper·1651~1716). 독일의 학자로 1690~1692년 나가사키에 머문 경험을 바탕으로 1727년에 『일본사(History of Japan)』를 출판했다.

유지해야 한다고 했지만, 한편에서는 구미 여러 나라와는 '쇄국'을 하고 있었다고 하는 인식이 점차 확산되어 갔다. 그 후 구미열강에 대한 경계감이 높아지면서 관계가 불가피하게 되자 일본의 많은 사람들의 관심은 구미 여러 나라로 집중되고 조선 등 주변 국가와의 관계는 상대적으로 경시되어 갔다. 또한 조일관계 유지를 위한 막부의 쓰시마번 재정원조가 항상화된 것도 포함하여 근세 조일통교 시스템의 경직화와 질곡화가 뚜렷해졌다.

대외위기 의식과 조선진출론

18세기 이후 덴메이(天明)기근과 덴포(天保)기근, 소요·소동 등에 의해 막번 체제의 모순이 현저해졌다. 또한 같은 시기 러시아의 남하와 구미 함선의 내항 등 구미 열강에 의한 외압이 커지고 대외위기 의식이 높아졌다. 마쓰다이라 사다노부(松平定信)는 '태평했던 200년, 지금 염려해야 하는 것은 오랑캐(蠻夷)와 백성의 소요(騷擾)다'(『函底秘説』, 1825년)라고 했고, 도쿠가와 나리아키(德川齊昭)는 『무술봉사(戊戌封事)』(1838년)에서 '내우외환'상황을 염려했다. 이러한 근세 후기의 위기의식과 함께 대외 진출론이 나타나게 되었다(기무라 나오야, 1996).

하야시 시헤(林子平)는 『삼국통람도설(三國通覽圖說)』(1785년), 『해국병담(海國兵談)』(1786년)에서 국방의 관점에서 주변 지역의 조선·류큐·에조치(蝦夷地)를 요충지로 위치 지었다. 혼다 도시아키(本多利明)는 『경세비책(經世秘策)』(1798년), 『서역물어(西域物語)』(1798년), 『교역론』(1801년)에서 열강(특히 영국)을 이상화한 무역 부국론을 전개하고 북방 등에 대한 진출을 주장했다. 사토 노부히로(佐藤信淵)는 『혼동비책(混同秘策)』(1823년)에서 '황대어국(皇大御國=일본)은 대지에서 최초로 생긴 나라이고 세계 만국의 근본이다'라고 하고 '쳐서 뺏기 쉬운 토지'인 만주, 이어서 조선·'중국'을 공략해야 한다고 하며 구체적인 공략 수순을 자세히 기술하고 있다. 이러한 것은 내우외환 상황에 의한 국가적 위기인식을 근거로 방위를 강하게 의식한 진출론이며, 난학을 접하는 등 세계 사정을 파악한 학자이자 경세가였기 때문에 솔선해서 논한 것으로, 내용 면에서는 비현실적이고 몽상적이어서 실제 정책과제로는 올리기 어렵다는 특징을 지적할 수 있다. 이 단계에서는 제한된 일부 이데올로기에 의한 과대하고 평론가적인 진출론이고, 쓰시마번이 관할하는 현실의 조일관계에는 인식이 미치지 못하고 있다.

1853년 페리 내항과 이어진 조약체결과 개항문제는 광범위한 사람들의 대외위기 의식을 강고하게 했다. 존왕양이사상 계통에서는 요시다 쇼인(吉田松陰: 1380~1859)이 『유수록(幽囚錄)』(1854년)에서 군비를 정비하여 에조·북방·류큐·조선·만주·대만·루손을 공략해야 한다고 했고, 스기우메 타로(杉梅太郎: 1828~1910)에게 보낸 편지(1866년)에서 '얻기 쉬운 조선·만주·지나를 정복하고, 교역으로 러시아에 잃은 것은 토지에서 조선·만주에서 채워야 한다'라고 기술한 것 이외에 히라노 구니오미(平野國臣: 1828~1864), 마키 이즈미(眞木和泉: 1813~1864), 구사카 겐즈이(久坂玄瑞: 1840~1864) 등도 진출론을 제창하고 있다. 존왕양이 사상은 일본중심주의의 색채가 강하고, 열강에 대한 대항 의식이 주변 지역의 복속으로 바뀌고 있다.

또한 구미와의 통상을 준비하자는 '개국론자'들도 후쿠오카 번주 구로다 나리히로(黑田齊溥: 1811~1887)의 페리 내항에 관한 서장(1853년), 로주 홋타 마사요시(堀田正睦: 1810~1864)의 의견서(1857년), 요코이 쇼난(橫井小楠: 1809~1869) '고쿠제산론(국시삼론國是三論)'(1860년), 조슈번 나카이 우타(長井雅樂: 1819~1863) '항해원략책(航海遠略策)'(1861년) 등에서 일본이 세계에서 가장 훌륭한 강국이 되기 위해 적극적으로 대외 진출을 할 것을 주장했다. 에치젠(越前)번 하시모토 사나이(橋本左內: 1834~1859)가 무라타 우지히키(村田氏壽: 1821~1899) 앞으로 보낸 서간(1857년)에는 '독립에 이르기 위해서는 산단·만주 근처, 조선국을 아우르고, 또한 아프리카 대륙 혹은 인도 안에 영지를 갖지 않으면 도저히 바랄 수 없다' '아시아를 하나의 동번(東藩)으로 보고 서양을 우리가 속한 곳이라고 생각하고, 러시아를 형제순치(兄弟脣齒)로 삼고 이웃 나라를 약탈하는 일, 제일 긴요하다고 생각합니다'라고 침략적인 경향이 강해지고 있다. 또한 가쓰 가이슈(勝海舟: 1823~1899)도 의견서, 일기, 회상 등에서 일본의 병비는 교역이윤으로 조달하고, 쓰시마를 개항해서 조선·중국과 교역하고 해군을 성대하게 해야 한다고 주장하고 있는 것을 알 수 있다.

유학자 중에서도 대외 진출론을 주창한 자가 있었다. 로주 이타쿠라 가쓰키요(板倉勝靜: 1823~1889)의 고문이었던 유학자 야마다 호코쿠(山田方谷: 1805~1877)는 1861년 의견서에서 청국이 대란으로 '주인 없는 땅'이 되어 있어서 '쟁취'해야 하니 일본이 무위를 가지고 정벌해야 한다고 하고, 좌군(左軍)은 남해에서, 대만·우군(右軍)은 북해에서, 조선·중군은 산동을 공격할 것을 제창했다. 또한 1864년 편지에서는 '먼저 조선 정벌에서 시작하여 동북으로 움직여 만주 산단(山丹)을 일소하고 북쪽의 에조로 잇는다', 대만·류큐·오스트레일리아 등 남쪽 제도를 공략해야 한다고 했다.

이처럼 막부 말기에는 여러 가지 입장에서 진출론이 제창되었다. 모두 정책화하기에는 역시 현실적이지 않았고, 조일관계의 실태까지도 거의 다루지 않고 있다. 과대한 주장이고, 일종의 명분이기도 하지만 이러한 적극적인 진출론 주장이 일반적이고, 명분으로서도 통용되는 풍조였다는 점에 유의할 필요가 있다. 이러한 풍조를 배경으로 후술하는 쓰시마번에 의한 조선진출론의 제창이 있다. 또한 조선으로의 진출론의 대부분은 진구황후 전설에 근거를 둔 삼한정벌·삼한 조공사관이 받아들여져 이것이 당시 지식인의 일반적 '지식' '상식'이었다는 점을 지적해두고 싶다.

3. 막부 말기의 한일관계 – '교린'의 붕괴로

1) 쓰시마번에 의한 조선진출론 제창

포사드닉호 점거사건과 이봉론

19세기에는 나폴레옹 전쟁이 수습된 후 영국과 러시아가 세계의 패권을 다투어 각지에서 대립하였고, 크림전쟁(1853~56년)[117]에서도 둘은 싸웠다. 쓰시마는 한반도와 일본열도와의 결절점이었을 뿐만 아니라 동지나해와 일본해를 연결하는 위치에 있었고, 동아시아로의 진출을 노리는 영·러 양국에게 전략적인 요충지로 비쳤다. 1859년에는 영국함선 악테온호가 쓰시마에 내항하여 쓰시마번을 긴장시켰다.

1861년 2월 3일 러시아함 포사드닉호가 쓰시마번 아소(浅茅)만에 내항하여 선체 수리를 명목으로 이모자키(芋崎) 부근에 상륙하여 작은 건물을 세웠다. 4월 12일에 러시아인은 작은 배로 오후나코시(大船越)의 땅을 파서 낸 수로를 통과하려다가 경비인들과 충돌하여, 백성 마쓰무라 야고로(松村安五郎: 1823~1861)가 총에 맞아서 사망하는 사건도 일어났다. 이미 러시아와 막부는 통상조약을 체결하고 있어 번 당국은 온건하게 대응하여 돌아가게 하려 했지만, 강경론을 제창하는 번사들도 적지 않았다. 나가사키에서 막부 관리가 건너오자 외국 부교(奉行) 오구리 다다마사(小栗忠順: 1827~1868)도 에도에서 급히 돌아왔지만, 러시아 측과 교섭 후 곧 귀환해 버렸다. 러시아 군함 포사드닉호의 비리레프 함장은 번주 소 요시요리(宗義和:

---

[117] 1853년, 러시아가 오스만 제국 내 러시아 정교도를 보호한다며 도나우강 연안 공국을 점령하자 오스만 제국이 전쟁을 선포했다. 영국과 프랑스가 오스만 제국을 지원했고, 오스트리아도 러시아에 적대했다. 1854년, 연합군이 러시아 크림반도의 세바스토폴을 공격해 러시아가 철수했다. 파리 강화 조약으로 전쟁이 끝난 후, 러시아는 개혁을 시작했고, 오스트리아는 독일과 이탈리아의 통일로 영향력을 잃었다.

III. 근세 한일관계와 변용   193

이모자키(芋崎)

러시아인 상륙지

1818~1890)와 회견하고 토지조차를 요구했다.

　막부 내에서는 쓰시마의 토지몰수·개항론이 부상했다. 각국과의 통상조약으로 개항지가 된 니가타(新潟)의 대체 항구를 모색하고 있기도 했고, 러시아에게만 조차를 허락하지 않고, 막부가 쓰시마(섬 전체 또는 일부)를 몰수해서 막부 직할로 만든 후에 각국에 대한 개항장으로 삼으려 했던 것이다. 이러한 상황 속에서 6월 13일자로 쓰시마번은 영지를 바꿔줄 것(이봉

移封)을 요구하는 내원서를 막부에 제출했다. 이때에도 근무 가신이었던 사스 이오리(佐須伊織: 1802~1862) 등이 이봉론을 추진하고 있었는데 막부가 아소만(浅茅湾) 주변만 몰수하여 개항하는 것보다는 오히려 섬 전체를 몰수하여 번을 유지할 수 있을 만큼의 영지를 줄 것을 희망했다. '조선어역직(朝鮮御役職)'[118]에 대해서는 막부의 의향을 따르겠다고 하면서도 번 내의 문서를 봐도 쓰시마번이 조선교역을 계속하는 것이 상정되어 있었던 것을 알 수 있다.

막부는 하코타테(箱館) 부교(奉行)를 통해 하코타테 주재 러시아 영사와의 교섭을 시도하고 또한 7월 22일에는 쓰시마에 영국군함이 와서 포사드닉호를 견제한 결과, 8월 15일에 포사드닉호는 쓰시마에서 퇴거했다. 9월에는 외국 부교 노노야마 가네히로(野々山兼寛) 일행이 쓰시마에 와서 쓰시마 몰수를 염두에 두고 섬 전체의 순검 조사를 실시했다. 노노야마 등이 에도로 돌아와 다음 해 2월에 제출한 보고서에는 쓰시마 전체를 몰수하는 것은 불가능하고 아소만 주변의 일부 몰수도 문제점이 있다고 했다. 막부에서는 이후에도 검토를 계속했지만, 이 시점에서 쓰시마 몰수와 개항은 실현되지 않았다. 만약 실현되었다면 조일통교와 무역에 중대한 영향이 있었을 것이라는 것은 의심의 여지가 없다. 또한 포사드닉호 사건으로 조선과의 관계를 담당하고 있었던 쓰시마의 방위문제가 널리 전국적인 관심으로 부각되었다.

쓰시마번에 의한 원조요구 운동

1862년 8월 25일, 쓰시마번 존왕양이파 번사 등이 에도로 밀어닥쳐 에도 근무 가로(家老) 사스 이오리(佐須伊織)를 살해하는 사건이 일어났다. 번주 후사 문제와 이봉론이 얽힌 싸움이 배경에 있었지만 쓰시마번에서는 번 안

---

118) 조선과의 외교 문서 해독, 작성, 조선 사절 접대 등을 맡은 직책

에서의 항쟁이 재정원조 획득 경쟁과 결부되는 경향이 강했고, 사스 이오리 등이 추진하는 이봉론을 부정한 존왕파들은 막부로부터의 새로운 대형 원조를 획득할 움직임을 보였다(이하 기무라 나오야, 1987). 그들은 우선 번의 방침을 존왕양이로 전환한 조슈번과 9월말에 동맹을 맺고, 오시마 도모노죠(大島友之允: 1826~1882) 등 주선 그룹이 가쓰라 고고로(桂小五郎: 1833~1877) 등 조슈(長州) 번사와 접촉하면서 막부·조정에 대한 공작을 개시했다. 쓰시마번이 여기저기 돌렸던 11월자 번정(藩情) 설명서에서는 종래의 조일 관계에 대해 '식량을 다른 나라에 청한다'(쌀 등을 조선으로부터 마련하고 있다)는 것은 국위에 관련된 것으로 그 문제점과 쓰시마 방위의 필요를 지적하고, 쓰시마 원조를 요구하고 있다. 그 결과 12월 25일에는 존양파가 추대한 젠노죠(善之允)가 영지를 물려받는(소 요시아키宗義達라고 불렀다) 데 성공하였고, 또한 이듬해인 1863년 1월 3일에는 조정에서 양이에 즈음하여 쓰시마 방위가 긴요하다고 하는 칙서를 쓰시마번에 내렸다.

앞서 서술한 바와 같이 요시다 쇼인 등의 대외 진출론의 언설이 있었던 조슈번 존양파는 조일관계와 쓰시마 원조에는 관심이 높았다고 생각된다. 3월 20일에는 조슈번 가로 명의로 쓰시마번 원조를 막부에 요청하고, 막부는 30일에 즉시 쓰시마번에 5,000냥을 내려주기로 결정하였다. 또한 4월 3일에는 조슈번의 모리 사다히로(毛利定廣: 1839~1896)가 소 요시아키를 데리고 쇼군을 만나게 하고(불시의 알현), 쓰시마 원조를 요청하게 하였다.

쓰시마번의 주선 그룹은 막부 중직들에게도 원조요구 운동을 했다. 같은 해 1월 오시마 도모노죠는 가쓰라 고고로의 중개에 의해 로주 이타쿠라 가쓰키요의 참모로서 적극적인 대외 침략론을 제창하고 있었던 야마다 호고쿠(山田方谷: 1805~1877)와 만나 쓰시마 원조를 요구했다. 야마다는 조일관계의 문제점과 쓰시마의 상황을 듣고 '아무쪼록 조선이 약속을 어긴 죄를 책망하고 이것을 정복할 계획으로 나가지 않겠는가'라고 하고, 막부에 제출하는 원조 요구서에서도 '한국을 굴복시킨다(伏韓)'는 것을 주장하게 되었다. 4월 20일에 오시마와 히구치 겐노스케(樋口謙之亮)가 로주 이타쿠라와 만나 '정한(征韓)'을 논의했고, 이타쿠라가 내밀히 '조선정탐안'을 명령했다. 야마다는 그 후 쓰시마번의 원조요구 원서 초고를 첨삭하여 로주 이타쿠라에게 내람하게 했다. 또한 오시마는 4월 27일도 가쓰라의 중개로 쓰시마의 몰수·개항과 무역 확대를 주창하고 있던 군함 부교 격인 가쓰 가이슈를 만났다. '가이슈일기(海舟日記)'에 의하면 '조선에 관한 논의를 논한다. 우리들의 책략은 지금 아시아주에 있는 유럽인에게 저항할 자가 없다. 이 모든 규모가 협소한 것은 저들이 원대한 책략에 미치지 못해서이다. 지금 우리나라에서 선함을 내어 널리 아시아 각국의 주군에게 설명하고 종횡으로 연합하고 함께 해군을 키우고 유무를 통용하고 학술을 연구하지 않으면 그는 유린을 막을 수 없다. 우선 가장 처음 이웃 나라인 조선에서 이것을 설명하고, 이후 지나에 미치게 한다. 이 사람(오시마)은 실로 동의한다'라고 되어 있다. 그 후 가쓰 가이슈는 쓰시마 번사와 빈번하게 접촉하고 막부 내에서 쓰시마번에 적극적 지원을 주창하고 있는데 관련된 '가이슈 일기' 기사에서 '정한', '복한(伏韓)' 표현을 볼 수 있다.

쓰시마번 청원서의 조선진출론 제창

같은 해 5월 12일, 쓰시마번은 막부에 대해 해마다 3만석의 쌀 원조와 무기·군함의 대여를 구하는 원서를 제출했다. 주목할 것은 원서 안에서 조선진출론을 제창한 것이다. 그 부분의 요지는 다음과 같다.

열강이 조선을 침략할 염려가 있고, 양이 실행을 계기로 열강이 조선을 근거지로 하면, 쓰시마뿐만 아니라 천하의 큰일이다. '늦어지면 다른 사람에게 제압당할 수 있어서' 물러서서 지키는 방법을 바꾸어, 출전의 기세를 가지고 구미열강(外夷)이 조선을 침입하지 않을 동안 책략을 세워 이에야스 이래 200년의 화교(和交)와 신의를 가지고 조선을 원조하는 주의를 밀어붙이면 조선은 복종할 것이다. 만약 복종하지 않아서 병위를 보이더라도 '임진일거(壬辰一擧)'(도요토미 히데요시의 조선침략)와 같은 '명분 없는 비난(無名의 毀)'은 받지 않는다. 조선에 손을 댈 때 처음에는 인호(隣好)의 성의를 다하고 열강을 쫓아버리고 일본에 복종하도록 얘기하는데 받아들이지 않으면 병위를 보여주면 된다.

그리고 이러한 조선진출을 도모해가는 중에 종래의 조일교역이 단절된다 해도 전략적 요충지인 쓰시마번을 유지할 수 있도록 원조가 필요하다는 논리로 원조를 요구했다.

1863년 5월이면 조슈번을 중심으로 하는 존왕양이 세력이 정국을 주도하고 있었던 시기이다. 그와 같은 양이 실행의 상황을 전제로 조선침입의 가능성이 있는 구미열강에 대한 위기감을 기반으로 하여 쓰시마원조를 요구하면서 종래의 조일관계를 쓰시마번에 유리한 형태로 변혁하는 계기로서 조선진출론을 자리매김하고 있었다고 할 수 있다. 이데올로거들의 진출론과는 다른 바로 쓰시마번의 현실 이해에 기초한 주장이었다. 이러한 조선진출론은 막부원조를 끌어내기 위한 과대한 구실이라는 면도 있지만, 후술하는 바와 같이 쓰시마번이 그 후 일관해서 조일통교 변혁 노선을 취해갔던 것을 고려하면 쓰시마번은 종래의 조일통교의 상태에 어느 정도 실망하고 있었던 것을 볼 수 있다. 조일관계를 담당해 왔던 쓰시마번이 조일통교 변혁·조선진출을 주창한 의의는 크다. 또한 여기에서의 조선진출론은 조슈번 등 존왕양이파와 막부관계자 등 여러 가지 입장의 대외 진출론자와의 접촉에 의해 명확히 했던 것이고, 또한 갑작스러운 침략론도 아니고 "우선은 조선을 설득하고, 듣지 않으면 친다"라고 하는 논리를 취하고 있는 점에서 정책화로의 실현성을 부여하고, 다양한 진출론자의 지지를 얻을 수 있게 된 것이라는 점에 주목하고 싶다.

이 쓰시마번의 원조요구는 막부 내에서 격한 논의를 일으켰지만 결국 5월 26일에는 막부는 쓰시마번의 요구를 인정하기로 결정했다. 또한 6월 3일에는 가쓰 가이슈에게 조선사정 탐색을 임무로 맡겨 쓰시마로 파견하고, 조선 문제에도 착수할 자세를 보였다.

오시마 도모노스케의 조선진출 건백서

쓰시마번이 조선진출론을 거부한 원조요구 원서를 제출하고 막부에게 인정받은 3개월 정도 후에는 1863년 8월 18일, 나카가와노미야 아사히코 친왕(中川宮朝彦親王)이 사쓰마번과 아이즈번의 지원을 받아 존왕양이파 귀족들과 조슈 번사들을 교토에서 쫓아낸 사건이 있었다. 당시 일본 연호를 본따 분큐의 정변(文久の政変)이라고도 한다. 이듬해인 1864년 7월에는 긴몬(禁門)의 변119)이 일어나 존왕양이 세력에게 대항하는 보수파가 막부 내에서 반격하는 상황 속에서 쓰시마원조·조선문제에 열심이었던 로주 이타쿠라 가쓰키요가 실각했다. 쓰시마번 원조와 함께 결정되었던 가쓰 가이슈의 쓰시마 하향에 대해 쓰시마번은 조일통교 변혁의 계기로서 크게 기대하고 독촉도 하고 있었지만 결국 실현되지 않은 채 가쓰 자신도 실각해버리고 말았다.

10월 26일에 쓰시마번의 오시마 도모노스케는 막부로부터 새롭게 쓰시마 차견을 명받은 무코야마 에고로(向山榮五郞)에 대해 약 6,500자에 달하는 장대한 조선진출 건백서를 제출했다. 이 건백서의 구성과 요지는 다음과 같다.

---

119) 하마구리문의 변(蛤御門の変)이라고도 불리는 이 사건은 8.18 정변으로 교토에서 쫓겨난 조슈 번이 하마구리 문 전투를 시작으로 교토에서 일으킨 반란이다. 처음에는 조슈 번이 우세를 점하는 듯 보였으나, 사츠마 번과 아이즈 번이 교토 황궁을 방어하는 데 성공하면서 조슈 번은 패배하게 되었다. 이 사건은 제1차 조슈 정벌의 원인이 되었다.

서론부분

• 전년의 원조요구 원서에서 조선진출론을 약술

• 기본자세의 기술 제 1 항목

조선을 복종하게 하는 데 있어서 '저 나라는 원래 자존(긍지를 가지고 스스로 존중하며 자기의 품위를 지킴)의 국풍'이기 때문에 곧 '속국 인신의 예'는 취하지 않겠지만 갑자기 병위를 가지고 하지 않고 '은덕(恩德)'을 우선으로 하고, 만약 덕화(德化)에 따르지 않는다면 '즉시 응징의 용단'을 내려야 한다.

• 기본자세의 기술 제 2 항목

외이(外夷) 침략의 위험을 충고하고 '입술과 이와 같은 관계를 오랫동안 서로 유지할 수 있도록 성의를 가지고 담판'으로 나가도 조선은 '원래부터 매우 의심이 깊은 국풍'으로 '완고한 옛 규제를 고수'하고 승복하지 않을 것이기 때문에 연월이 걸리더라도 뿌리 깊게 매달려 은(恩)·위(威)·리(利) 세 가지를 활용해야 한다.

'제 1책, 양국교제의 규칙을 고친다'
종래의 양국 교제의 규제에서 벗어나 구폐를 일신하고 조선의 곳곳을 개항하여 일본인을 식민한다.

'제 2책 힘껏 저들의 민심을 따른다'
조선의 정도(政道)는 가혹하기 때문에 '인은(仁恩)'으로 민심을 끌어당겨 '저 나라의 풍속이 탐욕이 심하여 만족을 모르기' 때문에 이익으로 민심을 얻는다(收攬).

'제 3책 양국의 금기를 깬다'
'양국 사이의 편협하고 고루한 법으로 금지한 일(法禁)'을 고치는 돌파구로서 무기 수출 금지를 해제한다.

'제 4책 저들과 우리의 물산을 연다'
조선에서 광업 등 모든 산업의 개발에 노력하면 쌍방의 이익이 되고, '저 국민이 기쁜 마음으로 복종하고 저절로 우리에게 감화되는 방편'이 된다.

'제 5책 신의 나라(神州)의 무위용기를 보여 준다'
조선 복종에는 '은덕'을 우선으로 해야 하지만 조선의 풍속을 고려하여 '자연스럽게 두려움을 가질 수 있도록' 무비를 갖추고 군함으로 나가서 군사 연습을 행하여 조선인에게 '황국의 충의와 용기 무예를 중히 여겨 숭상하는 기상'을 드러내 보인다.

'제 6책 청나라와의 장삿길을 연다'
조선을 중개로 하여 북경과의 장삿길을 연다.

'제 7책 크게 해군을 일으킨다'
부국강병에 즈음하여 조선·청국과의 교역을 해군을 일으키는 재원으로 삼는다(가쓰 가이슈의 구상이라고 덧붙여 씀).

· 후기 부분
막부 관리의 쓰시마 하향을 요구한다.

이 오시마 도모노스케 건백서의 기저에는 '황국'(일본)의 우월과 조선 멸시 의식이 있는 것을 명확히 알 수 있다. 가쓰 가이슈 등의 동아시아 교역 구상으로부터의 영향과 침략주의적인 경향이 모두 포함되어 있으며, 다양한 대외 진출론의 환경을 배경으로 하고 있었던 것을 엿볼 수 있다. 전년의 쓰시마번 원서에서 조선진출론의 논리 패턴을 발전시켜 '우선은 조선을 설득하고, 필요에 따라 이익 유도하거나 압력을 가하거나 하고 듣지 않으면 친다'라고 하는 단계적 진출론의 형태를 취하고 있고, 현실적으로 실행하는 수순을 보여주고 있다고 할 수 있다. 다른 조선진출·침략론에 비해 장대하고 구체적으로 기술하고 있고, 조일통교·무역 실태를 어느 정도 근거로 하고 있기 때문에 동시대적으로 보면 이만큼 상세하고 구체적인 내용을 수반하고 있는 조선진출론은 없었다고 생각된다. 실현하는 데에는 역시 비현실적인 면이 남아 있지만, 당시로서는 상당히 설득력을 가지는, 장래에 실현가능성이 있는 '선견적'인 진출론이었다고 평가할 수 있다. 실제로 이 언설은 후에 메이지(明治) 정부에도 영향을 미치게 된다.

2) 도쿠가와 요시노부(德川慶喜) 정권기 조일관계의 움직임

조선으로의 막부사절 파견 계획

1864년부터 1866년에 걸쳐 막부는 쓰시마와 조선 문제에 대해 대처를 잠시 보류하게 된다. 조슈번 주도의 존왕양이 운동의 실추를 배경으로 '쓰시마의 조선 처치는 조슈의 양이와 표리일체'라는 막부 관리의 인식도 보여지고, 막부 관리의 쓰시마 하향은 실현되지 않았다. 조슈 전쟁 등으로 막부 정치가 곤혹을 치르고 쓰시마번의 내분도 격화하는 속에서 2년만에 쓰시마번에 매해 지급되던 3만석도 정지되어 버렸다. 그러나 조일통교는 종래대로 쓰시마번에 의해 유지되었고, 쇼군 교체와 함께 조일간의 의례적 응수 등도 진행되고 있었다. 하지만 통신사 준비는 진전되지 않았고, 실현 의욕은 조선과 일본 양쪽에서 볼 수 없었다. 무역도 종래대로 유지되고 있었지만 여러 가지 문제도 안고 있고, 정체적인 경향을 보이고 있었다. 또한 3만석이 지급되지 않게 된 후는 약간의 막부 원조가 이루어지고 있었지만 쓰시마번 내부에서는 재정 궁핍이 심해져서 무역의 구례(舊例) 변혁에 대한 움직임이 시작되고 있었다.(후술)

1866년 7월, 미국 상선 제너럴서어먼호가 통상을 요구하며 조선에 내항하여 대동강을 거슬러 올라갔는데 조선군·민중에 의해 불태워지고, 승무원 전원이 사망하는 사건이 일어났다. 또한 8~10월에는 프랑스 함대가 선교사

이타쿠라 가쓰키요(板倉勝靜)

처형에 대한 보복으로 조선에 내항하여 강화도 등을 습격하고 조선군과 교전했지만 조선 측의 저항도 있어서 철퇴했다. 이러한 사건을 병인양요라고 한다.

10월 15일자로 조선 정부는 병인양요를 전하는 서계를 쓰시마에 보냈고, 이듬해 3월에는 쇼군 요시노부에게 전달되었다. 이러한 공식정보가 도착하기 전에 요코하마(橫濱) 등의 신문에 병인양요에 관한 정보가 게재되었다 또한 나가사키에서는 프랑스·미국 양국이 조선을 다시 습격할 가능성이 있다는 풍문이 돌고 있었다. 이러한 정보를 얻은 막부는 조선과 프랑스·아메리카와의 사이를 조정하는 막부 사절의 조선 파견을 계획했다.

이 파견계획의 최초 제안자는 확실하지는 않지만 쓰시마번 쪽 사료에 의하면 쓰시마번이 주도했을 가능성이 있다. 쓰시마번은 부산 왜관·나가사키·요코하마 등에서 병인양요의 정보를 입수하여 수시로 막부에 전달하였고, '역직(役職: 조선통교)에서 취할 수 있는 중대한 사안'으로서 막부와 협의할 의향이 번 안에서도 있었다. 또한 나가사키에서 병인양요의 정보를 얻은 오시마 도모노스케는 쓰시마번·에도 번저로 통보하는 중에 '조선국의 위국존망의 시기가 왔다', '화의로써 양국의 군대를 해산하고, 깊은 관계를 오랫동안 유지하려는 진실한 뜻을 관철시키도록'하고 싶다고 해서 막부의 지휘를 바란다고 서술하고 있고, 가로들도 함께 일본이 화해를 중개해야 한다고 하는 인식을 보여주고 있다. 이듬해 1월 오시마 도모노스케 앞으로 보낸 번 내 문서에 의하면 '종래의 역직을 드러내 일본에서도 화(禍)를 바꾸어 복(褔)으로 삼는 장기 정책'을 세우고, 일찍이 착수해온 '조선국을 중요하게 이용하는 건, 즉 통교·무역의 변혁이 잘 이루어지도록 하고 싶다'고 쓰여 있다. 쓰시마번은 프랑스와 미국의 재기를 예상하여 조정의 필요성을 조기에 인식하고 조일통교의 변혁에 이용할 의도를 가지고 막부에 대해 손을 쓴 것이라고 생각된다.

이 막부 사절의 파견은 조선의 수도 한성까지 가는 것도 상정되어 있었다. 에도시대에는 막부 사절이 직접 조선에 가는 일은 없었고, 또한 쓰시마번의 사절도 초기 한차례를 제외하면 한성에 가는 일은 없었기 때문에 종래의 조일관계에서 보면 이례적인 일이었다. 또한 1866년 12월 20일에는 복권해 있던 로주 이타쿠라 가쓰키요가 쓰시마번에 문서를 내려 '모든 일을 옛 격식에 얽매이지 말고, 외국(서양제국) 교제의 관계에 기초하여 더욱 신의를 세우도록' 도모하여 '조선 취급 규칙'의 변혁을 지시하고 더불어 쓰시마에서의 이테안(以酊庵) 윤번제를 폐지하여 막부로부터 별도의 관리를 파견하기로 했다. 즉, 막부의 사절파견 계획은 조일통교 시스템의 변혁을 시야에 넣은 것이었다는 점을 알 수 있다.

1867년 2월 7일 쇼군 요시노부는 프랑스 공사 레옹 롯슈(Leon Roches)와 협의하는 중에 조선에 조정사절 파견을 타진했지만 롯슈는 태도를 유보했다. 10일에 막부는 외국 부교 히라야마 요시타다(平山敬忠: 1815~1890)를 사절로 임명하고 메쓰케 고가 긴이치로(古賀謹一郎: 1816~1884)에게 동행을 명했다. 히라야마는 '신의와 함께 무위를 겸비 하도록' 군함 탑승과 이대대(二大隊)의 동반을 요망했다. 또한 4월 7일에 막부는 아메리카에 대해 조선과의 조정을 타진했다. 막부의 태도로서는 조선국은 '원래 우리가 오랫동안 외교를 맺었던 나라로서 이처럼 의리 없는 행실을 하고, 우리가 동맹 친교의 국민을 참해한다고 듣고 우리 대군이 깊은 통탄을 누를 수 없고 또한 당연히 인의로써 충고 선도하지 않을 수 없다'고 하는 것에서도 서양 근대 국제사회 편에 서려는 것이 기반에 있었다는 것을 알 수 있다.

1867년의 움직임과 조선 측의 의의

도쿠가와 막부의 최종 국면에 있었던 1867년은 실제로 조일관계에 있어서 중요한 의미를 가진 해였다. 우선 쓰시마번에 의한 무역의 구례 변혁의 움직임이 구체적으로 행해지고 있다. 쓰시마번은 무역정체 문제에 대해 교섭하기 위해 왜관 밖으로 나갔다(왜관난출). 왜관 난출이라는 것은 원래 쓰시마번 사람이 왜관 밖으로 마음대로 나가서는 안 되는 규칙을 어기고 왜관 밖으로 나가는 것으로 에도시대에 몇 번인가 사례가 있었다. 일상적으로는 왜관에서 근무하는 조선 측 역관(훈도訓導·별차別差)과 교섭하는데 진척되지 않아서 같은 해 1월에 쓰시마 번사들이 부산의 동래부(대일 외교를 관리하는 관청)와 직접 교섭하겠다고 난출을 실행했다. 이때는 결국 동래부와의 교섭을 실현하여 무역으로 받는 쌀·목면의 지체분에 대해 선처하겠다는 회답을 조선으로부터 얻는 데 성공했다. 또한 3월에 쓰시마번은 강신대차사(講信大差使) 니이 마고이치로(仁位孫一郎)를 왜관에 파견하여 공무역 물품지체 대책과 무기수출 해금을 포함한 무역규칙 변경에 대해 이례적으로 교섭을 신청했다. 에도시대에 무기 수출은 금지되어 있었지만 1864년 오시마 도모노스케 건백서에서도 무역규칙 변혁을 계기로 무기수출 해금도 정해지는데 이 건백서에도 합치된 방향에서의 교섭이었다고 할 수 있을 것이다. 그러나 조선 측은 난출을 감행하며 했던 요구는 받아들일 수 있지만 이 강신대차사는 구례 위반이라고 해서 받아들이는 것을 거부했다. 조선측에서 보면 쓰시마번이 이제까지와는 다른 움직임을 보인 것이라고 할 수 있을 것이다.

조선 조정에 충격을 준 사건으로 야베 준샤쿠 정한기사가 있다. 1866년 청국의 신문에 일본인 야베 준샤쿠(막부 대관의 감독을 맡아 잡무를 보던 관리의 자녀)가 말한 내용을 알리는 기사가 게재되었다. 거기에는 일본은 제후를 회동시켜 화륜선을 건조하여 조선에 가서 칠 뜻이 있다고 쓰여 있었다. 이 정보를 얻은 청 조정은 조선의 종주국 입장에서 조선 정부에 통보

했기 때문에 프랑스와 미국의 재침 염려도 있는 상황에 있었던 조선 정부는 경악하며, 이듬해인 1867년 3월 쓰시마에게 야베 준샤쿠의 정한기사에 관해 힐문하는 서계를 보냈다. 쓰시마번은 이 서계를 왜관에서 받았을 때에도 조일통교 재검토의 필요를 강조하고 막부에 전달할 때에는 기사 내용을 부정하고 인목을 주창하는 것이 막부사절 파견에 의한 조정에도 유리하게 작용할 것이라는 인식을 보이고 있었다. 막부는 야베 문제와 관련시켜 조정사절의 의의를 조선에 이해시키도록 쓰시마번에 지시하고 8월에 쓰시마번은 야베 준샤쿠 기사를 사실무근이라고 부정하는 서계를 조선에 보냈다. 이 서계에는 막부사절 파견도 부기되어 있었다. 다보하시 기요시(田保橋潔)의 연구에서는 야베 사건이 조정사절 파견 계획에 냉수를 끼얹은 것처럼 평가를 하고 있지만(다보하기 기요시, 1940) 쓰시마번과 막부 모두 야베 문제를 오히려 적극적으로 통교 재검토와 막부사절 파견에 이용하려고 했던 것은 확실하다.

조선 측에서 보면 쓰시마번에 의한 이례적인 무역 변혁 교섭의 제기, 막부에 의한 이례적인 사절 파견의 타진, 그리고 야베 준샤쿠 정한기사를 같은 시기에 받았기 때문에 일본에 대한 의구심이 높았던 것은 틀림이 없다(후년, 조일수호조규 체결교섭 중에도 야베 준샤쿠 문제가 상기되고 있다). 그러한 상황에서 이듬해에는 메이지 신정부 수립 통고 서계를 들이밀어 조일관계는 전회하게 되었다.

막부사절 파견 계획의 소멸

1867년에 이례적인 막부사절 파견을 타진 받은 조선 정부는 이것을 거절할 의사를 쓰시마 측에 전했다. 그러나 쓰시마번은 사절에 임명된 히라야마 요시타다의 출발이 지연되고 있었던 것에 대해 끊임없이 막부에 독촉하고 있다. 10월 14일에 쇼군 요시노부는 통치권을 천황에게 반납한다는(大政奉還)의 상표(上表)를 제출하고, 다음날 조정이 허가했지만 얼마 되지 않아

도쿠가와 요시노부

모든 정사(政事)의 위임을 막부에 지시했다. 같은 달 25일 요시노부는 조정에 대해 조선에 사절파견계획의 계속을 인정하도록 상신하고 쓰시마번의 오시마 도모노스케도 마찬가지의 취지를 상신했다. 두 개의 상신서는 내용적으로 밀접한 관련이 있기 때문에 오시마 측이 주도한 것이라고 생각된다. 이에 대해 조정은 11월 4일에 칙허를 내려 사절파견 계획은 속행되게 되었다. 사절이 지참할 쇼군 명의의 국서 초안도 준비되었는데, 일본어 원안에서는 국제사회에 대한 조선의 무지를 지적하고 '바로 이제 천하의 형세, 만국의 사정'을 알린다는 태도가 드러나 있다. 조선 측에 보낼 예정의 한문 번역문에서는 온화한 표현으로 바뀌고 있지만 막부의 자세를 살필 수 있다.

그러나 12월 9일에는 '왕정복고' 쿠데타가 일어났고, 이듬해 1월 3일에는 보신(戊辰)전쟁[120]이 발발해서 막부는 무너져갔다. 이로써 조선으로의 막부 사절 파견 계획은 자연히 소멸하게 되었다.

이 사절파견 계획의 의의를 정리해 보자. 쓰시마번은 일관되게 매우 적극적인 관여를 보여주고 있고, 사절파견을 조일통교 시스템 변혁의 돌파구로 위치 짓고, 쓰시마 원조문제도 얽혀있어 막부의 적극적 대처를 기대하고 있었다. 도쿠가와 요시노부 정권으로서는 막부를 타도하려는 기운이 높아지자 조선과 프랑스·미국 사이를 조정하는 것으로 국내외에 대해 외교권을

---

[120] 1868년부터 1869년에 걸쳐 구 에도막부 세력과 조슈·사쓰마 중심의 신정부군 사이에 벌어진 전쟁이다. 패배한 구막부군의 잔존세력은 홋카이도의 하코다테를 점령해 끝까지 저항했으나, 1869년 6월 항복하면서 전쟁은 끝났다.

장악하는 주권자로서의 지위와 높은 외교능력을 보여줄 의도가 있었다고 생각된다. 서양 근대 국제사회로의 지향을 기반으로 조일통교 시스템 변혁을 의도했던 것이라고 할 수 있다. 조선 정부는 이 단계에서는 구례 고수의 자세를 흩트리지 않고, 그 속에서 일본에 대한 시의심(猜疑心)을 높여갔다.

서양근대 국제사회에서는 소속이 애매한 지역의 존재를 허락하지 않고 국경을 확정하고, 주권국가의 중앙정부끼리 직접 외교관계를 굳게 맺었다. 그런 의미에서 막부가 이제까지 쓰시마번에 위임하고 있었던 조선외교에 스스로 개입하려 했다는 것은 중앙정부에 의한 외교 일원화라는 근대적 외교를 향한 움직임이라고 평가할 수 있다. 그러나 이 단계에서는 쓰시마번의 조일관계에서의 특별한 지위는 여전했다. 근대적 외교는 개별 영유제(領有制)를 부정했다. 즉 쓰시마번이라는 매개적 존재를 소멸시켜 근세 조일통교를 지탱했던 삼각관계를 해소함으로써 처음으로 가능하게 되었다. 여하튼 조일통교 변혁과 조선진출이 실제 정책으로 시행되기 시작했다는 것은 의미가 크다.

4. 조일관계의 변화 - '교린'에서 '정한'으로

1) 메이지 신정부의 성립과 조일통교의 정체

신정부에 대한 조일통교 쇄신 건의

'왕정복고' 쿠데타로 성립된 메이지 신정부는 보신(戊辰)전쟁에서 구막부측을 압도해 가는 중에 1868년 3월 23일 쓰시마번에 '이제까지 한 것처럼 양국 통교를 담당하도록 이에야쿠(家役)에게 명령한다'라고 지시하고, '왕정일신'이 되었기 때문에 해외의 일은 '구폐 등을 깨끗이 씻어'내도록 지시했다. 또한 같은 날 신정부는 쓰시마번에 대해 조선과의 국교는 조정에서 취급한다는 뜻을 조선에 통달하도록(신정부 수립을 통고하도록)지시했다.
 윤4월 6일 쓰시마번은 신정부에 '종전의 오래된 폐단을 널리 고쳐서 새롭고 좋게'하도록 조선통교 쇄신을 건의했다. 이 건의서에는 '별록'과 '양국 교제의 조항' 두 가지가 첨부되어 있다. '별록'에서는 ① 조선외교를 쓰시마 손에 모두 맡길 수는 없다. ② 이번 교제일신(交際一新)에 즈음하여 통상교역도 대책을 취해야 한다. 에조치(蝦夷地) 개발이 행해지고 있는 것을 인용하면서 '먼저 손을 써야 제압할 수 있습니다. 이번 기회를 잃지 말고 은위(恩威)를 병행하여 오늘부터 그 방책을 정하여 지배의 기술을 얻는다면 수년 후에는 외부(外府)와 같이 될 것입니다'라고 하였다. ③ 조선에서 식량을 얻고 있는 것은 '번신의 예를 취하는 것과 비슷하다', '쓰시마의 사사로운 교제의 폐단을 빨리 고쳐서 새롭고 좋게 하도록 명령하시는 것은 한국에 손을 뻗으시는 순서의 첫 번째'이다. ④ 명분도리를 가려서 종래의 폐례를 고쳐 양국의 사절은 가볍게 입고 간단하고 편리하게 해야 한다. ⑤ 조선은 '원래 완고한 풍습으로 좋던 나쁘던 옛 규칙을 고수'하기 때문에 '꼭 반복해서 얘기하고' 듣지 않으면 '확실하게 응징'하고, '황국의 의용과 상무의 기상을 말하지 않고 관철하도록'하고 싶다고 호소하고 있다. 또한 '양국 교제의 절목'에서는 쓰시마에 의한 조일통교의 역사와 방식을 해설하고 있다.
 부속서를 포함하는 이 쓰시마번에 의한 조선통교 쇄신 건의는 1863년 이후의 쓰시마번의 조일통교 변혁노선과 조선진출론에 기초하고, 있고 특히 1864년 오시마 도모노스케의 조선진출 건백서와는 어구·표현의 유사성이 눈에 띤다. 이 때 신정부의 외국관과의 교섭담당은 오시마이고 그가 주도해서 작성한 것이라고 생각된다. 신정부가 제창하는 '구폐의 일신'을 이용하면서 신정부의 힘을 빌려 조일관계를 쓰시마번에 유리한 방향으로 변혁하려고하는 의도를 느낄 수 있다. 또한 쓰시마번은 정부에 의한 재정원조를 강하게 요망하고, 외교문제와 동시 병행하는 형태로 신정부와 협의를 하고 있고, 조선으로의 '왕정일신' 통고에 적극적으로 협력하게 되었다.

쓰시마번이 새로운 중앙정부의 힘을 의지하면서 '쓰시마 사교의 폐단'을 비판하고 있는 것은 쓰시마의 기득권을 스스로 부정하여 중앙정부의 외교 장악을 진행시켜버리는 것처럼 보이지만 이 단계에서는 오시마 등 쓰시마번의 주관적 인식으로서는 모순되지 않는다. 어디까지나 중앙정부의 힘을 이용하면서 번에 유리한 방향으로 변혁을 희망하고 있었다. 또한 신정부 내에서는 기도 다카요시(木戶孝允, 가쓰라 고고로) 등 일부를 제외하고는 일반적으로 종래의 조일관계에 대한 이해는 부족했다고 생각되며, 국위와의 관련에서 종래 조일관계의 상태를 문제시하는 쓰시마번의 주장을 받아들였을 것이다.

신정부수립 통고 서계

1866년 5월부터 오시마 도모노스케는 외국관과 조일국교 조정·쓰시마번 원조에 대해 교섭을 했다. 그 결과 쓰시마번주 소 요시아키(宗義達)의 관위를 승격한 이후에 '왕정일신' 통고를 위한 서계를 작성하여 조선으로 보내기로 했다. 이 신정부수립 통고 서계를 지참한 대수대차사 히구치 데쓰시로(樋口鐵四郞)가 부산 왜관에 도착한 것은 같은 해 12월 19일이지만, 이미 예고 사절이 서계내용을 보여주었고 조선 측은 격식에 어긋난다고 해서 서계를 이정하지 않고, 대수대차사의 접대를 거절했다.

소 요시아키(宗義達)

그 서계와 예고 서계에서 문제가 되었던 점은 주로 다음의 세 가지이다.

① 종래 쓰시마 번주의 직함·이름의 기재는 '일본국 쓰시마주 태수 습유 평모(日本國對馬州太守拾遺平 某)'였는데 '일본국 좌근위 소장 쓰시

마노카미 평조신 요시아키(日本國左近衛少將對馬守平朝臣義達)'로 바뀌었다.
② 종래, 쓰시마에서 보내온 서계에는 조선에서 지급되고 있었던 도서(동인)를 날인해 왔는데, 이것을 일방적으로 폐지하고 신정부에서 지급한 새로운 도장을 사용했다.
③ 일본의 천황에 대해 '황(皇)', 그 명령에 대해 '칙(勅)' 문자를 사용했다.

①은 조선통교를 담당해 온 쓰시마번주 소 요시아키의 관위를 '격 올림' 했다는 것 때문이다. ②는 조선에서 지급되어 왔던 도서가 마치 쓰시마가 조선에 신종·조공하고 있었던 것 같은 성격을 가지고 있었기 때문이다. ③은 조선에서 이러한 문자는 종주국인 청의 황제에게만 사용하는 것이고, 쓰시마번은 물론 이해하고 있었다. 이러한 것을 의도적으로 사용한 것은 일본의 천황을 청국 황제와 동급으로 두고 청국 황제에게 신종하고 있는 조선국왕을 천황보다 아래에 두려고 한 것을 보여주는 것이다.
이러한 서계 형식의 변경이 조선 측의 반발을 야기할 것은 쓰시마번 측도 충분히 예상하고 있었다. 10월 8일에 소 요시아키는 번 내에 계론(戒論)을 내려 이후 조선 측의 저항에 의한 통교·무역상의 곤란을 각오하도록 당부하고 있다. 쓰시마번으로서는 그렇게까지 해서라도 굳이 조일통교를 변혁하고, 신정부로부터의 재정 원조를 포함하여 번의 궁핍 상태를 벗어나길 바라고 있었다고 볼 수 있다. 천황을 업은 형태로 새롭게 성립된 정부라면 굴욕적으로 보인 조일관계를 개선하여 국위를 보여주는 것은 희망사항이었다. 조선 측으로 보면 전년의 일련의 움직임으로 일본에 대해 시의심을 품고 있는 가운데 충격이었고 당시는 배외양이주의를 취한 대원군 정권이기도 했기 때문에 강한 반발을 일으켰다.
이 조선 측의 서계 수령 거부 이후 조일관계는 매우 나빠져서 일본 국내에서 '정한론'이 점차 고조되면서 에도시대의 '교린' 관계에서 근대의 '정한'으로 조일관계는 바뀌고 말았다. 에도시대에는 여러 가지 문제를 가지고 있으면서도 어떻게든 평화적·안정적인 관계를 유지하려고 해왔지만 그 지향이 상실되어 갔던 것이다.

기도 다카요시(木戶孝允)의 '정한론'

『기도 다카요시 일기』 1868년 12월 14일자에는 기도가 이와쿠라 도모미(岩倉具視: 1825~1883)를 만났을 때 이야기한 내용으로 다음과 같이 적은 것이 있다.

> 첫 번째는 서둘러 천하의 방향을 정하고 사절을 조선에 보내 저 무례함을 묻고 저들이 만약 복종하지 않을 때에는 죄를 책망하고 그 땅을 공격하고 크게 일본의 위엄을 신장시키기를 원한다. 그러할 때 천하의 나쁜 습관이 모두 변하고, 멀리 해외로 목적을 정하고 이어서 여러 가지 과학기술과 군비 등을 정말 사실로 진행하여 각 내부를 살피고 사람들의 모자람을 비난하고 각자 돌아보고 반성하지 않는 폐단을 깨끗하게 하는데 다다른다. 반드시 국토의 큰 이익이 될 것이다.

기도는 조선에 사절을 파견하여 조선 측의 '무례'를 묻고 조선이 복종하지 않으면 공격하라고 주장하고 있다. 여기에서 '무례'는 신정부수립 통고 서계를 지참한 사절이 부산 왜관에 도착한 것이 12월 19일인 것을 생각하면 조선이 이 서계·사절을 거절한 것을 가리키는 것은 아니다. 앞에서 서술한 대로 기도(가쓰라 고고로)는 이미 막부 말기부터 쓰시마번사와 빈번하게 교류를 하고 있고 조선·쓰시마 문제에 대해 쓰시마번의 주장을 충분히 파악하고 있었을 것이기 때문에 이 '무례'는 근세 조일관계에서 조선이 쓰시마를 신종시키고 있는 것 같은 통교를 해왔던 것을 지적한 것이라고 생각할 수 있다.

『기도 다카요시 일기』에는 이듬해인 1869년 1월 30일 경에도 '아침, 교토의 사정을 차차 전해 듣고 실로 황국의 인정을 안정시켜야 하는 어려움을 바로잡기 힘들어서 점점 평소 생각해온 정한의 생각이 용솟음친다.' 라고 하여 기도가 신정부 아래에서의 곤혹을 한탄하면서 '정한'으로 생각을 몰고 가고 있는 것을 알 수 있다. 일반적으로 종래의 조일관계에 대한 이해가 부족한 신정부 속에서 그 수뇌에 속하는 기도가 조선과 쓰시마 문제를 자세히 알고 있는 한 사람이고 그가 이러한 '정한론'을 품고 있었던 의미는 크다.

조일관계의 정체와 '정한론'

신정부수립 통고의 사절이 거절당했던 상황에서 막부 말기 이래 조일통교의 변혁·조선진출론을 제창하고 있었던 쓰시마번의 오시마 도모노스케는 1869년 2월 부산 왜관으로 들어가 처음으로 조선 측과의 교섭 현장에 섰다. 결국 교섭은 진척되지 않고, 오시마는 교섭의 곤란한 상황을 알고 3월 쓰시마로 돌아왔다.

3월 9일부터 14일에 걸쳐 쓰시마번 측은 조선의 훈도 안동준(安東晙: 1826~1875)을 왜관 안에 잡아두고 설득하려고 시도하고, 통사 우라세 사이스케(浦瀨最助) 등이 안동준으로부터 조선 측의 본심을 들었다. 거기에서 ① 쓰시마번이 신정부를 움직여 국교변혁을 도모한 행적이 있어 조선으로서는 쓰시마에 대한 물화 정체도 고려하지 않을 수 없다. ② 신정부 수립에 의한 천황 친재의 의미가 분명하지 않고, ③ '황', '칙'의 문자 사용 등은 조선을 신하로 할 야망이 있을 것이기 때문에 조선으로서는 옛 규율에 따르라고 하여 애매한 답장을 하고 일이 일어나면 일본 측의 책임으로 할 방침이라는 것이 밝혀지게 되었다.

기도 다카요시(木戶孝允)

1870년 2월 외무성은 관리 사다 하쿠보(佐田白茅: 1833~1907)·모리야마 시게루(森山茂: 1842~1919)·사이토 사카에(齊藤榮)를 부산 왜관에 파견했고, 그들은 쓰시마 번사를 가칭하여 왜관에 들어갔다. 사다 등은 교섭사절로서 파견되었던 것이 아니라 현지에서 조일통교의 내력·형식·조선 국정·공사무역의 실태 등을 조사하는 것이 목적이었다. 3월에 귀국한 사다·모리야마·사이토는 정부에 보고서 외에 각각 의견서를 제출했다. 또한 이 해에는 기도 다카요시와 야나기와라 사키미쓰(柳原前光: 1850~1894) 외무 곤노다이쇼(權大丞)도 조선에 관한 의견서를 제출하고 있다. 이러한 의견서는 모두 곧바로 '황사(皇使)'(쓰시마번에서가 아니라 정부에서 보낸 사절)를 파견하여 '설득'하고, 그 때 군사적인 위압도 더하여 만약 듣지 않으면 무력을 행사한다고 하는 취지에서 공통적이다. 막부 말기 이후 쓰시마번, 특히 오시마에 의한 조선진출론의 논리 유형인 단계적 진출론이 정부관계자 들에 의해 제창되고 있는 점, 더구나 실제로 정책의 제기·운용을 담당하는 수뇌와 외무성 관계자들에 의한 '정한론'이라는 점에 의미를 두고 싶다.

2) 근세 조일통교 시스템의 종언

정부에 의한 조일외교 장악과 쓰시마번

조선 측의 거절 이후 신정부수립 통고를 둘러싼 교섭은 진전되지 않았고, 쓰시마번은 점차 초조한 빛이 짙어지게 되었다. 쓰시마번이 제창했던 통교쇄신의 좌절은 조선으로 하여금 철공철시(撤供撤市)[121]를 초래했을 뿐만 아니라 정부로부터 교섭실패의 책임을 추궁 당하게 되어 쓰시마번으로의 재정원조가 부정되고, 결국에는 조선통교·무역독점이라고 하는 쓰시마의

---

121) '철공'은 왜관에 필요한 생필품 지급을 중단하는 것이고, '철시'는 한 달에 여섯 번 열리는 개시(무역)를 열지 않는 것이다.

기득권을 상실할 염려가 생기게 되었다. 즉, 근대국가의 중앙정부로서 외교를 직접 관장해 가는 방향성과 쓰시마번의 기득권 유지라는 모순이 표면화하고 중앙정부의 힘을 빌리면서 조일통교 변혁을 도모한다고 하는 쓰시마번의 노선이 갈 때까지 가게 된 것이다.

1869년 5월 13일 외국관이 쓰시마번에 조일관계에서도 정부 차원에서 조약을 체결할 생각이라고 지령한 것을 받고 6월에 오시마 도모노스케는 외국관에게 보고서를 제출했다. 거기에서는 일련의 경과설명을 한 후에 쓰시마번은 최대한 노력하고 있고, 교섭정체의 책임은 조선에 있고 조선의 국부에 사절을 파견하여 너그러움과 엄한 두 가지 방법으로 교섭을 해야 하지만 쓰시마번을 경유하지 않고 교섭해도 조약을 체결할 가망은 없다는 등이 기술되어 있었다.

6월 7일 판적봉환(版籍奉還)[122]을 거쳐 9월 24일 태정관이 쓰시마번(이즈하라번嚴原藩이라고 개칭했지만 이 장에서는 편의에 따라 쓰시마번이라고 표기한다)에 대해 조선외교는 외무성에 위임하고, 소케(宗家)가 보내는 사절은 금지한다고 전했다. 또한 다음날인 25일에는 외무성에서 태정관에게 보고를 하여 종래의 쓰시마에 의한 사료와 조선·쓰시마 쌍방 간의 관례 준수를 비판한 후에 군함으로 정부사절을 파견해야 하고, 우선 처음에는 외무성 관원을 파견하여 실정을 조사하도록 요구했다. 이러한 정부의 움직임을 받아들여 10월에 쓰시마번은 태정관에게 보고하여 당장 쓰시마번을 경유하지 않으면 교섭할 수 없다고 하고 외무성이 조일외교 접수를 행할 경우의 문제점을 열거했다. 자번의 기득권을 지키려는 태도가 배경에 있었지만 열거한 문제점은 복잡하게 얽혀 있는 무역의 미납 청산 등 확실한 해결이 필요한 일 뿐이었다. 정부에서는 그러한 모든 문제에 대해 해결할 준비

---

122) 메이지 시대 초기 시행된 중앙집권 정책 중 하나로 1869~1870년 에 다이묘(大名)들이 토지와 백성을 메이지 천황에게 반환한 것을 말한다.

는 없어서 다음 달 태정관은 쓰시마번 가역 금지 방침을 완화하여 당장은 쓰시마번에 의해 통교를 계속하도록 지시했다. 이즈음에는 정부 내에서 조일관계 타개를 위해 쓰시마 번지사 소 시게마사(宗重正)에 의한 조선도해 교섭안, 기도 다카요시의 청·조선 파견안도 부상하고 있었다.

1870년 2월에 전술한 바와 같이 외무성 관리 사다 하쿠보 등이 부산 왜관에 파견되었다. 사태해결의 곤란함을 느끼고 있던 오시마 도모노스케의 지시에 따라 5월부터 통사(通詞) 우라세 사이스케(浦瀨最助)와 조선 측과의 교섭이 행해졌다. 거기에서는 양국의 국가원수의 위치규정은 보류하고 정부대등(양국 정부에서 같은 위치의 고관들로 문서왕복)으로 국교를 진행한다고 하는 타협안이 조선 측에 제시되어 동의를 얻었지만, 때마침 부산에 들른 독일공사 군함에 쓰시마 통사가 승선한 사건이 일어나 조선 측이 태도를 강경히 했기 때문에 타협안은 좌절되었다. 이 직후 훈도 안동준은 우라세가 일본의 무력적 위혁(威嚇)을 보여준 점을 조선 측은 문제시하고 있다고 쓰시마 측에 전했다.

외무성에 의한 왜관 침탈

9월에는 외무성은 요시오카 고키(吉岡弘毅: 1847~1932), 모리야마 시게루, 히로쓰 히로노부(廣津弘信: 1819~1883)에게 부산출장을 명령하고, 정부대표로서 교섭할 임무를 주었기 때문에 쓰시마번은 항의적인 질문을 하고 있지만 쓰시마 이즈하라에 도착한 요시오카 등과 번 지사 소 시게마사는 협의하고, 번 지사는 조일통교 가역을 그만두고 외무성 소관으로 통일하기로 보고하는 등 타개의 움직임을 보이고 있다. 11월 요시오카 등은 부산 왜관에 도착했지만 조선 측은 쓰시마번인 사람이 아니면 교섭하지 않겠다고 해서 받아들이는 것을 거부했다. 이듬해인 1871년 3월 요시오카 등은 겨우 조선 측과 회견할 수 있었지만 교섭은 진전되지 않았다. 현지에서 교섭한 요시오카 고키는 4월 3일 소씨의 가역 파면·사교의 나쁜 풍습 청산을 본성에 보고했고, 외무성 내에서 논의되었다.

　이러는 사이 7월 14일에 폐번치현이[123] 발령되어 쓰시마번은 소멸하게 되었고, 정부에 의한 조일외교 접수로 나아가게 되었다. 7월 27일 소 시게마사를 외무대승(外務大丞)에 임명하여 조선국 출장을 명령했다. 여기에는 오시마 도모노스케도 동행하게 되었다. 정부 스스로에 의한 대 조선외교의 실시와 조선 측이 거절한 쓰시마에 의한 외교 양자를 만족시키려고 하는 절묘한 방법이라고도 할 수 있지만 결국 소 시게마사의 조선행은 실현되지 않은 채 끝나게 되었다.

　1872년에 들어와 왜관 인도, 무역의 청산, 쓰시마 구제 등 정부에 의한 조일외교 직할·왜관침탈을 둘러싼 논의가 진행되어 가는 중에 5~6월에는 구 쓰시마번사들이 왜관을 나와 동래부에서 교섭하려고 난출을 감행했다. 외무성에 의한 왜관침탈 전, 쓰시마에 의한 최후의 모험이라고도 할 수 있는 난출이었지만, 이번에는 동래부의 상대가 되지 않고 어떤 효과도 없이 끝났다.

　5월 28일, 태정관은 조일외교를 외무성 소관으로 하는 지령을 내렸다. 그보다 조일교섭을 결정적으로 실패하지 않아야겠다고 생각한 소 시게마사(宗重正: 1847~1902)는 6월 정부에 의한 접수를 조선 측에 비밀로 하고 쓰시마가 맡아서 관리하는 형태로 할 것, 구도서(舊圖書: 동인銅印)의 사용, 구 쓰시마번의 부채청산을 보고했다. 9월 15일에 외무대승 하나부사 요시모토(花房義質: 1842~1917) 일행은 군함 가스가(春日) 등에 탑승하여 부산 왜관에 도착했다. 군함 탑승에서 조선에 대한 위압적인 태도를 볼 수 있다. 하나부사 등은 왜관접수 작업을 하고 필요한 구 왜관의 관원만을 임용하여 남기고 귀환 길에 올랐다. 여기에 반발한 조선 측은 철공철시를 단행했다.

---

123) 근대 일본의 중앙집권 정책 중 하나로 1871년 8월 29일, 261개의 번(藩)을 폐지하고 전국을 부현(府縣)으로 일원화했다.

왜관 측은 무역상의 미수품 인도를 조선에 요구하지만 진행되지 않았다. 다음해인 1873년 4월 1일 외무성에 부임한 히로쓰 히로노부(廣津弘信)가 부산에 도착하여 초량공관(왜관을 개칭)을 통괄하는 임무를 담당했다. 이때부터 왜관은 완전히 일본외무성이 장악했고, 근세 조일통교 시스템은 종언을 고했다. 근대국가의 중앙정부가 직접 조선외교권을 장악한 것이다.

3) 근대 한일관계로

사이고 다카모리(西鄕隆盛)의 '정한론'과 메이지 6년 정변

1871년 (메이지 4) 7월 29일 청일수호조규(청일 양국은 대등한 관계)가 체결되었다. 메이지 정부에 있어서 동아시아의 대국인 청과의 국교는 그 자체도 중요하지만 청은 조선의 종국이기 때문에 조선에 대한 대응을 위해서도 청일관계의 자리매김을 명확히 할 필요가 있었다. 1873년 4월 30일, 청으로 건너갔던 소에지마 다네오미(副島種臣) 외무경이 청국 측과 비준서를 교환하고 그 교섭에서 소에지마는 청국이 조선의 내치·외교에 간섭하지 않는다는 견해를 이끌어내는 데 성공했다.

그리고 1868년 이후 조일 국교정체 상황에서 일본에서는 정한론 주장이 끊임없이 나오는데, 그것이 계기가 되어 정국을 크게 흔든 것은 정한론 정변(메이지 6년의 정변)이다. 1871년 11월 12일에 이와쿠라 도모미(岩倉具視)를 대사로 하는 견외 사절단이 요코하마(橫濱)를 출발하여 아메리카, 유럽 여러 나라를 방문했다. 정부 수뇌부의 상당수가 외국으로 나가 있는 동안 사절단과 약정을 맺었음에도 불구하고 그것을 어기고 커다란 개혁을 시행했고, 정부 내부의 대립도 표

사이고 다카모리(西鄕隆盛)

면화되고 있었다. 국내에서는 불평 사족의 문제, 지방이 불안정한 상황 속에서 외교안건으로서는 가라후토(樺太)의 귀속, 청일수호조규 비준, 류큐 귀속문제와 타이완 출병, 그리고 조선과의 국교정체의 문제가 있었다.

1873년 5월, 부산에서 근무하고 있던 히로쓰 히로노부가 정부에 보고서를 제출했다. 조선 측에 의한 초량공관(왜관)의 철공철시가 계속되고 있고, 도쿄의 미쓰코시(三越) 상인이 쓰시마 상인의 명의로 건너온 것을 조선이 비난하는 상황을 서술함과 동시에 조선 측이 초량공관의 문 앞에 출입하는 조선인에게 게시를 했는데, '일본은 서양을 모방하여 최근에는 '법이 없는 나라'라고 할만하다' 등이라고 쓰여 있다고 보고하였다. 이것이 부재정부 내에서 문제화되어 조선에 대한 단호한 대응을 해야 한다는 것(정한론)이 의제가 되었다. 각의에서는 즉시 정부사절을 파견해야 한다고 했지만, 무력을 배경으로 사절을 파견할지 우선 비무장의 대관을 파견할지가 문제가 되었다.

이때 사이고 다카모리는 자신을 조선에 사절로 파견하도록 강하게 주장했다. 7월 29일부로 사이고 다카모리는 같은 참의였던 이타가키 다이스케(板垣退助: 1837~1919) 앞으로 보낸 서간에서 군대를 몰려가게 하면 반드시 조선에서 철수하도록 요구할 것이고 이쪽이 거부하면 전쟁이 될 것이니 단연 사절을 우선 파견하는 것이 좋다고 하면서 그렇게 하면 조선이 '폭거'를 할 것이기 때문에 '쳐들어갈 명분'도 확실히 설 수 있다고 하고, 또 사절을 파견하면 '폭살'될 것이라고 생각되므로 자신을 보내주기를 원한다고 했다. 8월 17일부로 이타가키 앞으로 보낸 사이고의 서간도 같은 취지로 작성되어, 전쟁을 바로 시작하는 것이 아니라 '전쟁은 2단계에서 이루어져야 합니다'라고 하고 우선 사절을 파견하여 설득하고, 조선 측이 '사절을 폭살하는 데 이르는 것'이 틀림없을 것이므로 '천하의 사람들이 모두 들고 일어나서 토벌해야 하는 죄를 알게'되어 국내에서 '내란을 간절히 바라는 마음을 밖으로 옮겨서 나라를 부흥시킬 원대한 계략'을 산조 사네토미(三條実美: 1837~1891)에게 이야기했다고 되어 있다.

이러한 언설에 대해 종래의 통설에서는 사이고가 조선을 무력으로 공격할 구실을 만들기 위해 사절파견을 제창했다(정한론)고 했는데, 모리 도시히코(毛利敏彦)는 『메이지 6년 정변의 연구』(1978년)에서 사이고는 무력침략론을 제창했던 것이 아니라 '평화적 교섭론자'이며, 조선에 사절로서 파견할 것을 호소한 '견한론(遣韓論)'이라고 하여 세간의 주목을 끌었다. 그러나 전술한 대로 조선이 일본 정부를 간단히 받아들이지 않을 정세이기 때문에 어느 정도 압력이 필요하다는 인식이 일반화되어 있었고, 또한 정부의 최고 수뇌의 한사람인 사이고의 견한(遣韓)은 당시의 상황으로서는 강경한 조치였고, 많은 사람이 개전으로 이어질 것이라는 것을 예상하고 있었다는 점에 유의할 필요가 있다. 또한 사이고의 언설이 평화적인 견한론인지 침략적인 정한론인지라고 하는 둘 중 하나를 선택하는 논쟁은 그다지 의미가 없고, 오히려 막말 쓰시마번이 제창한 조선진출론 이후의 단계적인 진출론의 연장선상에 있었던 것이라고 하는 것이 자연스러울 것이다.

　8월 17일 부재정부의 각의에서는 사이고의 조선파견을 내정했지만 메이지천황은 사절단의 귀국을 기다려 결정하도록 지시했다. 이와쿠라 사절단에 들어가 있었던 오쿠보 도시미치(大久保利通), 기도 다카요시(木戶孝允), 그리고 이와쿠라 등이 순차 귀국한 후 10월 14일 각의에서는 사이고의 조선파견을 둘러싸고 분규했다. 이타가키 다이스케, 소에지마 다네오미, 에토 신페(江藤新平), 고토 쇼지로(後藤象二郎)가 사이고의 조선파견에 찬성한 것에 대해 이와쿠라 도모미, 오쿠보 도시미치는 '내치우선'을 주장하며 반대했다(기토 다카요시는 결석했지만 반대의 입장). 다음 날 각의에서도 격론이 오갔는데, 결국 사이고의 조선파견이 결정되었다. 그러나 쓰러진 태정대신 산조 사네토미를 대신하여 우대신 이와쿠라 도모미가 주도권을 잡고 23일에 이와쿠라는 천황에게 즉시 사절파견이 불가하다고 아뢰고 다음날 천황은 조선으로의 사절파견을 무기한 연기하는 결정을 내렸다. 여기에 반발한 사이고, 이타가키, 고토, 에토, 소에지마 등이 하야하고 정부는 분열했다.

이 정한론정변(메이지 6년의 정변)은 일본의 정치사상 매우 중요한 사건이지만 이 일련의 동향은 조선 측에 전달된 흔적이 없다는 점에도 유의해야 한다.

조일통교 변혁의 귀결 - 조일수호조규

1871년(메이지 4) 11월에 류큐인들이 탄 배가 대만 동남부에 표착했는데, 현지 주민과의 사이에서 문제가 발생하여 54명이 참살당하는 사건이 일어났다. 보호받던 12명이 이듬해 귀국하자 가고시마 및 일본 정부 내에서 대만출병론이 끓어오르고, 거기에 정한론 정변에서 사이고가 하야하여 가고시마로 돌아갔던 일로 가고시마현에서 반정부적 기운이 고조되는 가운데 일본은 1874년 5월 대만출병을 감행했다. 이 사건을 둘러싸고 청일간은 긴장했지만 10월 31일에는 교섭이 성립되고 청국은 일본의 출병을 '의거'로 인정하고 위로금을 지불하기로 했다.

그리고 이 대만출병은 조일관계에 미묘한 영향을 주었다. 일본군의 대만출병 직후 청조가 프랑스인이 얘기한 정보를 조선에 전달했다. 그 내용은 일본이 나가사키에 5,000명의 병사를 주둔시키고, 대만에서 철병한 후 조선에 종사(從事)하고, 앞서 조선과 분쟁했던 프랑스·미국을 도와 출병하고, 일본이 조선을 노리고 있다는 것은 아침저녁의 일이 아니며, 외국 신문에서는 자주 볼 수 있다는 것이었다. 1867년에 청조로부터 조선에 야베 준샤쿠크의 정한기사가 전해졌고, 그 이듬해에 격식에 어긋난 신정부 수립 통고 서계를 일본에서 조선에 보내, 조일간의 국교정체를 초래한 것은 전술했지만 이상하게도 대만출병에 얽혀 일본의 조선출병 소문이 조선에 전해진 이듬해에 강화도사건이 일어나게 된다.

일본에서 정한론 정변이 일어난 직후인 1873년 11월 조선에서는 국왕 고종의 친부인 대원군이 실각하여 국왕친정이 됨과 동시에 왕비 일족인 민씨가 정권을 장악했다. 민씨 정권이 즉각 '개국'노선으로 전환했던 것은 아니지만 강한 배외양이주의를 취했던 대원군정권(1871년의 신미양요 후에는 양이의 결의를 보여주는 비를 전국에 세우게 했다)이 쓰러지고 대원군 측근이었던 동래부사와 훈도가 처벌되었던 것은 일본 측에는 정체되어 있던 조일관계를 타개할 계기가 될 것이라는 기대를 품게 했다.

1874년, 모리야마 시게루 공관장과 동래부사 사이에서 정부가 동등하게 교섭을 진행할 준비를 시작하여 이듬해인 1875년이 되자 모리야마 시게루 이사관·히로쓰 히로노부 부관이 초량공관으로 들어가고 조선 측이 접견을 허가하여 교섭이 이루어졌다. 조선의 타협적인 자세를 감지한 모리야마 등은 강하게 대응했다. 일본 측은 또한 외교문서에 천황에 대해 '황(皇)'자를 사용한 것을 트집잡는 것 외에 양식 대례복을 착용하고 연향받는 것 등을 요구했다. 조선 측은 저항했지만, 모리야마 이사관은 강경한 태도를 고수했다. 이러는 가운데 4월에는 일시 귀국한 히로쓰 히로노부가 정부에 상신서를 제출하여 '지금 (조선에) 내분이 있어서 안이 옥신각신하여 양쇄당(攘鎖堂)이 아직 그 세력을 만들지 못했을 때 힘을 이용하는 것을 가볍게 여겨 일을 이루기 쉽지 않으면 당장 우리 군함 한, 두 척을 보내어'라고 조선으로 군함을 파견할 것을 건의했다.

조선에 파견된 일본군함 '운요(雲揚)'는 5월 25일에 부산에 입항하여 무력시위를 하고, 조선 측은 항의했다. '운요'는 수도 한성에서 가까운 강화도 근해까지 북상하였고, (8월 21일), '운요'는 조선 측을 도발하고 강화도의 초지진 포대에서 포격 받은 것을 구실로 강화도·영종도를 공격했다.

이 강화도사건을 계기로 일본은 조선에 대해 '개국' 교섭을 강요하고 오쿠보 도시미치 정권은 강경론을 억압하면서 국제법 연구와 무력준비 등 교섭 준비를 진행했다. 1876년 2월 11일 조선에 파견된 전권 구로다 기요타카(黑田淸隆: 1840~1900) 등은 병사 400명을 이끄는 등 무력적 위협을 동반하면서 강화성으로 들어가고, 접견대관 신헌(申櫶: 1810~1884) 등과 교섭을 개시했다. 이 교섭에서 미국이 일본을 지원하고 『페리 제독 일본원정기』를 증정한 일은 알려져 있다. 조선 국내에서는 대원군과 최익현 등의 주전론도 있었지만 청조는 조선 정부에 대해 청이 직접 개입하지 않겠다고 전하고 조선에 온건한 대응을 요구했다.

2월 3일에 조일수호조규(강화조약)가 조인되었다. 그 제1조에 '조선국은 자주국으로서 일본국과 평등한 권한을 보유하며'라고 되어 있고 일본 측은 조선이 청국의 속국이 아니라는 뉘앙스를 넣었지만 조선 측에는 속국이면서 '자주'라는 인식이 있었다. 이 조규에서는 부산 외 2개의 항구를 열도록 규정되었고(후에 원산, 인천을 개항) 일본에 대해 영사재판권을 인정했다. 부속규정도 포함하면 영사재판권 외에 일본 상품의 무관세, 개항장에서의 일본화폐 통용 등 일본이 유리한 불평등 조약이었다. 막말 이후 조일통교 변혁의 귀결이 이러한 형태로 이루어진 것이다.

[칼럼]
아메노모리 호슈와 '성신지교(誠信之交)'
기무라 나오야

아메노모리 호슈가 에도시대의 조일 교류를 담당했던 인물로 많은 사람들에게 알려지게 된 것은 그렇게 오래되지 않았다. 1970년대 이후 에도시대의 조일관계가 주목받게 되면서 전문가들 사이에서는 호슈도 조금씩 알려지게 되었다. 신유한 『해유록(海遊錄)』의 번역본(강재언 역)이 1974년에 간행되었던 것도 큰 영향을 주었다. 호슈가 일반 사람들에게 알려진 것은 1990년 5월 24일 일본을 방문한 한국의 노태우 대통령이 궁중 만찬회에서 인사로 언급하면서이다.

"270년 전 조선과의 외교를 담당했던 아메노모리 호슈는 『성의와 신의의 교제』를 신조로 했다고 전해지고 있습니다. 그의 상대였던 조선의 현덕윤(玄德潤)은 동래에 성신당(誠信堂)을 세워 일본의 사절을 접대했습니다. 이후의 우리 관계도 이처럼 상호존중과 이해를 바탕으로 공동의 이상과 가치를 목표로 발전해야 할 것입니다."

이 내용은 당시 재일 한국 대사관에서 근무하고 있던 외교관 서현섭(徐賢燮)이 쓴 것인데, 이것이 보도되자 '성신지교'를 말한 조일우호의 상징적인 인물로 호슈가 알려지게 되었다. 그러나 그의 인물상은 그 정도로 단순하지는 않다. '성신지교'는 쓰시마번에 조선외교의 이해와 제언을 기술한 호슈의 『교린제성』(1728년) 마지막 부분에 나온다. 일반인들에게는 '성신이라고 하는 것은 진실한 마음을 말하는 것으로 서로를 속이거나 싸우지 않고 진실하게 사귀를 것을 성신이라고 한다'는 글이 인용되어, 호슈의 조일외교에 대한 우호적인 인식을 보여주는 것으로 높이 평가한다. 그러나 이 글 뒷부분에 '성신지교'에 대해 사람들이 말하지만, 의미를 잘 모르고 있다고 나온다. 그리고 그 뒤에는 조선과 진정한 '성신지교'를 하려면 쓰시마에서 보내는 사자를 모두 없애 조선의 '대접'을 받지 않게 되지 않는다. 그것은 쉽게 이루어질 수 없다고 이어진다.

애초에 『교린제성』은 전체적으로 조선외교를 위해서는 상대의 실태를 잘 이해할 것, 자타의 차이를 인식하여 상대를 업신여기지 않을 것을 강조하면서 개개의 구체적인 문제에 대해 해설과 조언을 더하고 있다. 그것을 읽으면 겉으로만 우호를 말하는 것이 아니라 양국의 이해와 체면이라는 현실에 준한 것이라는 점을 알 수 있다. 호슈는 부산 왜관에서 무역에 관한 곤란한 교섭을 담당하는 경험을 가졌고, 또한 통신사 도래 때에도 양국의 체면을 건 어려운 교섭을 했다. '성신지교' 등 『교린제성』에서 말하고 있는 것은 단순히 장밋빛 이상론이 아니라 치열한 외교교섭 끝의 인식인 것이다. 그 만큼 현대의 우리들에게도 시사하는 바가 크다.

Ⅳ. 근대 동아시아 속의 한일관계

마쓰다 도시히코(松田利彦)

조일수호조규(1876, 강화도조약)에 따라 조선이 개국하는 1876년부터 일본의 조선 식민지배가 끝나는 1945년까지의 약 70년간은 중간의 한국병탄(1910)에 의해 크게 두 시기로 나눌 수 있다.

전반은 일본이 조선으로 세력을 확장하면서 최종적으로 식민지로 삼기까지의 시대이다.

전근대 동아시아에서는 중국의 청 왕조를 중심으로 주변 국가들(조공국)과 조공체제라는 외교, 교역 질서가 형성되었다. 그러나 동아시아로 내항한 서구 열강들은 조공체제를 근대적 국제법에 기초한 불평등조약 체제로 바꾸어 갔다. 하지만 조선의 문호를 연 것은 일본이었다. 조일수호조규 체결 후 조선 정부 내에서는 근대화를 지향하는 개화파가 대두했는데 청은 1882년의 임오군란 이후 조선의 외교, 군사에 개입하는 종주권 강화 정책을 추진했다. 청의 개입에서 벗어나야 했던 급진 개화파는 1884년 갑신정변이라는 쿠데타를 결행했지만 실패했다. 한편 농민 사이에는 신흥종교인 동학이 퍼졌는데 점차 외국 세력의 배척을 강하게 주장하면서 1894년에는 갑오농민전쟁으로 발전했다. 이것을 계기로 출병한 일본과 청의 양 군대는 같은 해 청일전쟁에 돌입했다. 이 무렵 일본은 개화파와 손잡고 조선의 내정 개혁(갑오개혁)을 추진해 갔다.

청일전쟁 후 조선에 대한 청의 종주권은 부정되었다. 조선의 권리를 둘러싸고 다투게 된 것은 일본과 러시아였다. 조선 내에서는 고종 황실이 광무개혁을 단행하여 국호를 대한제국으로 했는데 이 개혁도 1904년에 러일전쟁이 일어나면서 사라졌다. 러일전쟁 후 일본은 을사조약에 따라 한국을 보호국화하여 통감부를 설치했다. 초대 통감 이토 히로부미(伊藤博文: 1841~1909)는 '문명'적 개혁으로 한국민에게 '근대화의 은혜를 베풀면서'[124] 일본의 종속화를 추진하려고 했다. 그러나 이 시기 조선인 지식인의 애국계몽운동이나 유생들의 의병운동 등 국권 회복 운동이 활발해졌다. 이토 히로부미가 안중근에 사살된 다음 해인 1910년 급진 병합론자인 데라우치 마사타케(寺内正毅: 1852~1919) 육군 대신이 통감으로 부임하여 한국 병합 조약을 맺고 조선을 일본의 식민지로 삼았다.

후반의 식민지기는 세 시기로 나눌 수 있다. 초기 10년간은 '무단정치'라고 하여 헌병경찰제도 아래 엄격한 치안체제를 취했는데 조선 통치의 재정 기반을 확고히 하기 위한 토지 조사 사업이 실시되었다. 조선인의 독립운동은 중국과 조선의 국경지대 등으로 거점을 옮겼다.

1919년 3·1 독립운동에 의해 '무단정치'는 막을 내렸다. 본국의 하라 다카시(原敬: 1856~1921) 수상은 3·1운동을 무력으로 탄압하면서 '내지 연장주의'에 기초한 '문화정치'라 불리는 새로운 통치방식을 구상했다. 언론, 결사에 대한 제한이 완화되어 조선인에게 지방 자문기관에서 약간의 발언권이 인정되었다. 총독부는 참정권 부여를 넌지시 암시하면서 일본에 협력하는 '친일파'를 육성했다. 한편 조선인 독립운동도 다채로운 발전을 보였다. 1920년대 초기에는 온건한 실력양성 운동이 활발했는데 사회주의가 대두하면서 민족주의 진영은 좌파와 우파로 분화되었다. 좌파는 사회주의자와 연

---

[124] 이토 히로부미는 한국통감에 취임한 이후 행한 연설에서 "이 땅에 온 것은 한국을 세계의 문명국으로 만들고 싶기 때문"이라고 발언했다. 또한 1907년 통감 환영회에서「한국의 자멸을 우려한다」는 연설을 했는데 이 연설에서 그는 "한국에 임하여 내정, 외교 모두 일본의 지도하게 한국의 개량을 도모한다"거나 "한국민을 구출하고 문명으로 유도하려 한다"고도 했다. 이토 히로부미의 '한국의 근대화에 은혜를 베푼다'는 것은 위와 같은 인식에 기인한다. (이성환,「이토 히로부미의 문명론과 한국정치」(『일본사상』 20호, 2011, 참조)

대하여 신간회를 조직했다.

1930년대에 들어오면서 '문화정치'는 끝났다. 1930년대 전반은 조선 농촌의 개조를 위해 농촌진흥운동이 전개되었는데 정신주의적인 색채가 강했다. 1937년의 중일전쟁이 본격화되자 조선은 전시체제로 돌입했다. 미나미 지로(南次郎: 1874~1955) 조선 총독은 '내선일체'를 내걸고 조선인 '황민화' 정책을 표방했다. 본국과 식민지를 포괄하는 총력전 체제 만들기도 본격화되면서 조선인의 노무 동원, 병력 동원이 실시되고, 또 일본군에 대한 성적(性的) 위안을 위해 조선인 여성을 '위안부'로 모집했다. 이러한 전시동원을 포함한 식민지 지배 책임 문제는 오늘날에도 일본과 한국, 북한과의 사이에 우호적 관계를 쌓기 위해 넘어가야 할 과제가 되고 있다.

1. 조선의 개국

1) 강화도사건과 조일수호조규의 체결

다가오는 양요

동아시아 근대는 19세기 중엽, 서구 자본주의 열강에 의한 동아시아 국제질서에 대한 도전으로 막을 열었다. 전근대 동아시아에서는 중국의 청 왕조를 중심으로 주변 나라들(조공국)과의 사이에서 '조공체제'(책봉체제, 종속체제라고도 한다)라는 국제질서가 형성되어 있었다. 조공체제 아래에서는 조공국의 최고 지배자는 중국 황실로부터 국왕에 봉해지는 한편 정기적으로 중국에 사절을 보냈다. 조공 사절의 조공물에 대해 중국 황제 측이 은사(恩賜)를 주는 형태로 조공체제는 성립되어 아시아 외교·교역의 원리가 되었다. 정치적으로 각 조공국은 청국을 종주국으로 받들어 복속되면서도 외교, 내정의 독자성을 유지했다.

그러나 청은 영국과의 아편전쟁(1840)과 난징조약(1842) 체결로, 일본은 페리 내항(1853)과 미일화친조약(1854)에 따라 각각 개항할 수밖에 없었다. 동아시아에 내항한 서양 각국은 중국, 일본을 세계자본주의 시장에 편입시켜 조공체제를 변용시켜 갔다.

조공체제에 깊숙이 편입되어 있던 조선에도 이러한 외압의 파도는 밀려왔다. 1866년 천진에 있던 프랑스 함대가 수도 한성(현재의 서울)의 뒷문에 해당하는 강화도로 쳐들어와 강화도와 한양 일대의 봉쇄를 선언했다. 조선 내에서의 천주교도(가톨릭교도)가 박해를 당하고 프랑스인 신부가 교살된 책임을 묻는다는 것이 구실이었다. 그러나 조선 측의 쇄국 의지는 완강하여 프랑스 군에 30명 이상의 사상자를 내면서 물리쳤다(병인양요). 이어 1871년에는 미국이 미국 상선을 불태운 사건에 대한 복수를 위해 군함을 파견했다. 통상조약 체결을 요구한 미국에 비해 교섭 의지가 없었던 조선은 또 다시 강화도를 무대로 포격전을 펼쳐 미국 함대를 격퇴했다(신미양요). 병인·신미 두 양요로 서양 세력을 격퇴한 것은 대원군 정권이었다. 일본이나 청이 서양 나라들과 조약 관계를 맺는 것과 때를 같이 하여 조선은 반대로 서양 열강에 적대적 자세를 취했다.

대원군 정권

대원군 정권의 내정을 살펴보자. 1863년 철종이 후사가 없는 채로 서거하자 흥선군(후에 대원군)의 둘째 아들이 즉위하여 고종이 되었다. 그러나 고종은 아직 열한 살의 어린 국왕이었기 때문에 실권은 대원군이 쥐고 있었다. 이후 약 10년간 대원군 정권이 계속되었다. 일본에서는 메이지유신 시기에 해당한다.

대원군은 자신을 중심으로 한 왕조의 권력 강화를 정책의 기조로 삼았다. 이를 위해서는 기존의 특권층인 안동 김씨의 세도정치를 타파할 필요가 있었다. 이 때문에 이때까지 정계에서 배척되었던 약소 당파를 고관으로 채용했다. 또한 지방 양반의 특권에 칼을 빼들었다. 1864년 이후 유학 교육시설이며 사당(祠堂)인 서원을 정리하여 대부분을 폐지시키는 것으로 내몰아 재지 양반 세력을 억제했다. 서원은 많은 양민들로부터 사적으로 수탈하고 국가의 조세 부담자를 감소시켰기 때문에 서원 철폐는 국가 재정의 증수를 도모한다는 면도 있었다. 그러나 서원 철폐 등에 대해 양반층은 불만을 품었으며 왕궁(경복궁)의 재건공사나 그에 따르는 증세에 대한 불만도 쌓여 민중 반란도 줄을 이었다.

한편 사상통제 면에서는 대원군 정권은 '위정척사' 정책을 강력하게 추진했다. 조선 왕조의 정통 이데올로기인 주자학을 지키고 이단 사설을 배척하려는 정책이었다. 위정척사 정책은 병인양요와 신미양요에서 대원군이 보여준 쇄국유지 정책과 결합했다. 위정척사 사상은 점차 재지 양반에게도 퍼져 위정척사파라 불리는 세력을 형성했다. 그들은 서양 나라들과 천주교를 배격하고 기존의 지배 체제를 고수하려는 점에서는 대원군 정책인 쇄국정책을 지지하는 역할을 했다. 한편으로 내정에 대해서는 엄한 비판자가 되었다. 1873년 위정척사파인 최익현은 대원군 정권에 의한 서원 철폐나 대규모 토목공사 등을 맹렬하게 공격하여 퇴진을 요구했다. 이것을 계기로 대원군 정권은 궁지에 몰렸다.

대원군 정권은 미증유의 국난 시대를 맞아 내정 개혁을 단행했는데 기본적으로는 복고적인 왕권 강화를 목적으로 했다. 또한 일본이나 청이 이미 문호 개방으로 서양의 과학기술을 섭취하고 있을 때 쇄국정책을 고집한 것도 시대의 대세를 파악하지 못한 것이라 할 수밖에 없다. 대원군 정권은 근대세계에 대응하기에는 확실히

대원군

한계가 있었다.

대원군이 실각하자 국왕 고종과 그 왕비인 민비를 중심으로 한 민씨 정권이 국왕 친정을 시작했다. 그리고 이 무렵 조선은 일본과의 국교를 둘러싸고 분쟁을 안고 있었다.

메이지 유신과 정한론

1868년 메이지유신으로 신정부를 세운 일본은 쓰시마번(対馬藩)을 통해 조선에 왕정복고를 통고했다. 그런데 조일 간 교섭은 처음부터 흔들렸다. 당시의 대원군 정권은 청과의 조공 관계와 일본과의 에도시대 이래로의 선린관계를 유지하면서 서구 각국들에 대해서는 쇄국을 견지하려는 정책을 취했다.

그런데 일본 측은 옛날의 선린관계를 부정했다. 조일 간의 외교를 근대 서구 외교에 견주어 국제법에 기초한 조약관계로 개편하고 동시에 자국을 조선의 상위에 두려고 생각했다. 일본은 구로후네(흑선 黑船)[125]의 외압으로 서양 열강과 외교관계를 맺었는데 그 과정에서 서양 각국들 간에는 국제관계의 보편적 규범으로서 국제법이 존재한다는 것을 배웠던 것이다.

조일 관계에서 서양의 근대적인 조약 관계를 도입하여 조선을 종속시키려는 의도는 쓰시마번 사절이 지참한 서계(書啟: 외교문서)에 드러나 있다. 서계 안에는 '황실', '봉칙' 등의 문자가 있는데 이때까지의 외교 관례에서 '황(皇)', '칙(勅)'은 종주국 청국 황실에서만 사용할 수 있는 문자였다. 조선은 오만무례하다고 하여 서계의 수리를 거부했다. 근세 이래로 쌓아온 조일

---

125) 1853년 7월 8일 페리 제독이 이끄는 미국의 동인도 함대 4척이 에도만의 우라가에 들어와 개항을 요구하였다. 이때 미국 함대가 검은 색으로 되어 있었다고 하여 '흑선(구로후네)'이라 불렀다. 이후 페리는 이듬해인 1854년 2월 13일 우라가항에 9척의 함대를 이끌고 다시 왔다. 이 사건을 계기로 1854년 3월 31일 미일화친조약과 1858년 미일수호통상조약이 체결되었다.

간 선린관계는 무너지고 양국은 사실상 국교를 단절했다.

앞 장에서 기술한 것처럼 더 나아가 메이지 정부는 1871년 중앙집권국가 체제를 정비하는 일환으로서 근세 이래 대조선 외교의 창구가 되었던 쓰시마번으로부터 외교권을 넘겨받았다. 이러한 자세도 조선 측의 태도를 경직시켰는데 이에 대해 일본 정부에서도 '정한'론이 고양되지만 최종적으로는 사이고 다카모리(西鄕隆盛: 1827~1877)나 이타가키 다이스케(板垣退助: 1837~1919) 등 '정한파'는 일제히 하야했다. 이 당시의 정한론 정변(1873의 정변)은 하야한 '정한파'를 모체로 불평 사족의 난이나 자유민권운동이 일어나는 계기를 만들었다는 점에서는 일본 역사에서도 커다란 의미를 갖는다.

그 후 대원군 정권을 교체한 민씨 정권에서는 일본과 발전적으로 국교를 회복해야 한다고 주장하는 개화파 관료 박규수의 의견도 있어서 일본과의 교섭이 재개되었다. 조선 정부가 국교를 재개하게 된 이유에는 때마침 일본의 타이완 출병(1864년 타이완에 표착한 류큐 어민이 현지인에게 살해당한 사건을 계기로 한 출병)에 충격을 받은 청국이 일본의 조선 침략을 경고한다는 정보를 가지고 온 것도 있었다.

1875년에 들어와 교섭은 재개되었지만 일본 측의 서계를 둘러싸고 교섭은 벽에 부딪혔다. 같은 해 5월 이후 일본 군함의 조선 내항과 시위 행동이 줄을 이었는데 9월에 군함 운요호(雲揚號)가 강화도에 접근하여 조선 측으로부터 포격을 받아 대응했다. 나아가 그 남쪽의 영종도 등에 상륙하여 방화하거나 조선 병사를 살해하기도 했다. 이 강화도사건(운요호사건이라고도 한다)은 일본 측의 일방적인 도발이었는데 당시의 일본 신문은 일제히 조선 측을 비난했다. 그중에는 조선 정벌을 주장하는 논의도 발생했다. 일본 정부도 이 사건의 책임을 묻는다는 것을 구실로 조선과의 조약체결을 기획했다. 미국의 페리가 흑선으로 일본을 정벌할 때 사용한 고지문(告知文)에 따르는 위압 외교였다고 할 수 있다.

조일수호조규의 체결

1876년 1월 일본의 전권대사 구로다 기요다카(黒田淸隆: 1840~1900), 부전권대사 이노우에 가오루(井上馨: 1836~1915)는 여섯 척의 군함에 300여 명의 군인을 태우고 교섭에 임했다. 조선 측은 이 교섭을 종래의 선린관계의 수복이라고 생각했는데 일본 측은 근대 국제법에 기초한 조약체결 방식을 중시하여 양국은 대립했다. 그러나 조선 측은 군대 증파를 저울질하던 일본 측의 위세 앞에 조약의 일부를 수정하여 2월 조일수호조규에 조인했다. 조선 내부에서는 정부의 유약한 외교에 대한 비난의 목소리가 높아졌다. 은퇴했던 대원군은 정부의 저자세를 강도 높게 비난하였으며 위정척사파 유생 최익현은 일본은 양이와 하나이며 조약체결은 망국으로 이어진다는 상소를 올렸다.

조일수호조규의 제1조는 "조선국은 자주의 나라로 일본과 평등의 권리를 보유한다"고 소리 높였다. 그러나 '자주'는 조선에 대한 청국의 종속 관계를 부정하기 위한 문구이며 '평등'이라는 표현은 반대로 일본에 유리한 조약이었다. 즉 조일수호조규에 기초하여 같은 해 조인된 수호조규 부록이나 무역규칙에 의해 부산 등의 세 항구가 순차적으로 개항되었다. 또 개항장에는 거류지가 설정되어 일본인 거류민에 대한 영사재판권을 인정했다. 이러한 권리는 조선 측에는 인정되지 못했다. 드디어 일본 상인이 대거 진출하여 일본의 수출, 조선의 수입 모두를 좌지우지하는 것으로 조일 무역은 급속하게 확대되어 조중 무역을 능가하기에 이르렀다.

원래 일본은 조일수호조규에 입각하여 즉시 조선과 중국 간의 조공체제를 부정한 것은 아니었다. 실은 강화도 사건 후 조선 측과의 교섭에 앞서 일본은 청국에 중개를 요구했다. 청국 측은 조선 국왕에 권고하여 조선 측을 조약 교섭 테이블에 앉혔다. 즉 일본은 조일수호조규에서 청국의 조선에 대한 종주권을 부정하려고 하면서도 현실에서는 청국과 조선의 종속관계에 의지하지 않으면 조선을 움직일 수 없었다.

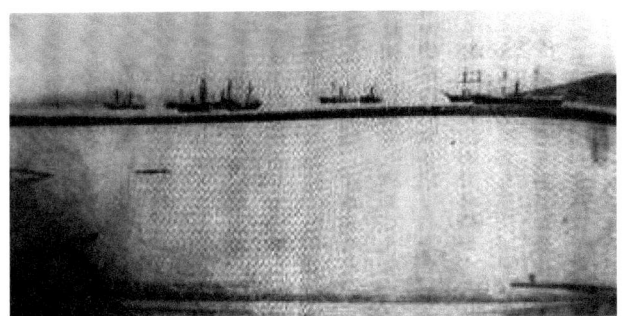
강화도에서 시위하는 일본군함(1876년)

그리고 조선 측도 또한 반드시 조일수호조규를 근대적인 국제조약으로 인정한 것은 아니었다. 수호조규 부록의 체결 교섭에서 일본은 국제적 외교 관습으로 공사의 수도(한성) 상주를 요구했는데 조선 측은 청국의 사신에게도 전례가 없다고 하여 거부했다. 조선 정부는 수호조규를 종래의 조일 선린관계의 부활로 간주하여 전통적인 외교 관례와는 이질적인 부분을 배제하려 했다. 결국 일본공사관이 한성에 개설되고 공사의 상주가 현실화된 것은 1880년 12월이 되어서였다.

이렇게 하여 1876년의 조일수호조규는 일본과 조선 간의 불평등한 관계를 정하는 틀을 만들었다. 그러나 일본은 조선을 청국과의 조공관계에서 분리시키는 근대적인 국제조약으로 자리매김하려고 한 반면 조선은 전통적인 동아시아 국제질서인 조공체제의 개념으로 받아들이려고 했다. 양국의 세계관은 크게 달랐는데 국제환경의 변화 속에서 점차 조일 불평등조약의 체제가 정착되어 갔다.

2) 임오군란과 갑신정변

조일 불평등조약 체제의 확립

일본과의 개국 후에도 조선의 민씨 정권은 서양 각국에 대해서는 변함없이 쇄국정책을 취했다. 그러나 조일수호조규가 체결된 것을 알게 된 미국은 조선과의 통상조약을 중개해 주도록 청국에 요구했다. 청국은 서양 각국을 끌어들이는 것으로 러일 세력을 견제하려고 여기에 응했다. 1880년 청국의 북양대신 이홍장(李鴻章)은 조선 정부에 서양 각국과의 개국을 권고했다.

한편 같은 해 조선 정부로부터는 김홍집(金弘集: 1842~1896) 등이 제2차 수신사(조선에서 일본에 보낸 외교 사절단)로 일본에 파견되었다. 일행은 일본 근대화의 양상을 시찰하면서 주일청국공사관과 접촉했다. 이때 김홍집은 공사관 참찬(參纂: 서기관)인 황준헌(黃遵憲: 1848~1905)에게 『조선책략』을 얻었다. 그 내용은 조선이 청·일·미와 연대하여 국내 개혁으로 자강을 도모해야 한다는 것을 주장한 것이었다. 김홍집에게 『조선책략』을 건네받은 조선 정부는 커다란 충격을 받았다. 조선 정부는 개화정책을 채용하고 서양 각국에 대한 개국으로 나아갔다.

1881년 조선 정부로부터 위임받은 이홍장과 미국의 슈페르트 제독과의 조약문 교섭이 시작되어 다음 해 1882년 조미수호통상조약이 체결되었다. 이어 영국, 독일 등과도 조약이 체결되었다. 이러한 조약은 정도의 차이는 있지만 영사재판권의 용인과 낮은 관세율 등 조선 측에 불리한 점을 포함하는 것이었다. 또한 최혜국 대우로 모든 조약 체결국이 이러한 불평등 조항으로 특권을 누릴 수 있게 되었다. 이렇게 하여 조선은 일본, 서양과의 불평등조약에 포위되어 거부할 수 없는 불평등 조약체제로 편입되었다.

그렇다고는 해도 전근대의 아시아 조공체제는 근대적 조약질서 아래에서 소멸되어 버린 것은 아니었다. 청국은 서양과의 조약체결을 주선하는 것으로 서양에 청과 조선의 조공체제(종속체제)를 인정받으면서 조선에 대한 지배를 오히려 강화하려 했다. 조선과 서양 각국과의 각 조약은 청국이 외교의 후견역이 되어 체결된 것으로 청국은 조선을 속방으로 삼는다는 문서를 작성했다.

개화정책

조선 정부는 이러한 제약 조건 중에서 개국을 전제로 한 정책을 취하지 않으면 안 되었다. 정부 내의 수구파는 청조와의 종속관계 유지를 여전히 추구했지만 소장파인 개화파라 불리는 근대화를 지향하는 세력도 대두했다. 개화사상은 17세기 이후의 실학파의 흐름을 갖고 있는데 일본에 대한 개국을 이른 시기부터 주장하던 박규수(朴珪壽: 1807~1876)의 문하에서 이 시기 김옥균(金玉均: 1851~1894), 박영효(朴泳孝: 1861~1939) 등이 양산되어 있었다. 그들 개화파는 점차 정권 상층부에 진출하여 민씨 정권은 한정적이지만 개화정책을 추진해 갔다.

1880년 말 외교, 통상, 군사를 관장하는 근대적 행정기구로 통리기무아문(統理機務衙門)이 설치되었는데 개혁의 추진기구가 되었다. 군제에 대해서도 80여 명으로 구성된 별기군(別技軍)이라는 서양식 군대를 설치하고 일본 공사관에 소속된 무관을 초빙하여 군사훈련을 실시했다.

나아가 1881년 62명이 넘는 조사시찰단(朝士視察團)이 일본을 시찰했다. 그들은 문부, 내무, 농상, 대장, 사법, 외무 등의 각 성(부처)이나 군대, 세관, 학교 등을 시찰했다. 수행원 유길준(俞吉濬: 1856~1914), 유정수(柳定秀: 1857~1938)는 후쿠자와 유키치(福澤諭吉: 1835~1901)의 게이오 의숙(慶應義塾)[126]에, 윤치호(尹致昊: 1865~1945)는 나카무라 마사나오(中村正直: 1832~1891)의 동인사(同人社)[127]에 잔류하여 조선 최초의 해외 유학생이 되었다. 조사시찰단은 이른바 메이지 일본의 정부 요인이 서양 선진국을 시찰한 이와쿠라 사절단(岩倉使節団: 1881~1883)의 조선판이었다. 그러나 이와쿠라 사절단

---

[126] 현 게이오기주쿠대학(慶應義塾大學)으로 1858년 후쿠자와 유키치가 설립한 사립대학이다.
[127] 나카무라 마사나오가 1873년에 개설한 사숙으로 서양학문을 배우는 영학교이다. 전성기였던 1881년 무렵에는 학생 수가 300명을 넘었으며 영국인과 캐나다인 교사를 고용하기도 했다. 나카무라 사후 도쿄영어학교에 편입되면서 폐교되었다.

이 서양의 문물을 높게 평가한 것과는 달리 조선 사절단은 메이지 일본의 부국강병을 인정하면서도 국가의 재정 부담이 크다고 하여 반드시 긍정적인 평가를 한 것은 아니었다.

이렇게 하여 1881년부터 이듬해에 걸쳐 조선은 내적으로는 개화 풍조가 고양되었고 대외적으로는 서양 각국과의 불평등조약 체제에 편입되었다. 이러한 개국, 개화 정책으로의 변화에 대한 반발도 강했다. 양이론에 선 위정척사파는 위기감을 강하게 의식했다. 1881년 초부터 각지의 양반, 유생 다수가 민씨 정권의 개화 정책을 규탄하는 상소 운동을 전개했다.

대다수의 민중도 개국에 따르는 경제적 변동에 고통받았다. 조일수호조규가 체결된 이후 일본에서 조선으로는 주로 영국제 면포가 수출되어 조선의 전통적인 면작(棉作) 및 수공업을 쇠퇴시켰다. 반대로 조선에서 일본으로는 쌀, 대두, 금, 우피(牛皮) 등이 수출되었다. 조선 쌀은 근대산업이 발흥하여 인구가 급증한 오사카(大阪) 방면에 대량으로 수출되어 공장 노동자의 식사로 제공되었다. 한편 조선 측에서 본다면 쌀의 대량 수출은 조선 국내의 쌀 부족을 가져와 쌀 가격이 서 너 배나 올랐다.

임오군란

이러한 상황에 대한 불만이 1882년 한성에서의 하급 병사, 민중의 항일 폭동이 되어 폭발했다. 신식군대 도입에 대한 구식 병사의 불만이 발단이 된 이 사건을 임오군란이라 한다. 신식군대인 별기군이 대우받는 반면 외교, 개화정책의 수행 때문에 민씨 정권의 재정이 악화되고 구식 병사는 봉급도 연체되었다. 구식 병사들은 7월 병기고에서 무기를 탈취하여 투옥되어 있던 위정척사파를 석방하고 나아가 정부의 요인이나 별기군의 일본인 교관을 살해했다.

폭동은 한성의 빈민이 합류하여 확대되었는데 여기에서 그치지 않고 쿠데타로까지 발전했다. 즉 실각중인 대원군이 이 폭동을 이용하여 위정척사

파에 민씨 정권의 전복과 일본 공사관의 습격을 부채질했다. 민씨 정권의 개화정책을 뒤집어 쇄국양이 정책으로 되돌리려 했다. 민씨 정권은 무너지고 병사들의 지원을 받은 대원군이 정권을 장악했다. 일본 공사관은 수천의 군중에게 포위되고 하나부사 요시모토(花房義質: 1842~1917)공사 등은 인천에서 일본으로 탈출했다. 반일의 기운이 끓어오른 것이다.

그러나 군란의 반동은 컸다. 반란을 알았던 청일 양국은 연이어 조선에 출병하여 무력을 배경으로 어려운 요구를 관철시켰다. 일단 귀국한 하나부사 요시모토 일본 공사관은 정부로부터 전권위원에 임명되어 군함 네 척, 육군 일 개 대대를 이끌고 서울로 와서 대원군과 회견했다. 조선 정부의 공식 사죄나 손해 배상, 개시(開市) 등 통상 상의 권익확대를 요구했다. 일본 측은 종주국 청나라의 개입을 피하고 싶어 선수를 쳐 조선 측에 요구를 제시한 것이었는데 현실적으로 수면 아래에서 조선 정부와 일본을 주선한 것은 청나라였다.

청나라는 천진에 체재 중이던 조선의 개화파 관료 김윤식(金允植: 1835~1922), 어윤중(魚允中: 1848~1896)의 요청에 따라 번속국인 조선을 보호한다는 명분으로 출병을 결정했다. 이렇게 하여 일본과 거의 때를 같이하여 8월 하순, 청나라도 3천 명의 병사와 함께 이홍장 밑에서 절대적인 신뢰를 얻은 지략가인 양무파 관료 마건충(馬建忠: 1845~1900)을 조선에 보냈다. 청나라 군대는 대원군을 포위하여 천진으로 데리고 갔다. 대원군 정권은 한 달여 만에 붕괴되고 민씨 정권이 부활했다. 대원군을 중심으로 하는 위정척사파는 결정적인 타격을 받았고 민씨 정권은 청나라에 대한 의존도를 높여가게 되었다.

청나라의 마건충이 부활한 민씨 정권과 일본 측의 하나부사 공사의 중개 결과 일본과 조선 사이에는 제물포조약이 체결되었다. 이 조약으로 일본은 배상금 지불과 공사관 경비 명목으로 수도에 주둔병을 인정받으면서 통상 상의 권리확대에 대해서도 대부분의 요구를 관철시켰다. 일본 측은 이 성과에 만족했는데 그것은 청나라의 주선이 가져온 결과이기도 했다.

게다가 임오군란 이후에도 청나라 군대는 계속 주둔하여 조선의 종속도는 한층 깊어졌다. 원래 조공체제 아래에서 종주국은 번속국의 내치외교에 간섭하지 않는다는 원칙이었는데 이제 청나라는 군사력을 배경으로 조선의 내정간섭에 의한 속국화를 추진했다. 당시 청나라는 열강과 일본 사이에 조공국인 류큐, 베트남, 버마를 차례로 잃었으며 남은 조선을 붙들어 두는 외교, 군사에 개입하는 종주권 강화 정책을 구체화시켰다.

1882년 9월에는 청나라와 조선 사이에서 조선에 불리한 불평등 조약, 조청상민수륙무역장정(朝靑商民水陸貿易章程)이 체결되었다. 전문에는 "조선은 오랜 번방에 위치한다"고 하여 종속관계가 명문화되어 있다. 또한 이홍장의 추천으로 마건상과 묄렌도르프(독일인)가 조선 정부의 고문이 되었다. 이 시기 조선은 청나라에 종속되면서 개화정책을 모색하게 되었다.

개화파의 분화와 갑신정변

김옥균

청나라의 종주권 강화 정책 속에서 조선의 개화파는 크게 두 조류로 나누어졌다. 김홍집, 김윤식, 어윤중 등은 국가의 자주와 인민생활의 안정을 목표로 유교문화의 발상을 기반으로 만국공법(국제법)에 의거하여 조선의 자립을 도모하려는 온건 개화파를 형성했다. 군사대국화를 지향하지 않는, 이른바 소국주의적인 온건 개화파 입장은 청과의 종속관계를 유지, 이용하면서 일본이나 구미열강에 의한 외압을 막으려는 점에서 이 시점에서는 청과 협력적인 노선을 취했다. 한편 김옥균, 박영효 등은 종주권 강화 정책에 반대하여 청으로부터의 완전한 독립과 철저한 내정개혁을 지향하는 급진 개화파를 형성했다.

이렇게 하여 임오군란은 외교 면에서는 청의 조선 종국화 정책을 추진하면서 내정 면에서는 온건 개화파와 급진 개화파의 분리를 촉진하는 전환점이 되었다.

급진 개화파의 목적은 조선의 부국강병에 의한 대청 독립을 이루어 서양 중심의 주권 국가 체제로의 참가를 달성하는 데 있었다. 민씨 정권 내에서 소수파였던 급진 개화파는 결국 쿠데타로 자신들이 구상한 근대화를 실현하려고 했다. 이것이 1884년의 갑신정변이었다. 이하에서는 그 경과와 조일관계의 영향을 살펴보기로 하겠다.

급진 개화파는 조선 최초의 신문인 『한성순보』의 발행, 우편사업의 개시 등 독자적인 개화정책을 추진했다. 동시에 세계적 약육강식의 현실을 자세히 알고 있는 그들은 열강에 열 맞추기 위해서 일본의 메이지유신을 개혁의 모델로 삼아 일본과의 관계를 더욱 촉진하고자 했다. 급진 개화파의 중심인물인 김옥균은 임오군란의 사죄를 겸한 수신사(1882년 파견) 일행을 따라갔는데 이때 접촉한 일본 정부 요인에게 조선 독립 원조를 요청하여 일본의 차관을 끌어오려고 했다. 또 지인인 후쿠자와 유키치와 친교를 진전시켜 유길준 외 다수의 유학생을 게이오 의숙(慶應義塾)에서 배우게 했다. 후쿠자와의 소개로 자유민권파정당인 자유당의 부총리 고토 쇼지로(後藤象二郎: 1838~1897)와도 만나 자금이나 무기 원조를 얻으려고 했다.

한편 김옥균은 귀국 후 개화정책의 재원을 둘러싸고 민씨 정권과 대립했다. 때마침 베트남 지배를 둘러싼 청국과 프랑스의 대립으로 1882년 7월 청불 전쟁이 발발하여 한성에 주둔했던 청나라 군대는 절반이 본국으로 철수했다. 이것을 기회로 삼아 김옥균 등 급진 개화파는 민씨 정권을 무너뜨리는 쿠데타를 기획했다. 청나라 세력의 후퇴를 이용하고자 했던 다케조에 신이치로(竹添進一朗: 1842~1917) 일본공사가 이들에게 접근하여 공사관 경비병 출동을 약속했다.

쿠데타는 12월 4일, 우정국(당시의 일본 통신성에 해당)의 개국 피로연에 출석한 정부 고관의 부상을 도화선으로 삼았다. 개화파는 계획대로 국왕에 일본군의 수비대 출동을 요청하여 왕궁을 경비하게 했다. 그리고 급히 달려가 정부 고관을 차례로 사살했다. 다음 날 이후 급진 개화파가 중심이 된 신내각을 조직하고 새로운 정강을 공표했다.

급진 개화파가 발표한 신 정강은 대원군의 조속한 귀국과 청나라에 대한 허례 폐지, 문벌 폐지, 국가재정 개혁, 정부(대신, 참찬)의 권력 집중, 경찰 제도 정비와 군제개혁 등이었다. 청조와의 종속관계를 폐지하면서 국가 행정의 많은 분야에 근대적 제도를 도입하려 했다는 것을 알 수 있다. 그러나 그 정강에는 헌법의 제정과 공선(公選)의회의 설치 등은 규정되지 않아서 국가기구의 개혁에 그쳤다. 아무튼 급진 개화파는 일본의 손을 빌리면서 전광석화처럼 신정권을 수립하여 개혁으로 나아갔다.

그러나 정권은 삼일천하로 끝났다. 수구파인 민씨로부터 비밀리에 요청을 받은 청나라 군대는 6일 1,500명의 병사들로 한성을 제압했다. 청나라의 무력간섭을 막기에는 개화파 정권의 힘은 너무나도 약했다. 또한 다케조에 공사는 약속을 먼지처럼 가볍게 여겨 일본군을 철수시켜 개화파 정권을 방치했다. 청나라 병사와 한성 내의 폭도화 된 군민(軍民)에 의해 개화파 인사의 다수가 살해되는 가운데 김옥균, 박영효 등은 간신히 다케조에 공사와 함께 일본으로 탈출했다. 이렇게 하여 급진 개화파에 의한 위로부터의 근대적 개혁 시도는 무너졌다.

탈아론

갑신정변의 실패는 조선의 근대화에서 커다란 좌절을 의미했다. 뿐만 아니라 조선의 근대화에 관심을 기울이던 일본인에게도 커다란 영향을 미쳤다.

당시의 신문은 일본의 조선에 대한 내정간섭이나 군사개입은 불문에 부치고 오직 청나라 군대에 의한 일본군이나 개화파 정권에의 공격과 거류민 살해를 대대적으로 다루었다. 신문의 논조는 조선, 청나라에 대한 강변외교론 일색으로 도배되면서 개전론을 고취시키는 내용도 적지 않았다.

이러한 가운데 자유민권운동가가 조선의 급진 개화파를 원조하려는 사건이 발생했다. 1885년 오오이 겐타로(大井憲太郎: 1843~1922) 등이 계획한 오사카사건이었다. 사건은 사전에 발각되어 실패했지만 오오이 겐타로는 공판에서 자신들은 조선에 자유를 가져오는 문명개화의 추진을 목표로 했다고 주장했다.[128]

갑신정변이 일어난 1880년대 전반 일본에서는 자유민권운동이 급진적으로 발전했다. 곤궁한 농민과 결합한 각지의 격화 사건은 혹독한 탄압을 받아 자유민권운동은 궁지에 몰렸다. 조선에 개입하여 개화파 정권을 세운다면 청일 간의 대립이 격화되고 대외 위기로 민중의 애국심이 고무되어 전제 정부 타도의 길이 열릴 것이라는 것이 오사카사건 주모자의 생각이었다.

오사카사건과는 반대로 조선을 무너뜨리려는 논의도 있었다. 『시사신보』(1885년 3월 16일자)에 실린 유명한 후쿠자와 유키치의「탈아론」이다. "우리나라는 이웃나라의 개명을 기다려 아시아를 일으킬 여유가 없다, 서양 문명국과 어깨를 나란히 할 뿐이다, 청나라, 조선에 대해서도 우방이니까 '특별한 인사'는 필요 없다"고 주장했다. 아시아 각국에 대해서 '서양인이 여기에 대우하는 풍조'에 따라 대우해야 한다는 논조는 서양열강의 동아시아 분할 경쟁에 일본도 참가하라는 호소였다. 후쿠자와는 이 이전에는 『시사신보』를 통해 근대화에 성공한 일본이 조선의 개화파를 지원하고 혹은 아시아의 지도적 위치에 서지 않으면 안 된다는 생각을 공식적으로 표명했었다. 그리

---

[128] 1885년 자유민권좌파 오오이 겐타로(大井憲太郎), 고바야시 쿠스오(小林樟雄), 이소야마 세이베에(磯山清兵衛) 등을 중심으로 가나가와, 도치키, 토야마, 나가노 등의 자유민권파 수 백 명이 모여 반정부 무력 투쟁을 계획하였다. 이들은 1885년 5월부터는 조선의 청나라로부터의 독립을 돕기 위해 조선에 지원군을 보내려다 사전에 발각되어 139명이 체포되고 이중 38명이 기소, 처벌받았다. 오사카에서 재판이 이루어져 오사카 사건이라 칭한다.

고 실제로 김옥균의 외채 모집을 원조하고 조선인 유학생을 받아들이는 등 조선개화파를 원조했다. 그러나 갑신정변의 실패를 보고는 조선의 근대화의 가능성에 실망한 것이「탈아론」집필의 동기가 되었다.

오사카사건과 후쿠자와의「탈아론」은 조선의 개입에 대한 태도로서는 정반대인 듯 보인다. 그러나 문명국으로서 일본이 조선의 상위에 선다는 인식이나 연대와 침략의 경계가 애매한 발상은 공통된다. 그리고 이러한 견해는 그 후도 일본의 아시아 인식의 기조를 형성해 갔다.

조러 밀약

일본·조선·청나라의 삼국 관계로 이야기를 돌리자. 갑신정변 후 일본은 조선 정부와 한성조약(1885년 1월)을 체결하여 일본에 공식 사죄, 일본인 피해자의 보상 등을 인정받았다. 그러나 청나라와는 교섭에 시간이 걸렸다. 갑신정변에서 청일 양국이 충돌하여 양국의 대립이 부상했기 때문이다. 일본은 메이지 정부의 중진 이토 히로부미를 특파전권대사로 파견하여 중국의 천진에서 이홍장과 거듭 회합을 가졌다. 이 결과 청일 양국군이 조선에서의 철병과 조선 파병 시에는 상호간 '행문지조(行文知照)', 즉 사전에 통지할 것을 정한 텐진조약이 1885년에 조인되었다.

이에 따라 양국 군대는 한성에서 철수했다. 일시적인 타협이었지만 유사시 상호간 파병을 인정한 것은 장래의 불씨가 되는 것이기도 했다. 실제로 9년 후의 청일전쟁은 이 텐진조약에 기초하여 청일 양국 정부가 사전에 통지하여 조선으로 파병한 것이 발단이 되었다.

갑신정변 후 청은 조선 정부에 대해 종주권 강화 정책을 더욱 진전시켜 내정외교에 간섭했다. 1887년 조선 정부는 수호조약 체결국에 공사 파견을 결정했는데 청나라는 공사 파견에는 청국 황실의 허가가 필요하다고 명령했다. 또 이홍장은 조선 공사를 청나라 공사 아래 두는 것으로 하고 대외적으로도 명시했다.

한편 조선 측에서는 국왕 고종이나 민씨 정권 내부에서 청나라의 지배를 이탈하여 자립을 추구하는 움직임이 나타났다. 1885년 고종은 정부 고문인 묄렌도르프의 도움을 빌려 조선에 수십 명의 러시아인 군사교관을 맞아들일 계획을 세웠다. 그러나 이러한 움직임을 알아차린 청나라는 조선 정부에 압력을 행사하여 철회시켰다. 청나라는 유폐된 대원군을 귀국시켜 고종과 조선 정부의 움직임을 견제하려 했다. 나아가 1885년 청은 후의 중화민국 초대 대총통이 되는 젊은 청국군 참모 원세개(袁世凱: 1859~1916)를 총리조선 교섭통상사의로 파견했다. 그리고 원세개에게 외국들의 공사와는 별격의 지위와 권한을 주는 것으로 조선 외교권의 실질적인 것을 장악해 갔다.

그러나 조선 측은 대 러시아 접근책을 변함없이 추구했다. 조러수호통상 조약(1884년 조인)으로 조선에 부임해 온 러시아 공사와 조선 국왕은 서로 연합을 맺었다. 조선이 독립국이라는 것을 러시아에 인정받아 제 삼국과 분쟁이 발생할 경우 러시아에 군사적 보호를 얻도록 비밀 협정을 맺고자 한 것이다. 그러나 이 시도도 원세개에게 발각되었다. 때마침 영국이 러시아 함대의 통로에 해당하는 한반도 남해인 거문도를 점거하는 이른바 '거문도 사건'이 1885년에 발생했는데 이홍장은 영러 양국을 조정하여 조선에 대한 청의 종주권을 국제적으로 보여주었다.

조선 중립 구상

한편 조선 정부에는 조선 중립화를 구상하는 흐름도 있었다. 청나라와 협력적으로 당시의 외교 최고 책임자였던 온건 개화파 김윤식은 조선과 조약을 체결한 나라들의 보증으로 중립을 도모했다. 또한 급진 개화파의 흐름을 잇는 유길준도 청의 주도 아래서의 영세 중립국화를 제기했다. 그들의 발상도 청과의 협조라는 점에서는 전통적인 동아시아 종속체제에 의거하면서 서구에서 소국의 자립 방법이라 간주되던 중립의 개념을 받아들인 것이다. 이른바 전통과 근대적 국제법의 절충으로 조선의 독립을 유지하려는 것이었다고 할 수 있다.

다른 한편 일본 정부도 임오군란 이후 때마침 알게 된 조선 중립화 구상을 검토했다. 특히 청나라의 종주권 강화 정책이 분명해진 1884년 이후는 청일 양국에 의한 조선의 '공동 보호'를 시인했다. 일본은 조선을 청의 종주권으로부터 단절시키는 것을 궁극적인 목표로 삼으면서도 현실에서는 종속관계에 기초한 청의 우위를 인정하여 청일의 협조를 도모했다.

조선은 청의 완전한 속국이 되는 것을 피하고 자립의 길을 모색하기 위해, 또 한편 일본은 청일 협조의 틀 아래에서 조선에 흔적을 남기기 위해 각각 조선에 중립화의 가능성을 모색했다.

일본은 조선에서의 정치적 영향력을 후퇴시켰는데 임오군란 이후의 통상권익의 확대로 경제적 진출을 추진했다. 조선의 수출총액에서 대일본 수출은 90% 이상을 차지하고 있었는데 특히 쌀의 수출이 확대되었다. 일본 상인이 조선의 내륙까지 가서 곡물을 사들였기 때문에 조선의 지방관은 재래의 유통기구의 파괴와 쌀 가격의 등귀로 민중의 반란 발생을 두려워했다. 그 때문에 내려진 것이 방곡령(곡물의 타 지역 반출금지)이었다. 이에 대해 일본인 상인은 방곡령으로 손해를 봤다는 이유로 배상금을 요구했다. 일본 공사는 청의 중개로 조선 정부에 압력을 행사하여 배상금을 획득했다.

또한 일본은 청과 결정적인 분규가 생기는 것을 피하려고 하면서도 장래의 청일 충돌도 시야에 넣고는 임오군란 이후 육해군의 대확장으로 나아갔다. 야마가타 아리토모(山縣有朋: 1838~1922) 수상이 1890년 최초의 제국의회 시정방침 연설에서 조선을 일본의 '이익선'이라 간주하고 그 보증을 국가 목표로 내걸었다는 것은 잘 알려져 있다.

2. 청일·러일전쟁

1) 청일전쟁

동학

조선 개국 후 일본과 청나라 상인의 조선 진출에 의한 경제적 변동이나 '삼정'(전정, 군정, 환정=정부 보유미의 대여제도)의 문란이나 지방관의 부정축재에서 보이는 조선 정부의 부패 등은 커다란 사회 불안을 일으켰다.

동학은 이러한 것을 배경으로 1860년 몰락양반 출신의 최제우(崔濟愚: 1824~1864)가 창시한 민중종교이다. 유교를 근간으로 한 불교, 도교, 민간신앙 등의 요소도 받아들여 서학=크리스트교에 대한 동방 조선의 학이라는 의미로 동학이라 칭했다. 기본 교리인 '인내천(人乃天)'은 신분제도 비판과 인간 평등사상을 내포하며, 슬로건인 '보국안민(輔國安民)'은 외국 세력 배척으로 이어지는 것이었다. 그 때문에 조선 정부는 동학을 불온 종교라 간주하고 최제우를 처형하면서 무섭게 탄압했다.

그러나 제2대 교주 최시형(崔時亨: 1827~1898)은 포교 활동을 통해 교단 조직을 확립하면서 그 세력은 남부 조선 일대로 퍼져갔다. 그 과정에서 동학의 가르침을 민중 봉기를 재촉하는 실천적 운동 이념으로 파악하는 흐름도 생겨났다. 1892년 최제우의 죄명을 없애 교단의 합리화를 추구한 교조신원운동을 개시한 것도 동학의 이러한 일파들이었다.

동학의 세력 확대와 함께 외국 세력 배척의 색채도 선명해졌다. 1892년 말에는 수천 명 규모의 집회가 전라도 삼례에서 열렸고 이어 이듬 해 3월에는 왕궁 앞에 앉는 복각(伏閣) 상소[129]가 이루어졌다. 일련의 청원은 인정

---

[129] 사간원에서 상소하여 임금의 재가를 받지 못하였을 때 전 관원이 궐문 밖에 엎드려 거듭 청하는 일로 복합(伏閤)이라고도 한다.

받지 못했지만 동학교도는 한성 안의 외국 공사나 외국인의 거주지에 '척왜양(斥倭洋)'의 괘서(掛書)를 내걸어 외국인을 공포에 떨게 했다. 일본인 거류민도 인천으로 피난했다. 또한 1893년 봄, 동학 교단은 보은과 금구에서 수 만 명 규모의 집회를 열었다. 두 집회는 모두 외국 세력 배척과 지방관의 비난을 내걸었다. '교조 신원'으로 시작된 종교 투쟁은 보다 확대된 정치적 문제를 안고 있는 농민 투쟁으로 바뀌어 갔다.

갑오농민전쟁과 청일전쟁의 개시

1894년 2월 전라도 고부군에서 군수의 악정으로 동학 지도자 전봉준을 지도자로 하는 민란이 일어났다. 농민군 1만 명 이상의 규모로 민란은 '왜이(倭夷)'(일본)를 내쫓고 민씨 정권의 타도를 내걸었다. 반봉건, 반침략이라는 분명한 정치목표를 내세우면서 새로운 단계로 접어든 이 민란을 갑오농민전쟁이라고 부른다. 농민군은 5월에는 전라도 전주부를 점령했다.

민씨 정권은 6월 청에 반란진압을 위한 출병을 요구했다. 조선의 속국화를 대외적으로 보여줄 기회를 엿보고 있던 청은 곧 파견대를 상륙시키는데 일본 역시 청으로부터 출병통고를 받아 군대를 보냈다. 톈진조약의 사전통고 규정에 의한 파병이었다. 청일 양군의 출병을 전해들은 농민군은 폐정개혁안을 정부에 제출하여 강화를 맺으려 했다. 그 결과 전라도 일원에 농민에 의한 자치체제가 실현되었다. 농민군의 집강소가 설치되어 폐정을 저지른 관리의 처벌이나 신분제 폐지, 세제나 토지의 개혁 등이 이루어졌다.

농민군이 일단 창을 거두었기 때문에 조선에 주둔할 명분을 잃은 일본 측은 청나라에 조선의 공동 내정 개혁을 제의했다. 내정 개혁의 명목으로 군대를 주둔시켜 조선내정에 간섭하면서 청나라 세력을 배제하려고 한 것이다. 청일 양국에 의한 조선내정 개혁이 청에 의해 거부되자 일본은 단독으로 조선내정 개혁을 추진하는 방침을 정했다.

이어 일본은 군사력을 배경으로 왕궁인 경복궁을 점령했다. 그리고 청나라에 기대던 구 정권(민씨 정권)을 무너뜨리고 칩거 중이던 대원군을 다시 내세우면서 김홍집을 수반으로 하는 온건 개화파 중심의 친일정권을 세웠다. 일본군에 의한 쿠데타였다. 뒤에 기술하는 것처럼 김홍집 정권은 임시 정책 추진기관으로 다양한 근대적 내정 개혁을 추진해 가는 개화파 정권이라는 얼굴을 갖는 한편으로 일본의 군사력을 배경으로 한 친일파정권으로서의 얼굴도 갖고 있었다. 조선의 신정권은 일본과 조일잠정합동조관[130]을 조인하는데 이것 때문에 일본은 내정 개혁의 권고라는 명목으로 내정간섭을 합리화하면서 철도, 군용전신 등의 이권과 개항장의 증가 등을 인정받아 왕궁 점령사건을 불문에 붙였다.

이를 전후로 하여 8월 1일 청일 양국은 선전 포고를 했다. 메이지 천황이 포고한 선전포고의 조칙(詔勅)은 조선을 속국 취급하여 간섭하는 청국의 부당함을 호소하면서 조선의 독립을 존중하는 일본의 정당성을 강조하는 것이었다. 그러나 여기서 말하는 조선의 '독립'이란 어디까지나 청을 중심으로 하는 동아시아 국제 질서에서 조선을 끊고 일본에 협력적인 친일 국가로 삼는다는 것을 의미했다.

청일전쟁은 1984년 가을부터 일본의 우세가 확연해졌다. 한반도를 제압

---

[130] 1894년 8월 20일 외부대신 김윤식과 일본 특명전권공사 오오토리 가이스케(大鳥圭介) 사이에 체결한 것으로 총 7개 조항으로 구성. 제1조는 일본의 조선 내정 개혁 권고와 조선정부의 수용, 제2조는 조선은 일본과 함께 계획을 세워 경부선 및 경인선을 부설한다는 것, 제3조는 경부(경성과 부산)와 경인(경성과 인천)에 일본이 설립한 군무전선(軍務電線: 군용전선선)의 유지, 제4조는 통상 장려를 위해 전라도 연해 지방에 항구 한 곳을 개항한다는 것, 제5조는 7월 27일(1894년) 일본군이 경복궁 점령에 따르는 충돌에 대한 책임을 묻지 않는다는 것, 제6조는 일본은 조선의 자주독립을 돕고 이에 따르는 문제는 양국이 논의한다는 것, 제7조는 경봉국을 포위한 일본군을 적당한 시기에 철수시키며 잠정합동조관에서 지속적으로 지킬 필요가 있는 사항은 다시 조약을 체결하여 시행한다. 이 조일잠정합동조관은 일본이 조선의 재정 개혁을 위한 청일전쟁의 명분 획득과 조선에서의 경제적 이득을 얻기 위한 조약이었다.

한 일본은 중국 동북지방으로 전선을 확대해 갔다. 한편 전봉준 등이 이끌던 전라도의 농민군은 다시 봉기하여 한성으로 북상했다. 그러나 조선 정부군과 일본의 공동 진압작전 앞에 군사적인 열세를 만회하지 못하여 이듬해인 1895년 초에는 진압되었다. 전봉준도 체포되어 처형되었다. 그러나 갑오농민전쟁 동안에도 농민에 의한 무장봉기는 이따금씩 발발하여 초기의병(1895)이나 활빈당(1900~1905)이라는 형태로 이어져갔다.

갑오개혁

이 동안에 일본의 군사력을 배경으로 성립한 김홍집 정권은 근대개혁에 박차를 가했다. 정권 성립 직후에 정책 발의, 입법기관으로서 군국기무처 설치, 외유 경험이 있는 개화파 관료와 대원군파 인사를 중심으로 배치했다. 이 군국기무처가 조선인 측의 내정 개혁의 추진 모체가 되었다. 이후 1896년 2월에 김홍집 내각이 무너질 때까지 약 1년 반에 걸쳐 실시된 '위로부터의 개혁'을 갑오개혁이라 한다. 갑오개혁은 계획대로 전부 실현된 것은 아니었지만 다음과 같은 내용을 갖는다.

1) 정권 기구의 개혁 - 의정부를 두고 내무, 외무, 탁지(度支) 등 팔아문이 신설되었다. 경무청[131]이 신설되어 중앙집권적으로 민중 생활의 세세한 것을 감시하는 체제를 만들려고 했다.
2) 관리 임용 제도의 개혁 - 과거가 폐지되어 문벌, 귀천에 관계없이 인재 등용이 가능하게 되었다.
3) 신분제도와 가족제도의 개혁 - 양반, 상민의 신분이 폐지되어 천민, 노비가 해방되고 더불어 과부 재혼의 자유나 조혼 금지 등이 정해졌다.
4) 재정개혁 - 세제를 통합 정리하여 재정기관도 탁지부로 일원화하면서

---

131) 기존의 좌·우 포도청을 통합하여 신설

금본위의 신식 화폐가 발행되었다.

갑오개혁에서는 조선 개화파와 일본 측의 의도가 교차한다. 원래 조선의 내정 개혁은 일본으로서는 청일 개전의 구실에 지나지 않았기 때문에 갑오개혁에 대한 일본 측의 개입은 당초는 소극적이었다. 그 만큼 개화파 정권의 자주성이 강했다. 그러나 1894년 10월 이노우에 가오루(井上馨: 1836~1915)가 조선주차특명전권공사(朝鮮駐箚特命全權公使)에 취임하자 간섭이 강화되었다. 이노우에는 임오군란, 갑오정변 당시의 외무경(外務卿)으로 조선 문제에 정통한 세력을 가진 정치가였다. 이노우에 공사는 일본인 고문을 대규모 채용하여 개혁을 추진하고자 했다.

이러한 가운데 망명지 일본에서 귀국한 박영효 등을 보강하여 발족한 제2차 김홍집 정권은 대일 종속을 강화시켰다. 이 시기에는 내각제도의 창설, 재판소의 설치, 일본군의 훈련을 받은 신식군대(훈련대)의 신설, 지방제도의 개정 등이 추진되었다.

삼국간섭과 일본의 후퇴

일본은 1895년 2월 청의 북양함대를 괴멸시켜 청일전쟁의 대세가 기울었다. 이홍장과의 교섭 결과 4월에 청일강화조약(시모노세키조약)이 체결되었다. 조약의 제1조에서는 '청나라는 조선이 완전무결한 자주독립의 나라임을 확인'했다. 일본이 조선 간섭 정책에서 추구해온 청의 종속관계의 폐지가 결국 명문화되었다.

그러나 청의 종속관계를 배제하자 일본의 조선에 대한 간섭도 끊어졌다. 청일 강화 후 러·불·독에 의한 이른바 삼국간섭으로 일본은 청나라에 요동반도를 반환했다. 이 때문에 조선 내에서는 일본의 권위가 실추되었다. 궁중에서는 왕비인 민비를 중심으로 러시아에 접근하여 일본 세력을 억제하려는 움직임이 강해졌다. 1895년 6월 일본 정부는 조선에 대한 간섭정책을 단념하고 이후 당연히 경제적 권리의 획득으로 중점을 옮겨가게 되었다. 이 노우에도 조선 공사를 사직하고 본국으로 돌아갔다.

이러한 상황에 초조한 조선공사 미우라 고로(三浦梧樓: 1847~1926)는 같은 해 10월 일본공사관원, 영사관원, 대륙 낭인을 이끌고 왕후 민비의 침실에 침입하여 살해하는 만행을 자행했다. 미우라 공사와 김홍집 정권은 민비 살해 사건을 은폐하고자 했는데 미국인 군사교관 등이 사건을 목격하여 미우라는 본국으로 소환되었다.

민비 살해 사건으로 조선에서는 반일감정이 높아져 김홍집 내각에 반대하는 움직임도 확대되었다. 같은 내각이 실시한 단발령은 부모로부터 받은 '신체발부'를 해치는 것이라 하여 위정척사파가 되살아나 봉기했다. 이러한 무장투쟁을 의병이라고 하는데 1907년 이후에 고양된 후기 의병과 구별하기 위해 청일전쟁 후의 의병은 초기의병이라 부른다.

이에 의병 진압을 위해 친위대가 출동하여 한성의 경비체제가 약화되는 것을 기회로 1896년 2월 아관파천(俄館播遷)이 일어났다. 조선 정부 내의 친러파에 의해 국왕 고종이 러시아 공사관으로 옮기는 쿠데타였다. 이 때문에 김홍집 정권은 무너지고 갑오개혁은 종결되었다. 김홍집을 시작으로 세 명의 관료는 군중에게 살해되고 그 외의 관료도 일본으로 망명했다. 당시의 이 모습을 목격한 일본인 고문이나 일본인 상인은 군중들이 대신들의 사체에 침을 뱉고 또한 일본인에게도 욕설을 했다고 기술했다. 일본인이나 그들과 같은 무리로 보였던 개화파 관료들에 대한 민중으로부터의 비난은 너무나 냉혹했다. 개화파는 자주적 근대화 세력으로서의 일면을 갖으면서도 민중 편에서 보면 일본에 영합하여 전통적인 생활이나 습관을 침해하는 적이라 간주되었다. 조선 최초의 근대적 개혁이었던 갑오개혁의 모순은 여기에 나타나 있다고 할 수 있을 것이다.

러일 대립과 대한 제국의 성립

청일전쟁으로 중국(청)을 중심으로 한 전통적인 동아시아 국제질서는 크게 변했다. 동아시아에서 영토분할 경쟁이 격화되어 조선의 이권을 둘러싸고서도 일본과 러시아가 다투게 되었다. 아관파천 후 조선에서의 정치적 영향력이 후퇴한 일본은 러시아와 협정을 체결하여 조선에서의 세력유지를 도모했다.

청의 중압에서 벗어나 러일의 대립 가운데 서게 된 조선은 강한 독립 의지를 내비쳤다. 국왕 고종은 황제 전제를 이념으로 하는 군주권 강화책을 취하여 국가의 독립을 도모해 갔다. 1897년 조선은 국호를 '대한'으로 고치고 이듬해 헌법에 해당하는 대한국국제(大韓國國制)를 공포했다(4장에서는 이 국호 개정 후의 조선의 국가, 정부의 명칭에 대해서는 대한 제국의 약칭으로 한국을 사용하고 지리, 민족, 사회 등에 관한 명칭은 조선을 사용한다). 이 헌법에서 황제는 사법, 입법, 행정, 외교, 군사 등을 일체 장악한다고 되어 있다. 황제 독재 아래 고종은 후술의 '광무개혁'이라 불리는 개혁을 추진해갔다.

한편 개화파나 정부 관료 중에서는 자주독립, 자유민권, 자강개혁을 표방한 국정개혁 운동이 나타났다. 1896년에 만들어진 독립협회 운동이다. 독립협회는 일찍이 갑신정변에 참가하여 미국으로 망명한 서재필(徐載弼: 1864~1951)이 결성한 계몽 단체로 조선에서 처음으로 순 한글의 『독립신문』을 통해 법치주의의 확립, 교육과 산업의 진흥, 애국심

고종

의 함양을 주장했다. 1897년에는 독립문을 건설하여 청으로부터의 독립을 표방했다. 침략정책을 노골화해가던 러시아에 대해서는 1898년 이후 수만 명 규모의 대중집회(만국공동회)를 개최하여 러시아인 군사교관, 재정 고문의 해고를 요구하여 실현시켰다. 나아가 독립협회는 정부, 중추권의 권한 강화와 황제 권력의 제한을 요구하는 건의 6조를 채택했다. 그러나 여기에 위기감을 품은 수구파 관료는 독립협회가 공화제의 수립을 세우고 있다는 풍문을 유포하여 어용상인에게 독립협회를 공격하게 했다. 12월 고종이 조칙에 의해 독립협회를 해산시키는 것으로 그 의회 설립 운동은 세상에 나오지도 못한 채 시들어 버렸다.

독립협회의 반러투쟁으로 러시아 세력이 후퇴한 것은 일본과 한국 쌍방에 영향을 미쳤다. 일본은 조선에 경제적인 진출을 추진했다. 1898년 러시아와 니시-로젠 협정132)을 맺어 조선에서의 경제적 우위를 인정받았다. 일본은 조선에 일본제 면포의 수출을 증가시켜 조선의 재래 면포를 눌렀다. 일본인 상인은 내륙으로 진출하여 고리대금업을 하거나 조선인 명의로 토지를 소유하게 되었다. 또한 일본에서 진출한 제일은행 조선지점은 1902년에 제일은행권을 발행하여 한국의 공용지폐로 유통시켜 사실상 한국의 중앙은행이 되었다.

한국 측에서는 고종황제가 러시아 공사관을 나와 궁으로 돌아가 새로운 개혁을 추진해갔다. 1897년에 시행된 새 원호(元號) '광무(光武)'를 취하여 광무개혁이라 불린다. 광무개혁은 '구본신참', 즉 구법을 기초로 신법을 참작한다는 이념 아래 실시되었다. 한국 정부는 황제권과 국권의 강화를 위해 근대식 군대를 만들어 화폐개혁이나 철도건설 등에 착수했다. 그리고 이러

---

132) 1898년 4월 25일 일본 제국과 러시아 제국이 대한 제국에서의 분쟁에 관해 체결한 협정. 당시 일본 외무대신인 니시 도쿠지로(西德二郞)와 주일 러시아 공사인 로만 로젠(Roman Romanovitch Rosen) 사이에 조인된 협정으로 이들의 이름을 붙여 니시-로젠 협정이라 한다.

한 개혁을 위해 재원 확장이 추진되었는데 특히 광무 양전 사업이라 불리는 토지조사는 중요한 의미를 가졌다. 즉 양전으로 토지대장을 작성하여 토지등록자에게 지계를 발행하고 그 소유권을 인정한 것으로 근대적 토지 소유 제도의 길을 연 개혁이 되었다.

그러나 광무개혁은 성공했다고는 할 수 없다. 먼저 항상 재원 부족으로 골머리를 앓았다. 고종 황제는 열강의 차관 경쟁을 이용하여 특정한 나라에 의한 조선 지배를 거부하고 조선의 독립을 유지하고자 했다. 이 세력 균형 정책은 광무개혁의 자금 부족을 각국에서 차관으로 보충하려는 의도에 의한 것이었는데 열강의 상호견제와 일본의 방해로 차관의 도입에는 실패했다. 또한 근대적 제도를 부분적으로 채용했다고는 해도 독립협회의 탄압에서 보이듯이 의회제 채용으로 민권 신장을 도모한다는 발상은 없었다. 수구적인 면도 상당히 남아 있었다. 그리고 무엇보다도 개혁의 기간이 짧았다. 청국의 종주권이 청산되었을 때 한국을 배타적으로 지배할 수 있는 외국 세력이 없어졌다는 일시적 공백 속에서 황제가 리더십을 발휘한 것이 광무개혁이었는데 그러한 외적 조건도 러일전쟁으로 얼마 지나지 않아 무너지게 되었다.

2) 러일전쟁과 조선의 식민지화

러일의 대립

청일전쟁 후 일본은 러시아의 남하정책으로 위기감을 가졌다. 일본은 '만주'(중국동북부)와 한국의 교환으로 러시아와 타협할지 영일동맹을 맺어 러시아를 포위할지 두 가지 선택지의 득실을 재고 있었다. 그러나 1900년의 의화단 사건 이후도 러시아군이 '만주' 주둔을 지속하자 러일의 대립이 뚜렷해져 일본은 영일동맹(1902)을 맺고 러일전쟁(1904~1905)으로 나아가게 되었다.

러일 개전의 위기감이 높아지는 가운데 일본과 한국은 상당히 다른 방향을 추구했다. 한국은 1903년 무렵부터 고종 측근을 중심으로 전시 중립론을 모색했다. 원래 조선은 1880년대부터 소국의 자립, 독립유지를 위한 방법의 하나로 중립화 구상이 드물지만 부상한 역사가 있었다. 그러나 러시아와의 전쟁준비를 추진하는 일본으로서 일본군의 운송경로가 되는 한반도의 중립화는 결코 바람직한 것은 아니었다. 일본 정부는 한국과의 군사동맹(보다 정확히 말한다면 군사동맹이라는 명목으로 한국의 일방적인 일본에 대한 협력)을 요구했었다.

러일전쟁 하의 조선

러일전쟁 직전인 1904년 1월 한국 정부는 각국에 국외중립을 선언하고 영·독·불 등이 이것을 승인했다. 그러나 일본은 이것을 무시했다. 같은 해 2월 러일전쟁이 발발했다. 일본군은 곧 한성을 점령하고 군사적 압력 아래 한일의정서를 강요했다. 이 때문에 한국의 '독립과 영토보전'이라는 명목으로 군사적으로 필요한 토지와 철도를 수용했다. 한국을 일본에 협력시킨다는 일본 측의 군사동맹 구상이 관철되었다.

전시중립이라는 한국의 구상이 사라진 것은 기대하던 열강이 중립 보장에 움직임을 보이지 않았기 때문이기도 했다. 오히려 미국, 영국은 가쓰라 태프트 밀약(1905년 7월), 제2차 영일동맹(같은 해 8월)을 통해 일본의 한국에 대한 우월적 지위를 승인한 것이었다. 이후 러일전쟁의 강화조약(포츠머스조약)으로 러시아도 일본의 한국에 대한 지배를 인정하게 되었다.

러일전쟁 하의 한반도는 일본군에 의한 군사점령 상태에 처하게 되었다. 한국주차군(조선에 주둔하기 위해 편성된 일본군)은 군용지 수용이나 노동력을 징용했다. 조선인은 각지에서 반대 운동을 일으켰는데 이에 대해 한국주차군 사령부는 1904년 7월 '군율'을 공포했다. 이 때문에 전선, 철도의 보호를 각 촌락이 책임지게 하고 위반한 자에게는 사형을 포함한 처벌을 시행했다. 나아가 주차군은 수도 한성에서 시행한 군사경찰(1904년 7월)로 문서, 단체, 신문의 단속을 실시했다. 러시아군과의 교전지역이 된 함경도에서는 '군정'(같은 해 10월)이라는 이름 아래 지방관의 임면을 간섭했다. 이러한 치안경찰이나 지방행정의 개입은 한국 정부로부터 항의를 받았지만 일본군은 이것을 무시했다.

이러한 와중에 1904년 8월 제1차 한일협약이 체결되어 한국 정부는 일본에게 외교·재정 고문을 맡겼다. 국가조직 내부에도 일본 세력이 침투해 갔다.

러일전쟁 중의 군사적 지배를 맡은 주차군은 전쟁 후에도 군 주도 체제를 강화하려고 했다. 즉 주차군은 정점으로서 어떤 형태로든지 한국 통치 구상을 갖고는 헌병으로 치안을 관장하는 구상을 그렸다. 그러나 1906년 초 한국통감으로 부임한 이토 히로부미는 이러한 주차군의 구상에 훼방을 놓았다.

제2차 한일협약의 체결

러일전쟁 종결 1개월 후 1905년 10월 일본 정부는 한국의 보호국화를 각의 결정했다. '보호국'이란 외교권 등 국권의 일부를 타국에 의해 제한당하는 국가이다. 일본은 먼저 한국의 외교권을 손에 넣으려고 했다.

보호조약을 체결하기 위해 특파대사로 보낸 사람은 메이지 정부의 중진 이토 히로부미이다. 이토 히로부미는 고종황제와 회견하여 보호조약 체결의 뜻을 전달하고 1905년 11월 22일 한국대신과의 회의에서 조약체결을 이뤘다. 이것이 제2차 한일협약이다(현재의 한국에서는 합법적인 조약으로 인정하지 않는 입장에서 협약이 아니라 늑약이라 부르는 사람도 있다).

제2차 한일협약 체결 즈음에 일본군이 주변에서 연습을 시행하고 회의장에서도 하세가와 요시미치(長谷川好道: 1850~1924) 주차군 사령관이 동석하여 대신에 위협적인 말을 퍼부었다. 이러한 것들은 당시의 국제법에서 이미 불법으로 간주되던 무력에 의한 강박에 해당한다. 이 때문에 후술하는 것처럼 고종은 협약의 부당성을 국제적으로 호소하는 운동을 전개해 갔다. 또한 제2차 세계대전 후에도 제2차 한일협약에 대해 합법인지 비합법인지를 둘러싸고 한일 연구자 사이에서 논쟁이 일어났다.

덧붙여 일본이 독도를 편입한 것도 이 무렵으로 제2차 협약체결 전인 1905년 3월이었다. 일본이 한국의 국권을 빼앗아가는 미묘한 시기에 이루어진 독도 편입을 둘러싸고 오늘날까지도 한국과 일본에서 논쟁이 반복적으로 퍼져가고 있는 것은 주지의 사실이다. 독도 편입은 합법적이었는가, 일본이 편입의 근거로 삼는 '무주지 선점'은 성립하는가, 좀 더 거슬러 올라가 근세의 에도 막부와 조선 조정은 독도의 영유의식을 갖고 있었는가, 등 논점은 복잡하고 다수에 걸쳐 있어 학계에서도 결론이 나지 않았다.[133]

한국통감 이토 히로부미

제2차 한일협약에 의해 한국의 외교권은 일본의 외무성으로 이양되었다. 또한 한성에 일본의 대표로 통감부가 설치되었다. 지방에는 한국재류 일본인의 보호, 감독을 위한 이사청(理事廳)이 설치되었다.

초대 한국통감으로 1906년에 부임한 사람이 이토 히로부미이었다. 유신의 원훈으로 메이지 천황의 신임도 두텁고 제2차 협약의 체결도 주도한 이토 히로부미는 어떤 대한(對韓)정책을 생각하고 있었을까?

본래 제2차 협약은 한국의 외교권 박탈을 정한 것이었는데 이토 히로부미는 한국 내정에 대해서도 관여하려는 의향을 처음부터 분명히 하고 있었다. 단 이토 히로부미는 노골적인 군사 침략을 좋다고 하는 정치가도 아니었다. 이토 히로부미는 한국의 대신 앞에서 자신의 목적은 '문명' 정치의 시행에 있다고 했다. 또한 통감취임의 조건으로 한국에 주둔하는 일본군에 대

---

[133] '학계의 결론'은 일본학계를 의미한다. 한국에서는 일본의 독도 편입 부당성을 역사적으로 증명해왔다. 이와 관련하여 동북아역사재단 독도연구소 자료 참조.

해 통솔권을 요구한 것에서 보이는 것처럼 현지 군을 억제하려는 생각도 갖고 있었다. 즉 이토 히로부미는 군의 힘에 의한 강압적 지배보다는 '문명'적 개혁으로 열강의 비판을 피하고 '한국민에 근대화의 은혜를 주려는 것'134)으로 일본의 지배를 안정적으로 추진하려고 했다고 생각할 수 있다. 그러한 다면적인 이토 히로부미의 한국 통치의 어떠한 면에 주목할 것인지에 따라 그 평가는 오늘날에도 여러 가지로 나뉘고 있다.

이토 히로부미

이토 히로부미 통감의 시책 아래 중앙정부 수준에서는 황실 재정을 정리하고 통감정치에 대한 강력한 저항자인 고종황제의 힘을 약화시켰다. 지방에서는 군수가 한손에 쥐고 있던 행정권, 사법권, 징세권, 경찰권 등을 분리하여 일본인 고문의 감독 아래 두었다. 이러한 것들은 근대국가 형식을 정비하는 정책이라고 할 수 있지만 다른 한편에서는 그것이 이토 히로부미 통감이나 일본인 고문의 손에 의해 시행되었다는 것에서 일본의 한국 종속화를 진행시키는 것이 되었다.

조선인의 저항 운동

통감정치에 저항한 조선 측의 동향을 살펴보자. 조선인에 의한 국권 회복의 시도에는 크게 나누어 세 가지 중심이 있었다.

하나는 대한 제국 황제인 고종이다. 고종이 세력균형 정책으로 열강의 각축 속에서도 살아남는 길을 탐색한 것을 앞에서 기술했다. 고종은 보호국 아래에서도 미국 등에 사절을 파견하여 제2차 한일협약의 불법과 무효를 국제사회에 호소하는 공작을 전개했다. 이러한 '주권수호외교'의 일환으로

---

134) 역자주 116번 주 참조.

고종은 1907년 네덜란드의 헤이그에서 열리고 있던 만국평화회의에 세 명의 밀사를 몰래 보냈다. 헤이그 밀사 사건이다. 그러나 이것을 미리 알고 있던 일본 측은 고종을 강제 퇴위시키고 유약한 순종을 황위에 올렸다. 또한 헤이그 밀사 사건을 계기로 맺어진 제3차 한일협약으로 한국 정부 고관의 지위에 일본인이 직접 취임할 수 있는 길이 열려 차관을 시작으로 국가기구의 주요 관직을 일본인 관료가 장악하게 되었다. 이때까지 이토 히로부미 통감은 일본인 고문을 통한 내정 개입을 생각했는데 이제 '고문정치'에서 '차관정치'로 옮겨갔다. 또한 같은 협약의 비밀조항에서 한국 군대의 해산을 정했다.

두 번째는 무력에 의한 투쟁으로 국권 회복을 도모하는 사람들에 의한 의병투쟁이다. 국가의 위기에 직면하여 유자(儒者)가 들고 일어나 의로운 것으로 병사를 일으키는 의병은 갑오개혁 말기에도 출현했다. 러일전쟁 이후인 1905년 무렵부터 의병이 봉기하기 시작했다. 운동의 고양과 함께 그 중심도 위정척사사상을 기본으로 하는 유생에서 평민으로 확대되었다. 특히 전술한 제3차 한일협약에 의한 한국 군대의 해산으로 구 한국 군인이 의병에 참가하는 것은 이 운동의 전투력을 높이는 결과가 되었다. 1908년부터 1909년에 걸쳐 의병 투쟁은 최고조에 달하여 약 14만 명이 참가했다. 이토 히로부미 통감은 본국에서 대량의 헌병을 도입하여 진압에 나섰다. 일본군과 조선인 의병이 각지에서 전투를 벌이는 상황은 '식민지 전쟁'이라 부를 수 있는 것이었다.

마지막으로 도시 지식인을 중심으로 한 애국계몽운동을 들 수 있다. 『대한매일신보』나 『황성신문』과 같은 조선어 신문이 통감 정치를 비판했다. 또한 각지에서 학회라 불리는 정치결사가 생겨났다. 그 주장은 기본적으로 교육에 의한 계몽과 식산흥업을 기축으로 하는 실력 양성론이었다. 다만 애국계몽운동의 이러한 근대화 지향은 일본의 '근대화' 정책에 대한 비판을 둔화시킨다는 점에서 양날의 검이었다. 즉 애국계몽운동에는 이토 히로부미의 통감정치에 기대하거나 의병 운동에 냉담한 태도를 취하거나 하는 사람들도 있었던 것이다.

이토 히로부미 통감의 사임

1907년 제3차 한일협약 이후 이토 히로부미 통감이 추진한 시책으로는 일본인 법학자 청빙에 의한 한국 법전의 편찬, 일본인 학무 차관에 의한 교과서 편찬이 있다. 한국 관습법을 성문화한 교육을 진흥시킨다는 이러한 근대화 개혁은 '자치육성' 정책이라 부르기도 한다. 그러나 거기에서는 한국의 근대화와 일본의 종속이 동전의 표리관계처럼 나누기 어렵게 결합되어 있다는 점에 유의해야 할 것이다.

이토 히로부미가 추구한 한국 통치의 모델은 어떠한 것이었을까? 이토 히로부미는 1908년에 한일 관계를 오스트리아와 헝가리의 이중 제국에 비유한 적이 있다. 그러나 실제로 이토 히로부미가 실시한 시책에는 외교, 군사를 공통 내각 업무로 삼는 이중 제국 모델을 추구한 흔적이 보이지 않는다. 고급 관료를 파견하여 정부 기능의 중추를 장악한 점에 착목한다면 영국의 이집트 통치 쪽이 어쩌면 가깝다(이토 히로부미는 자신을 이집트 영국 총영사 로드 크로마에 비견한 적도 있다). 이토 히로부미 자신은 한국의 병합에 진중한 점진적 병합론자라 할 만한 입장을 취했다고 생각되지만 대량의 일본인 관료로 현지 사회를 세세한 부분까지 장악해 가려는 병합 후의 조선 통치의 모습을 준비한 것도 부정할 수 없다.

이러한 이토 히로부미의 시책에 대해 애국계몽운동을 맡은 조선인 지식인은 수익자가 일본인이라는 점을 비판했다. 동양척식주식회사가 설립되어 일본인에 의한 토지 매매, 농장경영이 이 시기 진척된 것도 이러한 비판을 뒷받침한다.

이토 히로부미의 통감정치를 가장 위협한 것은 의병운동이었다. 의병 진압을 위해 본국에서 군, 헌병을 도입한 것은 본래 조선에서 현지 군의 힘을 억제할 의도를 가진 이토 히로부미의 구상에서는 이탈한 것이었다. 나아가 이토 히로부미가 힘을 쏟고 있었던 한국법전 편찬 사업도 한국에서의 지적 재산보호 관련법의 정비를 요구한 미국의 압력을 받아 변질되었다. 한국의 관습법을 실태법으로 명문화하려는 당초의 방침은 일본법 연장주의로 180도 전환되었다. 제3차 한일협약으로 한국의 괴뢰국가화를 어느 정도 달성한 것처럼 보인 이토 히로부미의 통치는 배후에서는 어쩔 수 없이 노선 전환을 해나갔다.

이러한 가운데 이토 히로부미는 1908년 무렵부터 사의를 표명했다. 그리고 가쓰라 타로(桂太郎: 1848~1913) 수상에게 한국 병합의 동의를 해주는 것으로 1909년 6월 통감의 자리에서 내려왔다. 후임은 이토 히로부미의 점진적 병합론에 찬동한 소네 아라스케(曾禰荒助: 1849~1910)였다.

한국병합의 길

이토 히로부미가 병합에 동의한 것을 이어받아 1909년 7월 가쓰라 내각은 한국병합 방침을 각의 결정했다. 다만 각의 결정에서는 병합의 시기가 정해질 때까지 현상을 유지한다고 했다. 보호국 지배를 유지할지 병합에 의한 식민지화로 나아갈지의 밸런스가 아직은 유지되고 있었다.

이 균형 상태를 병합으로 기울게 만든 계기가 된 것은 1909년 가을 이후 일련의 사태였다. 1909년 10월 이토 히로부미 전 통감은 하얼빈에서 안중근(安重根: 1879~1910)에게 사살되었다. 안중근은 약육강식의 서구문명을 추종하여 아시아를 침략하는 일본을 비판하고 동양평화를 어지럽히는 원흉으로 이토 히로부미를 지탄했다.

이토 히로부미 살해 사건으로 대일 관계의 행방에 불안을 가진 조선인도 적지 않았다. 특히 친일계 정치결사인 일진회는 한국의 국권이 아직 완전히 소멸되지 않는 동안에 일본과 '합방'하는 것으로 조금이라도 조선인에 유리한 정체를 남기려고 했다. 역사상 유명한 일진회의 병합청원서는 원래 그러

동생과 마지막 작별을 고하는 안중근(정중앙의 인물)

한 의도에서 나온 것이었다.

　원래 일본 정부는 이러한 일진회의 입장을 고려하지는 않았다. 다만 현상 유지론자로 일진회 청원의 수리를 망설인 소네 아라스케 통감을 경질하고 급진적 병합론에 선 데라우치 마사타케(寺內正毅: 1852~1919) 대사를 후임으로 하여 한국병합 분위기를 만들어 이용한 것뿐이었다. 이러한 일본 측, 특히 급진적 병합론을 취한 원로 야마가타 아리토모(山縣有朋: 1838~1922)나 데라우치 마사타케 등 육군 조슈(長州; 야마구치현) 문벌은 한국 보호국 지배의 현상 유지를 부인하면서 일진회의 입장도 고려함 없이 일본 스스로의 손으로 병합을 추진해 간다는 방침을 굳혔다. 한국병합이 언제 결정되었는지는 현재 정설은 없지만, 적어도 1909년 말 이후 그 움직임이 급가속화한 것은 틀림없을 것이다.

　1910년 8월 일본 헌병이 엄정한 태세를 취한 한성에서 데라우치 통감과 이완용 수상에 의해 한국병합 조약이 체결되었다. 병합은 한국황제에 의한 천황에의 통치권 양여라는 형식을 취했다. 한국의 독립과 부강을 겉으로 표방해 온 일본으로서는 일본의 의지로 한국을 병탄한다는 형태를 취하고 싶지는 않았을 것이다. 이로써 500년의 역사를 가진 조선은 멸망했다. 한국이라는 국호는 무너지고 이 땅은 다시 조선이라 불리게 되었다.

데라우치 마사타케

3. 조선 식민지 지배

1) '무단정치'

한국병합과 일본의 여론

1910년 8월에 한국이 병합되자 일본의 신문, 잡지에는 병합을 찬미하는 논의가 넘쳐났다. "조선이 일본에 병합된 것은 역사적 필연이다, 일본인과 조선인은 같은 조상에 같은 뿌리이다, 조선 왕조는 악정을 했기 때문에 병합은 조선인의 행복을 증진시키기 위함이다" 등등 많은 병합 정당화론이 나타났다. 한국 병합을 걱정하는 논의도 기껏해야 병합이 일본의 재정 부담을 초래하는 것은 아닌가 하는 정도의 내용이었다. 조선이 독립국의 역사를 갖지 않았다거나 조선인이 태만, 문약하다는 이미지는 이미 병합 전부터 널리 유포되었었는데 그것은 식민지기를 통해 점점 강화되어 갔다.

메이지 이후 일본의 판도에 편입한 타이완이나 조선 등에 대해 일본 정부의 공식 문서에서는 '식민지'라는 말 보다는 '외지(外地)'라는 말을 많이 사용했다. 무력 정복한 영토가 아니라 조약으로 통치권을 손에 넣은 땅이라는 표면적인 인식이 있었을 것이다. 그러나 그것은 어디까지나 표면적인 것이며 이 무렵의 일본 신문이 조선을 가리켜 '식민지'라 부르는 것은 그리 이상하지도 않았다. 오늘날 병합 후의 조선을 가리켜 식민지라 부르는 것에 이견을 표하는 태도도 있지만 당시 일본인의 감각을 무시할 수는 없을 것이다.

조선 총독부

한국 병합 1개월 후인 1910년 9월 조선 통치 기관으로 조선 총독부가 설치되었다. 한국통감인 데라우치 마사타케가 수평 이동하여 초대 조선 총독이 되었다.

조선 통치의 큰 틀은 청일전쟁 후에 일본이 영유한 타이완에 대한 통치 시스템을 답습하고 있다. 즉 무관(군인) 출신의 총독에 강한 권한을 부여하여 식민지를 본국으로부터의 독립성이 강한 이법(異法)지역으로 통치한 것이다. 다만 정확히 말한다면 타이완 모델은 조선 통치에서 더욱 강화 적용되었다. 타이완에서도 조선에서도 제국의회의 입법권(입법 협찬권)을 총독에 부여하는 위임입법 제도를 취했는데 그 근거 법령은 조선의 경우 타이완 같은 시한 입법이 아니었다. 또한 무관이 취임하게 되어 있었던 조선 총독은 천황에 직속되었는데 이러한 특권적 지위의 규정도 타이완총독에는 보이지 않는다.

조선 통치의 근간을 쥔 러일전쟁 후의 당시 육군은 독자적인 정치적 주체로 탈피하려는 '군부의 독립' 시기에 들어섰다. 그리고 육군대신인 데라우치 마사타케가 재직한 채로 조선 총독에 취임한 것이 상징하듯이 조선은 육군에게 중요한 의미를 가졌다. 조선은 중국 대륙의 중요한 교두보로 간주되었는데 실제로는 신해혁명(1911), 제1차 세계대전(1914~1918)의 변동기,

데라우치는 조선에 주둔하는 일본군(조선주차군, 1918년부터 조선군으로 개칭)을 동원하려고 생각한 적도 있었다. 조선을 군사적 거점으로 하여 안정시키기 위해서도 데라우치 총독은 조선 통치에 마음을 쏟은 것이다.

헌병경찰제도

이 시기 조선 통치는 어떠한 것이었을까? 그 특징으로는 첫째 엄격한 치안유지체제 편성을 들 수 있다. 이 때문에 1910년대 조선 지배 정책을 '무단정치'라고 한다. 한국병합 이전 의병 투쟁을 시작으로 하는 조선 민족의 저항을 목격한 일본인 통치자는 조선사회에서 일본의 통치 협력을 육성하기 보다는 군사력, 경찰력을 배경으로 한 직접통치를 선택했다.

그 근간이 된 것은 헌병경찰제도였다. 그 제도 아래에서는 본래 군사경찰을 직무로 하는 헌병에 일반 경찰권이 부여되어 순사처럼 문관 경찰관과 함께 헌병이나 조선인 헌병보조원이 반일 운동을 탄압하여 조선인의 생활에 간섭했다. 총독부 중앙과 지방의 경찰기관 지휘권은 헌병이 장악하고 관할지역도 문관경찰보다 헌병 쪽이 훨씬 넓었다. 또 4천명 이상의 조선인이 헌병 보조원이라는 이름으로 앞잡이로 사용되어 일본인과 다를 바 없이 조선민중의 원한을 샀다.

헌병 경찰의 직무는 주요한 것만으로도 이하와 같이 광범위하게 걸쳐 있다.

(1) 의병 진압 - 조선으로 헌병의 대량 도입은 원래는 의병의 진압을 목적으로 했다. 잔존 의병은 강원도 등 산간 지역에 몰래 출몰했는데 1914년에는 완전히 진압되었다. 일본의 탄압을 피해 도망한 의병장들은 중국 동북부의 간도(지금의 연변 조선인 자치구에 상당한다) 등에 근거지 건설을 추진하게 되었다.
(2) 언론 결사 등의 탄압 - 1910년 9월 친일 단체도 포함한 정치 결사는 모두 해산되었다. 언론도 어용 신문이나 일부의 일본어 잡지만이 허

용되었다. 종교, 문학 관계 등 약간 허용된 잡지도 헌병 경찰의 검열 하에 두었다. 나아가 항일운동의 온상이 된 것으로 보인 조선인 사립학교나 크리스트교도의 동향은 중점적으로 감시당했다. 이로 인해 보호국 시기에서의 애국계몽운동은 합법 활동의 장을 잃어버리게 되었다.

(3) 범죄의 즉결 - 통상의 범죄 처분에 대해서도 헌병경찰은 큰 권한을 가졌다. 비교적 경미한 도박죄, 상해죄, 행정 법규 위반에 대

헌병경찰에 의한 의병 체포
(오른쪽은 의병장인 채응언)

해서는 재판 없이 즉결 처벌할 수 있게 되었다. 또한 처분할 때에 집행 경비의 절약이라는 명목으로 태형(채찍질)이 많이 사용된 것도 식민지만의 특징이었다.

(4) 일반 민중의 일상생활 개입 - 식민지 통치는 전근대 사회에서는 국가가 개입하지 않았던 생활영역도 관리의 대상이 되었다. 예를 들어 위생사업에 관해 헌병경찰은 방역, 계몽활동이나 검병호구조사(檢病戶口調査)를 자주 시행했다. 호적신고, 일본식의 도량형 강제, 도박금지 등도 같았다. 이러한 시책이 근대화의 측면을 갖고 있었던 것은 부정할 수 없다. 그러나 많은 조선인은 오히려 규칙에 묶여 통치자의 감시에 내몰리는 지배에 고통을 느꼈다.

토지조사사업

둘째 식민지 통치 인프라의 정비에 대해 살펴보자.

병합 당시의 조선은 농업국이며 통치 재원의 확보를 위해서는 토지 소유권의 확정과 그것에 기초한 지세의 징수가 가장 중요한 과제가 되었다. 이 때문에 시행된 것이 토지조사사업(1910~1918)이다. 일본 본국에서 지세개정(1873)과 같은 형태로 조선에서도 현지조사에 기초하여 근대적 토지 소유권을 확정했다. 즉 중층적인 토지 소유를 해소하여 개인의 토지 소유권을 확정하고 지세 부담자를 결정한 것이었다. 병합 이전 대한 제국이 시행한 광무양전사업도 그러한 방향성을 갖는 것이었는데 일본의 토지조사사업은 그러한 조선의 토지제도 개혁을 계승하고 이용한다는 측면도 갖고 있었다.

조선 토지조사 사업은 일본에서도 그러했던 것처럼 지주제를 창출, 육성하는 것으로 연결된다. 다른 한편 일본 본국이나 타이완과 달랐던 것은 토지 소유권을 둘러싼 분쟁이 많았다는 것이었다. 조선시대 농민이 국가에 명목적으로 기진했던 토지가 국유지화된 것에 동반된 것이었다. 방대한 국유지를 총독부가 저렴한 가격으로 민간에 불하한 결과 동양척식주식회사를 시작으로 하는 일본인 대지주가 생겨나고 남부지방에서는 부분적으로 조선인 지주도 형성되었다.

새롭게 생겨난 식민지 지주제를 토대로 일본은 조선에 식량생산지로서의 역할을 기대했다. 그 때문에 일본 시장에 맞는 쌀의 품종개량이나 육지 면포의 재배가 추진되었다. 이러한 농업 지도에는 헌병경찰이 참여하여 강제하는 것이 많아 '사벨(sabel)[135] 농정' 등으로 불렸다.

인프라의 정비라는 점에서는 철도, 도로 건설도 중요한 사업이었다. 이미 병합 전에 한반도 종관 철도는 일본의 손에 의해 부설되었는데 데라우치 총독은 조선과 중국을 연결하는 군사적 동맥으로 철도를 중요시하여 조선철도와 남만주철도(만철)의 연결에 뜻을 기울였다. 또한 도로에 대해서는 1911년에 도로규칙이 제정되어 신속하게 건설이 추진되었다. 대부분은 생

---

135) 군인이나 경찰이 허리에 차는 칼

활도로가 아니라 군사 운송을 최우선으로 생각한 것이어서 각 지방의 헌병 경찰이 도로의 노선 결정에 깊이 관여했다. 또한 도로 건설이나 보수를 위해 지역주민에게는 강제적인 부역이 부과되었다.

산업, 교육 정책

반면 셋째 조선의 산업화나 개발을 위한 경비는 억제되었다. 데라우치 총독은 자금을 투하하여 조선의 자원을 개발하거나 공업을 육성한다거나 하는 것보다는 조선 내의 재원확보와 경비 절감을 추진하여 총독부 재정을 본국으로부터 자립시키는 것을 목표로 했다. 1914년에는 '재정독립 5개년 계획'을 내걸고 지세의 세율을 인상했다. 한편 회사령(1910)으로 조선인, 재조선 일본인 모두에게 기업 설립을 억제했다.

교육에 대해서도 조선인의 동화를 구가한 것이지만 일본식 '근대' 학교의 보급이 그 정도로 추진된 것은 아니었다. 1911년에 공포된 제1차 조선교육령에서는 '충량한 국민'의 육성을 구가하여 공립보통학교의 설립이 추진되었다. 그러나 그 숫자는 아직 적어서 전통적인 데라코야 같은 교육[136] 기관인 서당이 아직 널리 남아있었다. 민간의 크리스트교나 지식인이 세운 사립학교 등도 합하여 일본식 교육과 전통적 교육이 병존해 있었다.

1910년대의 독립운동

조선인의 독립운동을 살펴보자. '무단정치'의 냉혹한 치안체제 아래에서는 조선인의 사회운동은 폐색이 짙었다. 1910년대 중반에 의병투쟁이 종식되었다는 것은 앞에서 기술했다. 또한 합법적인 언론, 결사활동이 불가능해진 애국계몽운동 중에는 비밀결사로서 지하에 잠행하는 것도 나타났다. 단

---

136) 조선의 서당에 해당하는 전근대 일본의 아동 교육 기관. 일본 학계에서는 데나라이주쿠(手習塾)라는 용어와 병행 사용되고 있다.

적인 예가 1907년에 안창호 등에 의해 설립된 비밀결사 신민회였다. 신민회 회원에는 교육자나 크리스트교 신자가 많아 학교 창설이나 무역업 등의 회사설립 사업을 하고 있었다.

그러나 조선병합 후인 1910년 12월 조선 서북부를 시찰한 데라우치 총독의 암살을 도모했다는 혐의로 신민회원을 중심으로 700명이 체포되었다. 제1심 판결에서 105인이 유죄 판결을 받았기 때문에 105인 사건이라 불린다. 물적 증거가 없는 검거를 문제시한 재조선 미국인 선교사가 미국 본국에 호소한 적도 있어 2심에서는 대부분이 무죄가 되었다. 그러나 105인 사건을 통해 총독부는 신민회를 파멸상태로 내몰았다. 다른 한편 이 사건을 통해 조선인의 민족주의가 뿌리 깊다는 것을 알게 된 데라우치 총독은 통치의 앞길에 불안을 감지하여 사임신청도 했다(결국 총독사임은 보류되고 겸임하던 육상(陸相: 육군대신)만 1911년에 사임하여 총독 전임이 되었다). 헌병경찰이 지역 사회에서 사립학교나 크리스트교도의 움직임을 끊임없이 관찰한 것은 이러한 배경이 있었기 때문이다.

조선 내에서의 민족운동이 이렇게 어려워졌기 때문에 운동의 거점은 조선 밖으로 옮겼다. 특히 두만강을 건너 중국령인 간도에서는 함경북도에서 온 이민이 많아 1910년을 시점으로 10만 명이 넘었다. 이러한 간도 이주 조선인 중에는 조선인의 자치, 교육보급 운동을 목적으로 한 단체도 생겨났다.

또한 일본에서는 조선인 유학생이 1912년에 재일본 동경조선유학생 학우회를 결성하여 기관지 『학지광』을 창간, 유학생끼리의 친목과 한국사회에 대한 계몽을 표방했다. 그들의 운동은 산업, 교육 등을 통해 실력양성을 목적으로 한 온건한 것이었는데 일본유학 경험자 중에는 그 후 1920년대에 조선에서 독립운동을 이끈 지도자가 된 자도 많았다.

3·1운동

병합 후 10년 가까이 경과한 1919년 3월1일 경성, 평양, 선천 등에서 일제히 독립선언이 낭독되었다. 식민지기 최대의 독립운동이 되는 3·1운동이 시작된 것이다. 3·1운동은 같은 해 중국의 5·4 운동과 함께 동아시아에서 중요한 반제국주의 운동이 되었다. 독립선언 발표가 복수의 도시에서 동시다발적으로 이루어진 것에서 알 수 있듯이 이 운동은 사전에 치밀하게 준비된 것이었다.

발단은 1918년 미국의 월슨 대통령이 제1차 세계대전 후의 세계질서로서 '민족자결주의'를 제창한 것에 있다. 이것은 아시아의 식민지 해방을 염두에 둔 것은 아니었지만 조선인 지식인에게 용기를 주었다. 일본에 유학하던 장덕수는 상해로 건너가 여운형 등과 조선 독립을 협의하고 신한청년당을 조직했다. 다음해 1919년에 들어서자 신한청년당은 파리강화회의에 대표를 파견하려고(강화회의의 참가는 이루지 못했다) 동지를 러시아, 일본, 조선으로 보내 조선인 지도자와 접촉하게 했다. 조선에서는 크리스트교, 불교, 천도교의 종교대표에게 세계정세를 전하여 독립선언서의 발표와 배포가 계획된 것이다.

운동은 4월 초순에 절정에 달했다. 운동의 성격도 첨차 변화해갔다. 4월 초순까지의 전기(前期)에서는 경기도, 황해도, 함경도, 평안도 등 북부 지역이 중심이 되었다. 운동이 최고조에 달한 후 종식으로 내닫는 후기에는 남부인 충청도, 경상도로 발생 지역이 옮겨지고 봉기의 규모가 커졌다. 또한 운동은 초기에는 독립선언서의 낭독과 시위행진이라는 평화적인 형태를 취했는데 운동이 확대되면서 지역 주민이 헌병경찰기관이나 면사무소(면은 일본의 촌에 해당), 공립학교, 우편국 등을 공격했다. 시위운동을 헌병 경찰이 탄압하고 운동주의자를 체포하자 지역 주민이 그들을 빼내오기 위해 헌병 경찰기관이나 행정기관을 습격했던 것이다.

지역에서의 운동을 지도한 것은 학생이나 지식인이 많았는데 일반 민중은 생활 차원에서 시행되던 '무단정치'의 여러 시책에 대한 불만에서 봉기했다. 헌병대에서는 공동 묘지제, 화전경작제한(화전은 조선 북부에서 산을

탑골공원(옛 파고다공원)의 레리프
3.1운동에서 일본 군경의 탄압을 묘사

태워 밭으로 만든 것), 공동임야의 출입금지, 주세, 연초세 등 이때까지의 시책들에 대한 불만도 운동을 확대시켰다고 보고 있었다. 이러한 3·1운동은 근대적 지식인의 내셔널리즘 운동과 민중의 생활방위주의적 투쟁이 혼재한 성격을 갖고 있었다. 또한 민중은 조선시대의 민란처럼 장시(場市: 정기적으로 열리는 장)와 같은 기회를 이용하여 모여 운동을 전파했다. 근대적 내셔널리즘과 전통적인 민란의 수법이 함께 보였다는 점에서도 3·1운동은 복합적 성격을 갖고 있었다.

일본의 대응

민중을 끌어들인 폭력화된 운동에 일본 측은 군사력으로 대응했다. 본국의 육군성은 헌병 경찰 측과 조선군(한반도에 주둔한 일본군)이 서로 협력하도록 명령하고 탄압의 전면에 점차 군이 나서게 되었다. 당시 조선군은 일개 사단의 절반 정도로 편제되었었는데 조선군사령관은 하세가와 요시미치 총독으로부터 군대를 자유롭게 사용할 수 있도록 승인받았다. 나아가 의병 진압 이래의 조선군의 분리 배치를 실시하여 지역마다 기민한 행동을

IV. 근대 동아시아 속의 한일관계 273

현재의 제암리교회
(제암리3.1운동순국기념관이 되어 있다)

취하도록 했다.

그럼에도 불구하고 4월에 들어와 운동이 최고조에 달하자 말단행정기관에서 조선인 관공리의 직무 포기나 벽지 주재소의 일시 철폐도 생겨났다. 식민지 지배의 후퇴가 현실화되기 시작한 것이다. 본국에서는 조선으로 보병 6대대, 보조헌병 약 350명 등의 병력 파견을 각의 결정했다. 운동을 쉽게 진압할 수 없는 것에 초조해진 군대는 각 지에서 방화, 학살 등의 사건을 일으켰다. 4월15일에는 경기도 수원군 제암리에서 약 30명의 촌민을 교회에 집합시켜 사살하고 교회를 불태웠다(제암리 사건).

일본의 신문 보도를 보자. 3·1운동에 대해 신문은 당초 간단한 폭동이라 간주했었다. 그러나 운동이 격화됨에 따라 지금까지의 무단정치에 문제가 있다는 것을 제기하게 되었다. 그렇지만 전 기간을 통해 일본군, 헌병경찰의 진압 행동을 지지하고 조선 독립의 목소리는 다루려 하지 않으려는 논의가 대부분이었다. 그럼에도 3·1운동 후 『동양경제신문』

요시노 사쿠조

은 '소일본주의'를 제기하면서 식민지 포기를 호소했으며 도쿄제국대학 교수 요시노 사쿠조는 조선인의 독립운동에 이해를 제시하면서 조선인 유학생의 지원을 아끼지 않았다. 다이쇼 데모크라시[137]의 일각에 조선인의 정치요구를 수용하는 사상도 나타나기 시작했다.

2) '문화정치'에서 농촌공황기로

하라 타카시의 '내지 연장 주의'

3·1운동의 진압에 쫓기며 한편에서는 일본 본국의 하라 다카시 수상은 조선 통치체제의 개혁을 구상했다. 일본에서 처음으로 본격적인 정당내각을 만든 것으로 알려진 하라는 식민지 통치에도 독자적인 구상을 하고 있었다. 하라는 식민지 통치에서 '내지 연장 주의'(본국의 법 제도를 점진적으로 식민지에도 적용해 가려는 동화주의적 지향)를 생각하고 있었다. 일찍이 제1차 야마모토 곤베에 내각(山本倦岳衞 內閣: 1913~1914)에서는 여당 입헌정우회의 총재로 조선의 문관 총독 전임제나 헌병경찰제도 폐지 등을 계획한 적도 있었다. 하라는 정당정치가로서 육군의 아성이던 식민지의 틈새를 벌여 정당을 핵으로 하는 국가운용의 일부로서 식민지 통치를 생각했다.

하라는 1918년 9월에 내각을 조직하자 서서히 조선 통치체제 개혁 플랜을 시작했다. 1919년의 3·1운동은 이러한 계획을 이제 막 시작하려는 시점에서 일어났다. 3·1운동은 하라의 개혁 방침을 급가속 시키면서 넓은 분야로 확대시켰다. 1919년 8월에 공포된 조선 총독부 관제 개정 등 일련의 법령으로 조선 총독은 무관뿐만이 아니라 문관도 취임할 수 있게 되었다. 또한 헌병경찰 제도는 폐지되고 보통경찰 제도로 전환했다.

---

137) 청일전쟁부터 치안 유지법 시행시기(1911~1925)에 일본에서 정치, 사회, 문화 각 방면에서 일어난 민주주의, 자유주의적인 경향을 총칭하는 용어.

그렇다고는 해도 문관총독은 원로 야마가 타 아리토모 등의 반대에 부딪혀 실현되지 못 하고 사이토 마코토(齋藤實: 1858~1936) 해군 대장이 취임했다. 덧붙여 식민지 타이완에서 는 무관총독에서 문관총독으로의 교대가 실 현되어 1936년까지 계속되었다. 그러나 조선 에서는 군인 이외에 수장 자리를 맡기는 것 에 당시의 일본인 정치가의 대다수는 강한 저항감을 갖고 있었다. 경찰관의 수도 3·1운 동을 체험한 총독부 관료의 요구 결과 약 1

사이토 마코토

만 3천명(경찰 사무를 집행한 헌병을 포함)에서 1만 5천명으로 증가했다. 3·1운동의 경험을 거울삼아 말단의 경찰기관 증설에 힘을 쏟아 두 개 면에 1개의 비율이었던 주재소의 배치는 '1면 1주재소'로 되었다.

이러한 점에서 3·1운동 후에 통치체제가 개혁되었다고 해도 무력에 의존 하는 지배의 본질이 변했다고는 할 수 없을 것이다. 그러나 적어도 새로운 체재를 적용하는 진용이 크게 변한 것은 틀림없다. 새로운 총독에 해군 출 신의 사이토 마코토가 취임한 것에서 육군의 영향력은 크게 후퇴했다. 총독 을 보좌하는 정무총감에는 전 내무대신으로 '내무성의 대어소'라 불렸던 미 즈노 렌타로(水野鍊太郞: 1868~1949)가 올라 미즈노의 인맥으로 이어지는 삼사십 명의 내무성 출신 관료가 조선 총독부 중추로 진출했다. 하라 다카 시, 사이토 마코토, 미즈노 렌타로는 모두가 동북출신이라는 공통 기반을 갖고 밀접하게 의사소통을 해오면서 새로운 통치양식을 모색해 가게 되었 다. 사이토 마코토의 총독재임기(1919~1927, 1929~1931)에 전개된 일련의 통치개혁은 '문화정치'라 불린다.

문화정치기의 시책들

이미 기술한 총독 무관 전임 제도, 헌병경찰 제도의 폐지 이외의 주요한 개혁으로는 아래와 같은 점을 들 수 있다.

(1) 교육제도 - 제2차 조선교육령(1922)에 따라 '내선공학'이라는 이름아래 조선에 거주하는 일본인과 조선인의 교육 법규를 통일했다. 다만 여전히 일본인을 대상으로 하는 소학교와 조선인을 대상으로 하는 보통학교의 구별은 남았다. 더욱이 이 시기 조선인 사이에 '교육열'이라 불리는 취학율의 상승이 보였다. 총독부는 보통학교의 증설을 추진하여 1920년대에는 '3면 1교'에서 '1면 1교'를 목표로 했다. 일본식 초등교육이 완전히 거부된 것은 아니어서 근대적 교육의 필요를 느낀 조선인도 늘어났다. 그렇다고는 해도 조선인의 보통학교 취학율은 20% 정도로 일본어 수업 시간이 증가하는 등 일본어 우위성도 높았다.

또한 중등학교나 전문학교의 정비와 함께 1926년에는 법문학부와 의학부를 갖추어 동양연구의 거점을 표방한 경성제국대학이 개설되었다. 경성제국대학의 교수, 조교수는 일본인이 독점하고 학생도 절반 이상은 일본인이었다. 식민지 조선에서 근대적 지식을 체득하려면 어쩔 수 없이 일본이라는 필터를 통한 교육시설에서 배우고 일본식 학문 내용을 체득할 수밖에 없었다.

(2) 지방제도 - 종래 옛 일본인 거류지에만 설치한 부협회의에 더하여 1920년부터 도(부현), 지정면(指定面=町), 면(=村)의 각급 지방행정 단위로 도 평의회(道平議會), 지정면 협의회, 면 협의회라는 자문기관이 설치되었다. 대부분의 자문기관은 의결권을 갖지 못했으며 도 평의회원과 면 협의회원은 임명제(다른 기관은 제한선거제)였기 때문에 지방자치라고는 말하기 어렵다.

그러나 이러한 지방 자문기관에도 일본인뿐만 아니라 '유지'라 불리는 조선인 지방유력자가 진출했다. 그리고 학교의 설립이나 도로, 수도, 전기의 정비 등 지역 이해를 호소하는 장으로서 일정한 기능을 수행했다. 더욱이 1930년의 지방제도 개정으로 도 평의회, 부 협의회, 지정면 협의회는 도회, 부회, 읍회로 이름을 개정하여 예산이나 결산 등의 의결권을 부여했지만 발안권은 없었다.

(3) 언론, 출판, 집회 - 총독부는 1920년에 민간의 조선어 신문 발행을 점차 허가했다. 조선인의 불만을 토로하는 창구를 만들어 민정을 관찰하는 것이 목적이었다. 오늘날에도 한국의 대표적 언론이 되어 있는 『동아일보』, 『조선일보』는 이때 창간된 것이다. 또한 『개벽』, 『신생활』과 같은 조선어 종합잡지의 간행도 허용되었다. 조선어 신문, 잡지는 삼엄한 검열 아래 있었는데 제1차 세계대전 후 세계의 신사조를 소개하고 민족운동을 전개하는 유력한 매체로서 성장해갔다. 또한 집회, 결사에 대해서도 허용의 폭이 넓어져 뒤에서 보는 것처럼 많은 사회운동 단체가 생겨나게 된다.

(4) 산미증식계획 - 경제정책 면에서는 쌀의 증산을 계획한 산미증식계획이 추진되었다. 일본 본국에서는 기생 지주제를 위해 농업생산이 정체되는 한편으로 쌀 수요는 점차 늘어나 1918년의 쌀 소동으로 그러한 예산이 등장했다. 1920년에 조선에서 산미증식계획이 시작된 것은 이러한 본국의 사정에 대해 식민지 쌀의 기대가 높아졌기 때문이었다. 정부 자금의 투입으로 수리(水利) 정비를 중심으로 토지 개량이 추진된 결과 조선에서의 쌀의 생산고는 1.2배가 되었다. 다만 일본으로의 쌀 이출고는 2.5배가 되었기 때문에 조선인의 쌀 소비가 늘어난 것은 아니었다. 오히려 많은 자작농은 수리조합비 등의 부채에 고통받아 토지를 내버리고 소작농으로 전락했다. 한편으로 그러한 토지를 일본인 지주나 일부 조선인 지주가 사들였다.

조선 인민이 토지를 잃은 한편으로는 일본 본국에서는 도시화, 공업화가 진행되어 저임금 노동자를 찾았기 때문에 한반도에서 일본으로 건너가 토목 노동자나 공장노동자로 일하는 조선인이 늘어났다. 1920년에는 재일조선인이 3만 명에 달했다. 재일조선인은 취업이나 노동조건, 거주 등에서 차별을 받았는데 특히 1923년의 관동대지진에서는 조선인 폭동의 유언비어가 퍼져 지진을 당한 각지에서 일본인 주민이 만든 자경단이 수천인이 넘는 조선인을 학살했다.

친일파의 육성

문화정치기의 동향으로 특히 중요한 것은 이러한 정책들이 서로 맞물려 일본의 정책에 협력하는 '친일파'의 육성이 추진된 것에 있다. 사이토 총독을 시작으로 내무성 출신 총독부 고급관료나 총독 측근의 브레인은 조선인 민족운동이나 지식인, 종교인 등과 직접 담판하여 그 요구에 귀를 기울이는 자세를 취했다. 또한 앞에서 기술한 지방 자문기관의 설치에 따르는 조선인 협력회원이 등장한 것이나 산미증식계획으로 일부의 조선인 지주가 성장한 것도 지역사회에 친일파를 만들어내는 결과가 되었다.

조선인 측에서도 총독부의 지원을 받으면서 다수의 친일 단체가 생겨났다. 총독부와 그들을 협력관계로 결부시킨 것은 참정권 문제이다. 많은 친일파는 식민지 의회의 설치로 조선의 '자치' 실현이나 본국의 제국의회 중의원에 조선인 의원을 보낼 것을 요구했다. 총독부 측에서도 1920년대 중반 어용지 『경성일보』에 조선의 '자치'를 주장하는 사설을 게재하거나 사이토 총독이 1929년 이후의 일정한 시기에 조선에 의회를 설치하는 계획을 검토하거나 한 적이 있었다.

그러나 조선인 독립운동 진영에서는 일부의 민족주의자가 '자치'론에 현혹되었지만 대체적으로 참정권의 획득에는 냉담한 태도를 취했다. 같은 시기의 식민지 타이완에서는 자유주의적인 일본인 대의사(代議士: 중의원 의원)와 협력하면서 타이완 의회설치 운동이 민족운동을 이끈 것을 생각하면 커다란 차이라고 할 수 있다. 조선인 운동가의 주류는 어디까지나 결벽적인 자세로 조선의 독립을 추구했다.

이러한 분위기 속에서 친일파는 민족독립의 적이라 간주되어 매국노라고 경멸당했다. 또 한편으로 본국 정치가의 대다수는 조선인 정치 참가를 인정하면 오히려 조선 통치가 불안정해지지는 않을까 하여 경계했다. 앞에서 기술한 1929년 이후의 총독부의 조선의회 설치 구상도 당시의 하마구치 오사치(浜口雄幸: 1870~1931) 내각의 반대로 좌절되었다.

실력양성운동

'문화정치'기 독립운동의 흐름을 보자. 독립운동은 아주 풍부한 가능성을 안고 다양하게 전개되어 갔다. 조선 총독부는 3·1운동기에 상해에서 수립된 대한민국 임시정부를 시작으로 해외의 조선 독립 운동에 신경을 곤두세우고 있었다. '독립군'이라 칭하는 중·조 국경지대에서 무장투쟁을 전개하는 민족운동가도 경계 대상이 되었다. 그러나 임시정부가 무장투쟁을 주장하는 무투파(武鬪派)와 외교파의 내부 대립으로 약체화된 적도 있어서 점차 총독부 치안 당국은 조선 내의 향상에 관심을 기울이게 되었다.

조선 내에서는 3·1운동 후 집회, 결사의 자유가 어느 정도 인정되어 조선어 신문도 발행되었다. 이러한 변화를 순풍삼아 조선 내에서 최초로 나타난 것은 청년회 운동이었다. 1920년 봄부터 계속해서 결성된 청년회는 민풍 개선을 표방한 지역마다 있던 작은 수양단체였는데 드디어 전국 조직을 형성하여 1922년 무렵부터는 민족운동의 색체가 강했다. 청년회 운동의 지도자층이 중심이 되어 교육, 산업계의 명사도 끌어들인 운동으로서는 조선의 국산품 구입을 호소한 물산 장려운동과 조선인을 위한 종합대학을 설립하려는 민립대학 설립 운동이 있다. 이러한 운동은 모두가 조선 독립에 앞서 조선인의 실력을 축적하려는 점진적인 실력양성론의 입장에 선 것으로 한국병합 이전의 애국계몽운동 흐름을 계승한 것이었다.

사회주의 세력의 대두와 민족주의 세력의 분화

그러나 실력양성운동의 융성은 오래 지속되지 못했다. 총독부의 탄압도 있었지만 조선인 내부에서도 마르크스주의의 세례를 받은 지식인을 중심으로 실력양성운동에 대한 비판의 목소리가 있었기 때문이다. 1918년의 러시아혁명 이후 동아시아에서도 일본의 마르크스주의 문헌의 번역을 통해 중국이나 조선에 사회주의가 소개되고 있었다. 조선에 등장하기 시작하던 사회주의자는 교육, 산업 발전을 도모하는 실력양성운동을 부르조아 유산계급만을 유리하게 해주는 운동이라고 공격했다.

이렇게 하여 대두한 사회주의 진영은 1925년에는 비합법 단체로 조선공산당을 결성했다. 일본 공산당(1922년 결성)과 같이 소련 코민테른의 승인과 지시를 받은 국제공산주의 운동의 일환이라는 성격을 갖고 있었다. 조선공산당은 일찍부터 공산주의 사상의 전파를 경계하던 총독부의 지속적인 탄압으로 3년 정도밖에는 존속할 수 없었다(1929년에 코민테른으로부터 승인이 취소됨). 그러나 1920년대 후반 후술하듯이 민족주의자와 협동 진영을 만들어 중요한 족적을 남기게 되었다.

민족주의 운동 세력은 사회주의자의 대두와 함께 또 하나의 문제를 안고 있었다. 1924년 1월, 이광수가 『동아일보』에 발표한 사설 「민족적 경륜」[138]의 파

이광수(李光洙) (도쿄외국어대학소장, 하타노 세쓰코(波田野節子) 제공)

---

138) 이광수가 1924년 1월 2일부터 6일까지 5일간에 걸쳐 『동아일보』에 게재한 사설. 이광수는 이 사설에서 정치적, 산업적, 교육적 측면에서 계획을 세우고 실천할 수 있는 역량 강화를 주장했다. 하지만 '조선 내에서 실행할 수 있는 범위 내에서 일

문이다. 이광수는 와세다 대학에 유학 경험이 있는 지식인의 리더로 상해의 대한민국 임시정부에도 관여하고 있었다. 이광수는 총독부의 공작으로 조선에 귀국한 후 「민족적 경륜」을 통해 식민지 체제의 틀 안에서의 합법적인 실력양성운동의 필요성을 주장했던 것이다. 이 결과 민족주의운동 진영은 식민지 지배 체제를 전제로 하는 운동을 전개해야 할지, 사회주의자와 제휴할지를 둘러싸고 크게 좌우 두 그룹으로 분열되기에 이르렀다.

한편 우파 민족주의자 진영은 실력양성론을 내걸고 총독부와의 거래도 마다하지 않았다. 앞에서 기술한 총독부의 '자치'론에 호응한 것은 주로 이 세력으로 그 때문에 타협적 민족주의라고도 불렸다. 또 하나의 좌파민족주의는 비타협적 민족주의로도 불려 사회주의자와의 연대를 모색했다.

1925년 무렵부터 좌파민족주의자와 사회주의자는 민족협동전선의 결성을 의식하게 되는데 그것은 1927년 신간회의 조직으로 결실을 맺었다. 신간회에는 신문기자, 변호사, 교사 등 다양한 인사가 참가하여 조선공산당원도 합법 활동의 장을 신간회에서 찾았다. 회원 수 약 4만 명을 가져 식민지기 최대의 합법운동 단체가 된 신간회는 원산파업이나 광주 학생운동(모두가 1929년)과 같은 대규모의 민족운동을 주도했다. 또한 최전성기에는 140여 개 지방 지회를 거점으로 지역주민의 일상적인 불만이나 요구를 다루는 활동을 전개했다. 이러한 1920년대 말기의 민족운동의 융성은 총독부에 위기감을 갖게 만들었다. 그것이 선술한 조선의 '자치' 부여의 검토로 이어져 조선에서 고등경찰의 확충을 가져왔다. 후자는 일본의 특수경찰 확충과 연동된 것으로 일본과 조선을 통해 경찰에 의한 사회주의, 공산주의운동 탄압이 진행되었다.

이러한 탄압을 받아 신간회 집행부에서는 합법 자치운동으로 전환하는

대 정치적 결사를 조직하여야 한다'는 주장은 일본의 식민지 통치를 용인하는 것으로 이해되어 많은 비판을 받았다.

방향이 제기되었다. 공산당 재건운동에 관계했던 사회주의자나 신간회 지방 지회의 대다수는 이러한 타협노선을 비판하고 신간회 해체론(해소론)을 주장했다. 이렇게 하여 1931년 5월 신간회 운동은 막을 내리게 되었다. 때마침 같은 해 6월 사이토 마코토에 이어 조선 총독부에 취임한 우가키 가즈시게(宇垣一成: 1868~1956)는 참정권을 미끼로 민족운동을 회유하려는 사이토의 수법에 비판적이었다. 따라서 조선의 독립이나 조선인의 정치 참가를 둘러싸고 민족운동과 총독부가 상황에 따라 대처하던 '문화정치' 시대는 막을 내리게 되었다.

농촌진흥운동

1930년대 전반의 조선 통치를 맡은 우가키는 육군 주류파의 장로였다. 십여 년 만의 육군 총독의 부활이었는데 이 무렵의 육군에게 조선이 갖는 의미는 1910년대의 '무단정치'기와는 달랐다. 조선은 여전히 중국 대륙으로 가는 중요한 교두보였는데 1930년대 이후 조선 총독이 된 육군 장로에게는 일본 국내에서 대두해온 육군의 황도파나 통제파의 파벌을 억눌러 자기의 정치력을 온존하는 것이 최대의 과제였다. 언젠가는 총리대신이 되어 일본 정계의 정점에 서는 것을 생각하던 우가키에게도 조선 통치는 정치적 실력을 보여주는 시금석이 되었다. 게다가 1936년 2.26사건 후 우가키는 조선 총독을 사임하고 조각(組閣)을 시도했는데 결국 육군의 반발을 사 실패했다. 이러한 사정도 있어서 약 5년간의 재임기간 중 우가키가 가장 힘을 쏟은 것은 조선 농촌의 안정화였다. 그것이 농촌진흥운동이었다.

1929년 미국에서 시작된 세계공황은 일본에게도 미쳤다. 동북지방이나 나가노현에서 걸식 아동이나 여자의 인신매매가 사회문제화 된 것도 이 무렵의 일이다. 식민지가 받은 타격은 특히 컸다. 1920년대의 산미증식계획으로 쌀 생산에 특화되어 있던 조선의 농촌은 쌀 가격 저하에 대한 저항력이 약해졌기 때문이었다. 일본 시장에서는 가격이 싼 조선 쌀이 쌀 가격 저하에 박차를 가한다고 하여 수입 제한의 목소리도 시끄러웠다. 우가키는 이러한 농촌의 궁상이 조선통치를 불안정하게 만든다는 것을 두려워하여 농촌의 생활안정과 향상을 첫째의 정책 목표로 삼았던 것이다.

1933년 봄부터 본격화된 농촌진흥운동은 농촌경제의 재건을 목표로 했는데 예산의 투입은 적어 농민 자신의 '자력갱생'이 슬로건이 되었다. 말단에서는 각 면에서 농촌진흥회가 만들어져 개개의 농가에 대해 가계부를 조사하거나 물산 장려, 생활습관을 개선하기도 했다. 반면 지주제에는 거의 손을 쓰지 못하였으며 소작농을 만드는 것도 진척되지 못했다. 농촌 피폐의 근본 원인에 칼을 대는 일 없이 농촌경제의 개선을 목표로 했기 때문에 농촌진흥운동은 점차 정신주의화해 갔다. 특히 1935년 이후의 심전개발운동(心田開發運動)139)은 농촌진흥운동과 융합하여 불교나 신도(神道)에 의한 민중의 정신적 통합에 중점을 두게 되었다.

농촌진흥운동은 농촌경제 개선에 커다란 성과를 내었다고는 말하기 어렵다. 원래 이 시책으로 농촌에 전시동원체제의 기반이 형성되었다고 간주하는 자도 많았다. 개별농가 단위까지 총독부의 권력이 침투한 점이나 그 담당자로서 비교적 학력이 높은 조선의 젊은이가 '중견 청년'으로 양성되었기 때문이다. 다만 그것으로 이 시기를 '준전시체제'라고 간주해도 좋은가에 대해서는 의문이 남는다. 확실히 이 시기 일본은 1931년에 만주사변을 일으켜 중국과의 15년 전쟁에 돌입했다. 그러나 농촌진흥운동으로 총후사회(銃後社會)140)를 의식한 캠페인이 널리 퍼진 것도 아니었다. 오히려 이 시기는

---

139) 1935년 4월 중추원 회의에서 우가키 가즈시게가 처음 언급한 것으로 조선인을 일본의 황국신민으로 만들기 위한 정신계몽운동. 조선 총독부는 심전개발위원회를 설치하고 "일반 민중의 정신을 작흥하고 심전을 배양하여 신앙심을 육성하고 경애의 이념을 함양하여 확고한 인생관을 파악하게 하며 안심입명의 경지로 인도한다"는 목적 아래 국체관념의 명징, 경신숭조의 사상 및 신앙심 함양, 보은, 감사, 자립정신의 양성을 제시했다.
140) 전쟁을 후방에서 지원하는 것이다.

후술하듯이 조선인 사회주의자에 의한 혁명적 진흥운동이 북부 지역에 상당히 침투했다. 이에 대항하는 지배체제 안정화 정책으로서의 의미가 농촌진흥운동에는 강했다고 생각해야 할 것이다.

세계공황기의 조선농촌의 피폐는 유민화 현상도 낳았다. 일정한 학력이나 자산이 있는 자는 농촌에서 도시로 나가거나 해외로 이민하거나 했다. 이 시기 일본으로 건너가는 조선인, 즉 재일조선인의 인구도 급증하여 이민 형태도 단신 돈벌이 형에서 가족 정주형으로 옮겨가고 있었다. '만주'(중국 동북부)로의 조선인 이민도 총독부의 정책적 후원으로 증가해 갔다(칼럼 '재외조선인'참조).

공업화의 진흥

우가키 총독 재임기의 특징적인 정책으로 북부 조선을 중심으로 공업개발이 진행된 것도 들 수 있다. 1930년대 총독부는 복수의 자본을 경쟁시켜 전기 개발을 촉진했다. 특히 일본질소비료는 부전강, 장진강 등에 대규모의 댐을 건설하여 수력발전에 의한 풍부한 전력으로 흥남비료공업을 시작으로 조선 북부에 화학공업을 발달시켰다. 조선에서는 저임금 노동력을 풍부히 얻을 수 있다는 점, '만주' 시장에 가깝다는 점, 중요 산업 통제법이 조선에서는 적용 예외라는 점 등의 유리한 조건을 활용했다. 공업화의 담당자가 일소계(주식회사 일본질소비료 계열)나 일산계(닛산) 등 일본의 신흥재벌이었다는 것이 조선 공업화 특징의 하나였다.

반면 조선인 자본은 섬유, 인쇄 등의 영세기업에 집중되고 자본의 비율도 3할을 차지하는 정도였다. 그렇지만 이 시기 농촌 내에 체류하던 노동자가 농촌을 이탈하여 일부가 공업 부분으로 유입되는 등 조선 농민에도 공업화의 영향이 미치기 시작했다. 당시 조선 사회의 자본주의화 수준은 대략 러일전쟁 전의 일본의 단계에 도달했다고도 한다.

이러한 조선 공업화, 자본주의화라는 현상은 특히 1990년대에 조선 근대

경제사 연구자로부터 주목되었다. 그 계기가 된 '식민지 근대화론'은 조선인 자본가의 성장이나 중화학 공업화의 진전 등 식민지기의 공업 발달과 사회 변화를 강조하면서 조선인 중에서 일정한 숙련노동자나 기업 경영자를 포함한 맨 파워의 성장이 진행되었다고 주장하는 논의이다. 이로 인해 현대 한국 경제 발달의 역사적 기원을 식민지기에서 찾을 수 있는 것은 아닌가라는 새로운 시점을 제시했다.[141]

그렇지만 '식민지 근대화론'에는 문제가 많다. 일본이 남긴 공업화의 유산은 조선 북부에 집중되어 있었음에도 불구하고 해방 후의 조선민주주의인민공화국(북한)에 대해서는 거의 논의가 없다는 점, 식민지기의 조선인 자본가와 해방 후의 재벌에 직접적인 인적 연속성이 결핍되어 있다는 점에 대해서 설명하지 못한다는 것 등이다.

1930년대의 민족운동

이 시기의 민족운동을 보자. 이 시기 농촌의 피폐에 눈을 돌린 것은 총독부뿐만이 아니었다. 민족주의 우파, 좌파 모두 1930년대 초기 이후 농민의 문해율 향상, 농촌의 생활개선 등을 내건 운동을 전개했다. 동아일보사가 주최한 브나로드 운동(1931~1934)에서는 학생이나 청년 지식인, 귀향 유학생들 육천여 명이 참가하여 '문맹' 퇴치와 문화향상을 시도했다. 또한 조선일보사에서도 거의 동시기에 생활개선 운동을 전개했다.

그러나 이처럼 현장에 참가하는 것으로 지식인과 민중의 거리를 오히려 보여준 장면도 있었다. 당시 조선 문학에서는 '농민소설'이 커다란 장르로 확립되어 갔는데 고향의 농촌으로 돌아간 지식인이 실천운동에 관여하여 농촌사회에 녹아들어 가는데 고투하는 모습을 그린 것도 적지 않았다. 나아

---

141) 이러한 주장을 하는 대표적인 사람들이 『반일종족주의』의 저자 이영훈을 중심으로 하는 식민지 근대화론자들이다.

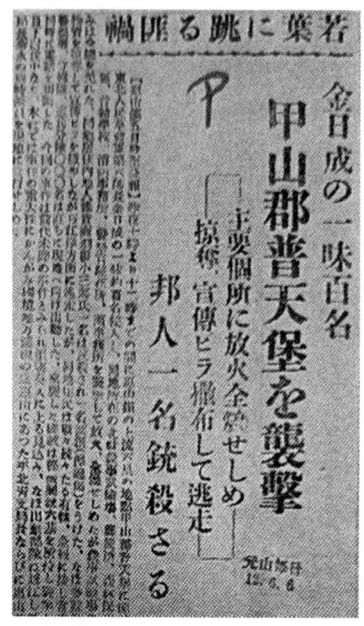

김일성부대의 습격을 전하는 신문기사
(『원산일보』 1937년 6월6일,
서울대중앙도서관소장)

가 지식인들에 의한 농촌생활을 개선하려는 운동은 활동내용 면에서 앞에서 기술한 총독부의 농촌진흥운동과 반드시 명확한 차이를 갖지 못하고 점차 그쪽으로 편입되어 갔다.

이러한 사정에서 적어도 총독부의 눈에는 어느 정도 농민 속에 침투했다고 비쳐져 위기감을 갖게 한 것은 공산주의자에 의한 혁명적 농민운동이었다. 이 운동은 전국적 통일 조직을 갖지 못했지만 함경도나 강원도를 중심으로 약 80개의 군, 도(조선 전체의 군과 도는 약 220)에 이르는 분포를 가졌다. 조선인 공산주의자는 1928년에 코민테른이 지시한 조선공산당 재건을 위한 '12월 테제'에 기초하여 농촌 말단에서의 활동에 주력했다. 혁명적 농민조직은 사회주의 문헌을 교재로 한 야학이나 독서회를 비밀리에 침투시켜 때에 따라서는 소작쟁이나 면사무소, 경찰기관 등에 대한 습격사건 등도 일으켜 조직력을 보였다. 그러나 이 운동도 1930년대 중반 이후 잠잠해져 갔다.

조선외의 독립운동에도 주목해야 할 움직임이 있었다. '만주'에서는 1920년대 말기 이후 코민테른의 방침(1국1당 원칙)에 따라 조선인 공산주의자는 중국공산당에 가입하게 되었다. 재만 중국인, 조선인 공산주의자의 연대는 쉽지 않았지만 만주사변 후 동북인민혁명군(후에 동북 항일연군)이 만들어졌다. 이러한 재만 조선인의 항일투쟁을 통해 대두한 것이 전후 북한의 최고 지도자 김일성이었다. 동북항일연군의 김일성부대는 1937년에 국경마을 보천보를 침공하여 총독부에 충격을 주었는데 이 보천보 사건을 통해 그 이름이 조선사회에 알려지게 되었다.

또한 중국 관내에서는 3·1운동 후에 수립된 후 내분에 빠진 대한민국 임시정부의 여러 파벌들이 1935년에 합류하여 조선민족혁명당을 조직했다. 이 당의 좌파는 중국공산당과 함께 연안을 근거지로 삼아 항일전쟁에 참가했다. 우파는 국민당과 함께 충칭으로 옮겨 광복군을 조직하고 대일전쟁 준비를 하는 가운데 일본 패전을 알게 되었다. 더욱이 전후 전자는 북한에서 연안파라는 중요한 세력이 되는데 1950년대에 숙청당했다. 후자는 귀국 후 미국 군정에서 정통 정부로서 승인받지는 못했지만 오늘날 대한민국은 임시정부를 계승하고 있다는 것을 헌법에 명기하고 있다. 아무튼 이 시기 전후의 한국, 북한으로 이어지는 중요한 정치세력이 형성되어 있었다는 것을 알 수 있을 것이다.

3) 총력전의 시대

중일 전면전과 조선

1937년 7월 노구교(蘆溝橋)사건[142]을 계기로 중국과의 전쟁은 중국 대륙 전역으로 확대되었다. 그리고 중일전쟁의 본격화는 식민지 조선을 심하게 흔들어 놓았다. 일본의 병력이 화북으로 파병될 때는 한반도를 통과했다. 대량의 병사 운송과 이에 따르는 사람과 말의 징발, 경제통제는 조선인 사

---

142) 1937년 7월 7일 야밤에 중국 베이징 남서부 교외의 노구교(루거우차오) 부근에서 일어난 중국군과 일본군의 충돌사건. 루거우차오 인근에는 중국혁명군 소속 쑹저위안(宋哲元) 부대인 29군이 주둔하고 있었다. 당시 야간 훈련 중이던 일본군 중대에서 총격이 들리고 이어 일본군 병사 1명이 행방불명되는 일이 발생하자 일본군은 중국주둔지를 수색하겠다고 했다. 중국군은 거부했다. 이 병사는 얼마 뒤 부대로 복귀했다. 일본은 이날 새벽 중국군을 공격해 루거우차오를 점령했다. 이 사건을 계기로 중일전쟁이 시작되었다.

경찰관이 개최한 시국좌담회

이에 많은 유언비어를 만들어 냈다. 유언비어에는 한반도 남쪽의 가뭄 피해 원인이 전쟁에 있다고 하거나 전쟁에 대한 매스컴의 보도에 의심을 품고 일본의 전쟁목적 기만을 지적하기도 하는 등 전쟁에 대해 거리를 두려는 태도가 눈에 띠었다.

이에 대해 조선 총독부에서는 친일파 인사를 동원한 각종 강연회나 좌담회 등을 통해 조선 민중이 앞서서 전쟁에 협력하도록 다양한 선전 활동을 전개했다. 특히 경찰은 중일전쟁 발발 후 주재소를 단위로 한 농촌 곳곳에서 '시국좌담회'를 개최했다. 수십인 규모의 민중을 모아 시국 인식을 철저히 인식시켜 유언비어를 차단하려고 했다. 신문이나 라디오가 보급되어 있지 않았던 조선 농촌에 전시의 시국인식을 심어주려고 한다면 이러한 인해 전술에 의할 수밖에 없었다.

또한 중일전쟁 전 해인 1936년 조선 총독으로 취임한 미나미 지로(南次郎, 1874~1955)는 조선 통치의 목표로 '내선일체' 즉 조선인의 완전한 일본화를 표방했다. 그리고 조선인을 궁극적으로는 천황을 위해 죽을 수 있는 '황국신민'으로 단련하는 '황민화' 정책이 제시되었다. 중국과의 전쟁은 이제 총력전이 되어 총후 식민지 사회에서도 전쟁의 각오와 희생이 요구된 것이다.

일본 식민지를 포괄하는 총력전 체제 만들기도 본격화되었다. 1938년에는 일본, 조선, 타이완 등을 통해 국가 총동원법이 시행되었다. 이에 따라 노동력의 동원이나 물자, 금융의 통제가 일본 정부의 계획 아래 적용되었다. 총독부에서도 이에 대응하여 조선인 하급 관리를 중심으로 전시동원이나 경제통제 업무를 담당하는 관리를 대폭 늘렸다.

전시동원과 황민화

중일전쟁기 조선인에 부과된 인적, 물적 동원정책이나 '황민화' 정책의 대표적인 것을 개관해보자.

(1) 노무 동원 - 조선인의 계획적인 노무동원은 1937년 9월에 노무동원계획(제1차)이 각의 결정된 것에서 시작했다. 이 계획은 일본인 병사의 출정으로 부족한 국내 노동력을 보충하기 위해 본국과 식민지를 통한 노동자의 이동이나 재배치를 정하고자 했던 것이다. 조선에서는 민간기업에 의한 집단모집(1939년~), 조선 총독부의 외곽단체인 조선 노무협회를 중개로 한 관 알선(1942년~), 영장에 의한 징용(1944년~)으로 동원 방식이 변했다. 다만 이것은 동원의 주체가 민에서 관으로 옮겨졌다는 것은 아니다. 초기의 집단 모집단계에서 기업에서 파견된 모집원은 모집 지역의 할당, 인원 모집 등 많은 점에서 현지 경찰관이나 면사무소 관리에 의존해있었기 때문이다.

그리고 일본 본국의 직업소개소처럼 노동력 재배치 시스템이 충분히 정비되어 있지 않던 조선에서는 왕성한 노무동원을 위한 강제성을 보였다. 조선인 노무동원이 '강제연행'이라 불린 것은 이 때문이었다. 약 70만 명의 조선인이 많은 경우에는 노동조건을 충분히 전달받지 않은 채 일본에 보내져 탄광, 금속광산 등에서 일했다. 조선인의 노동조건은 가혹하여 노동자의 도망이나 집단쟁의도 일본인보다 높은 비율을 보여주었다.

(2) 병력 동원 - 조선인에 대한 병력 동원으로서는 먼저 육군 특별 지원병제도가 1938년에 실시되었다. 조선군이 주도해서 입안했지만 반드시 조선인을 병력으로 활용하는 것을 첫째의 목적으로는 하지 않았다. 병사가 된 조선인이 일본에 총구를 돌리는 것은 아닌가라는 공포를 떨치지 못했기 때문이다. 오히려 기대되었던 것은 일본 병으로서 철저한 훈련을 받은 지원병이 조선인 사회 전체를 대상으로 '황민화' 정책의 견인차가 되는 것이었다.

이 때문에 지원자 중에서 사상이 견고한 청년을 선발하여 지원병 훈련소에서의 훈련기간(당초 6개월, 1940년부터 4개월) 동안 일본어의 상용은 물론 생활양식 전부를 일본화 시키려 했다. 1938년부터 43년에 누계 약 80만 명이 당근(지원병이나 그 가족에 대한 우대책)과 채찍(경찰이나 말단 관리에 의한 독려)으로 지원병이 되었다.

다음 1942년에 조선인에 대한 징병제 실시가 각의 결정되어 44년부터 실시되었다. 입안한 것은 일본의 육군성 군무국이었다. 전쟁에 의한 일본 민족의 손실을 걱정하여 식민지 민족을 활용하려 했던 것이다. 조선인 징병제도를 단행하지 않던 조선 총독부로서는 당초의 상정을 대폭 수정한 계획이었다. 그러나 총독부는 조선인에 대해서는 징병제는 어디까지나 '황민'에게만 허용된 특권이며 '내선일체'의 구현화라고 선전했다. 이렇게 하여 병력으로 동원된 조선인은 육군 약 18.7만 명, 해군 약 2.2만 명에 달했다.

또한 이 외에 조선인은 군속(군인 이외의 비전투원으로 육해군에 근무한 자)으로서도 대량 동원되었다(육군 약 7만 명, 해군 약 8만 명). 조선인 군속 중에는 동남아시아 각지에서 포로 수용소의 감시원을 맡아 일본 패전 후 포로학대의 죄로 B급, C급 전범으로 처형된 자도 100명 이상에 달했다.

(3) 일본군 위안부 - 일본군의 군인에 대한 성적인 위안을 위해 동원된 여성이 '위안부'이다. 일본군이 설치, 경영하는 위안소는 '15년 전쟁(1931~1945)'[143] 초기에 만들어져 중일전쟁 시기 중국 전선의 확대와 함께 넓어졌다. 1942년 이후는 동남아시아 등에 까지 확대되었다. 각지의 파견군에서는 일본 군인에 의한 강간 때문에 현지 주민의 감정이 악화되거나 일본 군인이 성병으로 고생하거나 하는 문제가 많이 발생했다. 위안소의 설치로 이러

---

143) 1931년 만주사변부터 중일전쟁, 태평양 전쟁과 일본의 패전에 이르는 기간을 15년 전쟁이라 부른다

한 문제에 대처하려한 것이 군의 기록에서 확인된다.

위안부의 총수는 5만 명에서 10만 명까지 여러 설이 있다. 위안부는 조선, 타이완, 중국, 동남아시아, 일본 본국 등에서 모집되었다. 조선의 경우 민간인 주선업자가 여성을 모집한 경우도 많았는데 조선 총독부가 관계하지 않았던 것은 아니다. 여성의 도항 비용은 총독부 경찰이 신분증명서의 발급을 통해 관리를 했다. 또한 공창제도(국가의 공인에 의한 매매춘 제도)는 일본이 조선에 가져온 것이었는데 조선에서 만들어진 접객업의 공급 메커니즘이 위안부를 모집할 때에도 이용되었다. 조선에서의 위안부 모집에는 취업사기가 훨씬 많았다. 그 외에 유괴, 인신매매 등 여러 가지 경로가 사용되었다. 현재 폭력적인 납치의 유무만을 문제삼는 자도 있는데 미성년자를 포함한 여성의 대다수가 자발적 의지에 의하지 않는 전쟁의 위안소로 보내진 것이 본질적인 문제일 것이다.

(4) 전시경제통제 - 많은 조선인에게 전쟁의 영향을 가까이에서 느끼게 해준 정책이었다. 경제통제가 조선인의 생활에 미친 영향은 폭넓었다. 1938년에 신설된 경제경찰이 음성거래를 끊기 위하여 가격 등 통제령(1939) 등에 기초하여 위반업자(대부분은 조선인)를 단속했다. 또한 농촌에서는 1939년부터 미곡 공급이, 도시에서는 1940년부터 배급제도가 시작되어 점차 강화되었다. 생산, 유통, 소비의 각 장면에서 통제가 실시되었다.

(5) 신사참배의 강제 - 조선인의 동화를 위해 국가신도를 이용하는 정책은 중일전쟁 이전부터 실시되었다. 1925년 조선신궁이 경성 남산에 건설되었는데 30년대 중반부터는 총독부는 농촌진흥운동이 진행되는 와중에 신도에 의한 민심통합을 적극적으로 검토하게 되었다. 충분한 성과를 내었다고는 말할 수 없지만 지역사회에 신사신앙을 보급시키기 위해 1면 1신사 계획이 추진되었다. 특히 학교나 크리스트교도에 대한 신사참배가 강요되어 이에 대한 저항

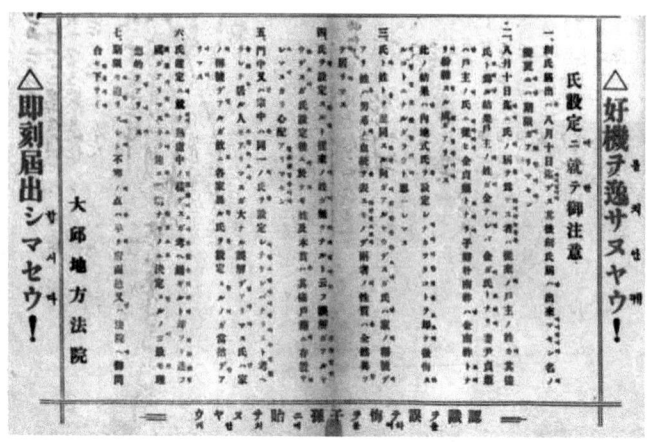

창씨개명을 호소하는 전단지

이 강했던 크리스트교 장로파를 중심으로 목사나 신도에 탄압이 가해졌다.

(6) 창씨개명 - '황민화' 정책의 대표라고 일컬어지는 창씨개명은 1940년 조선민사령(朝鮮民事令: 일제강점기 한국인에 적용된 민사법) 개정으로 이루어졌다. 부계혈통을 나타내는 '성'은 조선에서는 불변으로 간주되어 여성은 결혼해도 성을 바꾸지 않았다(따라서 부부나 모자는 별성이 된다). 이에 대해 창씨개명은 가문의 칭호인 '씨'를 새롭게 법적으로 만들어 일본적인 이에(家) 제도를 조선에 도입하는 것으로 부계혈통에 기초한 종족집단의 힘을 약화시키려 했다. 이러한 창씨개명은 단순하게 일본식으로 이름을 바꾸는 것만이 아니라 조선의 전통적인 가족제도를 바꾸는 것을 의도하고 있었다. 또한 장래 조선인에 징병제를 실시하기 위한 준비였다고 보는 견해도 있다. 아무튼 이 정책의 결과 인구의 약 8할이 일본식의 씨(氏)가 되고 신고하지 않은 사람도 법령으로 종래의 성을 씨로 만들게 했다. 이렇게 총독부는 지금까지 어느 정도 존속을 인정해 온 전통적인 습관의 영역까지 파고

들어가 일본적인 관습을 도입하려고 했다.

'내선일체'의 허상

위와 같이 전시기의 여러 정책에 대해서는 오늘날 일본인도 조선인도 동일하게 전쟁에 휘말린 듯 말하는 경우가 있다. 연구자 사이에서도 총력전 시기에 이루어진 다양한 사회변혁을 단순하게 억압적, 폭력적인 동원으로 보기 보다는 '내선일체'의 슬로건 아래에 '강제적 균질화' 즉 어느 종(種)의 평등화가 진행되었다는 것을 강조하려고 하는 논의가 있다. 확실히 전시 정책의 대다수는 본원적으로 일본 본국을 중심으로 한 '제국의 전쟁'으로 규정된 것이며 본국도 식민지도 하나가 되어 전쟁에 휩쓸렸다는 이미지가 강할지도 모른다.

그러나 위에서 본 것처럼 현실에서는 노동력, 병력, 여성 등의 전시동원 정책은 각각 식민지의 특수성을 반영하면서 본국과는 다른 진행 방식을 가졌다. 전시동원을 위해 일본인으로서의 의식을 부식(扶植: 특정한 것을 뿌리박게 하는 것)하려는 '황민화' 정책이 강행된 것도 식민지만의 특징이었다.

전시기에 유행처럼 소리높인 '내선일체'도 결국 일본인과 조선인의 평등화로는 이어지지 못했다. 확실히 조선 독립의 전망을 잃은 조선 지식인 중에는 '내선일체'를 '차 없는 탈출'의 논리로 받아들이는 자도 있었다. 일본인과 일체화되는 것으로 대등한 권리, 의무의 획득을 몽상한 것이었다. 그러나 총독부는 본심으로는 조선인과의 차별해소를 결코 허용하지 않았다. 실제로 식민지 조선에서는 내지 호적과 조선 호적의 구별이 마지막까지 엄존하여 호적상 조선인이 일본인이 되는 것은 거의 불가능했으며 징병제 시행과 바꿔 검토된 참정권의 부여도 공염불로 끝났다(중의원 의원 선거법은 1945년의 법 개정으로 조선에서도 시행되었지만 선거는 실시되지 못한 채 일본 패전을 맞았다).

국민정신 총동원운동

여운형

끝으로 이러한 정책을 말단에서 추진한 국민정신 총동원운동에 대해 살펴보자. 1938년 7월에 국민정신 총동원조선연맹이 결성되고(1940년의 국민총력조선연맹으로 개편) 그 아래에 지방 연맹이 결성되었다. 나아가 말단에서는 약 10호를 표준으로 거의 모든 세대를 망라하는 애국반이 만들어졌다. 애국반은 궁성요배나 국기게양 등 일상적인 '황민화' 정책의 담당자가 되면서 동시에 배급, 근로 동원 등 전시동원을 위한 말단조직으로서도 기능했다. 애국반의 조직으로 개개의 가정을 말단에 넣은 점, 획일적인 조직으로 조선 전역을 조직화 하려했던 점에서 종래의 정책과는 선을 긋는 것이었다.

이러한 상의하달의 민중통제 조직은 일본 본국의 대정익찬회(1940년 결성)에 견준 것이었다. 그러나 미나미 총독은 총독부의 고관이나 국민정신 총동원조선연맹의 임원에게 연맹이 정치에 관여하지 않도록 반복하여 경고했다. 정치운동체가 되지 않도록 일본의 대정익찬회 이상으로 경계된 것이었다. 정치운동체라는 오해를 준다면 조선인의 권리신장, 나아가서는 독립 여망에 불을 붙일 수밖에 없을 것이라고 생각했을 것이다.

이러한 그물 같은 감시체제 아래에서도 유언비어는 빈발하여 소규모 비밀결사의 적발도 연이어졌다. 일본 패전 1년 전인 1944년 8월에는 중도좌파의 독립운동가 여운형이 건국동맹을 결성했다.

1945년 8월 일본의 패전과 함께 서울에서는 태극기를 손에 들고 거리마다 사람들이 춤을 추어 해방의 환희를 표현했다. 조선 총독부에서 정권이양의 상담을 받은 여운형은 건국동맹을 조선건국준비위원회로 개편하고 통치권력의 인수위가 되었다. 그러나 한반도는 미국과 소련에 의해 분할 점령되고 남쪽 절반을 점령한 미군정은 조선건국위원회의 통치권을 부인했다. 일본 통치의 해방에서 한숨을 돌릴 여유도 없이 조선인의 고난 중의 고난인 전후사가 시작되었다.

[칼럼]
재외조선인
마쓰다 도시히코(松田利彦)

　　일본이 조선을 통치한 20세기 전반, 동아시아에서는 대규모의 인구이동이 발생했다. 일본이 식민지, 세력권으로서 손에 넣은 것으로 판도를 넓힌 지역은 타이완, 조선, 만주(중국 동북부) 등 지리적으로 근접하여 활발한 사람의 흐름이 생겨났다. 일본인 및 일본 통치하에 있던 조선인, 타이완인 중에 원래의 거주지를 떠나 다른 지역으로 이동한 사람은 1930년 시점에서 700~800만 명, 일본 '제국' 총 인구의 7~8%에 달했다.
　　그중에서도 일본의 조선 식민지 지배에 따르는 조선인의 이동은 규모가 컸다. 1930년 시점의 인구 이동 중에서 가장 많았던 것이 한반도에서 '만주'로 이동한 조선인(재만 조선인) 약 59만 명이며 한반도에서 일본으로 건너간 조선인(재일조선인) 42만 명으로 그 다음이다.
　　지역별로 살펴보자. 조선인의 일본 이민은 한국병합 이전부터 시작되었다. 드디어 1920년대에는 일본의 도시화, 공업화의 진전에 따라 노동력 수요가 높아지고 한편 식민지 조선에서는 산미증식계획을 시작으로 하는 농업정책이 농민층 분화를 촉진했다. 그 때문에 어느 정도의 자력을 가진 남부 지역의 농민가운데 일본으로 돈벌이 하러 가는 사람이 늘어났다. 또한 1930년대가 되자 가족을 데리고 와서 계절노동자에서 서서히 정주로 형태가 변해갔다. 더욱이 전시기에는 이러한 것과는 별도로 전시 노동력 동원의 일환으로 광산, 공장 등의 계획적인 노무 동원이 이루어졌다.
　　다음으로 한반도 북부와 국경을 접하고 있는 '만주', 특히 두만강 연안의 '간도'라 불리는 지역에는 19세기 후반 이후 한반도 북부에서의 이입이 진행되었다. 조선 말기의 지방정치의 문란이나 천재지변의 영향으로 곤궁해진 사람들이 주를 이루었다. 한국병합 직전 1909년의 청일 간의 간도협약으로 간도는 중국 령이 되었는데 조선인은 '일본제국' 신민이라는 것을 명목으로 일본영사관의 관리, 단속을 받았다. 한편 간도는 민족운동의 유력한 근거지이기도 했다. 대한 제국 말기의 의병운동의 잔존세력이 거점을 형성하여 3.1운동 이후는 조선인 민족주의자나 공산주의자인 중국인과의 공동투쟁도 출현했다. 그러나 일반적으로는 중국인 측은 일본이 '만주' 권익의 확장에 조선인을 이용한다고 간주하고 또 한편으로는 조선인 농민의 대다수는 소작인으로 중국인 지주에 착취되었기 때문에 양자의 관계는 좋다고는 말하기 어렵다. 1931년의 만주사변의 계기가 된 만보산 사건[144]도 그러한 중국인과 조선인의 대립에 단초가 있다.

조선에서 러시아로의 이입도 커다란 비율을 차지하고 있다. 1860년 무렵부터 조선인의 러시아 연해주로의 이민이 시작되었다. 그들은 주로 농업에 종사했는데 민족운동 지도자도 대다수가 사망하였으며 1917년 러시아혁명에도 적극적으로 참가했다. 1930년 시점에서 약 19만 명이 러시아 극동부에 살았다. 그러나 1937년 조선인이 일본의 앞잡이가 되지 않을까 하는 경계심에서 조선인을 중앙아시아로 강제 이주시키는 정책이 취해졌다. 현재도 우즈베키스탄, 카자흐스탄에는 많은 조선인이 살고 있다.

식민지기에 일본에 건너간 조선인이 오늘날의 재일한국, 조선인의 뿌리가 되었으며, 또한 구 만주의 간도에는 전후 중국에 의해 연변 조선자치주가 설치되는 등 식민지기 조선인의 인구 이동은 지금까지도 그 자취를 짙게 드리우고 있다.

---

144) 1931년 7월 2일 중국 길림성(吉林省) 장춘현(長春縣) 만보산 지역에서 한인 농민과 중국 농민 사이에 발생한 충돌 사건. 1931년 4월 창춘 와세다 공사[早稻田公司]의 경리였던 하오융더(郝永德)가 현 정부의 승인없이 만보산 부근의 토지 중에서 미개척지 약 200ha를 해당 지주와 10년 기한으로 조차계약 후 이 토지를 다시 조선인 농민 이승훈 등 8인에 10년 간 조차 계약을 했다. 이후 조선인 농민 180여 명이 이 지역으로 이주하여 관계수로공사를 실시했다. 이 때문에 중국인 농민이 피해를 입게 되어 충돌이 발생했다. 일본은 중국인과 조선인의 감정을 자극시켜 만주침략에 이용했다.

V. 패전·해방에서 교류로

오타 오사무(太田 修)

V. 패전·해방에서 교류로

　1876년의 조일수호조규 체결로 시작된 한국과 일본의 근대적 관계는 일단 1945년을 기점으로 나눌 수 있다. 그 후의 70년 이상의 한일관계를 어떻게 볼 것인가 하는 것이 제5장의 과제가 된다. 일본의 패전과 조선의 해방에서 현대로 이어지는 한일 간의 역사가 시작되었다. 그리고 오늘날 한반도와 일본 사이에는 여러 가지 곤란한 것들이 존재하는데 전체로서 교류가 확대되어 있다고 생각한다. 이 장의 표현을 '패전·해방에서 교류로'라고 한 것은 그러한 이해에 기인한다.

　현대 한일관계사를 통사로 서술한 대표적인 저작에 이정식의 『전후한일관계사』와 오코노기 마사오(小此木政夫), 고마키 데루오(小牧輝夫)의 '북일관계의 전개'(『북한핸드북』 수록)가 있다. 최근에는 한국전쟁과 한일 국교정상화 교섭, 재일조선인의 귀국 문제 등의 개별 테마에 관한 연구나 대한민국(이하 한국), 조선민주주의인민공화국(이하 북한)의 현대사 연구 등에서 한일관계가 기술되어 있다.

　제5장에서는 그러한 연구 성과를 바탕으로 패전, 해방 후의 한일관계사를 동아시아의 냉전 형성, 전개, 붕괴라는 변화 안에서 생각해 본다. 동아시아의 냉전이라고 해도 미국과 소련 중심의 자본주의, 사회주의 진영 사이의 긴장상태라는 일반적인 냉전 이해를 가리키는 것은 아니다. 서양의 역사연구에서 축적된 냉전과 분단국가가 생겨나고 전쟁이 일어났던 동아시아의 냉전은 다르다. 서양에서 본 냉전 이해에 기초하는 것이 아니라 동아시아의 냉전에서 1945년 이후의 한일관계사를 생각할 필요가 있다.

　'1. 동아시아 냉전 형성과 한반도, 일본'에서는 일본의 패전, 조선의 해방에서 한일 국교 수립까지를 다룬다. 분단국가의 수립, 한국전쟁을 거쳐 한반도의 분단 상황이 굳어지면서 동아시아 냉전이 형성되는 가운데 일본은 한국과의 국교 정상화 교섭을 시행하게 된다. 1절을 한일 국교정상화로 구분한 것은 한일 국교 수립으로 한일관계사에서 냉전구조가 모습을 드러냈다고 생각하기 때문이다.

'2. 냉전 하의 한일·북일관계'에서는 한일 국교 수립에서 동서냉전이 붕괴하기까지의 관계사를 정리한다. 한일 국교정상화로 한일 간의 교류가 증진되자 북일 간의 교류도 확대되어 간다. 1970년대부터 80년대에 걸친 한국 민주화운동, 혹은 한국 민주혁명은 한일 관계나 북일 관계에도 커다란 영향을 미치게 되었다.

'3. 냉전의 붕괴와 한일·북일관계'에서는 동서 냉전의 붕괴에서 현재까지를 기술한다. 이 시기 일본과 한반도 사이에서 '과거의 극복'이 커다란 과제가 되어 그 잠정적 귀결로서 한일 공동선언과 북일 평양선언을 주고받게 되었다.

현대 한일관계사를 서술할 때 상당히 어려운 부분이 있다. 1948년에 대한민국과 조선민주주의인민공화국이 출현하여 한일관계, 북일관계라는 두 관계사를 서술하지 않으면 안 되는 일이다. 한일관계사라는 표현에도 주의해야 한다. 48년 이후의 한일관계사는 한반도와 일본 혹은 북한과 일본의 관계사라는 이중의 의미를 갖게 된다. 본 장에서 한일관계사는 특히 다른 의도가 없다면 전자를 의미하고 후자의 경우는 설명을 덧붙이기로 한다.

또한 현대 한일관계사를 쓰는데 이하의 세 가지 점에 유의했다. 하나는 정치, 경제만이 아니라 지금까지 거의 다루지 않았던 문화, 사회의 관계도 가능한 한 다룬다. 둘째, 첫 번째의 유의점과 관계되는 것이지만 국가 간의 관계만이 아니라 민간의 교류에 대해서도 서술하고 싶다. 셋째는 재일조선인(자이니치)의 역사도 각 항에서 서술한다. 지금까지의 현대 한일관계사에서는 그다지 다루지 않았었는데 여기에서는 그 한 단면을 그려보고 싶다.

1. 동아시아 냉전의 형성과 한반도, 일본

1) 해방과 점령의 틈바구니에서

8·15

일본이 연합국 측에 포츠담선언의 수락을 정식으로 통지한 것은 1945년 8월14일이다. 그러나 많은 일본인이 패전을 지각한 것은 '옥음방송(玉音放送)145)'이 나간 15일이었다. 조선에서도 이제 15일의 '옥음방송'으로 많은 사람들이 일본의 식민지 지배에서의 해방을 알았다.

일본과 조선에서 15일은 커다란 의미를 갖고 있는데 그 의미와 양상은 상당히 달랐다. 조선에서는 15일에 식민지하에서 독립운동을 계속해 온 여운형 등이 조선건국준비위원회를 결성하여 활동을 개시했다. 16일 서울에서는 민중이 가두에서 반복해서 만세를 불러 해방을 기뻐했다. 서대문형무소에서는 독립운동 등으로 수감되어 있던 정치범, 사상범이 모두 석방되었다. 조선 총독부의 실질적인 기관지였던『매일신보』(한국어판)의 16일자 지면에서는 일본의 패전이나 전 조선의 형무소에 수감되어 있는 사상범 등이 석방되는 것을 보도하는 등 8·15 이전의 기사 내용과는 확연히 바뀌어 있었다.

한편 일본의『아사히신문』에는 16일 이후도 '국체호지(國體護持)', '궁성 앞의 적자' 등 8·15 이전과 같은 기사를 배열했다. 패전과 동시에 정치범 석방을 요구하며 형무소로 달려가는 사람들의 모습도 보이지 않았다. 일찍이 히다카 로쿠로(日高六郎: 1917~2018)가 지적한 것처럼 15일을 경계로 곧 군국주의가 붕괴하고 민주주의가 찾아온 것은 아니어서 변화의 속도는

---

145) 1945년 8월15일 정오 쇼와천황이 일본의 NHK방송을 통해 항복 선언을 하게 된다. 이 방송은 4분 34초 정도의 분량으로 사전 녹음된 것이다. '천황의 목소리'라는 의미에서 '옥음'이라고 한다.

느슨했다.

　이러한 일본과 조선의 8·15의 차이는 사람들의 인식에도 나타나 있었다. 많은 조선인에게 8·15는 '곧 조선의 해방 독립을 의미하는 것'으로 '평화 회복에 따르는 안도감과 민족 독립 환희'의 표출이었다. 이에 반해 조선에서 8·15를 맞이하는 많은 일본인은 '패전국의 참상'을 통감하고 '고되고 힘든 저 밑바닥으로 떨어져 가기'만 할 뿐으로 식민지 지배에서의 조선 해방이라는 사태를 이해할 수 없었다. 이 인식의 차이는 식민지 지배를 시행하고 전쟁을 일으킨 쪽과 식민지 지배를 당해 전쟁에 동원된 쪽의 역사에 기인한다. 이것은 그 후의 일본과 한반도의 관계에 적지 않은 영향을 미치게 되었다.

　또 하나 간과하면 안 되는 것은 한반도의 미소 분할 점령과 일본의 관계에 대해서이다. 8·15에 앞서 미국은 8월 6일에 히로시마, 9일 나가사키에 원폭을 투하했으며 소련군은 9일에 한반도 북부로 진공했다. 나아가 미국은 10일에서 11일 미명에 걸쳐 국무, 육군, 해군 삼성 조정위원회를 열어 북위 38도선에서 미소 분할 점령을 고안했다. 소련도 이것을 승인하여 38도선에서의 분할 점령이 확정되었다.

　오키나와에 주둔하던 미 육군 제10군 제24군단(사령관 하지John Rheed Hodge 중장)은 9월 8일에 인천에 상륙하여 다음 날 9일에 서울에 들어와 조선 총독부로부터 권력을 인계받았다. 조선 총독부는 그 이전에 '공산주의자'나 '독립운동자'가 권력의 공백에 편승하여 주도권을 쥐려고 한다는 정보를 오키나와의 미군에 보냈다. 이러한 미군과 조선 총독부의 연대는 한국의 민주적인 독립국가 건설에 부정적인 영향을 미쳤다.

　일본의 포츠담선언 수락의 타이밍이 전후로 엇갈렸다면 한반도에 38도선은 그어지지 않았을 가능성이 높다. 또한 원래 일본의 식민지 지배가 없었다면 38도선은 존재하지 않았을 것이다. 그러한 의미에서 일본의 식민지 지배와 침략전쟁은 해방 후의 한반도의 향방을 결정지은 것이라고 할 수 있다.

제국의 '분리, 귀환과 인양(引揚)

일본이 포츠담선언을 받아들인 후 GHQ(General Headquarters of Supreme Commander for the Allied Powers, 연합국총사령부)는 일본 열도와 타이완, 조선 등의 구 식민지와의 정치, 경제적 관계를 '분리'하는 정책을 실시했다. 일본과 구 식민지 간의 사람과 물자의 이동은 GHQ의 허가가 있는 경우를 제외하고 금지되었다. 이 GHQ에 의한 '분리' 정책의 일환으로 1945년 이전에 구 식민지에 거주하던 일본인의 인양과 일본에 거주하던 중국인, 조선인의 귀환이 실시되게 되었다.

1945년 5월의 시점에서 한반도에 있던 일본의 민간인은 약 71만 명(북부 약 25만 명), 일본군(군인, 군속)은 약 39만 명이었다. 먼저 남부에서는 같은 해 11월까지로 대부분의 일본군이 무장해제 되어 일본으로 송환되었다. 민간인도 다음 해 46년 1월에는 '총 인양(引揚, 히키아게)'[146] 방침이 확정되어 4월까지는 철수가 거의 완료되었다.

이에 비해 북부 조선에서는 1946년 11월까지 소련 측이 일본인의 철수를 공식적으로 인정하지 않았기 때문에 38도선 이남으로의 탈출이 계속되었다. 전투, 피난, 억류 등에 따르는 사망자는 군인이나 만주에서의 피난민을 포함하여 35만 5천명 이상이라고 추정된다.

한편 1945년 8월의 패전 시점에서 약 200만 명의 조선인이 일본에 거주하고 있었다. 그 약 9할이 한반도 남부 출신자였다. 해방 직후 이 사람들의 대다수가 GHQ, 일본 정부가 준비한 운송기관에서 혹은 자발적으로 열차나 배를 타고 조선으로 귀환했다. 귀환은 군인, 군속, 강제동원 노동자의 순으로 이루어졌다. 마이쓰루만에서 발생한 우키시마마루 사건[147]에서는 조선

---

146) 일본이 패전하기까지 한반도, 타이완, 만주, 사할린, 동남아 등지에 거주하던 일본인을 본국으로 송환하는 것을 '히키아게'라고 하는데 귀국자, 귀향자를 의미한다.
147) 1945년 8월 24일, 한국인 피징용자를 태운 일본 해군 수송선 우키시마마루(浮島丸)호가 원인 불명의 폭발사고로 침몰한 사건. 탑승자가 8천 명이 넘었다는 것과

하카타항에서 귀환을 기다리는 조선인 가족
(1945년 10월, 기무라 히데아키木村秀明 편, 『진주군이 찍은 후쿠오카 전후 사진집』

인 524명의 희생자가 나왔는데 귀환을 희망한 조선인의 대부분이 46년 3월까지 조선으로 돌아갔다.

행정 당국에 의한 계획 운송에서 시모노세키, 하카타, 센자키, 사세보 등의 항구는 한반도에서 철수해 온 일본인과 한반도로 향하는 조선인이 교차하는 공간이었다. 그러한 항구에 도착한 배에는 식민지 지배 종언에 의한 재산 상실의 무념과 패전에 의한 허탈감이나 절망에 빠진 일본인이 하선했다. 그 대신 해방된 고향으로 돌아갈 수 있는 기쁨이나 장래의 희망에 가득 찬 조선인이 그 배에 탔다. 다만 조선인이 기쁨이나 희망만을 느낀 것은 아니었다. 강제 동원당한 많은 조선인 노동자는 급여나 저금 등이 지불되지 않았다. 그 중에는 미지불된 돈의 지불을 찾고자 기업이나 행정당국에 항의하는 사람들도 있었다. 또한 많은 사람들이 귀환 후의 생활이나 장래에 대

실제 사망자는 5천 명이 넘는다는 문건도 존재한다.

한 불안도 안고 있었을 것이다.

이렇게 하여 약 140~150만 명의 조선인이 조선으로 귀환했는데 정치, 사회, 경제적 혼란으로 귀환 후의 생활의 전망이 서지 않고 사유재산의 지출제한(통화 1000엔, 화물 250파운드 이내)이 정해진 점, 일본에 생활기반이 있는 등의 이유로 약 50~60만 명의 조선인이 일본에 남게 되었다. 이 사람들이 전후의 재일조선인이 되었다.

해방 직후의 재일조선인

해방 직후 조선으로의 귀환원조, 상호부조, 민족교육 등을 목적으로 한 조선인 조직이 일본 각지에서 자연발생적으로 만들어졌다. 1945년 10월 그러한 조직을 모아 재일조선인연맹(조련)이 결성되었다. 귀환할 때에는 귀환자 명부의 작성, 증명서의 발행, 노동자의 미지불 임금이나 위자료 등의 보상금 지불을 사업주에 요구하고 일본 정부에는 그 교섭 주선을 요구하는 운동 등을 수행했다.

한편 반 조련의 입장에 있는 사람들이 1945년 11월에 조선건국촉진청년동맹(건청), 다음해 1946년 1월에는 신조선건설동맹(건동), 그리고 같은 해 10월에는 그 두 조직을 모체로 재일조선거류민단(민단)을 결성했다. 민단은 재류 동포의 민생안정, 문화향상, 국제친선 등의 강령을 내걸고 조련에 대항했다.

조국으로 귀환한 사람들에 눈을 돌리자 조선의 경제적, 사회적 상황이 나빠 생활 유지조차 어려웠기 때문에 1946년 봄 무렵부터 다시 조선에서 일본으로 도항해 오는 사람들이 늘어나기 시작했다. 이에 GHQ와 일본 정부는 법령을 결정, 포고하여 밀무역, 불법 입국을 단속하게 되었다.

나아가 일본 정부는 일본국헌법이 시행되기 전 날인 1947년 5월 2일에는 외국인 등록령을 공포하여 이것을 재일조선인에 적용했다. 이로 인해 재일조선인에게 세금 납부, 민족교육의 부정 등 '일본인'으로서 일본 법질서의 복종을 요구하는 반면 외국인 등록증의 휴대 및 제시의 의무 등을 위반한 경우에는 일본의 벌칙을 부과하는 등 '외국인으로 간주한다'는 모순된 대응을 취했다. 선거권, 피선거권도 45년 12월의 선거법 개정으로 정지되었다.

이러한 상황에서 재일조선인은 조선의 말과 문화, 역사를 배우는 민족학교를 각 지에 설립하여 민족교육의 권리를 지키고 차별에 반대하는 운동에 돌입했다. 이에 대해 일본 정부는 1948년 1월 조선인 자제라도 일본교육을 받을 필요가 있다고 통달을 내고 민족학교를 폐쇄하려고 했다. 이에 조선인 측은 민족학교 폐쇄령에 항의하고 민족학교의 존속을 요구하는 운동을 전개했다. 특히 고베나 오사카에서의 운동은 대규모가 되어(한신교육투쟁)[148] 그 과정에서 16세의 소년이 사살당하는 사건이 발생했다. 일본 정부는 이듬해 1949년 9월 GHQ의 지령아래 단체 등 규제령을 적용하여 조련을 강제해산시키고 그 재산을 몰수했다. 이때 조련 산하의 민족학교도 폐쇄되어 폐교로 내몰리게 되는데 민족교육을 옹호하는 계속된 투쟁으로 50년대에 들어와 민족학교는 재건되었다.

패전 직후의 경제적 혼란 속에서 일본인도 조선인도 중국인도 아사를 피하기 위해 '사람들의 자주적 혹은 자영적인 생활수단'으로 암시장에서 경제활동에 종사했다. 또한 생계를 유지하기 위해 '막걸리'를 양조하는 사람들도 있었다. 그런데 매스컴이나 경찰, 정치가는 조선인이나 중국인을 '제삼국인'이라 부르면서 암시장에서의 활동을 단속하게 되었다. 거기에는 조선

---

[148] 재일조선인과 일본 공산당이 1948년 4월 24일부터 4월 26일에 걸쳐 오사카부와 효고현에서 벌인 민족교육투쟁으로 이 지역의 이름을 붙여 '한신(阪神)교육투쟁' 이라 칭한다. 당시 재일조선인은 자제들에게 한국어 교재를 자체 제작하여 강습소를 열었는데 이것이 모체가 되어 조선인학교로 발전했다. 전국적으로 500여개의 학교가 설립된다. 1948년 1월 문부성은 조선인 학교 폐쇄령을 발령했다. 이러한 문부성의 방침에 반대하는 집회가 오사카와 효고현 등에서 개최되었다. 재일조선인의 격렬한 저항을 받게 된 문부성은 1948년 5월 5일 조선인 교육의 독자성 인정과 조선인학교를 사립학교로 인가하는 각서를 발표했다.

인, 중국인을 '해방민족'으로 인정하는 것을 싫어하여 단속하는 당국의 의식이 반영되어 있었다. 그럼에도 암시장에서의 경제활동은 쓰루미 슌스케(鶴見俊輔: 1922~2015)의 말을 빌리면 국가의 '충(忠)에 반하는 행위'였지만 '생명을 잇는 장소로서의 가족'을 유지하는 영위였다고 할 수 있다.

분단국가의 수립과 일본

동아시아의 동서 냉전의 격화는 한반도의 남북 분단을 낳았다. 1948년 8월에 북위 38도선 이남에 대한민국(한국)이, 이북에는 조선민주주의 인민공화국(북한)이 성립되었다. 두 국가는 상호 자국이 한반도의 유일 정통한 국가라고 주장하여 대립했다. 분단의 시대가 시작된 것이다.

GHQ 점령하의 일본 정부가 한반도와의 관계에서 가장 힘을 기울인 것은 식민지 지배 처리를 어떻게 유리하게 추진할지에 대한 일이었다. 외무성은 평화조약 문제 연구 간사회를, 대장성은 재외 조사회를 설치하여 식민지 지배 하에서의 일본인의 기업경영, 소유재산 등을 옹호하기 위한 조사, 연구를 시작했다. 그 성과는 외무성에서는 『할양지에 관한 경제적 재정적 사항의 진술』(1949년), 대장성에서는 『일본인의 해외 활동에 관한 역사적 조사』(1947년 탈고, 1950년 간행)로 정리되었다. 일본의 한반도 식민지 지배는 ① 조선의 '경제적, 사회적, 문화적 향상과 근대화'에 공헌한 것이며 ② '국제법, 국제 관례상' 승인받았기 때문에 '국제적 범죄시'되어야 하는 것은 아니라는 것이 그 핵심에 있는 인식이었다. 이러한 식민지 지배 '근대화'론, 혹은 식민지 지배 정당론은 패전 직후부터 중앙관청, 관계 기업, 식민지 경험이 있는 학식자 등에서 표출되고 나아가 그들 중에 공유, 정착, 계승되었다.

한국의 이승만 정권은 GHQ 점령하의 일본에 대해 '반공 협조'를 부르짖고 '한일통상협정' 등의 통상관계의 재개를 추진하는 한편으로 대일 배상 요구, 일본 어선의 나포, 일본 정부의 재일조선인 탄압 항의 등 대항적인 대일 정책을 추진했다. 대일 배상 요구에 대해서는 미군정하의 남조선 과도정부(1947년 미군정청이 설치한 행정권의 민정이양 기구)에 설치된 대일 배상 문제 대책 위원회의 조사나 강제 동원된 피해자들로 조직된 태평양 동지회 등의 미지불 임금 요구 등을 배경으로 1949년에는 「대일 배상 요구조사」가 GHQ에 제출되었다. 그 서문에 '희생과 회복을 위한 공정한 권리의 이성적 요구'라고 기재되어 있는 대로 조서는 식민 지배, 전쟁에서 피해를 당한 사람들의 의사가 '반영'된 것이었다. 이러한 식민지 지배, 전쟁 피해의 '배상 요구'는 위에서처럼 일본의 인식과 충돌하게 되었다.

북한의 김일성 정권은 '조선민주주의 인민공화국 정강'에서 일본의 비군사화, 민주화를 요구하는 포츠담선언의 실천을 재촉했는데 이승만 정권의 대일 배상 요구와 같은 구체적인 정책은 확인되지 않는다. 다만 해방 직후에는 일본 공산당의 노사카 산조(野坂參三)와 김일성, 박헌영과의 사이에서 북한에서의 민주기지의 건설, 일본의 평화혁명론에 대해 의견 조정이 있었다. 정권이 성립한 후에는 김천해나 한덕수 등 조련 간부와의 의사소통도 빈번해져 조련을 통해 재일조선인에 '조국의 방위', '일본의 민주화'를 호소했다.

2) 한국전쟁 아래서

한국전쟁과 일본

한국전쟁은 남북 내전으로 시작되었다. 드디어 미군과 중국군이 참전하여 미중 전쟁이 되고 더욱이 소련군이 참가하여 일본과 타이완이 관여하는 '동북아시아 전쟁'이 되었다. 세계사에서 1949년 이후는 미국을 중심으로 하는 자본주의 진영과 소련을 중심으로 하는 사회주의 진영이 직접 싸우는 뜨거운 전쟁이 일어나지 않았다는 의미에서 '차가운 전쟁' 또는 '냉전'의 시대라고 불린다. 그러나 동아시아에서는 한국전쟁을 거쳐 베트남전쟁이 종결되는 1970년대까지는 전쟁의 시대였다.

GHQ 점령하의 일본은 한국전쟁에 참전하지 않았지만 한국전쟁에서 싸우는 미군의 기지로서 관여했다. 괌과 미국 본토의 B29가 가데나기지(오키나와)와 요코다기지(도쿄도 훗사시)에 배치되어 한반도로 출격했다. GHQ는 해상보완청에 해상 경비를, 일본국철(JR)에는 병원 물자의 운반을 명령했다.

전쟁이 시작된 직후인 1950년 7월 8일 GHQ는 일본 정부에 7만 5천명의 경찰예비대를 만들도록 명령했다. 미군이 조선으로 출동한 상태에서 일본 국내의 기지, 비행장, 물자, 연료 등을 지키는 군사력이 필요하다고 생각했기 때문이다. 일본 정부는 국회에서 논의하지 않은 채 맥아더의 명령에 따라 정부의 행정조치로 경찰 예비군을 발족시켰다.

한국전쟁에 대한 당시의 일본 정부와 일본인의 협력 실태에 대해서는 지금까지 일본 정부 관계 문서의 비공개 등으로 그 전모는 분명하지는 않다. 다만 GHQ의 명령에 의한 일본 정부의 징용으로 해상보안청의 소해정(掃海艇)이 동원되어 1950년 10월부터 약 2개월에 걸쳐 진남포, 해주, 군산, 인천의 해역에서 소해 활동을 실시한 것은 알고 있다. 또한 미 해군의 지령으로 LST(전차양륙선)가 동원되어 병사나 군사 물자는 일본 각지의 미군기지, 도쿄, 요코하마, 오사카, 고베, 시모노세키, 고쿠라, 사세보 등의 항구에서 부산, 인천, 원산 등의 주요한 항구나 전투 지역으로 운송되었다. 그 외에 유엔군 인천기지 등에서는 후방 지원을 위해 함정의 수리, 무기 반송, 준설 공사 등에 천 명 이상의 일본인 노동자가 종사했다. 일본 적십자의 의료활동이나 의연금 기부, 헌혈 등 자주적으로 협력한 것도 있었다.

한국전쟁 중인 1951년 9월에 샌프란시스코 강화조약과 일미안전보장조약이 체결되었다. 후자는 강화 후에도 일본은 미군에 기지를 제공하고 그 대신 미국이 일본을 지켜 줄 것을 기대한다는 조약이었다. 미국은 재군비를 요구했는데 요시다 시게루(吉田茂) 정권은 다음 해 경찰 예비대를 보안대로 전환하여 구 일본 해군 군인 중심의 해상경비대를 창설하는 것으로 바꿨다. 또한 요시다는 1954년에 자위대를 만들었는데 헌법 9조는 그대로인 채로 경무장하는 길을 선택했다.

조선사변과 유엔협력
(아사히신문, 1950년 11월 8일, 1면)

요시다 정권은 한국전쟁에 대해 정신적으로는 지원하지만 적극적으로는 행동할 이유가 없다고 주장했다. 일본 사회당이나 일본 공산당은 GHQ의 명령에는 따를 수 없지만 적극적으로 전쟁에 협력하는 것은 헌법에 반한다는 입장에서 요시다 정권과 그렇게 다르지 않았다. 『세계』의 편집장 요시노 겐자부로(吉野源三郎)가 중심이 되어 아베 요시시게(安倍能成), 마루야마 마사오(丸山真男) 등이 평화문제 간담회에서 헌법의 평화주의에 입각하여 중립을 주장하는 성명을 선택했는데 이것도 어느 의미에서는 요시다 정권의 태도와 연결되는 것이었다. 아사히신문의 여론조사(1950년 11월 8일자)에서는 유엔에 협력해야 한다고 생각하는 사람은 56.8%, 협력하면 안 된다가 9.2%, 모르겠다가 34.0%로 절반 이상이 협력해야 한다고 생각했다. 신문사나 백화점 주최의 '유엔과 한국동란 전람회', '유엔군 감사 조선사변 전람회' 등의 개최, 중학생의 유엔군 앞으로의 위문편지나 유엔군의 감사 결의문 발표 등 한국전쟁의 협력 체제가 만들어졌다.

한일 국교정상화 교섭의 개시

　이승만 정권은 당초는 대일강화회의에 참가하여 '대일 배상'을 요구할 예정이었다. 그러나 대일강화회의 개최 조정 작업을 진행하던 미국과 영국이 한국은 아시아 태평양전쟁에서 일본과 교전 상태가 아니었다고 해석하여 한국은 강화조약의 서명국이 되지 못했다. 한국 정부는 한일 간 교섭을 모색할 수밖에 없게 되었다.

　한편 한국전쟁에서 중국, 북한, 소련의 공산주의 진영과 대치하던 미국은 자본주의 진영의 결속을 위해 일본과 한국의 국교정상화를 재촉했다. 샌프란시스코 강화조약 제2조에서 한국의 독립을 승인한 일본도 한반도 국가와의 관계를 정상화시킬 필요를 느끼고 있었다. 특히 맥아더와 일본 정부는 공산주의자가 많다고 생각하던 재일조선인의 법적 지위를 한일 간에 결정하는 것이 선결이라고 생각하고 있었다.

　이렇게 하여 일본과 한국은 미국의 중개로 1951년 10월 20일에 한일 국교정상화 교섭(한일회담)의 예비회담을 개최했다. 당초는 샌프란시스코 강화조약 발효까지의 타결이 목표였는데 재산 청구권 문제 등으로 대립이 격화되어 회담은 결렬되었다. 결국 1965년 6월 22일의 조약 조인까지 14년이라는 장기간에 걸쳐 교섭이 이루어졌다.

　한일회담의 주된 과제는 기본 관계 재산 청구권, 문화재, 재일한인 법적 지위, 어업문제로 조선 식민지 지배의 처리와 관련된 것이었다. 교섭 과정에서는 식민지 지배 책임의 추구와 그 극복을 위한 논의가 정면에서 이루어진 것은 아니었는데 한일 대립의 바탕에는 식민지 지배 문제가 존재한다.

　식민지 지배 처리를 둘러싸고 가장 격하게 대립한 것은 재산 청구권 문제였다. 한일 양 정부는 샌프란시스코 강화조약 제4조 a의 양국과 양국민의 '재산' 및 '청구권'의 처리는 '일본국과 그러한 당국과의 사이의 특별한 협의의 대상이 된다'는 규정에 기초하여 재산 청구권 문제를 논의했다.

　그런데 1947년 이탈리아 평화조약으로 연합국 측은 연합국 자신이 식민지 지배를 하여 식민지 지배를 정당한 것이라고 생각하고 있었기 때문에 이탈리아의 식민지 지배의 책임과 죄도 묻지 않았다. 샌프란시스코 강화조약의 초안 작성을 주도한 미국의 달레스(John Foster Dulles: 1888~1959) 국무장관 특별고문은 1950년에 출판한 저서 『전쟁과 평화』에서 서양의 식민지주의는 '처음부터 해방적 성질을 띠도록 인간의 자유라는 기본적인 생각'을 가졌으며, 전후의 구 식민지 자치와 독립으로 그것은 '성취했다'고 기술했다. 이 달레스의 인식은 서양 제국의 식민지주의를 잘 나타낸 것이었다. 이렇게 서양 국가들은 식민지 지배의 책임을 불문에 붙인 것이 아니라 식민지 지배를 옹호하고 정당화했다. 서양 국가들이 샌프란시스코 강화조약으로 일본의 식민지 지배의 책임과 죄를 묻지 않았던 것은 당연한 귀결이었다.

일본 정부도 일본의 식민지 지배는 '적법'하여 '정당'한 것으로 '각 지역의 경제적, 사회적, 문화적 향상과 근대화'에 '공헌'한 것이라고 인식하고 있었다('시혜론', '근대화론'). '조선의 독립'에 대해서는 '국제법상에서 말하는 분리의 경우'라고 하여('영토 분리'론) 조선이 식민지 지배로부터 해방되었다는 인식조차 부인했다.

이러한 서양 국가들과 일본 정부에 의한 식민지 지배 '적법', '정당'론으로 일본의 식민지 지배의 책임과 죄를 묻지 않는 샌프란시스코 강화조약 제4조 a의 '청구권' 규정이 형성되었다. 한일 간의 재산 청구권 교섭은 이 '청구권' 규정에 기초하여 이루어졌다. 이렇게 하여 한일 재산 청구권 교섭에서 식민지 지배의 책임과 죄를 불문에 붙이는 법적 구조가 만들어졌다.

전쟁하의 재일조선인

한국전쟁은 재일조선인 사회와 생활에도 커다란 영향을 미쳤다. 민단에서는 공산화를 막기 위한 기금, 위문품의 모집, 그리고 의용군의 파견이 결의되어 644명의 재일한교(在日韓僑) 의용군이 결성되었다. 의용군은 인천상

류작전이나 원산상륙작전, 평양탈환작전 등의 전투에 참가하여 59명이 전사하고 97명이 행방불명 되었다.

구 조련계의 재일조선인 단체는 1951년 1월에 재일조선 통일민주전선(민전)을 조직하여 조국의 통일 독립과 민족, 생활 권익 옹호를 위한 운동을 전개했다. '민전' 결성에 앞서 사적으로 조국 방위 전국 위원회와 그 산하의 행동대로 조국방위대가 결성되었다. 조국방위대는 한국전쟁의 후방 기지가 된 일본 국내에서의 반전 투쟁을 행하여 많이 검거되었다(스이타, 히라가타 사건).

일본 정부는 샌프란시스코 강화조약 발효 직전인 1952년 4월 19일자의 법무부 민사국장 통달(通達)로 재일조선인을 포함한 구 식민지 출신자의 '일본 국적'을 일방적으로 '상실'시켰다. 강화조약 발효와 동시에 시행된 '포츠담선언의 수락에 따라 발하는 명령에 관한 건에 기초하여 외무성 관계 제법령의 조치에 관한 법률'(법126호)에서는 '일본 국적을 이탈하는 자'는 '별도의 법률'로 '재류 자격 및 재류 기간이 결정될 때 까지 계속해서 재류자격을 갖는 일 없이 본국에 재류할 수 있다'고 했다. 다만 출신국 관리령 및 외국인 등록법을 전면적으로 적용하게 되어 재일조선인은 불안정한 재류조건 아래에서 생활할 수 밖에 없게 되었다.

특히 심각했던 것은 강제퇴거의 문제였다. GHQ는 1951년 11월에 출입국 관리령을 공포, 시행하여 '불법 입국자'를 나가사키현의 오무라 수용소(50년 11월 개실)로 보내 한국으로 강제 송환했다. 52년 5월에는 일본 정부에 의한 최초의 강제송환이 실시되어 '불법 입국자' 285명과 전전(戰前) 부터의 재류자로 '강제퇴거 해당자' 125명을 부산으로 송환했다. 그러나 한국 정부는 '불법 입국자'만을 받아들이고 재일조선인 125명에 대해서는 법적 지위가 미확정이라는 이유로 입국을 거부했다. 결국 125명의 재일조선인은 다시 오무라 수용소로 보내지게 되었다.

이러한 조치에 대해 재일조선인 측은 거주권이나 생활권을 근저에서부터 부정하는 강제퇴거에 위협을 느껴 강제퇴거를 목적으로 하는 일본 정부의 위세를 무섭게 비판했다. 그것은 과거 식민지 지배의 역사적 경험에 기인하는 것이었다.

가지무라 히데키(梶村秀樹)에 의하면 식민지기에 한반도와 일본열도 사이에 '국경을 걸친 생활권'이 형성되어 있었다. 그것이 1945년에 국경으로 단절되어 많은 이산가족이 발생했다. 이산가족은 합류, 교류에 뜻을 두어 왕래하려고 했는데 1948년에 제주도에서 발생한 4·3사건이나 한국전쟁 등으로 피난해 오는 사람들도 있었다. 그러한 왕래나 피난을 '불법 입국', '밀입국'으로 단속하여 강제 송환하는 것은 식민지 지배 아래에서 일본에 거주하게 된 조선인에게는 말로 표현할 수 없는 부조리한 일이었다.

재일조선인의 '국경을 걸친 생활권'은 1945년의 한반도와 일본열도의 '분리', 1948년의 분단국가 성립, 한국전쟁에 의한 분단의 고정화라는 정치 정세의 격동에서 많은 제약을 받으면서도 계속해서 존재해 왔던 것이다.

3) 국교정상화로의 길

한일 국교정상화를 둘러싼 대립

1950년대의 한일회담은 52년 2월에 제1차 회담으로 본격화되어 재개와 중단을 반복하면서 제4차 회담까지 이루어졌다. 이 회담에서는 기본관계, 재산 청구권, 문화재, 어업, 독도 문제에 대해 논의되었다.

기본관계에 대해서는 제1차 회담에서 한국 측은 '기본조약안'을 제출하면서 '대한민국과 일본은 1910년 8월 22일 이전에 구 대한민국과 일본국 사이에 체결된 모든 조약이 무효임을 확인한다'라는 조항의 삽입을 주장했다. '한국병합조약'은 무력으로 강제된 것이기 때문에 무효(null and void)라고 말한 것이다. 이에 대해 일본 측은 식민지 지배 정당론의 입장에서 이 조항의 삭제를 요구했다. 그 후 일본 측은 '이제는(もはや)'이라는 자구를 첨가하는 것을 조건으로 '무효'를 받아들이는 타협안을 제시했다. 이 타협

안이 65년의 제7차 회담에서 재론된 것이다.

　제1차 회담의 재산 청구권 위원회에서 한국 측은 '재산 및 청구권 협정 요강안'을 제출하여 일본이 '한국으로부터 가져간 고서적, 미술품, 골동품, 그 외의 국보, 지도원판 및 지금(地金; 가공하지 않은 금괴)과 지은(地銀; 가공하지 않은 은괴)을 반환할 것' 등 8항목을 요구했다. 일본의 식민지 지배는 '불법'이며 그 위에서 축적된 일본의 재산은 반환해야만 한다는 것이 그 근거였다. 이에 대해 일본 측은 한국에 남기고 온 일본 재산을 한국 측의 대일청구와 상쇄할 방침이었다. 일본 정부는 식민지 지배 정당론의 입장에서 일본 측에도 한국에 대한 청구권이 있다고 생각했기 때문이다. 일본 측에는 식민지 지배와 전쟁의 피해에 대해 보상할 의사는 없었다.

　제3차 회담에서는 일본 측의 수석대표 구보타 간이치로(久保田貫一郞)에 의한 '구보타 발언'이 문제가 되었다. 구보타는 '솔직하게 말해서 일본인은 일본의 대장성으로부터 돈을 지출하여 한국경제의 배양에 기여했다고 생각하기에 배상 요구를 받아들일 이유가 없다'고 말했다. 이에 한국 측이 격하게 반발하여 제3차 회담은 결렬했다. 일본 정부의 식민지 지배 정당론 및 '근대화'론이 '구보타 발언'으로 표면화되자 한국 측이 그것을 준거(峻拒: 매우 엄격하고 정중한 태도로 거절하는 것)한 것이다.

　문화재 문제는 제3차 회담까지는 재산 청구권 문제의 일부로서 논의되었다. 제4차 회담에 이르러 '한국 청구권 위원회' 아래에 '문화재 소위원회'가 설치되어 본격적인 논의가 시작되었다. 제4차 회담 개시 직후에 106점의 한국문화재가 한국 측에 인도되었다. 그것은 일본 정부에 의하면 한일회담을 재개하기 위한 분위기 만들기의 일환이었다. '한국이 독립하여 이에 대한 하나의 전별로서 일본 측의 호의로 약간의 물건을 증여하는' 것이며 '반환한다는 법적 근거는 인정하지 않는다'고 일본 정부는 끝까지 주장했다. 어업문제에서는 한국 측이 1952년에 설치된 해양선, 이른바 '이승만 라인'(한국 측에서는 평화선)을 둘러싼 논의가 전개되었다. 50년대에는 '이승만 라

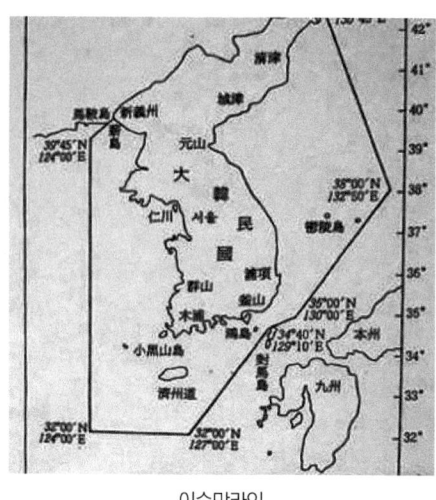

이승만라인

인'을 범한 일본의 어선이 나포되는 사건이 이어져 일본 측은 어업문제에 항상 신경을 곤두세우고 있었다.

한국 측은 이 '이승만 라인'의 내측에 독도를 포함시켰다. 이에 대해 일본 정부는 한국 측의 독도 영토권을 용인하지 않는다는 입장을 표명했다. 일본 정부는 식민지 지배 정당론의 입장에 서 있었기 때문에 식민지 지배에서 해방되어 독립한 국가와의 사이에서의 문제라고는 생각하지 않았으며 보통의 양국 간의 영토분쟁으로 인식했다. 1953년에 미군이 독도의 사격장 사용을 멈추자 이 섬에 한일 쌍방이 들어가 영토 표식을 세우고 상대 측의 표식을 철거하는 등 몇 번이나 충돌이 발생했다. 이러한 가운데 한국 정부는 54년 7월부터 경비대를 주둔시켜 점령하는 행동을 보였다. 일본 측은 오직 역사 문헌 논쟁을 통해 해결하려 하였으며 일본이 식민지 지배를 하는 과정에서 독도를 점령했다는 것은 외무성 관계자의 머리에는 없었다.

이상과 같이 일본 측은 기본적으로는 식민 지배 정당론의 입장에서 논의를 전개했다. 한국 측은 처음에는 공산주의에 대항하기 위해 한일 '방공협정'을 호소하기도 했는데 '과거 극복'의 의사를 갖지 않는 일본 측의 자세가 분명해지자 곧바로 취소했다. 교섭 결렬 후의 이승만 정권은 일본의 '평화선 침범', 소련·중국 등 사회주의권의 접근, 재일조선인의 '북송' 등에 극렬한 비판을 토로하여 일본 정부와 충돌했다.

북일관계와 귀국 문제

한국전쟁 후의 재일조선인 운동에 커다란 전기가 찾아왔다. 1954년 8월에 북한의 남일 외상이 재일조선인 운동은 '공화국의 재외공민'으로서의 운동이어야 한다는 성명을 발표하자 이것을 계기로 운동 내부에서 노선 전환 논쟁이 활발해졌다. 그 결과 일본 공산당의 지도 아래에 있던 '민전'이 해체되고 55년 5월에는 재일조선인 총연합회(조선총련)가 결성되었다. 조선총련은 일본 공산당과 결별하고 북한의 '재외공민'으로서의 입장 및 일본의 내정 불간섭 등의 방침을 제기하여 재일동포의 공화국 주변으로의 총결집, 조국의 평화적 통일, 재일조선인의 민주적·민족적 권익의 옹호, 한일 국교정상화를 위한 노력 등을 내용으로 하는 강령(이후 1995년, 2004년에 개정)을 채택했다.

북일(북한과 일본) 간에는 한국전쟁 정전 직후부터 민간교류가 시작되었다. 1953년 11월에 국회의원 오야마 이쿠오(大山郁夫) 등의 정전 축하 사절단이, 54년 8월에는 국회의원 구로다 히사오(黑田壽男: 노농당), 히라노 요시타로(平野義太郎: 일중 우호협회 부회장) 등이 북한을 방문하여 북일 경제교류를 호소했다. 다음 해인 55년 2월에 북한의 남일 외상은 '대일관계에 관하여-조선민주주의 인민공화국 외상의 성명-'을 발표하여 '일본 정부와 무역, 문화관계 및 북일관계 수립 발전에 관한 문제들을 구체적으로 검토할 용의가 있다'는 것을 분명히 했다. 55년 11월에는 조일협회 제1회 전국대회가 개최되었다. 북일 무역, 문화교류 촉진, 북일 국교정상화, 재일조선인과의 제휴 등의 주요 과제가 결의되어 조일협회는 북일 우호교류 운동을 추진해가게 된다. 57년 9월에는 조일협회, 일본 국제무역 촉진협회, 조일 무역회 조선국제무역 촉진 위원회와 '조일(민간) 무역협정'을 체결하여 지방평화단체와 자치단체 등의 북한 방문이 늘어나 인적 교류도 가속화되었다.

1950년대의 북일관계에서 가장 큰 문제가 된 것은 이른바 재일조선인의 귀국 문제였다. 59년부터 84년까지 재일조선인과 일본인 부인, 그 자녀 등

93,340명이 북한으로 '귀국'했다. 이 '귀국'에는 논하는 주체에 따라 '귀국운동', '귀국사업', '귀환 업무', '북송' 등 부르는 이름이 달랐다. 먼저 조선총련이 58년 8월에 '귀국운동'을 시작했다. 북한 정부는 이것을 '귀국사업'으로 추진했다. 일본 정부는 59년 2월에 재일조선인의 '귀국'을 각의에서 인정하여 '귀환사업'으로 진행했다. 일본 사회당, 일본 공산당, 조일협회는 '귀국'을 지원하여 신문이나 잡지 등의 미디어가 보도했다. 한국 측은 '북송'이라 하여 반대 운동을 전개했다.

'귀국'의 배경에는 재일조선인을 둘러싼 여러 가지 정치·사회적 요인이 얽혀 있었다. 먼저 그 주체인 재일조선인에는 일본에서의 생활고, 민족 차별에 의한 아이의 미래 불안 등에서 자유롭고 싶다는 의사나 희망이 있었다. 북한 사회주의의 동경도 있었을 것이다.

그 외에 북한 정부가 '귀국'을 적극적으로 추진한 것을 생각할 수 있다. 한국전쟁 후의 경제 부흥에 부족한 노동력을 가져오려 했다는 설과 한일회담에 대항하여 이승만 정권의 정통성을 둘러싼 경쟁을 유리하게 추진하여 국제적 위신을 높이려 했다는 설도 있다. 모두가 설명 가능하지만 충분히 실증적으로 분명한 것은 아니다.

여기에서는 특히 일본 정부와 일본 적십자사가 1956년의 단계에서 재일조선인 6만 명의 '귀환' 가능성을 검토하고 그 실현을 향해 적십자 국제 위원회를 움직이려 했다는 것에 주목하고 싶다. 일련의 로비활동의 중심인물로 외무성에서 이제 막 나온 이노우에 마스타로(井上益太郎) 일본적십자 외사부장에 의하면 일본 정부와 일본적십자는 재일조선인에 대해 '거칠고 폭력적이다', '무지몽매'하다, 범죄율이 높아 치안 상 문제가 되고 있다, 그 대부분이 생활 보호 대상자로 재정상 부담이 되고 있다, 공산주의자가 많다고 인식하고 있었다고 한다. 즉 일본 정부와 일본 적십자는 그러한 '성가신 조선인을 일본에서 일소하는' 것을 목적으로 하여 '귀환 업무'을 추진했다고 할 수 있다.

1959년 8월 일본과 북한의 적십자는 캘커타에서 '일본적십자사와 조선민주주의 인민공화국 적십자의 재일조선인 귀환에 관한 협정'에 조인했다. 이 협정에 기초하여 같은 해 12월 14일에 귀국선 제1선 두 척이 975명을 태우고 니가타(新潟)를 출항했는데 이듬해인 60년부터는 '귀국'을 포기하는 사람이 증가했다. 귀국선은 187회에 걸쳐 니가타와 청진을 왕복했는데 84년을 마지막으로 '귀국'은 끝났다.

한일 국교 수립

1951년 10월에 시작된 한일회담은 식민지 지배, 전쟁 피해보상 문제 등 '과거의 극복'을 둘러싸고 대립이 계속되어 난항을 겪었는데 1960년대에 들어서자 상황이 급진전되었다.

일본에서는 신 안보조약 체결로 퇴진에 내몰린 기시 노부스케(岸信介) 정권을 이어 1960년 7월 소득배증 정책을 내건 이케다 하야토(池田勇人) 정권이 성립되었다. 한국에서도 때를 같이 하여 4월 혁명으로 이승만 정권이 붕괴되고 '경제 제일주의'를 내건 장면 정권이 탄생했다. 이케다 정권은 한국에 경제사절단을 파견하여 쌍방은 한일회담을 추진하는 것에 합의했다.

한국에서는 1961년의 5.16 쿠데타로 박정희 정권이 성립되었다. 박정희 정권 아래에서는 동북아시아에서 일본 중심의 지역 경제통합을 추구한 미국과 수출시장의 확보를 노리는 일본, '수출지향형 공업화 전략' 아래서 경제발전을 추구한 한국의 이해가 일치하여 한일회담 타결의 환경이 정비되었다. 1962년 11월의 오히라 마사요시(大平正芳) 외상과 김종필 중앙정보부장의 회담에서 일본의 유가증권, 일본계 통화, 전시 하 조선인 미지불 임금 등의 재산 청구권 문제가 '경제협력'으로 처리되기에 이르렀다(오히라, 김종필 합의).

한국에서는 그러한 한일회담을 추진하는 박정희 정권에 대해 학생, 지식인, 야당, 언론이 1964년과 1965년에 대규모 반대 운동을 전개했다. 그 운동이 지적한 것은 박정희 정권이 추진한 한일회담이 식민지 지배, 전쟁 피해의 보상 등 '과거의 극복'을 추구하는 것이 아니라는 점, 한일 '경제협력'으로 한국경제가 일본경제에 종속되는 위험성이 있다는 점이었다. 박정희 정권은 비상계엄령을 발포하여 폭력으로 진압했다. 일본에서는 공산당과 사회당, 총평(總評: 일본노동조합 총평의회 기관지), 학생이 한일회담 반대 운동을 했는데 그들은 주로 한일 '군사동맹'의 추진 및 일본의 독점자본의 경제침략을 비판한 것으로 식민지 지배, 전쟁 피해의 책임을 묻고 그 극복을 목표로 한 주장은 적었다.

1965년 6월에 한일조약(기본조약 및 재산권 청구권 협정, 재일 한국인 법적 지위 협정, 문화재협정, 어업협정)이 체결되어 12월에 일본과 한국의 국교가 수립되었다. 그런데 기본조약에서는 1910년의 '한일병합조약' 이전의 조약들이 무효라는 것이 확인되었을 뿐으로 당초부터 무효였다는 한국과 1948년의 대한민국 성립 후에 무효가 되었다고 하는 일본 측의 해석 차이는 방치되었다.

재산 청구권 협정에서는 무상공여 3억 달러, 정부 차관 2억 달러, 민간 상업 차관 3억 달러 이상을 제공하기로 약속했다. 그러나 식민지 지배, 전쟁 피해의 진상 규명이나 사죄, 보상에 대해서는 명기하지 않은 채 일본군 '위안부', 강제 동원 피해자, 재한 피해자 등 '과거의 극복'은 미해결인 채로 남겨지게 되었다.

북한 정부는 한일회담을 시종일관 비판하면서 한일조약의 체결에도 반대하는 입장을 표명했다. 예를 들어 1961년 9월의 조선 노동당 제4차대회에서는 '일본군국주의자는 미국 제국주의의 압력으로 남한에 대한 경제적 침략을 획책하는 한편 남한을 끌어들여 침략적인 군사동맹을 맺으려 한다'고 비난했다. 김일성은 다음 해 62년에 한일 국교정상화는 '조국의 분열을 정당화하고 그것을 영구화하려는' 적대행위라고 비판했다. 그 후에도 북한 정부는 한일조약 체결이 '미제의 아시아 침략의 일환'이다, 그리고 남북 분단을 영구화하는 것이라고 계속해서 비난했다. 북한 정부의 대일정책의 기본 방침은 '일본 군국주의에 대한 전쟁'을 전개하는 방향으로 수정되었다.

2. 냉전 하의 한일·북일관계

1) 한일 국교 수립 후

한일 민간 교류의 시작

한일조약 체결로 국교가 수립되어 새로운 한일 관계가 출발했다. 무엇보다도 사람이 활발하게 왕래하게 되었다. 표 〈전후 한일 간의 인적 왕래〉에 의하면 1965년에는 한국과 일본을 왕래하는 사람은 약 2만 명이었는데 70년 후에는 약 12만 명으로 증가하고 있다. 65년 이후 한국과 일본을 왕래하는 사람의 수는 눈에 띄게 증가했다.

전후 한일간의 인적 왕래

	한국인 일본입국자수	일본인 한국입국자수
1950	825	-
1955	1,227	-
1960	5,752	247
1965	17,065	5,095
1970	71,790	47,671
1975	129,186	325,296
1980	212,973	468,462
1985	296,708	639,245
1990	978,984	1,428,396
1995	1,103,566	1,675,110
2000	1,286,583	2,491,290

	한국인 일본입국자수	일본인 한국입국자수
2005	2,008,418	2,421,408
2010	2,686,867	3,004,066
2013	2.723.084	2,715,451
2014	3,016,112	2,300,161
2015	4,232,706	1,859,190

법무성출입국관리국 출입국관리통계표(2008년 10월 31일 공표),
http://www.e-stat.gojp/SG1estat/Listdo?lid =000001035550.
2014년 9월 6일 검색. 동 http://www.mojgojp/housei/tokei/tokei_ichiran_nyukan.html. 2016년 9월 19일 검색. 대한민국 법무부 출입국외국인 정책본부HP 통계자료실 통계연보(2016년 9월 19일 검색)
http://www.immigration.go.kr/HP/COM/bbs_003/BoardList.do

사람의 이동 증대와 함께 물건의 이동도 활발해졌다. 다만 무역에서는 한국 측의 자본재나 중간재의 대일 의존도가 높아 설비투자가 대일 수입 증가로 이어졌으며 소비재에서도 일본에서의 수입이 증가하여 대일무역의 입초폭(入超幅; 수입이 수출을 초과하는 것)의 확대가 계속되었다. 이것은 일본의 '생산물 및 역무'를 제공한 한일 경제협력의 당연한 귀결이었다고 할 수 있다.

일본 기업의 진출도 증가했다. 일본인 사원은 대개의 경우 일본어를 사용했고 많은 한국인은 식민지기에 몸에 익힌 일본어로 대응했다. 이렇게 한일 경제 관계는 불균등했는데 거기에는 식민지기에 형성된 관계가 농후하게 그림자를 드리우고 있었다.

한일 간의 실질적인 민간교류는 한일조약 반대 운동에 빚을 진 것에서부터 시작했다고 해도 좋을 것이다. 예를 들어 한국의 종합잡지 『사상계』의 편집주간이었던 지명관은 1965년 12월 일본 방문에서 귀국한 후에 "과거 우정의 단절을 반성하면서 협소한 국가적 이기주의에 끌려가지 않도록 노력해야 한다"고 썼다. 조선사 연구자인 하타다 다카시(旗田巍)는 일본의 한일조약 반대 운동은 "식민지 지배의 책임을 스스로 해결하는 태도"를 갖는 것으로 "진정한 한국인과 우호를 깊게 하기" 위한 출발점이라고 기술했다.

두 사람은 식민지 지배의 반성 위에서 한일 민간인의 교류를 호소하여 한일 간의 문제를 민간인의 '공감과 연대'로 해결할 것을 호소했다.

〈일본의 대한 무역추이〉(단위 100만 달러)

년도	대한수출	대한수입	합계	밸런스
1961				
1962				
1963				
1964				
1965	175	45	220	130
1966	294	65	359	229
1967	443	85	528	358
1968	511	-	511	511
1969	-	-	-	-
1970	809	234	1,043	575
1971	954	262	1,216	692
1972	1,031	408	1,439	623
1973	1,727	1,242	2,969	485
1974	2,621	1,130	3,751	1,491
1975	2,434	1,293	3,727	1,141
1976	3,099	1,802	4,901	1,297
1977	3,297	2,148	5,445	1,149
1978	5,981	2,627	8,608	3,354
1979	6,657	3,353	10,010	3,304
1980	5,858	3,039	8,897	2,819
1981	6,374	3,444	9,818	2,930
1982	5,305	3,314	8,619	1,991
1983	6,238	3,357	9,595	2,881
1984	7,640	4,602	12,242	3,038
1985	7,560	4,543	12,103	3,017
1986	10,869	5,426	16,295	5,443

년도	대한수출	대한수입	합계	밸런스
1987	13,656	8,436	22,092	5,220
1988	15,929	12,004	27,933	3,925
1989	17,449	13,457	30,906	3,992
1990	18,574	12,638	31,212	5,936
1991	21,120	12,356	33,476	8,764
1992	19,458	11,600	31,058	7,858
1993	20,016	11,564	31,580	8,452
1994	25,390	13,523	38,913	11,867
1995	32,606	17,049	49,655	15,557
1996	31,449	15,767	47,216	15,682
1997	27,907	14,771	42,678	13,136
1998	16,840	12,238	29,078	4,602
1999	24,142	15,862	40,004	8,280
2000	31,828	20,466	52,294	11,362
2001	26,633	16,506	43,139	10,127
2002	29,856	15,143	44,999	14,713
2003	36,313	17,276	53,589	19,037
2004	46,144	21,701	67,845	24,443
2005	48,403	24,027	72,430	24,376
2006	51,926	26,534	78,460	25,392
2007	56,250	26,370	82,620	29,880
2008	60,956	28,252	89,208	32,704
2009	49,428	21,771	71,199	27,657
2010	64,296	28,176	92,472	36,120
2011	68,320	39,680	108,000	28,640
2012	64,363	38,796	103,159	25,567
2013	60,029	25,367	85,396	34,662
2014	51,828	33,579	85,407	18,249
2015	44,049	26,829	70,878	17,220

한국무역협회 http://stat.kita.net/stat/kts/ctr/CtrTotalImpExpList.screen, 2014년 9월 26일 검색.
일본무역진흥기구HP http://www.jetro.go.jp/world/japan/stats/trade, 2016년 9월 19일 검색.

1965년 10월 일본 기독교단 대표인 오무라 이사무(大村勇) 의장은 한국 기독교장로회 총회에 초청되어 식민지 지배를 사죄했다. 이 일로 한일 기독교 교단의 교류가 시작되었다.

한국 원폭피해자와 일본의 피폭자운동, 시민과의 교류도 한일조약 체결 전후에 시작되었다. 민단 히로시마현 지방본부와 동 청년단이 방한하여 재한 피폭자 실태를 조사했다. 당시 『추고쿠신문(中國新聞)』 기자였던 히라오카 다카시(平岡敬)는 서울을 방문하여 재한 피폭자를 취재하여 잡지 『세계』에 처음으로 재한 피폭자의 생활 상황을 소개했다. 한국에서는 1966년에 재한 피폭자가 '한국 원폭 피해자 원호 협회'를 결성하여 활동을 시작했다. 재한 피폭자와 일본 시민의 교류도 이 시기부터 시작되었다.

한국 민주화운동의 연대

1971년 4월의 제7대 한국 대통령 선거에서 현직의 박정희가 3선을 달성했는데 야당 후보인 김대중의 득표는 박정희의 득표수에 육박했다. 다음 달 국회의원 선거에서도 야당인 신민당이 의석을 배증시켜 박정희의 장기집권에 대한 불만과 민주화에의 열망이 고조되었다.

그러한 가운데 박정희 정권은 1972년 1월에는 비상계엄령을 선포하여 국회의 해산, 정당, 정치 활동을 금지시키고 11월에는 대통령의 직접 선거를 폐지하여 통일주체국민회의에 의한 간접선거를 실시하는 '유신헌법'을 제정했다. 다음 12월에는 통일주체국민회의에서 박정희가 제8대 대통령으로 뽑혀 영구 집권의 길을 여는 '유신체제'가 시작되었다.

1973년 3월 8일에 도쿄의 그랜드팰리스호텔에서 전 대통령 후보인 김대중이 한국 중앙정보부 요원에 납치되어 한국으로 연행되는 '김대중 납치사건'이 발생했다. 박정희 정권은 당국의 개입을 부정했는데 중앙정보부 요원이었던 한국대사관 서기관 김동운의 지문이 호텔 현장에서 채집된 후에도 그 태도를 바꾸지 않았다. 일본 정부로서는 주권침해였기 때문에 정계에서도 박정희 정권에 대한 비판이 높아져 한일 정기 각료회의를 연장하는 등의 대항 초지를 취했다. 박정희 정권은 김종필 국무총리가 방일하여 사죄하는 것으로 정치 해결을 모색했는데 일본 정부도 그것을 받아들였다. 2007년 10월에 한국 국가정보원(중앙정보부의 후신)의 진실규명위원회는 중앙정보부의 사건 주도를 공식적으로 인정했다.

1974년 8월에는 한국의 독립기념식전에서 재일 한국인 2세인 문세광이 박정희 대통령을 저격하여 대통령 부인 육영수가 총에 맞아 사망하는 사건이 발생했다. 이 사건에서 사용된 권총이 일본 경찰에게 탈취한 것이었다는 점, 일본의 위조여권이 사용되었다는 점에서 박정희 정권은 일본 정부를 강하게 비판하여 한일 관계는 악화되었다. 일본 정부는 다나카 가쿠에(田中角栄) 수상이 육영수의 장례식에 참가하고 시이나 에쓰사부로(椎名悦三郎) 자민당 총재를 특파하여 사태의 수습을 모색했다. 한일 양 정부는 이 두 개의 사건을 정치 문제화하지 않는다는 것으로 정치적으로 해결했다. 한국 정부는 2005년에 '문세광 사건'에 관한 자료를 공개했는데 사건의 진상은 수수께끼인 채로 남았다.

1970년대 초기에 일본에서는 한국에서 높아진 민주화운동과 연대하려는 운동이 일어났다. 특히 '김대중 납치사건'은 민주화운동이나 한일 관계에 관심을 고조시키는 계기가 되었다. 김대중 사건의 진상을 구명하는 모임이나 한일 연대회의 등 전국 각지에서 시민의 모임이 결성되어 집회나 데모, 단식투쟁, 성명서 발표 등이 이루어졌다. 70년대 후반에는 '오족' 등의 시로 박정희 정권을 비판하여 반공법 위반으로 투옥된 시인 김지하를 구원하려는 모임이 결성되는 등 일본에서의 민주화운동 연대는 활발했다.

한일 정재계의 '한일 유착'을 비판하고 일본 기업의 한국진출이나 일본인 남성의 매춘행위를 목적으로 한 기생관광에 반대하는 운동, 재일한국인 정치범을 구원하는 운동도 전개되었다. 도쿄에 유학하고 있던 지명관은 73년부터 월간지 『세계』에 T.K생이라는 펜네임으로 '한국으로부터의 통신'을 써 한국 민주화운동의 실정을 지하통신이라는 형태로 일본에 전했다.

그 외에도 1969년에는 이이누마 지로(飯沼二郞)와 쓰루미 슌스케(鶴見俊輔) 등이 잡지『조선인』을 창간하여 일본의 출입국 관리체제를 비판하면서 '불법 입국자'나 퇴거강제를 적용한 재일조선인이 수용된 오무라 수용소의 폐지를 호소했다. 70년에는 일찍이 히로시마에서 피폭되고 해방 후에는 부산으로 이주한 재한 피폭자인 손진두(孫振斗)가 일본의 원폭 희생자 치료를 요구하면서 밀입국하여 체포되자 '손 씨의 일본 재류와 치료를 요구하는 전국시민의 모임'을 결성하여 지원 운동이 시작되었다. 73년에는 후쿠오카현이 손 씨의 피폭자 건강수첩 교부 신청을 각하했기 때문에 손 씨는 '피폭자 건강수첩 각하처분 취소소송'을 일으켜 78년에는 최고재판에서 승소했다. 91년에는 '한국의 원폭 피해자를 지원하는 시민의 모임'이 결성되어 이 손 씨의 최고재판소의 판결을 계기로 재한 피폭자 지원운동이 본격적으로 전개되게 되었다.

재일조선인의 법적 지위

1965년 6월의 한일 국교정상화 당시에 '일본국에 거주하는 대한민국 국민의 법적 지위 및 대우에 관한 일본과 대한민국간의 협정'(재일한국인 법적 지위 협정)이 체결되었다. 이 협정으로 재일 대한민국 국민은 이듬해인 66년부터 5년간 일본 정부에 신청하면 '영주'가 인정되게 되었다(협정영주).

다만 '영주'의 범위는 1945년 8월 15일 이전부터 일본에 거주하는 자와 그 자녀로 협정 발효(66년)로부터 5년 이내에 일본에서 태어난 자의 2세로 한정하고(제1조) 그 후의 세대는 협정 발효일로부터 '25년을 경과하기까지는 협의를 행한다'(제2조)고 했다. 또한 '협정영주'자에 대한 교육, 생활보호 및 국민건강보험, 한국에 귀국하는 경우의 재산이나 송금에 대해 '타당한 고려'를 지불한다고 했다(제4조).

그 한편으로 내란, 외환, 국교에 관한 죄로 금고형 이상 및 마약단속법으로 3년 이내의 징역, 금고 또는 3회 이상의 누적 범죄, 그 외의 법령에 위반하여 7년 이상의 징역, 금고형에 처해진 자는 강제퇴거 대상이 되었다.

일본 정부는 법적 지위를 둘러싼 교섭과 협정에서도 '치안문제로서의 처리'를 우선시했다. 한국 정부는 협정 체결로 일본 정부에 처음으로 법적으로 한국 국적자를 인정받아 북한과의 국민 획득 경쟁을 유리하게 추진하게 되었다. 북한 정부는 재일조선인의 절대 다수가 공화국의 공민으로서 협정 체결의 무효를 주장하면서 귀국사업을 추진하여 대항했다.

잡지 『조선인』의 표지

재일한국인 법적 지위 협정은 재일조선인 사회에 심각한 영향을 끼쳤다. '협정영주'는 같은 역사적 배경을 가진 '조선적' 국적자에게는 적용되지 않아 재일조선인은 '협정영주'와 전술한 '법12조'의 해당자, 그 외의 영주자로 나뉘어 재류 자격을 갖게 되었다. 1960년에 18만 명이었던 한국 국적자는 1970년에는 33만 명으로 증가하여 같은 해 28만 명의 '조선 국적'자를 상회했다. 재일조선인 사회에서도 남북 대립이 격화되었다. 그뿐만이 아니라 한 사람 한 사람에게 '조선'이나 '한국'이나 '일본'으로 동화할 것인지, 냉엄한 선택으로 내몰렸다.

1981년에는 출입국관리령이 개정되어 법률명이 '출입국관리 및 난민인정법'이 되었다. 이로 인해 '협정영주'를 취득하지 않았던 '법12조' 및 '법12조의 자녀'에게 82년부터 5년 간에 한정하여 '특례영주' 자격이 인정되었다(특례영주). 여기에 더하여 국민연금법과 아동수당 3법의 국적 조항을 삭제하는 법 개정이 이루어져 재일조선인의 처우에 미약하지만 개선이 이루어졌다.

2) 한국 민주화 속에서

한국 민주화와 한일 관계

1970년대 말부터 80년대 초기에 걸쳐 한국정치는 요동쳤다. 박정희 정권에 대한 사회의 비판이 고조되는 가운데 79년 10월에는 중앙정보부장인 김재규가 박정희 대통령을 살해하는 사건이 발생했다. 그 후 실권을 장악한 전두환 등 신군부 세력은 1980년 학생들이 민주화를 요구하는 '서울의 봄'과 계엄군의 폭력에 광주시민이 저항하여 발생한 광주민중항쟁을 힘으로 억제하여 전두환 정권을 발족시켰다.

1980년대에 들어서자 동서 냉전은 격화된 방향으로 향했다. 미국에서는 81년에 발족한 레이건 정권이 전두환 대통령을 최초의 국빈으로 백악관에 초대하여 전두환 정권과의 결합을 강화시켰다. 일본에서는 이듬해인 82년에 나카소네 야스히로(中宗根康弘) 정권이 발족하여 전두환 정권에 40억 달러의 엔화 차관 단행을 표명하면서 전두환 정권을 지지했다.

1982년 6월에는 역사교과서 문제가 발생했다. 일본 문부성의 역사교과서 검정에서 과거 아시아 국가들에의 '침략'을 '진출'이라는 용어로 바꾸자 한국과 중국 신문이 비판하여 외교 문제가 되었다. 8월에는 미야자와 키이치(宮澤喜一) 관방장관이 교과서 기술에서 '정부의 책임으로 시정한다'는 담화를 발표하여 사태를 수습했다. 일본 정부는 이것을 계기로 '근린 아시아 국가들과 근현대 역사적 사상(事象)의 취급'에서 배려하는 '근린제국조항'을 교과서의 검정 기준에 덧붙이게 되었다.

1983년부터 84년에 걸쳐 한국의 학생운동이나 노동 운동이 활발해져 교육, 문화, 언론 분야에서 민주화운동의 조직화가 추진되었다. 80년의 광주민중항쟁을 둘러싼 민주화운동은 신군부의 폭력과 미국의 관여를 강하게 비판했다. 87년 6월에는 시민이 독재타도, 대통령 직접 선거제 개헌 등의 민주화를 요구하여 6월 민주화 항쟁이 일어났다. 한국에서는 이로 인해 정치적 민주주의가 달성되었다고 생각하고 있다.

국가의 폭력에 저항하는 한국 민주화운동의 힘은 해외 사람들에게 강한 인상을 주었다. 70년대부터 계속된 일본과의 연대 움직임은 보다 활발해졌다. 특히 광주민중항쟁과 관련된 김대중에게 내란음모 등의 사건으로 사형이 선고되기에 이르자 전국 각지에서 '김대중씨를 죽이지 말라'는 목소리가 나와 구명 운동이 퍼져갔다. 87년의 민주화 항쟁 때에는 종합잡지『세계』가 같은 해 10월호에서 특집〈한국민중혁명〉을 조직하여 민주화운동 리더들의 목소리를 전하는 '6월 민중혁명의 궤적과 전망'을 논하고 '일본인은 어떻게 대응할 것인가-한국 민중혁명과 일본의 조선관'을 물었다.

노동운동에서의 한일 연대도 이루어졌다. 1989년 10월에 시작된 '한국 스미다 쟁의'는 그 대표적인 사례이다. 일본기업 100% 투자 자회사인 한국 스미다전기에서 종업원 450명이 해고되자 노조대표 4명이 일본에 와서 노사 교섭이 시작되었다. 일본인과 재일조선인이 노조를 지원하여 회사 측은 경영책임을 인정하고 생존권 대책자금을 지불했다. 노조 측이 승리한 것이다.

1970년대부터 80년대에 걸쳐 '북한의 스파이'로 한국 정부에 체포된 재일한국인 정치범의 구명운동도 활발하게 전개되었다. 1971년의 서승, 서준식 형제 사건은 그 상징적 존재로 서승과 서준식은 한국 민주화 후인 90년, 88년에 각각 석방되었다.

변해가는 북일관계

1965년의 한일조약 체결로 동 조약의 파기를 요구하는 북한과 일본의 관계는 악화되었다. 50년대 이래 조금씩 지속되어온 민간의 인적, 경제 교류도 정체되었다. 66년부터 이듬해인 67년에 걸쳐 일본의 대북한 수출은 65년의 약 3/1로 감소했다.

이러한 한일 관계에 변화가 발생한 것은 베트남 평화진전과 미중 접근 등으로 동아시아 냉전이 완화된 1970년대 초기의 일이었다. 71년 9월에 김일성 주석은 북한은 '국교 관계는 없어도 무역을 발전시켜 갈 방침'으로 국교회복의 전 단계로서 '자유왕래, 문화교류, 기자교환' 등의 실현을 표명했다. 이것을 수용하여 사회당, 총평에 북한과의 관계수복의 기운이 퍼져갔다. 11월에는 자민당 의원을 포함하여 234명의 의원에 의한 북일 국교 수립 등의 목표를 내걸고 조일 우호촉진 의원연맹(조일의련)이 결성되었다. 다음해 72년 1월에는 조일의련의 대표단과 조일 무역회가 조선국제무역촉진위원회와 '조일간의 무역촉진에 관한 합의서'에 조인했다.

1972년 7월에 남북공동성명, 9월에 중일 공동성명이 발표되자 일본 정부의 대북한 정책은 유연해져 북일 간 인적 왕래도 빈번해졌다. 일본 정부는 72년에는 북한의 다카마쓰즈카(高松塚)고분 조사단, 조선국제무역 촉진 위원회, 73년에는 라디오, 텔레비전 방송, 철광, 시멘트 분야의 대표단, 만수대 예술단, 74년에는 무역, 공업, 상업 분야의 대표단의 일본 입국이 인정되었다.

일본의 매스 미디어도 이러한 교류나 무역에 대해 보도할 뿐만 아니라 저널리스트가 북한을 방문하여 현지의 상황을 전했다. 북한 지도자와의 인터뷰, 산업, 농업, 교육 상황, 사람들의 생활 양상 등이 일본의 신문, 잡지, 라디오, 텔레비전을 채웠다.

북일 간의 무역도 1972년 이후는 확대되어 갔다. 표 〈일본과 북한의 무역 추이〉처럼 일본의 북한 수출액은 1972년, 71년의 3.2배, 74년에 8.7배로 일본의 북한으로부터의 수입은 각각 1.3배, 3.6배로 증가했다.

북일 관계는 이대로 개선 방향을 향하는 듯 보였는데 북한 측의 무역대금 지불 지연 등으로 교류는 점차 정체되어 갔다. 1980년대에 들어서자 83년의 버마 아웅산 폭탄 테러 사건, 87년에는 대한항공기 폭파 사건 등이 일어나 일본사회의 북한에 대한 태도는 점차 엄격해져 갔다.

〈일본과 북한의 무역 추이〉(단위 100만 달러)

년도	대북 수출	대북 수입	합계	밸런스
1961	4.94	3.98	8.92	0.96
1962	4.78	4.55	9.33	0.23
1963	5.35	9.43	14.78	-4.08
1964	11.28	20.23	31.51	-8.95
1965	16.51	14.72	31.23	1.79/1.78
1966	5.02	22.69	27.71	-17.67
1967	6.37	29.61	35.98	-23.24
1968	20.75	34.03	54.78	-13.28
1969	24.16	32.19	56.35	-8.03
1970	23.34	34.41	57.76	-11.07
1971	28.91	30.06	58.97	-1.15
1972	93.44	38.31	131.75	55.13
1973	100.16	72.32	172.48	27.84
1974	251.91	108.82	360.74	143.09
1975	180.63	64.84	245.47	115.79
1976	96.06	71.63	167.68	24.43
1977	125.10	66.62	191.72	58.48
1978	183.35	106.86	290.21	76.49
1979	283.85	152.03	435.88	131.82
1980	374.31	180.05	554.35	194.26
1981	291.00	139.48	430.47	151.52
1982	313.16	152.03	465.19	161.13
1983	327.08	126.15	453.23	200.93
1984	254.72	145.22	399.94	109.50
1985	247.07	179.29	426.36	67.78
1986	183.97	173.23	357.2	10.74
1987	213.74	241.74	455.48	-28.00
1988	238.88	324.65	563.53	-85.77
1989	197.00	298.68	495.68	-101.68
1990	175.90	300.28	476.18	-124.38
1991	223.99	283.57	507.56	-59.58
1992	223.03	258.56	481.59	-35.53

년도	대북 수출	대북 수입	합계	밸런스
1993	219.65	252.35	472.00	-32.70
1994	170.78	322.68	493.46	-151.90
1995	254.96	339.68	594.64	-84.72
1996	226.52	290.80	517.32	-64.28
1997	179.09	302.04	481.13	-122.95
1998	175.08	219.36	394.44	-44.28
1999	147.59	202.19	349.78	-54.60
2000	206.83	236.98	443.81	-30.15
2001	1065.36	226.78	1292.14	838.58
2002	132.19	235.31	367.51	-103.12
2003	91.10	173.59	264.69	-82.49
2004	88.53	164.04	252.57	-75.51
2005	62.82	133.00	195.82	-70.18
2006	43.85	77.80	121.65	-33.95
2007	9.09	0.00	9.09	9.09
2008	7.59	0.00	7.59	7.59
2009	2.73	0.00	2.73	2.73
2010	0.00	0.00	0.00	0.00
2011	0.00	0.00	0.00	0.00
2012	0.00	0.00	0.00	0.00
2013	0.00	0.00	0.00	0.00
2014	0.00	0.00	0.00	0.00
2015	0.00	0.00	0.00	0.00

2000년까지 JETRO White Paper on Internatioal Trade, 2001년부터 일본무역진흥기구HP http://www.jetro.go.jp/world/japan/stats/trade, 2016년 9월 19일 검색.

재일조선인의 인권 운동

해방 후의 재일조선인에게는 취직, 주택, 연금, 아동수당, 교육, 전후 보상에서 일본사회의 차별은 완화되지 않고 계속되었다.

1968년 2월 재일조선인 김희로(본명 권희로)가 금전 문제로 시즈오카시 내의 카바레에서 폭력단원 2명을 사살하고 그 후 스마타쿄(寸又峡) 온천 여관에서 농성하는 사건이 일어났다. 김희로는 자신이 당한 차별을 미디어를 통해 호소했다(김희로 사건). 재일조선인 차별의 현실을 일본사회에 알린 상징적인 사건이었다.

민족 차별 반대 운동은 주로 조선총련과 민단이 맡았는데 1970년이 되자 인권침해를 당한 개인이 차별에 맞서게 되었다.

1970년 재일 한국인 2세인 박종석은 통명(通名)[149]으로 히타치 제작소의 입사시험에 합격했는데 '거짓말을 했다'는 이유로 채용이 취소되었다. 박종석은 이에 불복하여 히타치를 상대로 소송을 제기하여 74년에 전면승소 했다(히타치 취직 차별 재판). 판결은 회사 측의 대응이 민족차별에 의한 부당 해고였다는 것을 전면적으로 인정하여 재일조선인의 역사와 일본사회에 퍼진 민족 차별도 언급했다.

사법 수습생에 대한 국적 조항의 철폐 운동이 뒤를 이었다. 재일한국인 2세인 김경득은 사법시험에 합격했는데 사법 수습생의 선고요항에 국적 조항이 있었기 때문에 사법 수습생의 채용을 보류당했다. 김경득은 채용 조건인 일본의 귀화를 거부하고 최고재판소에 탄원서를 제출했다. 이것을 계기로 '김경득씨를 지원하는 모임'이 결성되어 지원 운동이 시작되었다. 최고재판소는 1977년 3월에 '일본 국적이 없다는 것을 이유로 불채용하지 않는다'는 것을 결정하는 판단을 내렸다. 이렇게 하여 김경득은 변호사 자격에 대해 사실상 국적 조항 철폐에 승소하여 한국 국적인 채로 최초로 변호사가 되었다.

그 외에도 공영주택의 입거, 국민연금의 적용, 공무원 채용 등의 국적 조항에 의한 민족 차별의 철폐를 요구하는 싸움이 지속되었다. 이러한 민족 차별 철폐 운동에 더하여 국제 인권 기준의 준수를 요구하는 국제사회의 압력을 받아 일본은 드디어 1979년에 국제인권규약(자유권규약), 81년에 난

---

149) 재일조선인이 일본에서 사용하는 일본 이름

민조항을 비준했다. 이로 인해 사회보험 관련 법률에서 국적 조항이 철폐되어 재일조선인도 국민연금에 가입하여 아동수당 등을 받을 수 있게 되었다.

1980년대에 들어서자 외국인에만 의무된 외국인 등록증의 지문날인 철폐를 요구하는 운동이 높아졌다. 지문날인 의무는 52년 4월에 시행된 외국인 등록법 제14조에 규정된 것으로 신규 등록, 재교부, 확인신청(전환) 때에 등록원표, 등록증명서, 지문원지에 지문날인이 의무 부과되었다. 날인하지 않으면 형사법의 대상이 되어 창구가 되는 자치체는 날인 거부자를 경찰에 고발하도록 했다. 지문날인은 '동일 인성 확인'을 위한 것이라고 했는데 처음부터 치안관리를 목적으로 하는 제도라는 지적이 있었다.

1980년 9월에 재일한국인 1세인 한종석이 도쿄도 신주쿠청에서 지문날인을 거부하여 신주쿠 경찰에 고발당해 재판에 회부당했다. 한종석은 "일본인이라면 범죄자에게만 강제되는 지문날인을 외국인에 강요하는 것은 민족 차별이며 인권 침해다"고 호소했다. 그 후 재일 2세, 3세를 중심으로 날인 거부자가 속출하자 지원 운동이 대대적으로 전개되었다. 이렇게 하여 2000년에는 외국인 등록법에 의한 지문날인 제도는 전면적으로 철폐되었다. 이 지문날인 철폐 운동에는 일본사회의 차별적인 제도나 의식을 바꿔가자는 일본인과 여러 나라에서 온 재일외국인도 참가하여 재일조선인과의 연대운동이 퍼졌다.

3. 냉전의 붕괴와 한일·북일관계

1) 과거의 극복

식민지 지배, 전후 보상 문제

동서 냉전붕괴 후인 1990년대 초기에 일본군 '위안부'와 강제 동원된 군인, 군속, 노동자 등의 식민지 지배, 전쟁에 의한 피해자는 보상을 요구하는 목소리를 내기 시작했다. 이에 대해 일본 정부는 65년의 한일 재산 청구권 협정에서 '완전 또한 최종적으로 해결'되었다고 하여 피해자들의 보상 요구에 대응하지 않았다.

그 한편으로 일본 정부는 1993년의 '고노내각관방장관담화(河野內閣官房長官談話)'나 95년의 '무라야마담화(村山談話)'에 의해 '식민지 지배와 침해'에 대한 '반성'과 '사죄'를 표명하여 재한 피폭자, 사할린 거주 조선인, 재일한국인 군인 군속, 일본군 '위안부' 문제에 대해서는 '재한 피폭자 의료 지원금'이나 '평화조약 국적이탈자 등의 전몰자 유족 등에 대한 조위금(弔慰金)', '아시아여성기금' 등의 특별 조치를 강구했다. 다만 일본 정부에 의하면 이러한 조치들은 '인도적 견지'에서 행한 것으로 국가보상을 전제로 한 것은 아니라는 것이다. 그러나 실질적으로는 식민지 지배, 전쟁에 유래하는 미해결의 문제가 존재하며 한일 재산 청구권 협정에서는 청산되지 않았다는 것을 구체적으로 인정한 것이라 할 수 있다.

한국 정부는 2000년 중반까지는 식민지 지배, 전쟁 피해자의 보상 문제는 한일 재산 청구권 협정 체결로 정부 차원에서는 해결되었지만 개인의 청구권은 소멸되지 않았다고 해석하고 있다. 그러나 2005년에 노무현 정권 하에서 한일 재산 청구권 협정 관련 문서를 정밀하게 조사하여 식민지 지배하의 일본군 '위안부', 재한 피폭자, 사할린 거주 조선인에 대한 '반인도적 불법행위'는 한일 청구권 협정에서는 해결되지 않았다고 그때까지의 견해를 수정했다. 노무현 정권을 지지하는 민주화운동 세대의 힘이 이것을 가능하게 한 것으로 한국 정부는 식민지 지배, 전쟁 피해를 정면에서 맞서게 되었다. 나아가 2012년 5월의 한국의 대법원에서의 미쓰비시 중공업과 신일본제철 소송의 상고심 판결[150]은 강제동원 피해자의 보상 문제에 대해서

---

150) 1997년 강제징용 피해자(여운택, 신천수 등)가 오사카 지방 재판소에 신일본제철

도 한일 재산 청구권 협정에서는 미해결이라고 판단을 내렸다.

식민지 지배, 전쟁 피해를 둘러싼 한일 간의 대립을 해소해 나가기 위해서는 이러한 한일 정부나 시민 수준에서의 다양한 대화가 지속되어 왔다. 이러한 대화에서는 무엇보다도 식민지 지배, 전쟁 피해의 진실을 구명하는 것의 중요성이 지적되고 있다. 일본 정부는 오늘날 일찍이 한반도나 타이완을 식민지 지배하고 아시아의 침략전쟁을 일으킨 역사를 반성하고 사죄하는 입장에 서 있다.151) 일본군 위안부, 원폭 피해자, 사할린 거주 조선인, 강제동원 피해자의 피해의 실태나 식민지 지배 그 자체의 정책이나 실태 등을 총체적으로 구명해 나가는 것이 요구된다.

한일 공동선언과 교류의 활성화

1998년 10월에 한일 공동선언이 발표되었다. 오부치 케이조(小渕恵三) 수상은 과거의 식민지 지배로 '다대한 손해와 고통을 준' 것에 대해 '통절한 반성과 마음으로부터의 사죄'를 기술하고 김대중 대통령은 이것을 평가하여 '화해와 선린우호협력에 기초한 미래지향적인 관계를 발전시키는' 노력을 한다고 표명했다. 한일 간의 공식문서에 식민지 지배에 대한 일본의 '반성'과 '사죄'가 들어가 한일 양국 정부가 그것을 공통의 인식으로 삼은 것은 처음이었다. 일본 정부는 언어상에서는 식민지 지배, 전쟁 책임을 인

을 상대로 손해배상 소송을 제기하여 시작되었다. 일본 법정에서는 원고 패소, 원고 상소 기각 등의 판결이 내려졌다. 이에 2005년에는 한국 법원에 손해배상 소송을 제기하였다. 한국 법원에서도 원고 패소, 항소 기각 판결이 내려졌지만 2012년 대법원에서는 원고 승소 판결이 내려지고, 2013년 서울고등법원의 파기환송심에서 원고 1인당 1억 원의 손해 배상 판결이 내려졌다.

151) 2013년 4월 23일 일본 참의원예산위원회에서 당시 아베 총리는 무라야마담화의 계승을 부정하면서 "침략에 대한 정의는 학계에서도 국제적으로도 정해져 있지 않다. 국가간 관계를 어느 쪽에서 보느냐에 따라 다르다"고 했다. 이러한 아베 수상의 인식을 보면 일본정부의 식민지 지배와 아시아 침략전쟁의 반성과 사죄의 진정성에 의구심이 들 수 밖에 없다.

정했다고 해도 좋다. 문제는 식민지 지배, 전쟁 피해의 진실 규명과 보상 문제가 해결되지 않은 채 남아 있어 일본 정부가 식민지 지배, 전쟁 책임을 다할지가 의문이다.

선언에는 '21세기를 향한 새로운 파트너십'을 공통의 목표로 구축하고 발전시켜 정치, 안전보장, 경제, 문화 등 각 분야에서의 교류 촉진이 명기되었다. 양국 정부는 그것을 구체적으로 실시하기 위해 '21세기를 향한 한일 행동계획'을 작성하여 '양국의 대화 채널의 확충', '국제사회의 평화와 안전을 위한 협력', 환경, 스포츠, 학술, 문화 등 '지구 규모 문제에 관한 협력'에 대한 계획을 제시했다.

2002년에는 축구 월드컵의 한일 공동 개최가 실현되었다. 일본에서는 2004년의 한국 드라마 '겨울연가'의 방송을 계기로 드라마, 영화, 가요 등의 '한류'가 붐이 되었다. '한류'는 중국이나 타이완, 동남아시아에도 퍼져갔다. 한일 간에는 여러 분야에서 많은 사람들이 왕래하여 확연히 드러나는 교류가 정착되기에 이르렀다.

그러한 한편에서 대립도 계속되었다. 2000년에는 '새로운 역사교과서를 만드는 모임'이 편수한 『새로운 역사교과서』(扶桑社)가 간행되었다. 이 책의 검정 합격에 대해 한국이나 중국, 일본 국내로부터 식민지 지배나 침략 전쟁을 정당화하는 기술이 보인다고 비판당했다. 2008년에는 거의 같은 내용의 교과서가 자유사에서 발행되는데 그 내용은 '혐한'이라 불리는 사람들의 논거도 되었다.

이 역사교과서 문제를 계기로 한일, 일중 간의 역사공동연구가 시행되는 등 한·중·일의 연구자, 교원, 시민이 공동 편집한 『미래를 여는 역사』(고문연, 2005), 『새로운 동아시아의 근현대사』상·하(일본평론사, 2012)가 간행되었다. 이러한 것들은 한·중·일의 공동 역사 교재 만들기로서 획기적인 기획이었다.

2005년에는 『만화 혐한류』가 출판되어 한국, 북한과 거기에 관련된 사람이나 사물에 대한 중상, 비판이 높아졌다. 야스쿠니신사 참배, 독도 문제 등을 둘러싼 마찰, 대립도 계속되고 있다.

북일 국교정상화를 향하여

동서 냉전이 붕괴하는 가운데 1990년 11월에 북일 국교정상화를 위한 예비교섭이 드디어 개시되었다. 패전과 해방으로부터 45년 후의 일이었다. 교섭에서 북한 측은 일본의 식민지 지배에 대한 사죄와 보상을, 일본 측은 북한의 핵개발 중지, 일본인 납치문제 조사를 요구하여 대립했다. 이 대립은 해소되지 않은 채 92년 8월에 제8차 교섭에서 결렬되었다. 그 후 2000년 4월에 제9차 교섭으로 재개되었는데 세 번 교섭 후 다시 중단되었다.

2002년 9월에 고이즈미 준이치로 수상은 평양을 방문하여 김정일 국방위원회 위원장과 수뇌회담을 갖고 양 수뇌는 북일 평양선언에 합의했다. 수뇌회담에서 김정일 위원장은 그 회담으로 13명의 일본인 납치를 처음으로 인정하고 사죄했다.

북일 평양선언에서는 국교정상화를 조기에 실현시키기 위해 최선을 다하여 교섭을 재개할 것, 일본 측이 식민지 지배에 대한 '사죄'를 표명하고 경제협력을 실시할 것, 일본 국민의 생명과 안전에 관계되는 현안 문제(납치문제)에 대해 적절한 조치를 취할 것, 동북아시아 지역의 평화와 안정을 유지하고 상호간 협력해 나갈 것에 합의했다. '과거의 극복'에서는 진실규명이나 보상 문제가 명확하지 않은 채 한일 공동선언과 마찬가지로 과제가 남았다. 이에 양 정상이 '과거의 극복', 납치, 핵, 미사일 문제 등의 현안들을 조일 교섭을 통해 해결해나가는 것에 합의한 것으로 교섭은 진전된 것으로 보였다.

그런데 그 후 북한과 일본은 납치 문제와 북한의 핵개발을 둘러싸고 대립을 반복하여 패전과 해방으로부터 70년 이상이 지난 오늘날에 있어서도 국교는 수립되지 않았다.

제14회 남북코리아와 일본의 친구전의 포스터
(남북코리아와 일본의 친구전 실행위원회 촬영)

그렇다고는 해도 북한과 일본은 마찰과 대립만을 반복한 것은 아니다. 1990년대 중반에 북한에서 발생한 대규모의 자연 재해 당시에는 일본 정부에 의한 '인도적 관점'에서 식량, 의료 지원이 이루어졌다. 민간에서는 96년 6월에 'NORTH KOREA 수해지원 캠페인'(JA전국농협청년조직협의회, 피스보트(Peace Boat: 도쿄에 본부를 둔 국제비영리단체), 일본국제 볼란티어 센터 등)이 설립되어 식량 지원이 이루어졌다. 또한 'KOREA 어린이 캠페인'은 2001년부터 매년 '남북 코리아와 일본의 친구전(展)'을 도쿄, 서울, 평양 등에서 열어 한국, 북한, 일본, 재일조선인 어린이들의 미술전을 통한 민간교류를 계속하고 있다.

2) 한일·북일관계의 미래

오늘날의 재일조선인

재일한국인 법적 지위 협정의 발효로부터 25년 후인 1991년 1월 한일 양국 정부는 '한일 법적 지위 협정에 기초한 협의에 관한 각서'에 조인했다.

그것을 받아들여 일본 정부는 같은 해 5월에 '일본국과 평화조약에 기초하여 일본이 국적을 이탈한 자 등의 출입국관리에 관한 특례법(입관특례법)'을 제정했다. 이로 인해 '법12조', '법12조의 자녀', '협정영주' 등의 재류권이 일본의 법제도에서 처음으로 일원화되어 구식민지 출신자 및 그 자손에 대해 그 일본 국적 상실 시점으로 거슬러 올라가 일괄하여 '특별영주'라는 체계가 설치되었다. 52년의 '법12조'에 있었던 '별도의 법'이 드디어 제정된 것이다.

2009년 7월에는 전후 오랫동안 존속하던 외국인 등록법이 폐지되고 개정 입관법(출입국관리법), 개정 입관 특례법, 주민 기본 대장법 등이 이루어지고 2012년 7월에 그것이 시행되었다. '특별영주자'에 대해서는 '특별영주자 증명서'라는 IC칩을 부착한 카드가 교부되었다. 그 상시 휴대 의무는 없어졌지만 제시 의무는 종래대로이고 그 외의 의무 및 벌칙도 거의 그대로 남았다.

재일조선인의 권리나 생활은 재일조선인 자신이나 내외의 시민운동으로 서서히 개선되어 갔다. 그러나 국적 선택, '특별영주'의 권리, 외국인등록, 지방자치의 참가, 전후보상, 공무원 관리직 수험자격, 재일조선인 고령자와 장애자의 연금, 조선학교의 고교무상화에서의 배제 등에 있어서 지금까지도 구조적인 차별이 존재하고 있다.

이에 대해 2002년에는 '재일한국 조선인을 시작으로 외국적 주문의 지방참정권을 요구하는 연락회'에 의해 구식민지 출신자와 그 자손에 대해 국적선택권, 무조건적인 영주권, 민족적인 마이너리티의 권리 및 완전한 생존권을 보장하는 '재일기본법'의 제정을 호소했다. 또한 2004년에는 국제인권조약에 기초하여 '외국인, 민족 마이너리티 기본법' 제정을 추진하는 운동이 개시되었다. 재일조선인에 의한 인권운동은 최근 재일외국인, 민족적 마이너리티의 인권 운동으로 퍼져가 다국적 시민이 공생하는 사회 추구로 나아가고 있다.

이웃으로서

이미 패전과 해방으로부터 70년 이상, 한일조약 체결로부터 반세기 이상이 지났다. 일본과 한반도 간에는 식민지 지배, 전쟁의 역사를 어떻게 생각하고 과거를 어떻게 극복해 갈 것인가를 둘러싼 논쟁이 계속되고 있다. 때로는 과거를 둘러싼 대립은 인터넷을 포함하여 미디어에 의해 증폭되고 정치나 내셔널리즘, 기억과 결합되어 복잡화되지만 식민지 지배, 전쟁을 일으킨 일본의 책임을 묻고 있다.

북한과 일본은 한일처럼 불충분한 형태로 과거를 임하는 방식조차 불가능하여 현재까지도 국교를 맺지 못하는 상태에 있다. 일본에서는 잊어버리기 쉬운데 한반도 남북 분단의 연원에는 일본의 식민지 지배가 있다는 것도 상기할 필요가 있다. 식민지 지배, 전쟁을 일으킨 일본의 책임은 크다.

'과거의 극복'은 단순하게 지나간 식민지 지배, 전쟁의 역사를 더듬는다는 것은 아니다. 거기에 있었던 죽음이나 폭력, 차별, 동화의 의미를 계속해서 생각하며 거기에서 얻어진 반성과 지혜를 미래로 연결시켜 가는 것이다. 따라서 계속해서 '과거의 극복'은 한반도와 일본 사이의 과제이다.

과제는 그뿐만이 아니다. 우리들은 핵개발이나 군비확충, 경제 불균등 발전, 소득 격차의 확대, 원자력 개발, 환경파괴 등의 지구 규모의 여러 가지 공통된 난제에 직면해 있다. 이러한 난제는 주로 세계사의 근대 이후에서 심각화 된 문제이며 식민지 지배, 전쟁의 역사와도 중첩되어 있다.

한반도와 일본 사람들은 전근대에는 16세기의 한 때를 제외하고는 오랫동안 평화로운 시대를 지냈다. 근대의 약 40년간은 일본의 식민지 지배로 지배와 피지배 관계에 있었다. 말할 것도 없이 한반도 사람들에게는 가혹한 시대였다. 그 후의 현대에서는 전체로서 과거를 극복하려는 노력을 완만하면서도 계속되어 많은 분야에서 교류가 추진되어 왔다. 이웃으로서의 우리들에게는 그러한 역사를 다시 한 번 직시하면서 '과거의 극복'과 함께 지구 규모의 난제에 임하는 미래의 관계를 구상하는 것이 요구된다.

[칼럼]
헤이트스피치와 재일조선인
오타 오사무

　최근 재일조선인 등의 마이너리티(뉴커머 한국인, 중국인, 이주노동자, 아이누나 오키나와 선주민족 등)에 대해 인종주의적인 차별, 배제의 폭언을 인터넷이나 길거리에서 떠드는 헤이트스피치가 사회문제가 되고 있다.
　2009년 12월부터 이듬해 3월에 걸쳐 교토 조선 제일 초급학교에서의 '재일특권을 허용하지 않는 시민의 모임'(재특회)의 회원 등에 의한 헤이트스피치는 대표적인 것이다. 2009년 12월에 위 학교의 교문 앞에 몰려온 재특회 회원들은 '조선학교를 일본에서 내쫓자', '범죄 조선인' 등의 폭언을 반복했다. 교내에 있던 어린이들의 일부는 공포로 울고 있었다고 한다.
　조선 제일 초급학교를 운영하는 '교토 조선학원'이 손해 배상과 가두선전 활동의 금지를 요구하여 2010년 6월에 교토 지방법원에 제소했다. 교토 지방법원은 2013년 10월에 3회에 걸쳐 가드 선전 행위를 인종 차별 철폐 조약이 금지한 '인종차별'에 해당한다고 하여 1,220만 엔의 손해 배상을 인정하고 가두선전활동의 금지를 명하는 판결을 내렸다. 2014년 7월의 2심인 오사카 고등법원도 1심 결정을 지지하였으며 같은 해 12월의 최고재판소도 재특회 측의 상소를 기각하여 7월에 2심 판결이 확정되었다.
　이 판결이 확정한 것은 헤이트스피치나 차별적인 활동에 일정한 쐐기가 될 것으로 보인다. 한편으로는 불특정 집단에 대한 헤이트스피치에 대해서는 현행법에서는 규제할 수 없다는 등의 한계가 지적되었다. 일본은 1979년에 국제인권조약(자유권규약)을 비준하여 그 20조에 의한 헤이트스피치를 금지하는 법적 의무를 맡았는데 30년 이상 그 의무를 게을리 했다. 95년에는 인종차별 철폐 조약에도 가입했는데 법규제 등의 의무를 이행해오지 않았다.
　국제연합 인종차별 철폐 위원회는 2014년 8월 일본 정부에게 헤이트스피치 문제에 '의연하게 대처'하여 법 규제나 인종차별 철폐법의 제정을 행하도록 권고하는 '최종견해'를 발표했다. 국제연합 가맹국 193개국 중에 독일, 영국, 캐나다 등 과반수의 나라에서 법규제가 이루어지고 있다. 국제사회의 공통 인식은 법규제의 남용을 방지하면서도 헤이트스피치를 허용해서는 안 되며 국가가 규제해야 한다는 것이다.

전문가나 인권 NGO 관계자는 이러한 법규제만이 아니라 구식민지 출신자나 민족적 마이너리티의 역사나 문화를 배우거나 민족 마이너리티와 교류하거나하여 다른 문화를 갖는 사람들과 공존하는 사회를 만들어 가는 것이야말로 필요하다고 지적한다.

참고문헌

(한국어 문헌은 *로 표시)

전체와 관련된 문헌

朝尾直弘·網野善彦·山口啓二·吉田孝編,『日本の社會史1 列島內外の交通と國家』(岩波書店, 1987)
荒野泰典·石井正敏·村井章介編,『アジアのなかの日本史』全六卷(東京大學出版會, 1992~1993)
荒野泰典·石井正敏·村井章介編,『日本の對外關係』全七卷(吉川弘文館, 2010~2013)
北島萬次·孫承喆·橋本雄·村井章介編著,『日朝交流と相克の歷史』(校倉書房, 2009)
佐藤信·藤田覺編,『前近代の日本列島と朝鮮半島』(山川出版社, 2007)
對外關係史總合年表編集委員會編,『對外關係史總合年表』(吉川弘文館, 1999)
田中健夫·石井正敏編,『對外關係史辭典』(吉川弘文館, 2009)

Ⅰ. 고대 동아시아의 국제관계와 교류

赤羽目匡由,『渤海王國の政治と社會』(吉川弘文館, 2011)
石井正敏,『日本渤海關係史の研究』(吉川弘文館, 2001)
石川日出志,『農耕社會の成立』(岩波書店, 2010)
榎本淳一,『唐王朝と古代の日本』(吉川弘文館, 2008)
榎本涉,『東アジア海域と日中交流-九~一四世紀』(吉川弘文館, 2007)
筧敏生,『古代王權と律令國家』(校倉書房, 2002)
木村誠,『古代朝鮮の國家と社會』(吉川弘文館, 2004)
河內春人,『日本古代君主号の硏究-倭國王·天子·天皇』(八木書店, 2015)
坂元義種,『古代東アジアの日本と朝鮮』(吉川弘文館, 1978)
坂元義種,『百濟史の硏究』(塙書房, 1978)
坂元義種,『倭の五王-空白の五世紀』(敎育社, 1981)

酒寄雅志, 『渤海と古代の日本』(校倉書房, 2001)
鈴木英夫, 『古代の倭國と朝鮮諸國』(靑木書店, 1996)
鈴木靖民, 『古代對外關係史の硏究』(吉川弘文館, 1985)
鈴木靖民, 『日本の古代國家形成と東アジア』(吉川弘文館, 2011)
鈴木靖民, 『倭國史の展開と東アジア』(岩波書店, 2012)
鈴木靖民, 『古代日本の東アジア交流史』(勉誠出版, 2016)
武田幸男, 『高句麗史と東アジア-「廣開土王碑」硏究序說』(岩波書店, 1989)
武田幸男編, 『古代を考える 日本と朝鮮』(吉川弘文館, 2005)
田中俊明, 『大加耶聯盟の興亡と「任那」-加耶琴だけが殘った』(吉川弘文館, 1992)
田中俊明, 『古代の日本と加耶』(山川出版社, 2009)
田中史生, 『越境の古代史-倭と日本をめぐるアジアンネットワーク』(筑摩書房, 2009)
田中史生, 『國際交易と古代日本』(吉川弘文館, 2012)
田中史生, 『國際交易の古代列島』(角川書店、2016)
鄭淳一, 『九世紀の來航新羅人と日本列島』(勉誠出版, 2015)
中野高行. 『日本古代の外交制度史』(岩田書院, 2008)
盧泰敦(橋本繁譯), 『古代朝鮮三國統一戰爭史』(岩波書店, 2012)
朴天秀, 『加耶と倭-韓半島と日本列島の考古學』(講談社, 2007)
濱田久美子, 『日本古代の外交儀禮と渤海』(同成社, 2011)
濱田耕策, 『渤海國興亡史』(吉川弘文館, 2000)
濱田耕策, 『新羅國史の硏究-東アジア史の視點から』(吉川弘文館, 2002)
廣瀨憲雄, 『東アジアの國際秩序と古代日本』(吉川弘文館, 2011)
堀敏一, 『中國と古代東アジア世界-中華的世界と諸民族』(岩波書店, 1993)
堀敏一, 『東アジアのなかの古代日本』(硏文出版, 1998)
村上四男, 『朝鮮古代史硏究』(開明書院, 1978)
森公章, 『古代日本の對外認識と通交』(吉川弘文館, 1998)
森公章, 『「白村江」以後-國家危機と東アジア外交』(講談社, 1998)
森公章, 『東アジアの動亂と倭國』(吉川弘文館, 2006)
森公章, 『遣唐使と古代日本の對外政策』(吉川弘文館, 2008)
森公章, 『倭の五王-五世紀の東アジアと倭王群像』(山川出版社, 2010)
山尾幸久, 『古代の日朝關係』(塙書房, 1989)
吉田晶, 『七支刀の謎を解く-四世紀後半の百濟と倭』(新日本出版社, 2001)
李成市, 『古代東アジアの民族と國家』(岩波書店, 1998)

李成市, 『東アジアの王權と交易-正倉院の寶物が來たもうひとつの道』(靑木書店, 1997)
渡邊誠, 『平安時代貿易管理制度史の研究』(思文閣出版, 2012)

II. 중세 동아시아 해역과 한일관계

靑山公亮, 『日麗交涉史の硏究』(明治大學文學部文學硏究所, 1955)
荒木和憲, 『中世對馬宗氏領國と朝鮮』(山川出版社, 2007)
李啓煌, 『文祿·慶長の役と東アジア』(臨川書店, 1997)
李領, 「倭寇と日麗關係史」(東京大學出版會, 1999)
伊藤幸司, 「中世日本の外交と禪宗」(吉川弘文館, 2002)
榎本涉, 「東アジア海域と日中交流-九~一四世紀」(吉川弘文館, 2007)
大石直正·高良倉吉·高橋公明, 『周緣から見た中世日本』(講談社, 2009)
太田秀春, 『朝鮮の役と日朝城郭史の硏究-異文化の遭遇·受容·變容』(淸文堂出版, 2005)
小野正敏·五味文彦·萩原三雄編, 『中世の對外交流-場·ひと·技術』(高志書院, 2006)
長節子, 『中世日朝關係と對馬』(吉川弘文館, 1987)
長節子, 『中世 國境海域の倭と朝鮮』(吉川弘文館, 2002)
海津一朗, 「蒙古襲來-對外戰爭の社會史」(吉川弘文館, 1998)
川添昭二, 『對外關係の史的展開』(文獻出版, 1996)
北島萬次, 『豊臣政權の對外認識と朝鮮侵略』(校倉書房, 1990)
北島萬次, 『豊臣秀吉の朝鮮侵略』(吉川弘文館, 1995)
北島萬次, 『壬辰倭亂と秀吉·島津·李舜臣』(校食書房, 2002a)
北島萬次, 『秀吉の朝鮮侵略』(山川出版社, 2002b)
北島萬次, 「秀吉の朝鮮侵略と民衆」(岩波書店, 2012)
黑嶋敏, 『天下統一-秀吉から家康へ』(講談社, 2015)
黑田慶一編, 『韓國の倭城と壬辰倭亂』(岩田書院, 2004)
黑田智, 『なぜ對馬は円く描かれたのか-國境と聖域の日本史』(朝日新聞出版, 2009)
佐伯弘次, 『モンゴル襲來の衝擊』(中央公論新社, 2003)
佐伯弘次, 『對馬と海峽の中世史』(山川出版社, 2008)
佐伯弘次編, 『中世の對馬-ヒト·モノ·文化の描き出す日朝交流史』(勉誠出版, 2014)

須田牧子, 『中世日朝關係と大內氏』(東京大學出版會, 2011)
關周一, 『中世日朝海域史の硏究』(吉川弘文館, 2002)
關周一, 『對馬と倭寇-境界に生きる中世びと-』(高志書院, 2012)
關周一, 『朝鮮人のみた中世日本』(吉川弘文館, 2013)
關周一, 『中世の唐物と傳來技術』(吉川弘文館, 2015)
孫承喆(鈴木信昭監譯, 山里澄江·梅村雅英譯), 『近世の朝鮮と日本-交隣關係の
　　　虛と實』(明石書店, 1998)
田代和生, 『近世日朝通交貿易史の硏究』(創文社, 1981)
田代和生, 『書き替えられた國書-德川·朝鮮外交の舞臺裏』(中央公論社, 1983)
田中健夫, 『中世海外交涉史の硏究』(東京大學出版會, 1959)
田中健夫, 『中世對外關係史』(東京大學出版會, 1975)
田中健夫, 『對外關係と文化交流』(思文閣出版, 1982)
田中健夫, 『前近代の國際交流と外交文書』(吉川弘文館, 1996)
田中健夫, 『東アジア通交圈と國際認識』(吉川弘文館, 1997)
田中健夫, 『倭寇-海の歷史』(講談社, 2012a)
田中健夫(村井章介編), 『增補 倭寇と勘合貿易』(筑摩書房, 2012b)
田村洋幸, 『中世日朝貿易の硏究』(三和書房, 1967)
鶴田啓, 『對馬からみた日朝關係』(山川出版社, 2006)
鄭杜熙·李璟珣編著(金文子監譯, 小幡倫裕譯), 『壬辰戰爭-一六世紀日·朝·中の
　　　國際戰爭』(明石書店, 2008)
內藤雋輔, 『文祿慶長役における被擄人の硏究』(東京大學出版會, 1976)
仲尾宏, 『朝鮮通信使と壬辰倭亂-日朝關係史論』(明石書店, 2000)
仲尾宏, 『朝鮮通信使-江戶日本の誠信外交』(岩波書店, 2007)
中野等, 『秀吉の軍令と大陸侵攻』(吉川弘文館, 2006)
中野等, 『文祿·慶長の役』(吉川弘文館, 2008)
中村榮孝, 『日鮮關係史の硏究』上·中·下(吉川弘文館, 1965, 1969)
中村榮孝, 『日本と朝鮮』(至文堂, 1966)
河宇鳳·孫承喆·李薰·閔德基·鄭成一(赤嶺守監譯)『朝鮮と琉球-歷史の深淵を探
　　　る』(榕樹書林, 2011)
橋本雄, 『中世日本の國際關係-東アジア通交圈と僞使問題』(吉川弘文館, 2005)
橋本雄, 『中華幻想-唐物と外交の室町時代史』(勉誠出版, 2011)
橋本雄, 『僞りの外交使節-室町時代の日朝關係』(吉川弘文館, 2012)
旗田巍, 『元寇-蒙古帝國の內部事情』(中央公論社, 1965)

東恩那寬惇, 『東恩納寬惇全集』三 (第一書房, 1979)
本多博之, 『天下統一とシルバーラッシュ-銀と戰國の流通革命』(吉川弘文館, 2015)
閔德基, 『前近代東アジアのなかの韓日關係』(早稻田大學出版部, 1994)
村井章介, 『アジアのなかの中世日本』(校倉書房, 1988)
村井章介, 『中世倭人傳』(岩波書店, 1993)
村井章介, 『東アジア往還—漢詩と外交』(朝日新聞社, 1995)
村井章介, 『國境を超えて-東アジア海域世界の中世』(校倉書房, 1997)
村井章介, 『日本中世境界史論』(岩波書店, 2013a)
村井章介, 『日本中世の異文化接觸』(東京大學出版會, 2013b)
山內晋次, 『奈良平安期の日本とアジア』(吉川弘文館, 2003)
山室恭子, 『黃金太閤-夢を演じた天下びと』(中央公論社, 1992)

Ⅲ. 근세 한일관계와 변용

雨森芳洲(田代和生校注), 『交隣提醒』(平凡社, 2014)
荒野泰典, 『近世日本と東アジア』(東京大學出版會, 1988)
池內敏, 『竹島問題とは何か』(名古屋大學出版會, 2012)
池內敏, 『竹島-もうひとつの日韓關係史』(中央公論新社, 2016)
石川寬, 「日朝關係の近代的改編と對馬藩」(『日本史研究』480, 2002)
石川寬, 「明治期の大修參判使と對馬藩」(『歷史學研究』775, 2003)
石川寬, 「對馬藩の自己意識」(九州史學研究會編『境界のアイデンティティ』岩田書院, 2008)
石田徹, 『近代移行期の日朝關係-國交刷新をめぐる日朝雙方の論理』(溪水社, 2013)
岩生成一, 「鎖國」(『岩波講座日本歷史』10, 近世二, 岩波書店, 1963)
映像文化協會編, 『江戶時代の朝鮮通信使』(每日新聞社, 1979)
勝田政治, 『大久保利通と東アジア-國家構想と外交戰略』(吉川弘文館, 2016)
上垣外憲一, 『雨森芳洲-元祿享保の國際人』(中央公論社, 1989)
木村直也, 「文久三年對馬藩援助要求運動について-日朝外交貿易體制の矛盾と朝鮮進出論」(田中健夫編, 『日本前近代の國家と對外關係』, 吉川弘文館, 1987)
木村直也, 「幕末における日朝關係の轉回」(『歷史學研究』651, 1993)
木村直也, 「幕末期の朝鮮進出論とその政策化」(『歷史學研究』679, 1995)

木村直也, 「近世中·後期の國家と對外關係」(曾根勇二·木村直也編, 『新しい近世史』二, 新人物往來社, 1996)
木村直也, 『東アジアのなかの近世日朝關係史』(北島萬次·孫承喆·橋本雄·村井章介編, 『日朝交流と相克の歷史』, 校倉書房, 2009)
木村直也, 「對馬-通交·貿易における接觸領域」(『岩波講座日本歷史』20, 地域論, 岩波書店, 2014)
沈箕載, 『幕末維新日朝外交使の硏究』, 臨川書店, 1997.
申維翰(姜在彦譯), 『海遊錄-通信使の日本紀行』(平凡社, 1974)
田代和生, 『近世日朝通交貿易史の硏究』(創文社, 1981)
田代和生, 「對馬藩の朝鮮語通詞」(『史學』60-4, 1991)
田代和生, 『日朝交易と對馬藩』(創文社, 2007)
田代和生, 『新·倭館-鎖國時代の日本人町』(ゆまに書房, 2011)
田保橋潔, 『近代日朝關係の硏究』上·下(朝鮮總督府中樞院, 1940, 복간은 宗高書房, 1972 및 原書房, 1973)
鶴田啓, 「釜山倭館」(荒野泰典編, 『江戶幕府と東アジア』(吉川弘文館, 2003)
仲尾宏, 『朝鮮通信使-江戶日本の誠信外交』(岩波書店, 2007)
日野淸三郞(長正統編), 『幕末における對馬と英露』(東京大學出版會, 1968)
藤田覺, 『近世後期政治史と對外關係』(東京大學出版會, 2005)
藤田覺, 「ペリー來航以前の國際情勢と國內政治」(『講座明治維新』1, 世界史のなかの明治維新、有志舍, 2010)
牧野雅司, 「明治維新期の對馬藩と「政府等對」論」(『日本歷史』766, 2012)
三宅英利, 『近世日朝關係史の硏究』(文獻出版, 1986)
尹裕淑, 『近世日朝通交と倭館』(岩田書院, 2011)
米谷均, 「近世日朝關係における對馬藩主の上表文について」(『朝鮮學報』154, 1995)
李進熙, 『江戶時代の朝鮮通信使』(講談社, 1987)

IV. 근대 동아시아속의 한일관계

庵浴由香, 「朝鮮における戰爭動員政策の展開-「國民運動」の組織化を中心に」(『國際關係學硏究(津田塾大學)』21別冊, 1995)
李盛煥, 『近代東アジアの政治力學-間島をめぐる日中朝關係史の史的展開』(錦

正社, 1991)
板垣龍太, 『朝鮮近代の歷史民族誌-慶北尙州の植民地經驗』(明石書店, 2008)
伊藤之雄·李盛煥編著, 『伊藤博文と韓國統治-初代韓國統監をめぐる百年目の檢證』(ミネルヴァ書房, 2009)
海野福壽, 『韓國倂合』(岩波書店, 1995)
岡本隆司, 『世界のなかの日淸韓關係史-交隣と屬國, 自主と獨立』(講談社, 2008)
糟谷憲一, 『アジアの民族運動と日本帝國主義』(「講座日本歷史」9·近代3, 東京大學出版會, 1985)
糟谷憲一, 『朝鮮の近代』(山川出版社, 1996)
糟谷憲一, 『朝鮮總督府の文化政治』(『岩波講座近代日本と植民地』2·帝國統治の構造, 岩波書店, 2005)
姜在彦, 『朝鮮の攘夷と開化-近代朝鮮にとっての日本』(平凡社, 1977)
姜在彦, 『朝鮮近代史』(平凡社, 1998)
姜東鎭, 『日本の朝鮮支配政策史研究-1920年代を中心として』(東京大學出版會, 1979)
姜東鎭, 『日本言論界と朝鮮|1910~1945』(法政大學出版局, 1984)
*김영희, 『일제시대 농촌통제정책 연구』(景仁文化社, 2003)
酒井裕美, 『開港期朝鮮の戰略的外交 1882-1884』(大阪大學出版會, 2016)
*최유리, 『日帝末期 植民地支配政策史硏究』(國學資料院, 1997)
趙景達, 『朝鮮民衆運動の展開』(岩波書店, 2002)
趙景達. 『近代朝鮮と日本』(岩波書店, 2012)
趙景逢. 『植民地朝鮮と日本』(岩波書店, 2013)
趙景達編, 『近代日朝關係史』(有志舍, 2012)
外村大, 『朝鮮人强制連行』(岩波書店, 2012)
西成田豊, 『在日朝鮮人の「世界」と「帝國」國家』(東京大學出版會, 1997)
*박찬승, 『한국근대정치사상사연구 : 민족주의 우파의 실력양성운동론』(역사비평사, 1992)
春山明哲, 「近代日本の植民地統治と原敬」(春山明哲·若林正丈編, 『日本植民地主義の政治的展開』, アジア政經學會, 1980)
樋口雄一, 『戰時下朝鮮の農民生活誌』(社會評論社, 1998)
堀和生, 『朝鮮工業化の史的分析-日本資本主義と植民地經濟』(有斐閣, 1995)
松田利彦, 『日本の朝鮮植民地支配と警察 1905~1910年』(校倉書房, 2009)
水野直樹, 『創氏改名-日本の朝鮮支配の中で』(岩波書店, 2008)
宮田節子, 「朝鮮における『農村振興運動』-1930年代日本ファシズムの朝鮮にお

ける展開」」(『季刊現代史』2, 1973)
宮田節子, 『朝鮮民衆と「皇民化」政策』(未來社, 1985)
宮田節子, 『金英達・梁泰昊　創氏改名』(明石書店, 1992)
宮本正明, 「朝鮮における「文化政治」と「協力」體制」(『岩波講座東アジア近現代通史』4・社會主義とナショナリズム, 岩波書店, 2011)
森山茂德, 『近代日韓關係史研究』(東京大學出版會, 1987)
吉見義明, 『從軍慰安婦』(岩波書店, 1995)
米谷匡史, 『アジア/日本』(岩波書店, 2006)
和田春樹, 『金日成と滿州抗日戰爭』(平凡社, 1992)

V. 패전·해방에서 교류로

李庭植,(小此木政夫・古田博司譯)『戰後日韓關係史』(中央公論社, 1989)
太田修, 「現代」(田中俊明編, 『朝鮮の歷史-先史から現代』(昭和堂, 2008)
太田修, 『(新裝新版)日韓交涉-請求權問題の研究』(クレイン, 2015)
大沼久夫編, 『朝鮮戰爭と日本』(新幹社, 2006)
小此木政夫編, 『北朝鮮ハンドブック』(講談社, 1997)
木宮正史, 『國際政治のなかの韓國現代史』(山川出版社, 2012)
國際高麗學會日本支部, 『在日コリアン辭典』編集委員會編, 『在日コリアン辭典』(明石書店, 2010)
高崎宗司, 『檢證　日韓會談』(岩波書店, 1996)
高崎宗司, 『檢證　日朝交涉』(平凡社, 2004)
田中宏, 『在日外國人　第三版-法の壁、心の溝』(岩波書店, 2013)
鄭榮桓, 『朝鮮獨立への隘路-在日朝鮮人の解放五年史』(法政大學出版局, 2013)
朴正鎭, 『日朝冷戰構造の誕生-1945~1965-封印きれた外交史』(平凡社, 2012)
日高六郎, 『戰後思想を考えろ』(岩波書店, 1980)
宮本正明, 「敗戰直後における日本政府・朝鮮關係者の植民地統治認識の形成」, 『日本人の海外活動に關する歷史的調査』成立の歷史的前提」(『世界人權問題研究センター研究紀要』, 2006)
水野直樹・文京洙, 『在日朝鮮人-歷史と現在』(岩波書店, 2015)
文京洙, 『新・韓國現代史』(岩波書店, 2015)

吉澤文壽, 『(新裝新版)戰後日韓關係-國交正常化をめぐって』(クレイン, 2015)
和田春樹, 『朝鮮戰爭全史』(岩波書店, 2002)
和田春樹, 『これだけは知っておきたい日本と朝鮮の100年史』(平凡社, 2010)

연대표

BC108	한(漢)의 무제(武帝)가 낙랑군(樂浪郡) 등을 설치
204	이 무렵 공손씨(公孫氏)가 대방군(帶方郡)을 설치, 한(韓)과 왜(倭)의 교류
313	이 무렵 대방군·낙랑군이 고구려에 의해 멸망
369	칠지도에 의한 왜와 백제의 동맹
371	백제의 고구려 평양 공격, 고국원왕(故國原王) 전사
391	왜국이 한반도에 개입(?) (광개토왕비)
413	왜국·고구려가 동진(東晉)에 조공
420	송(宋) 건국, 고구려·백제에 진호(進号). 이듬해 왜국이 송에 사신 파견
475	고구려가 백제 한성을 함락, 백제 남쪽으로 천도
478	왜왕 무(武)의 상표문(上表文)
513	백제가 한반도 남서부에 진출(~516년)
527	쓰쿠시노 이와이(筑紫磐井)가 신라와 공모하여 거병
532	신라가 금관가야를 병합
538	백제에서 왜국으로 불교가 전래(552년 설도 있음)
541	이른바 '임나부흥회의'(任那復興會議, 544년 설도 있음)
552	신라가 한반도 서안(西岸)의 한산성 탈취
562	신라가 대가야를 멸망, 삼국의 鼎立
589	수(隋)의 중국 통일
593	아스카데라(飛鳥寺) 완성, 소가노 우마코(蘇我馬子) 이하 백제 옷 착용
623	견당(遣唐) 유학생, 신라를 경유하여 귀국
641	백제 의자왕의 즉위(이듬해 신라 공격 개시)
642	고구려에서 연개소문의 쿠데타
645	을미(乙未)의 정변(소가씨의 본종가(本宗家) 멸망)
660	백제, 당과 신라에 의해 멸망
663	백촌강(白村江) 전투로 왜·백제 연합이 당·신라군에 대패
668	고구려 멸망
676	당, 한반도에서 철퇴
698	진국(振國: 발해) 건국
722	신라, 모벌군성(毛伐郡城) 축성

727	발해, 처음으로 일본에 사신 파견
732	발해, 당등주(唐登州) 공격
752	대불개안(大佛開眼), 신라사절단 도래
753	일본과 신라의 자리다툼 사건(席次爭長事件)
755	당에서 안사(安史)의 난(~763년)
759	후지와라노 나카마로(藤原仲麻呂) 정권에 의한 '신라정토' 계획
779	최후의 신라사절 내일(신라·일본 간 외교의 종언)
826	후지와라노 오쓰구(藤原緒嗣), 발해 사신을 상려(商旅)라고 지탄
828	신라의 장보고, 청해진 대사가 되어 해상교통 장악
841	장보고 살해
869	신라 해적의 일본 습격(貞觀海賊)
897	당에서 발해와 신라의 자리다툼(席次爭長)
900	견훤, 후백제 건국(922년 일본에 통교 요구)
926	발해, 거란에 의해 멸망(옛 발해 땅에 東丹國 건국, 929년 내일)
935	다이라노 마사카도(平將門)의 난, 신라가 고려에 항복
936	고려, 후백제를 멸망시키고 한반도 통일
937	고려, 일본에 사절 파견
1019	도이(刀伊)의 입구(入寇)
1079	고려, 다자이후(大宰府)에 의사 파견 요청. 이듬해 일본 조정에서 요청 거절
1093	송인(宋人) 12인과 왜인 19인이 탄 배가 고려 연평도 순검군에 나포
1152	오지카지마(小値賀島)의 기요하라노 고레카네(淸原是包), 고려선 공격
1227	고려 전라주도(全羅州道) 안찰사가 다자이후 앞으로 쓰시마 도민이 전라주를 공격한 일을 항의. 다자이(大宰)의 쇼니시(少貳氏)인 무토 스케요리(武藤資賴), 고려국사 앞에서 '악도(惡徒)' 90인 참살
1268	고려사(高麗使)의 반부(潘阜) 등, 몽고국서와 고려국서를 지참하고 다자이후에 도착
1270	삼별초의 난(~1273년)
1274	분에이(文永) 몽고전투
1281	고안(弘安) 몽고전투
1350	왜구, 고려의 고성(固城), 죽림(竹林), 거제(巨濟) 등을 습격(전기 왜구의 개시)
1367	고려의 공민왕(恭愍王), 김용(金龍) 등과 김일(金逸) 등을 일본에 파견
1368	쇼군 아시카가 요시아키라(足利義詮), 김용·김일 등과 함께 덴류지(天龍寺) 승려를 고려에 파견

1380	남원산성 전투. 이성계, 아키바쓰(阿只拔都)가 이끄는 왜구를 격파
1389	고려의 경상도 원수(元帥) 박위, 대마도를 공격
1399	조선왕조의 회례사 박돈지(朴惇之), 아시카가 요시미쓰(足利義滿)의 사절과 함께 귀국
1419	오에이의 외구(応永の外寇)(己亥東征)
1420	회례사 송희경(宋希璟), 내일
1441	소 사다모리(宗貞盛), 조선왕조와 고초도(孤草島) 어업금지 체결
1443	소 사다모리, 조선왕조와 계해약조(癸亥約條) 체결
1453	오우치 노리히로(大內敎弘), 『임성태자입일본지기(琳聖太子入日本之記)』를 조선에 요구. 조선왕조, 통신부(右符)를 노리히로에게 줌
1482	일본국왕사 에이코(榮弘), 조선에 파견되어 제일아부(第一牙符)를 조선에 보냄
1510	삼포의 난
1512	소 사다모리(소 요시모리), 조선왕조와 임신(壬申)약조 체결
1544	갑진사량진(甲辰蛇梁鎭)의 왜변(倭變)
1547	소 요시시게(宗義調), 조선왕조와 정미(丁未)약조 체결
1555	을묘달량(乙卯達梁)의 왜변
1557	소 요시시게, 조선왕조와 정사(丁巳)약조 체결
1590	조선통신사 황윤길·김성일 내일
1592	임진왜란(분로쿠의 역 文祿の役)(~1593년)
1596	도요토미 히데요시, 오사카성에서 명 사절 방형(方亨)·심유경 접견. 일·명 명·일강화교섭 결렬
1597	정유재란(게이쵸의 역 慶長の役)(~1598년)
1604	조선국왕 선조, 송운대사 유정 등을 일본에 파견
1607	제1회 회답겸쇄환사 여우길(呂祐吉) 내일
1609	소 요시토시(宗義智), 조선왕조와 기유약조 체결
1617	회답겸쇄환사 내일
1624	회답겸쇄환사 내일
1635	쇼군 토쿠가와 이에미쓰, 야나가와 사건(柳川一件)을 재결(裁決)
1636	조선 측에서 국서를 가져오는 형식으로 통신사가 처음으로 내일
1643	통신사 내일
1655	통신사 내일
1678	부산 왜관을 두모포(豆毛浦)에서 초량(草梁)으로 이전

연도	내용
1682	통신사 내일
1696	막부가 울릉도로의 도해금지령을 내림
1711	통신사 내일(아라이 하쿠세키에 의한 개혁)
1719	통신사 내일(하쿠세키의 개혁을 복구, 아메노모리 호슈와 신유한의 교류)
1748	통신사 내일
1764	통신사 내일
1776	사무역 '단절'을 이유로 막부는 쓰시마번에 매년 12,000냥 지급 개시
1811	쓰시마역지통신(對馬易地聘禮), 이것이 마지막 통신사가 됨
1836	아이즈야 하치에몽(會津屋八右衛門)이 울릉도로 건너가 처벌당함
1853	페리 함대가 우라가(浦賀)에 내항
1861	러시아함선 포사도니크(Посадник)호가 쓰시마 아소만(淺茅灣)에 내항, 반년에 걸쳐 점거, 쓰시마번은 이봉(移封)의 내원서(內願書)를 막부에 제출
1862	쓰시마번에서 가로(家老) 사스 이오리(佐須伊織)가 살해당해 존왕양이파가 실권을 장악
1863	쓰시마번이 쌀 3만석 지급을 요구하는 청원서에서 조선 진출론을 제창. 고종이 즉위하고 대원군 정권 성립
1864	오시마 도모노조(大島友之允)가 조선 진출 건백서를 막부에 다시 제출
1866	조선에서 병인양요가 일어남
1867	쓰시마번이 왜관 난출(攔出), 조선에 무역변혁교섭을 요구, 막부사절 파견을 전달, 팔호순숙(八戶順叔)의 정한(征韓) 기사문제가 발생. 대정봉환, '왕정복고' 쿠데타
1868	쓰시마번이 조선에 신정부 수립 통고 서계를 가져옴, 조선은 서계 수취 거부
1870	외무성에 임시 근무한 사다 하쿠보(佐田白茅) 등을 사정 탐색을 위해 부산 왜관에 파견, 이어 조선과의 교섭을 위해 요시오가 고키(吉岡弘毅)를 부산 왜관에 파견
1871	폐번치현, 소씨(宗氏)의 조선가역(朝鮮家役)을 파면, 소 시게마사(宗重正)를 외무대승(外務大丞)에 임명
1872	구 쓰시마번 사람이 왜관 난출, 외무대승 하나부사 요시모토(花房義質)가 왜관 접수
1873	사이고 다카모리(西鄕隆盛)의 조선파견문제, 정한론 정변 발생. 조선에서 대원군이 실각
1875	일본의 군함 운요호가 강화도에서 조선과 교전(강화도사건)
1876	조일수호조규 체결

1882 임오군란 발생
1884 갑신정변 발생
1894 갑오농민전쟁 발발. 청일전쟁이 시작됨
1895 명성황후 살해사건 발생
1896 독립협회 결성
1897 국호를 대한제국으로 변경, 고종이 즉위
1904 러일전쟁 시작, 제1차 한일협약이 체결됨
1905 제2차 한일협약이 체결됨
1906 한국통감부가 설치됨. 초대 통감에 이토 히로부미 부임
1907 제3차 한일협약이 체결됨. 한국 군대 해산
1909 안중근이 하얼빈에서 전 한국통감 이토 히로부미를 사살함
1910 한국병합조약 조인. 조선총독부 설치. 초대 조선총독에 데라우치 마사다케(寺內正毅) 취임, '무단정치' 시작
1912 윤치호 등 신민회 회원이 데라우치 총독 암살미수사건에 의해 기소됨(105인 사건)
1919 3·1 독립운동 시작. 상해에서 대한민국 임시정부 수립. 제3대 조선총독에 사이토 마코토(齋藤實) 취임, '문화정치' 시작
1920 『조선일보』, 『동아일보』 창간
1923 관동대지진. 재일조선인 6천여 명이 학살당함
1925 조선공산당 결성
1926 경성제국대학 개학
1927 신간회 결성
1931 만주사변 발생
1933 농민진흥운동의 본격화
1937 중일전쟁 발발
1938 육군특별지원병령 공포
1940 창씨개명 실시
1941 아시아태평양전쟁 발발
1942 조선인에 대한 징병제의 실시가 각의에서 결정
1945 일본 패전. 조선이 식민지에서 해방
1948 대한민국 수립. 조선민주주의인민공화국 수립
1950 한국전쟁 발발
1951 한일국교정상화 교섭 개시. 샌프란시스코강화조약 체결, 이듬해 4월에 발효

1952 이승만 대통령이 '인접 해양의 주권에 관한 대통령 선언' 발표, '이승만 라인'(한국에서는 '평화선') 설치
1953 한국전쟁 휴전협정 체결
1959 재일조선인 제1차 귀국선, 니가타 출항(청진 입항)
1961 박정희 등에 의한 군사 쿠데타 발생
1965 한일조약 체결
1972 박정희 대통령, 비상계엄령 선포, '10월 유신' 단행
1973 김대중 납치사건
1974 문세광 사건, 박정희 대통령 부인 육영수 사망
1979 박정희 대통령, 한국중앙정보부 부장 김재규에게 살해됨. 전두환, 노태우 등에 의한 군사 쿠데타 발생
1980 광주민중항쟁
1982 역사교과서문제로 한일관계가 악화, 교과서 검정기준에 '근린제국조항'이 첨가되어 관계가 회복됨
1987 한국 민주화항쟁
1988 서울올림픽
1990 자민당·사회당·조선노동당이 3당 공동성명을 발표, 11월부터 조일국교정상화 교섭 개시
1991 '한일법적지위협정에 기초한 협의의 결과에 관한 각서' 교환
1993 일본, 일본군 '위안부' 문제에 대해 '고노담화' 발표
1995 일본, 식민지 지배와 침략전쟁에 대한 반성과 사죄를 표명한 '무라야마 담화' 발표
1998 김대중 대통령 방일, 오부치 게이조(小淵惠三) 수상과 한일공동선언 발표
2000 김대중 대통령 방북, 김정일 국방위원장과 남북공동선언 발표
2002 한일공동개최 월드컵축구대회가 개최됨. 고이즈미 준이치로 수상 방북, 김정일 국방위원장과 조일평양선언 발표
2003 NHK의 위성방송으로 한국 드라마 '겨울연가' 방영, 이듬해 무렵부터 '한류' 붐 시작
2004 고이즈미 수상 방북, 납치 피해자 가족 5인 귀국
2010 한국 '사람들의 뜻에 반해 행해진 식민지 지배'를 강조한 '스가 담화' 발표
2015 '식민지 지배', '침략'에 대한 일본의 책임을 애매하게 처리한 '아베 담화' 발표

찾아보기

/ㄱ/

가네요시(懷良) 110, 111
가도입명(假道入明) 140
가라(加羅) 20
가라후토(樺太) 188, 218
가마쿠라(鎌倉) 85, 94, 96, 98, 102, 103, 105
가메야마(龜山) 101
가미야 소단(神屋宗湛) 135
가미야 주테이(神屋壽禎) 135
가센(貨泉) 18
가시이(香椎) 묘 51, 54
가실왕(嘉悉王) 21
가쓰라 고고로(桂小五郞) 195
가쓰라 태프트 밀약 256
가쓰모토성(勝本城) 140
가오루(井上馨) 234
가와치 고로요시나가(河內五郞義長) 98
가이슈일기(海舟日記) 196
가치(荷知) 21
가토 기요마사(加藤淸正) 141
간나비(甘南備) 74
간뵤(寬平) 해적 75
간파쿠(關白) 5, 138, 141
감합(勘合) 114, 124

감합무역(勘合貿易) 145
갑신정변 227, 235, 240, 241, 242, 244, 358
갑오개혁 227, 250, 251, 252, 260
갑오농민전쟁 227, 248, 358
강주(康州) 67, 77
강항(姜沆) 157
강화도사건(운요호사건) 7, 229, 233
개벽 277
개시대청(開市大廳) 173
개안회(開眼會) 54
거란 88
거북선 143
거추사(巨酋使) 118
건국동맹 294
건문제(建文帝) 113
건백서(建白書) 168, 198, 200, 357
게이오(慶應義塾) 237
게이오 의숙(慶應義塾) 241
게이쵸의 에키 137
게이테쓰 겐소(景轍玄蘇) 139, 148
겐료(檢領) 69
겐츄 슈가쿠(嚴中周及) 120
겐페(源平) 합전(合戰) 97
겨울연가 338
견당사(遣唐使) 5, 35, 66, 68, 79, 354
견명사(遣明使) 111, 114

찾아보기 361

견수사(遣隋使)　34
견신라사(遣新羅使)　54
견한(遣韓)　219
견훤(甄萱)　76, 78, 355
겸대제(兼帶制)　171, 173
경계　184
경성일보　278
경세비책(經世祕策)　189
경오년적(庚午年籍)　43
경차관(敬差官)　129, 130
계해약조(癸亥約條)　118, 126, 356
고노내각관방장관담화(河野內閣官房長官
　　談話)　336
고노에 가네쓰네(近衛兼經)　94
고니시 유키나가(小西行長)　140, 143, 144,
　　146, 148
고려국화물사(高麗國貨物使)　90
고려사(高麗史)　93, 99, 107
고려사절요(高麗史節要)　93
고려진(高麗陣)　137
고묘(光明)　56, 85
고바야가와 다카카게(小早川隆景)　141,
　　143
고사가(後嵯峨)　101
고산(五山)　161
고산 승려(五山僧)　119, 120
고상(高桑)　103
고초도 조어 금약(孤草島釣魚禁約)　86,
　　127
고켄(孝謙)　56, 63

고쿠시(國司)　72, 73
고토(五島)　74, 106, 137
고토 쇼지로(後藤象二郞)　219, 241
고토쿠(孝德)　43
곡나진수(谷那晉首)　42
공무역(公貿易)　118, 119, 131, 171, 173,
　　186, 204
공손강(公孫康)　8, 9
공손도(公孫度)　8
공손씨(公孫氏)　8, 9
공용준(恭容儁)　31
곽재우(郭再祐)　143
관륵(觀勒)　32
관사(官司)　67
관수(館守)　173
광개토왕　7, 14
광동(廣東)　136
광무개혁　253, 254, 255
교간(交奸) 사건　174
교린수지(交隣須知)　179
교린제성(交隣提醒)　181, 182, 223
교쿠요(玉葉)　98
교토 조선학원　343
구라료(內藏寮)　69
구로다 기요타카　234
구로다 요시타카(黑田孝高)　140
구로후네(흑선)　232
구보타 간이치로(久保田貫一郞)　315
구야국(狗倻國)　7
구오대사(舊五代史)　80

구죠 가네자네(九條兼實) 98
국군제(國郡制) 72
국민정신 총동원조선연맹 294
국서 6, 156, 160, 161, 162, 163, 174, 177, 206
국소대형(國小大兄) 14
군관(軍官) 177
군시(郡司) 72, 73
궁예 76, 87
궁준(弓遵) 10
권율(權慄) 144
궤왕(跪王) 37
귀실복신(鬼室福信) 39
귀실집사(鬼室集斯) 42
귀왕(歸王) 37
근린제국조항 329
근초고왕 30
금관국 21
기나이(畿內) 114
기노미쓰(紀三津) 66
기도 다카요시(木戶孝允) 168, 211, 212, 219
기시 노부스케(岸信介) 319
기요하라노 고레쓰미(淸原是包) 96
기유약조(己酉約條) 159, 170, 356
기케 신즈이(季瓊真蘂) 120
기토 다카요시(木戶孝允) 209
긴메이(欽明) 33
긴몬(禁門)의 변 198
김경득 334

김대중 325, 326, 330
김방경(金方慶) 104
김성일(金誠一) 139, 163, 356
김순정(金順貞) 53
김옥균(金玉均) 237, 241, 242
김유성(金有成) 103
김윤식(金允植) 239, 245
김일성 308
김종필 319, 326
김천일(金千鎰) 143
김천해 308
김충선(金忠善) 153
김태렴(金泰廉) 55
김통정(金通精) 101
김홍집(金弘集) 236, 249
김희로 333
김희로 사건 334

/ㄴ/

나가노(長野) 26
나가미네노 모로치카(長岑諸近) 92
나가사 174
나가사키 169, 182, 185, 188
나가토(長門) 106
나고야성(名護屋城) 140
나베시마 나오시게(鍋島直茂) 141, 144
나이토 조안(內藤如安) 146
나카무라 마사나오 237
나카소네 야스히로(中宗根康弘) 329
나흥유(羅興儒) 110

낙랑군 6, 9, 10, 11
난중일기(亂中日記) 153
난징조약 230
난출(闌出) 174, 357
난토(南島) 44
남만 122
남명(南明) 정권 184
남북조 내란 85, 106
남제(南齊) 23
내물니사금(奈勿尼師今) 20
내선일체 229, 293
내이포(乃而浦) 130, 134
네 개의 창구 167
네 읍의 조(四邑의 調) 33
네덜란드 161, 169
네무로(根室) 188
네쓰카(根塚) 26
노객(奴客) 14, 37
노구교(蘆溝橋) 287
노사카 산조(野坂參三) 308
노송당일본행록(老松堂日本行錄) 124
농촌진흥운동 229, 282
눌지마립간(訥祇麻立干) 28
니시-로젠 협정 254
닛코(日光) 181

/ㄷ/

다나카 카쿠에이(田中角榮) 326
다네가시마(種子島) 136
다와레구사(たはれ草) 181

다이가쿠 지토(大覺 寺統) 101
다이라노 기요모리(平 淸盛) 94
다이라노 도모모리(平知盛) 97
다이라노 마사카도(平將門) 78
다이묘(大名) 86, 119, 124, 141
다이칸(代官) 122, 130, 134
다이호(大寶) 율령 43
다자이곤노소츠(大宰權師) 91
다자이후 64, 67, 73
다치바나 도모마사(橘智正) 154
다치바나 무네시게(立花宗茂) 143
다치바나 야스히로(橘康廣) 139
다카무코노쿠로마로(高向玄理) 35
다카시마(鷹島) 106
다카야스조(고안성高安城) 40
다카토리야키(高取燒) 158
다케다 노부토키(武田信時) 105
다케조에 신이치로(竹添進一朗) 241
다호리(茶戶里) 18
단노우라(壇の浦) 전투 97
담징(曇徵) 29
당방(唐房) 89, 95
대가야 21, 26
대관 173
대군(大君) 6, 179
대무예(大武藝) 54
대방군(大方郡) 7, 9, 10
대야성(大耶城) 35
대원군 210, 230, 239
대원군 정권 231

대장경   119
대장군   17
대정익찬회   294
대한매일신보   260
대흠무(大欽茂)   44
데라우치 마사타케(寺内正毅)   228, 263, 265
덴교(天慶)   79
덴메이(天明)기근   189
덴포(天保)기근   189
도군(道君)   28
도생성(桃生城)   56
도서(圖書)   117, 137, 162, 210
도쇼구(東照宮)   181
도요토미 히데요시(豊臣秀吉)   85, 133, 137, 153, 170
도이(刀伊)   76, 91
도침(道琛)   39
도쿠가와 나리아키   189
도쿠가와 이에야스   155
도쿠가와 요시노부(德川慶喜)   168, 201, 206
도쿠가와 요시무네(德川吉宗)   185
도쿠가와 이에나리(德川家齊)   87, 186
도쿠가와 히데타다(德川秀忠)   156
도쿠소 슈사(德叟周佐)   110
도토리(鳥取)   182
독도   182, 183, 258, 314
독로국(瀆盧國)   7
독립선언서   271

독립신문   253
독립협회   254
동관(東館)   173
동단국(東丹國)   76, 77
동래성(東萊城)   140
동아일보   277
동양경제신문   273
동양척식주식회사   261, 268
동인사(同人社)   237
동학   227, 247, 248
동향사(東向寺)   173
두모포   172
등주(登州)   54

/ㄹ/

락스만   188
러일전쟁   227, 255, 256, 257
레자노프   188
료시쓰 도엔(龍室道淵)   114
류복향(劉復亨)   104
류큐(琉球)   109, 111, 122, 161, 188, 189

/ㅁ/

마건충(馬建忠)   239
마루야마 마사오(丸山真男)   310
마사카도(將門)의 난   5
마사타케(寺内正毅)   228
마상재(馬上才)   177

찾아보기   365

마시타 나가모리(增田長盛)   142
마쓰다이라 사다노부(松平定信)   186, 189
마쓰마에(松前)   169
마쓰시마   183
마에다 도시이에(前田利家)   144
마키무쿠(纒向)   12
막부(幕府)   85, 167, 176, 186, 192
만국평화회의   260
만보산 사건   296
매일신보   301
메이지(明治)   201
메이지 유신   232
메이지 정부   217
메이한(明範)   95
모리 데루모토(毛利輝元)   141
모용씨(慕容氏)   12
모용황(慕容皝)   13
모하당   153
모하당(慕夏堂)문집   153
목소귀자(木素貴子)   42
묄렌도르프   240, 245
무나카타(宗像)   74
무녕왕(武寧王)   24
무라야마담화(村山談話)   336
무라이 쇼스케(松井章介)   92
무라카와 이치베(村川市兵衛)   182
무로마치(室町)   86
무로마치(室町) 막부   86, 157
무소 소세키(夢窓疎石)   120

무카이 료게(無涯亮倪)   122
무토스케요리(武藤資賴)   97
문인(文引)   86, 118
미나모토노 노리요리(源範賴)   98
미나모토노 요리토모(源賴朝)   98
미나미 지로(南次郎)   229, 288
미사흔(未斯欣)   20
미야자와 키이치(宮澤喜一)   329
미우라 고로(三浦梧楼)   252
미일화친조약   230
미즈노 렌타로(水野錬太郎)   275
밀무역   119, 182, 305

/ㅂ/

박규수(朴珪壽)   233, 237
박돈지(朴惇之)   115, 116
박사고흥(博士高興)   30
박서생(朴瑞生)   125
박영효(朴泳孝)   237, 242
박장(朴藏)   113
박정희   325
박정희 정권   319, 326
박제상(朴堤上)   20
박종석   334
박헌영   308
반쇼인(萬松院)   184
반파국(伴跛國)   21
발해   55
발해사   64
방곡령   246

배구(裵璆) 77, 79, 80
배정(裵頲) 79
배중손(裵仲孫) 100
105인 사건 270
백촌강(白村江) 38, 40, 52, 354
번국 44, 50, 65, 121
번병(藩屛) 44
범문호(范文虎) 105
범양(范陽) 55
법정(法定) 29
벽제관(碧蹄館) 143
변경 184
별기군(別技軍) 237
별차(別差) 174, 204
병인양요 168, 230, 231
보신(戊辰) 전쟁 206, 207
보천보 사건 287
복건(福建) 136
본조문수(本朝文粹) 81
봉복(奉復) 163
봉서(奉書) 163
봉진(封進) 171, 173, 186
부관제(府官制) 3, 14, 15
부교(奉行) 140, 192, 194, 196, 203
부사(副使) 139, 177
부산포(富山浦) 130, 131, 134
부젠(豊前) 74
북주(北周) 32
분로쿠 137
분큐의 정변(文久の政変) 198

브나로드 운동 285
비다쓰(敏達) 33
비담(毗曇) 36
비수(淝水) 15

/ㅅ/

사로국(斯盧國) 11
사마의(司馬懿) 9
사무역 131, 171
사상계 322
사송왜인(使送倭人) 118, 131
사스 이오리(佐須伊織) 194
사쓰마야키(薩摩燒) 158
사야가(沙也可) 153
사용재(謝用梓) 144
사이고 다카모리(西鄕隆盛) 168, 217, 233
사이메이(齋明) 38, 43
사이토 마코토(齋藤實) 275
사자관(寫字官) 156, 177
사지절도독제군사(使持節都督諸軍事) 17
사철(沙鐵) 32
사카이(堺) 114, 148
사카이베노오미(境部臣) 33
사토 노부히로(佐藤信淵) 189
산미증식계획 277
산인(山陰) 32
산조 사네토미(三條実美) 218, 219
산킨코타이(參勤交代) 175
삼공(三公) 16

삼국사기 54
삼국유사 20
삼국지(三國志) 8
삼국통람도설(三國通覽圖說) 189
삼번(三藩)의 난 184
삼별초(三別抄) 85
3성(省) 6부(部) 44
3·1운동 270, 271, 272, 279
삼포(三浦) 86, 130
삼포의 난 133, 172
삼한정벌(三韓征伐) 51, 121, 187, 191
상상관(上上官) 177
상표문(上表文) 19, 175
새로운 역사교과서 338
샌프란시스코 강화조약 309, 311, 312, 313
서계(書契) 117, 154, 159, 163, 171
서관(西館) 173
서기(書記) 177
서역물어(西域物語) 189
서연(西燕) 15
서일관(徐一貫) 144
서장관(書狀官) 118
서재필(徐載弼) 253
서진(西晉) 10
석성 148
선린국보기(善隣國寶記) 120
성신당(誠信堂) 222
성신지교(誠信之交) 222, 223
세견선 118, 126, 127, 134, 159, 170

세계 310, 325, 330
세사미(歲賜米) 159
세사미두 134
세이쇼 쇼타이(西笑承兌) 145
세토나이(瀨戶内) 32
셋칸(섭관 攝關) 5, 78
소 모리요리(宗盛順) 134
소 사다모리(宗貞盛) 118, 127, 128, 130
소 사다시게(宗貞茂) 116, 126
소 사다쿠니(宗貞國) 127
소 쓰네시게(宗經茂) 112
소 요시시게(宗義調) 139
소 요시아키 210
소 요시요리(宗義和) 192
소 요시토시(宗義智) 87, 139, 143, 154, 185
소가노 에미시(蘇我蝦夷) 36
소가노우마코(蘇我馬子) 30
소네 아라스케(曽禰荒助) 262
소다 사에몬타로(早田左衛門太郞) 129
소동(小童) 177, 178
소마제 6
소씨(宗氏) 86, 112, 116, 131, 132, 156, 161, 162, 176
소에지마 다네오미 219
소정방(蘇定方) 39
손문욱(孫文彧) 154
손진두(孫振斗) 327
송상현(宋象賢) 140

송운대사(松雲大使) 유정(惟政) 146
송응창(宋應昌) 144
송희경(宋希璟) 122
쇄국 161, 167, 169, 170, 185, 188, 189
쇼고쿠지(相國寺) 120
쇼니 스케요시(少貳資能) 102
쇼니 우사노 기미미치(少貳宇佐公通) 94
쇼니(少貳) 후지와라 겐리마로(藤原元利
    萬侶) 73
쇼몬키(將門記) 79
쇼삿토(承察度) 111
쇼엔(尙円) 132
쇼토쿠신레(正德新例) 185
쇼하시(尙巴志) 114
쇼후쿠지(聖福寺) 111, 123, 139
수도서인(受圖書人) 117, 118
수문(守門) 173
수미산석(須彌山石) 38
수서(隋書) 29
수직인(受職人) 117, 159
순왜(順倭) 152
순화군(順和君) 142
슈고 소 사다모리 129
슈고(守護) 98
슈고다이(守護代) 104
슈고다이묘(守護大名) 114, 116
슌오쿠 묘하(春屋妙葩) 110, 120
스가 와라 나가나리(菅原長成) 103
스슌(崇峻) 33
스오국(周防國) 123

승화후 왕온(承化侯 王溫) 100
시국좌담회 288
시나노(斯那奴) 26
시나노(信濃) 26
시라이노후히토호네(白猪史宝然) 43
시마네(島根) 32
시마이 소시쯔(島井宗室) 139
시마즈씨 116
시마타쓰토(司馬達止) 28
시모노세키조약 251
시미즈산성(淸水山城) 140
시박사(市舶使) 69
시부카와 미쓰요리(澁川滿賴) 122
시부카와 미쓰이에(澁川滿家) 122
시사신보 243
시이나 에쓰사부로(椎名悅三郎) 326
시즈키 다다오(志筑忠雄) 188
시카노시마(志賀島) 106
식민지 근대화론 285
신간회 281, 282
신김씨 20
신라방(新羅坊) 68
신미양요 230, 231
신민회 270
신사참배 291
신생활 277
신숙주(申叔舟) 118, 126
신오대사(新五代史) 80
신의군(神義軍) 100
신조선건설동맹 305

신증동국여지승람(新增東國輿地勝覽) 129
실력양성운동 279
실성니사금(實聖尼師今) 20
심유경(沈惟敬) 144, 148, 356
심전개발운동 283
싯켄(執權) 102
쓰루미 슌스케(鶴見俊輔) 327
쓰시마도주 86, 129, 134, 154
쓰시마번 5, 197, 232
쓰쿠시노 기미 이와이(筑紫君磐井) 24

/ㅇ/

아가노야키(上野燒) 158
아관파천(俄館播遷) 252, 253
아라노 야스노리(荒野泰典) 92
아라이 하쿠세키(新井白石) 179, 180
아리타야키(有田燒) 158
아메노모리 호슈(雨森方洲) 167, 179
아베 요시시게(安倍能成) 310
아사노 나가마사(淺野長政) 140
아사히 고우로(朝日ゴウロ) 26
아사히신문 301
아소(浅茅)만 192
아스카데라(飛鳥寺) 29, 38
아시카가 요시마사(足利義政) 120
아시카가 요시모치(足利義持) 114
아시카가 요시미쓰(足利義滿) 111, 116
아시카가 요시아키라(足利義詮) 110
아신왕(阿莘王) 20

아오카타 몬죠(靑方文書) 96
아이누 161
아즈마카가미(吾妻鏡) 98
아카마세키(赤間關) 123
아키국(安藝國) 105
아탑해(阿塔海) 105
아편전쟁 230
안동장군(安東將軍) 17
안동준(安東晙) 212
안라(安羅) 25
안사(安史)의 난 4, 55
안중근 228, 262
안창호 270
암철(岩鐵) 32
애국계몽운동 228, 260
애노(哀奴) 76
야나가와 가게나오(柳川景直) 155
야나가와 사건(柳川一件) 160, 161, 170, 171, 179
야나가와 시게노부(柳川調信) 140
야나가와 잇켄(柳川一件) 6, 87, 160
야마가타 아리토모(山縣有朋) 246, 263
야마노라루나가(山春永) 73
야마모토 곤베 274
야마토노미코토모치 25, 27
야베 준샤쿠(八戶順叔) 168
야시마(屋島) 97
야요이(彌生) 18
야율돌욕(耶律突欲) 77
야율아보기(耶律阿保機) 77

약광(若光) 45
양길(梁吉) 76
양방향 148
양재(楊載) 111
어윤중(魚允中) 239
에노모토 와타루(榎本渉) 93
에니치(惠日) 35
에도 막부 87, 157
에도성(江戶城) 177
에미시(蝦狄, 蝦夷) 36, 44
에사이(惠齋) 35
에조(蝦夷) 38, 44
에조치 161, 189
에치젠국(越前國) 80
에토 신페 219
엔닌(円仁) 68
여선광(余善光) 40, 45
여우길(呂祐吉) 156
여운형 294
역관(譯官) 174, 177, 187
역관(훈도(訓導)) 204
역관사(譯官使) 172, 178
역지빙례(易地聘禮) 167, 186
연개소문 35, 39
연기제(年紀制) 92
연례송사(팔송사) 171
연향청(宴享廳) 173
염사국 6
염장(閻丈) 71
염포 131

영락제(永樂帝) 113
영파(寧波)의 난 134
예군(禰軍) 40
오경박사(五經博士) 30
오구리 다다마사 192
오노노 이모코(小野妹子) 34
오닌(應仁)의 난 133
오대회요(五代會要) 80
오란다(네덜란드) 188
오리타쿠시바노키(折たく柴の記) 180
오무라 수용소 313
오무라 이사무(大村勇) 325
오부치 케이조(小渕恵三) 337
오사카 174
오사카사건 243
오스미국(大隅國) 93
오시마 도모노죠(大島友之允) 168
오야 신키치(大谷甚吉) 182
오야마 이쿠오(大山郁夫) 317
오에이(應永)의 난 116
오오노죠(대야성大野城) 40
오오이 겐타로(大井憲太郎) 243
오우라 민부(大浦民部) 137
오우미료(近江令) 43
오우치 노리히로(大內教弘) 123
오우치 요시히로(大內義弘) 112
오우치씨(大內氏) 86, 116, 122
오지카지마(小値賀嶋) 74
오쿠라쇼(大藏省) 69
오쿠보 도시미치 219

오키국(隱岐國)　73
오타니 요시쓰구(大谷吉繼)　142
오토모노 가나무라(大伴金村)　27
오토모노 미네마로(大伴岑萬里)　66
오히라 마사요시(大平正芳)　319
옥음방송(玉音放送)　301
와리후(割符)　162
와시(和市)　69
왕건　87
왕망　6
왕봉규(王逢規)　77
왕선지(王仙芝)　77
왕성국(王城國)　50, 54
왕인(王仁)　19, 30
왕정복고　206
왕직(王直)　136
왕후사(王后寺)　28
왜　172
왜관　130, 170, 174, 202, 204, 212
왜구　85, 86, 96, 106, 113, 116
왜신라임나가라진한모한육국제군사(倭新羅任那加羅秦韓慕韓六國諸軍事)　18
왜인전(倭人傳)　10
왜학역관(倭學譯官)　178
외교문서　64, 120, 170, 232
요곤(姚坤)　79
요동　15
요동후(遼東侯)　8
요시노 겐자부로(吉野源三郎)　310
요시노 사쿠조　274

요시다 쇼인　195
요시다 정권　310
요양(遼陽)　80
요코하마(橫濱)　202, 217
용두산　173
용장산성(龍藏山城)　100
우가키 가즈시게(宇垣一成)　282
우라세 사이스케(浦瀨最助)　212
우왕(辛禑王)　115
우키시마마루 사건　303
우키타 히데이에(宇喜多秀家)　141
운요(雲揚)　221
운요호　7
울릉도　182, 183
울산성　151
웅승성(雄勝城)　56
웅진도독부　39
원균(元均)　143
원세개(袁世凱)　245
위략(魏略)　7
위사(僞使)　6, 86
위안부　229, 291
GHQ　303, 305, 306, 307, 308, 309, 310, 313
위정척사 사상　231
위지(魏志)　7, 18
위화도　115
유길준(俞吉濬)　237
유성룡(柳成龍)　139
유수록(幽囚錄)　190

유정(劉綎) 146
유정수(柳定秀) 237
유주(幽州) 80
윤번제(輪番制) 87, 161
윤치호(尹致昊) 237
율령제 4
은홍(殷弘) 102
의병운동 261
의원(醫員) 177
의천(義天) 94
이광수 280
이나리야마(稲荷山) 19
이나바(因幡) 72
이노우에 가오루(井上馨) 251, 234
이두란(李豆蘭) 108
이루카(入鹿) 36
이마가와 료슌(今川了俊) 111
이마사야야마(今佐屋山) 32
이봉론 194
이성계 108
이세(伊勢) 54, 74
이순신 142
이승만 라인 316
이승만 정권 311
이시다 미쓰나리(石田三成) 142
이시이 마사토시(石井正敏) 92
이여송(李如松) 143
이연(李昖) 163
이와미(石見) 72, 86, 135
이와시미즈(石清水) 74

이와쿠라 도모미(岩倉共視) 217, 219
이와쿠라 사절단 237
이이누마 지로(飯沼二郎) 327
이자용(李子庸) 112
이장용(李藏用) 102
이종성 148
이즈모(出雲) 135
이즈하라(嚴原) 184, 156
이치라(日羅) 27
이케다 하야토(池田勇人) 319
이키(壹岐) 104, 117, 132
이타가키 다이스케(板垣退助) 218, 219, 233
이테안 6
이테앙(以酊庵) 87
이토 히로부미 228, 244, 257, 258, 259, 260, 261, 262
이토(怡土)성 55
이토시마(絲島) 55
이홍장(李鴻章) 236
인노효죠(院評定) 102
인양 303
일만복(壹万福) 64
일미안전보장조약 309
일본국왕 148, 179
일본국왕사(日本國王使) 116, 139
일본부대신(日本府大臣) 25
일본부신(日本府臣) 25
일본서기 20, 24
임나 20

임나의 조(調) 33
임나일본부 7, 25
임성(琳聖)태자 123
임신약조(壬申約條) 134
임오군란 227, 235, 238, 246, 251
임유무(林惟茂) 100
임해군(臨海君) 142
입당구법순례행기(入唐求法巡禮行記) 68

/ㅈ/

자유민권운동 243
자치통감(資治通鑑) 79
잠상 182
장군 17
장면 정권 319
장보고(張保皐) 68, 69
장안(長安) 39
장인소출납(藏人所出納) 90
재일조선 313
재일조선거류민단 305
재일조선인 278, 295, 305, 308, 312, 313, 314, 316, 317, 318, 319, 327, 328, 333, 335, 340, 341, 343
재일조선인 총연합회 317
재일조선인연맹 305
재일한국인 340
재판(裁判) 172, 173
전계신(全繼信) 155
전방후원분(前方後圓墳) 23
전봉준 248

전연(前燕) 31
전지(腆支) 20
정구(正球) 133
정동대장군(征東大將軍) 17
정명향도(征明嚮導) 139
정몽주(鄭夢周) 112
정미약조(丁未約條) 136
정사(正使) 177, 180
정사약조(丁巳約條) 136
정원(淨源) 95
정한(征韓) 168
정한론 168, 232
정한론 정변 220, 233
정한파 233
제2차 한일협약 227
제너럴셔어먼호 201
제술관(製述官) 177
제암리 사건 273
제포(薺浦) 130, 131, 132, 134
젠지오치노사다아쓰(前司越知貞厚) 73
조국방위대 313
조러 밀약 244
조러수호통상조약 245
조미수호통상조약 236
조사시찰단(朝士視察團) 237
조선 총독부 265, 288
조선건국촉진청년동맹 305
조선교육령 276
조선신궁 291
조선인 327

조선일보 277
조선주차특명전권공사(朝鮮駐箚特命全權公使) 251
조선책략 236
조선출병 137
조선침략 137
조선통사 181
조슈(長州) 195
조일수호조규 7, 220, 227, 234, 235, 299
조일잠정합동조관 249
조일통교 170, 207
조일통교 시스템 167
조청상민수륙무역장정(朝靑商民水陸貿易章程) 240
조총 152
조헌(趙憲) 143
조헤(承平) 79
존왕양이 168
존왕파 195
종사관(從事官) 177
좌·우야별초(夜別抄) 100
죠센가타(朝鮮方) 179
죠슈번(長州藩) 168
죠텐지(承天寺) 123
주나곤(中納言) 91
주라쿠다이(聚樂第) 139
주원장(朱元璋) 110
주자학 158
중대성 66

중대성첩(中臺省牒) 64
중산왕 111
중일전쟁 229
쥰닌(淳仁) 56
즈케이 슈보(瑞溪周鳳) 120
지명관 322, 326
지쇼·쥬에의 내란(治承·壽永之內亂) 97
지토(持統) 45
진(陳) 32
진경대사보월릉공탑비(眞鏡大師寶月凌空塔碑) 20
진구황후(神功皇后) 121, 187, 191
진국(振國) 43
진동대장군(鎭東大將軍), 17
진문역(眞文役) 180
진봉선(進奉船) 85
진부시(鎭撫使) 54
진상(進上) 118
진성왕 76
진신(壬申)의 난 41
진양추(晉陽秋) 30
진주성(晉州城) 146
질지왕(銍知王) 28
집사성(執事省) 38, 66

/ㅊ/

차왜 171, 172
창씨개명 292
책부원구(冊府元龜) 80
천계령(遷界令) 184

철공철시(撤供撤市) 213
청일수호조규 217
청일전쟁 227, 247, 248, 249, 253, 255
초량공관 217
초량왜관 173
총리조선교섭통상사 245
총후사회(銃後社會) 283
최시형(崔時亨) 247
최영(崔瑩) 115
최익현 231
최제우(崔濟愚) 247
최충헌(崔忠獻) 98
추고쿠신문(中國新聞) 325
추토사(追討使) 97
칠지도(七支刀) 13

/ㅋ/

카쓰라 타로(桂太郎) 262
캠페르 188
코 무덤(鼻塚) 150
쿠로다 히사오(黑田壽男) 317
쿠빌라이 102
크림전쟁 192

/ㅌ/

타이완 출병 218
탈아론 242, 243, 244
탐적사(探賊使) 154
태정관 66

톈진조약 244, 248
토번(吐蕃) 42
토지조사사업 267, 268
통리기무아문(統理機務衙門) 237
통사 215
통상조약 193
통신사 177
통일민주전선 313
특송선 159
특주은(特鑄銀) 185

/ㅍ/

파리강화회의 271
판적봉환(版籍奉還) 214
팔송사 171
팔왕(八王) 11
패강(浿江) 42
페리 169
페리 내항 230
평로(平盧) 55
폐번치현 216
포사드닉호 168, 194
포츠담선언 301, 302
포츠머스조약 256
표류민 66, 92, 137
풍장(豊璋) 39
피로인(被擄人) 109, 154, 158, 159

/ㅎ/

하나노 고쇼(花の御所) 121
하나부사 요시모토(花房義質) 216, 239
하니지(怊尼芝) 111
하동(河東) 55
하라 다카시 228, 274
하라다 다네나오(原田種直) 97
하마구치 오사치(浜口雄幸) 279
하세가와 요시미치(長谷川好道) 257
하시바 히데야스(羽柴秀保) 141
하시바 히데카쓰(羽柴秀) 141
하야토(隼人) 45
하이세세(裵世淸) 34
하지노스쿠 네오이(土師宿禰甥) 43
하치만(八幡) 74
하카타(博多) 86, 95, 182
학지광 270
한간다이(判官代) 92
한국 스미다 쟁의 330
한국전쟁 308
한덕수 308
한류 8
한서 6
한성순보 241
한성조약 244
한신교육투쟁 306
한위노국왕 6
한일협약 257
한일회담 311, 314, 315, 319, 320
한종석 335

합포(合浦) 104
항거왜(恒居倭) 86
항왜(降倭) 87, 152
해국병담(海國兵談) 189
해금(海禁) 110, 170
해동제국기 118, 126
해상(海商) 68
해유록(海遊錄) 180
해적 145
향화왜(向化倭) 152
헌병경찰제도 266
헤이트스피치 343
현덕윤(玄德潤) 222
현토군(玄菟郡) 15
혐한류 8
혜자(慧慈) 32
호류지(法隆寺) 29
호죠 도키무네(北條時宗) 102
호죠 마사무라(北條政村) 102
호코지(方廣寺) 150
혼다 도시아키(本多利明) 189
혼다 마사노부(本多正信) 155
혼동비책(混同祕策) 189
혼묘지(本妙寺) 146
홋타 마사요시(堀田正睦) 190
홍다구(洪茶丘) 104
홍무제(洪武帝) 110, 111
화북(華北) 15
화원(畵員) 177
화이질서(華夷秩序) 170

황당선(荒唐船) 136
황민화 229
황민화 정책 288, 289
황산(荒山)전투 108
황성신문 260
황소(黃巢) 77
황신(黃愼) 148
황윤길(黃允吉) 139, 356
황준헌(黃遵憲) 236
회답겸쇄환사(回答兼刷還使) 177
회사(回賜) 118, 171
회사령 269
회취법(灰吹法) 135
효무제(孝武帝) 31
후미노쓰 카사노카미(沙宅紹明) 42
후시미(伏見) 181
후시미성(伏見城) 155
후연(後燕) 15
후지와라 기요카와(藤原淸河) 66
후지와라 세이카(藤原惺窩) 158
후지와라 지카미쓰(藤原親光) 97
후지와라노 고레후사(藤原伊房) 95
후지와라노 나카마로(藤原仲麻呂) 52
후지와라노 다카이에(藤原隆家) 91
후지와라노 마모루(藤原衛) 71
후지와라노 아쓰스케(藤原敦輔) 96
후지와라노 오쓰쿠(藤原緖嗣) 65
후지와라노 후히토(藤原不比等) 52
후츄(府中) 156
후쿠시마 마사노리(福島正則) 141
후쿠자와 유키치(福澤諭吉) 237, 243
훈도 174
훙야노미야타마로(文室宮田麻呂) 70
휴량(後涼) 15
흑수말갈 54
흔도(忻都) 104
흥덕왕(興德王) 68
흥왕사(興王寺) 95
히고(肥後) 75
히구치 데쓰시로(樋口鐵四郎) 209
히라노 요시타로(平野義太郎) 317
히라도시마(平戶島) 106
히라야마 요시타다(平山敬忠) 203
히라오카 다카시(平岡敬) 325
히라카타 요시히사(平方吉久) 122
히로쓰 히로노부(廣津弘信) 217
히미코(卑彌呼) 10
히젠(肥前) 140
히젠국(肥前國) 73
히키아게 303
히타치 취직 차별 재판 334

[집필자 소개]

오타 오사무(太田修)
2001년 고려대학교 사학과(한국사전공) 박사과정 수료(박사).
현재, 도시샤(同志社)대학 글로벌 스타디스 연구과 교수.
주요 저서에 『日韓交流-請求權問題の研究』(クレイン, 2015)

기무라 나오야(木村直也)
1986년 게이오의숙(慶応義塾) 대학 대학원 문학연구과 박사과정 수료. 현재 릿쿄(立教)대학 문학부 특임교수.
주요 논문에 「対馬－通交·貿易における接続領域」(『岩波講座 日本歴史 第20巻·地域論』, 岩波書店, 2014)

고우치 하루히토(河内春人)
2000년 메이지 대학 대학원 박사과정 수료(박사). 메이지대학, 추오대학, 릿쿄대학, 도쿄도립대학, 대동문화(大東文化)대학 겸임강사, 현재 간토가쿠인(關東學院)대학 경제학부 준교수.
주요 논저에 『日本古代君主号の研究』(八木書店, 2015)

사와모토 미쓰히로(澤本光弘)
2000년 와세다(早稲田)대학 대학원 석사과정 수료. 현재 와세다대학 조선문화연구소 초빙연구원.
주요 저서에 『契丹の旧渤海領統治と東丹国の構造－耶律羽之墓誌をてがかりに』(『史学雑誌』117編6号, 2008)

세키 슈이치(關周一)
쓰쿠바대학 대학원 역사·인류학연구과 박사과정 수료(박사). 미야자키 대학 교육학부 준교수, 현재 고베(神戶)여자대학 사학과 교수.
주요 저서에 『対馬と倭寇』(高志書院, 2012), 『朝鮮人のみた中世日本』(吉川弘文館, 2013), 『中世の唐物伝来技術』(吉川弘文館, 2015)

마쓰다 도시히코(松田利彦)
1993년 교토대학 대학원 문학연구과 현대사학전공 박사과정 수료, 교토대학 문학 박사(2008), 현재 국제일본문화연구센터 교수, 총합연구대학원대학 교수.
주요 저서에『日本の朝鮮植民地支配と警察－1905~1945』(校倉書房, 2009)

[번역자 소개]

허지은
서강대 사학과에서 동양사전공으로 박사학위를 받았다. 현재 서강대 인문대학 자유전공학부 연구교수로 있으면서 한일관계사와 일본근세사를 연구하고 있다.
공역서로『竹嶋紀事』(경상북도청, 2013), 논저로『왜관의 조선어통사와 정보유통』(경인문화사, 2012),「에도막부의 諸國巡見使 파견과 쓰시마번의 대응」(『동양사학연구』 134, 2016),「근세 막번체제 속의 쓰시마번」(『일본역사연구』43, 2016),「근세일본의 규슈지역 대외창구와 중국관련 정보 -『華夷變態』를 중심으로-」(『한일관계사연구』70, 2020),「17~19세기 조선관련 오라이모노(往来物)와 정보의 유통」(『한일관계사연구』 71, 2021) 외 다수가 있다.

이기원
일본 교토대학 대학원 교육학 연구과 석사 및 박사과정 수료, 박사학위를 취득했다. 현재는 강원대 철학실천연구소 연구교수로 있으며 주로 동아시아사상사를 연구하고 있다.
주요 저서에는『지의 형성과 변용의 사상사-소라이학, 반소라이학, 그리고 조선유학』 (경인문화사, 2013),『지식 생산의 기반과 메커니즘』(공저, 경진출판, 2019),『메이지유신의 침략성과 재인식의 문제』(공저, 동북아역사재단, 2019), 번역서에『일본인은 어떻게 공부했을까』(지와 사랑, 2009),『일본교육의 사회사』(경인문화사, 2011),『반한(反韓) 내셔널리즘의 계보학』(보고사, 2022) 등이 있다.

한일관계사(韓日關係史)

2024년 9월 23일 초판 인쇄
2024년 9월 30일 초판 발행

편	세키 슈이치(關 周一)
역　　자	허지은·이기원
발 행 인	한정희
발 행 처	경인문화사
편 집 부	김지선 한주연 김숙희
마 케 팅	하재일 유인순
출판신고	제406-1973-000003호
주　　소	파주시 회동길 445-1 경인빌딩 B동 4층
대표전화	031-955-9300　팩　스　031-955-9310
홈페이지	http://www.kyunginp.co.kr
이 메 일	kyungin@kyunginp.co.kr

ISBN 978-89-499-6817-9 93910
값 31,000원

* 파본 및 훼손된 책은 교환해 드립니다.
ⓒ 2024, Kyung-in Publishing Co, Printed in Korea

NICCHO KANKEI-SHI
edited by SEKI Shuichi
Copyright ⓒ 2017 SEKI Shuichi
All rights reserved.
Originally published in Japan by YOSHIKAWA KOBUNKAN, Tokyo.
Korean translation rights arranged with YOSHIKAWA KOBUNKAN, Japan
through THE SAKAI AGENCY and lMPRIMA KOREA AGENCY.